이제는 통일이다

이제는 통일이다

초판 1쇄 발행 2014년 8월 15일

지 은 이 이상만 외
펴 낸 곳 헤럴드경제
         한반도개발협력연구네트워크

편   집 황해창 · 신대원 · 선수현
디자인/제작 디자인원(031.941.0991)
출판등록번호 제 301-1976-005호
ISBN   978-89-85756-41-9   03340

이 도서의 국립중앙도서관 출판시도서목록(CIP)은 서지정보유통지원시스템 홈페이지(http://seoji.nl.go.kr)와
국가자료공동목록시스템(http://www.nl.go.kr/kolisnet)에서 이용하실 수 있습니다.(CIP제어번호:CIP2014023710)

통일경제 실현을 위한 로드맵

이제는 통일이다

이상만 | 강일규 | 권태진 | 김철원 | 김해순 | 나원창 | 나희승 | 문형남 | 박정원 | 박훤일 | 안병민 | 유완영 | 유창근
이근영 | 이상준 | 이영훈 | 이제경 | 이종운 | 이춘근 | 이혜주 | 임을출 | 정우진 | 조봉현 | 조성렬 | 최금숙 | 추원서
홍순직 | 황지윤 | 황해창 지음

 헤럴드경제   한반도개발협력연구네트워크

통일경제로 국민소득 4만 달러 시대 열자

대표 집필자
이상만(한반도개발협력연구네트워크 대표)

한국은 2012년 '20-50클럽'에 가입했다. 세계에서 7번째다. 그 해 6월23일, 20-50클럽 가입 조건인 인구 5000만 명에 1인당 국민소득 2만 달러를 충족시킨 것이다. 국제사회에서 1인당 소득 2만 달러는 선진국으로 진입하는 소득 수준이며 인구 5000만 명은 인구강국의 기준이 된다. 우리나라의 20-50클럽 가입은 1996년 영국이 6번째 가입국이 된 이래 무려 16년 만의 일로 2차 세계대전 이후 신생독립국가로는 처음이다. 그만큼 20-50클럽 진입은 한국이 경제강국 대열에 진입했음을 의미한다.

그러나 이 같은 성과에도 불구하고 한국이 선진복지국가가 되기 위해서는 갈 길이 멀다. 우선 경제발전을 이뤄 국민소득 4만 달러의 시대를 열어야 한다. 그러기 위해서는 지속적인 성장과 인구증가 등 해결해야 할 문제가 많다. 하지만 현재의 여건상 해결이 쉽지 않다.

그렇다고 방법이 없는 것은 아니다. 분단된 남북의 통일을 실현시킬 수 있다면 가능하다. 통일한국의 인구는 7500만 명에 경제규모도 커져 불안정한 해외의존형 성장보다는 내수위주의 안정성장이 가능하게 될 것이다. 미국이나 일본의 경우 전체경제에서 내수가 차지하는 비중이 70~80%에 이른다. 통일 후유증을 조기에 극복하고 지속적인 성장을 이룬다면 우리도 머지않아 '슈퍼파워'인 '40-80클럽'에 진입할 수 있다. 현재 1인당 국민소득 4만 달러 수준에 인구

8000만 명을 가진 나라는 미국, 일본, 독일 세 나라 밖에 없다.

물론 경제난에 시달리는 북한 사정을 감안하면 이는 결코 쉬운 목표는 아니다. 2013년 북한의 1인당 국민소득은 137만9000원(한국 원화 기준)으로 3년 연속 플러스 성장을 했지만 남한의 1/21 수준에 머물고 있다. 북한과의 경제통합은 잘못하면 우리 경제성장에 악영향을 줄 가능성이 높다. 독일의 경우, 동독의 1인당 소득이 서독의 1/3 수준으로 한국보다 상황이 매우 양호했음에도 불구하고 통일 직후 통일비용의 부담으로 경제적 어려움을 겪었다.

통일은 분명 큰 부담으로 작용하게 될 것이다. 더구나 준비를 제대로 하지 않으면 부작용이 심각할지 모른다. 그렇다고 미룰 수 있는 과제가 아니다. 통일은 비용만 발생하는 것이 아니라 장기적 편익이 더 크기 때문이다. 안정적인 투자 환경, 내수시장 확대, 노동력과 풍부한 지하자원은 통일경제의 성장 동력으로 작용하게 되어 지속적인 발전을 가능하게 할 것이다. 성공가도를 치닫는 통일 후 독일이 좋은 예다.

남북 간에 불필요한 긴장과 대립은 한반도 미래를 위해 결코 바람직하지 않다. 어려움이 있더라도 대화를 재개하고 경협을 확대해 동반성장의 틀을 마련하여 장차 민족경제의 잠재력을 키워야 한다. 부작용 없는 경제통합을 위해서라도 사전에 남북경제 공동체 형성을 통해 통일경제권을 형성하는 일이 시급하다.

이와 같은 민족적 과제에 대한 해법을 제시하기 위해 29인의 저명한 통일문제 전문가들이 머리를 맞대 '통일경제 실현을 위한 로드맵'을 만들어 보았다. 먼저 공동 집필을 담당해주신 한반도개발협력연구네트워크(KDCRN)의 연구위원님들께 감사드린다. 그리고 본 집필을 가능하게 해준 ㈜헤럴드, 특히 책을 내기로 의기투합하고 발간을 이끈 《헤럴드경제》 황해창 선임기자, 바쁜 가운데 편집 실무를 맡은 신대원 기자, 월간 《통일한국》 선수현 기자, 그리고 통일경제 실현을 위해 많은 아이디어를 제시해준 중앙대 대학원 북한개발협력학과 학생들에게 고마움을 전한다. ●

목차

제1부 통일경제 실현과 효과

제2부 통일경제 부문별 과제와 해법

1. 관련 경제법

2. 금융과 보험

3. 산업과 환경

4. 국토개발과 물류

5. 과학과 에너지

통일경제 실현과 효과

'통일경제'를 위하여

이상만

박근혜 대통령은 통일독일의 상징인 드레스덴 공과대학에서 남북 평화통일 조성을 위한 대북 3대 제안을 발표했다. 박 대통령은 '한반도 통일을 위한 구상'이라는 제목의 연설에서 남북주민의 인도적 문제 우선적 해결, 남북 공동번영을 위한 민생 인프라 구축, 남북주민 간 동질성 회복 등 세 가지 구상을 북한 측에 제안하였다.

인도적 차원에서 우선 이산가족상봉을 정례화하고 북한주민들에 대한 지원을 확대하는 한편, 유엔과 함께 북한의 산모와 유아에게 영양과 보건을 지원하는 '모자패키지(1000days) 사업'을 펼치겠다고 하였다.

민생 인프라 구축을 위한 복합농촌단지 조성, 교통·통신 등 인프라 건설, 북한 지하자원 개발 등에 힘을 합치고, 현재 추진 중인 나진-하산 물류사업을 비롯한 남·북·러 협력사업과 함께 신의주 등을 중심으로 한 남·북·중 협력사업을 추진하자고 제안하였다.

동질성 회복을 위해 순수 민간차원의 교류협력을 권장하며 이를 구체화하기 위해 남북 교류협력사무소 설치하고 남북한과 유엔 공동으로 비무장지대(DMZ) 세계평화공원을 조성하자고 제안하였다.

박 대통령은 북한이 핵문제 해결에 진정성 있는 자세로 6자회담에 복귀하고,

핵을 버리는 결단을 한다면 이에 상응하여 북한에 필요한 국제금융기구 가입 및 국제투자 유치를 우리가 나서 적극 지원하겠다고 약속하였다.

북핵문제와 관련해서는 국제규범 등을 준수하는 범위 내에서 단계적 대북협력과 지원을 검토할 것이며, 북한의 비핵화에 확실한 진전이 있으면 더욱 본격적으로 추진할 것이라는 점을 강조하였다. 필요하다면 주변국과 함께 동북아개발은행을 만들어 북한과 주변지역의 경제개발을 도모할 수 있을 것이며 북한의 안보 우려도 다룰 수 있는 동북아 다자안보협의체를 추진해 나갈 수 있음을 밝혔다.

드레스덴 선언 어떻게 풀어낼 건가

박근혜 정부의 한반도 신뢰프로세스는 추상적이고 모호하다는 평이 많았던 게 사실이다. 로드맵 없는 '통일대박론'은 수사에 불과하기 때문이다. 그러나 드레스덴 선언은 보다 구체적이고 진전된 통일구상을 제시했다는 점에서 나름 의미가 있다. 다만 아쉬운 것은 남북경협 활성화나 남북관계 정상화를 위한 실현성 있는 방안을 제시하지 못했다는 점이다.

북한은 드레스덴 선언에 예민한 반응을 보였다. 원색적인 비난과 함께 미사일 발사, 무인정찰기 비행 등 다양한 도발로 긴장국면을 조성하였다. 북한 국방위원회는 "흡수통일 논리이자 황당무계한 궤변"이라며 드레스덴 대북제안을 사실상 공식 거부하였다.

드레스덴 구상이 실현되어 통일대박의 기초를 다지기 위해서는 남북관계의 발전이 선행되어야 한다. 통일대박론 이후 형성되고 있는 통일에 대한 관심이 지속될 수 있도록 균형적인 시각에서 통일의 긍정적인 면이 부각돼야 한다. 하지만 통일과 관련, 과도한 통일비용과 과중한 국민부담 등 부정적인 면에서 젊은 세대들을 중심으로 통일 무관심 또는 통일 혐오증이 존재해 온 것도 사실이다.

한반도 통일이 동서독형의 흡수통일로 이루어질 가능성은 거의 없다. 만약 남북통합의 과정이 단계적이며 체계적으로 진행된다면 독일과 같이 천문학적 통일비용은 발생하지 않을 수도 있다. 단언컨대, 통일이 가져올 긍정적인 경제적 효과는 통일비용을 상쇄하고도 충분히 남는다. 따라서 보다 균형적인 시각에서 통일의 편익과 통일비용에 대한 객관적 정보를 제공하고 통일경제 실현에 대한 국민적 공감대를 형성해 나가야 한다.

남북경협 이런 식으로는 안 된다

2000년대에 지속적으로 확대되어 오던 남북경협은 북한의 갖은 도발로 긴장과 대치가 첨예화하면서 개성공단을 제외하고는 전면 중단된 상태다. 남북경협이 얼어붙은 사이 북·중 간 경협은 양과 질적으로 확대돼 북한의 2013년 대중국 수출액은 65억 5000만 달러를 기록하였다. 북한은 대외무역비중의 89.1%를 차지할 만큼 중국에 대한 의존도가 절대적이다.

   2010년 3월 북한에 의한 천안함 폭침에 대한 맞대응으로 취해진 5·24조치로 대북사업은 사실상 전면 중단상태에 빠졌다. 이후 남북 간 일반교역액은 54.1%나 줄었으며 위탁가공 분야는 22.5%로 줄었다. 폐업업체가 속출하였다. 10건에 이르던 남한 기업의 북한 광산개발 투자는 중단된 반면, 중국 기업의 북한 광산 투자는 봇물을 이루고 있다. 북한의 대중국 광물 수출액은 2002년 5000만 달러에서 2013년 13억 8900만 달러로 27배나 급증하였다.

〈표1〉 북한-중국 간 교역 추이 (단위: 백만 달러, %)

연도	북한의 수출		북한의 수입		수출입 합계	
	금액	증감률	금액	증감률	금액	비중
2011년	2,464	107.4	3,165	39.0	5,629	88.5
2012년	2,484	0.8	3,527	11.5	6,012	88.3
2013년	2,914	17.3	3,633	3.0	6,547	89.1

자료_KOTRA

최근 북·중 경협은 그 규모가 날로 확대되고 있는데 압록강 하구의 황금평과 위화도의 북·중 공동개발, 그리고 북한 나진항과 훈춘을 잇는 도로개설 공사도 시작되었다. 북·중 경협은 중국의 동북지역 개발과 연계되어 지속적으로 확대될 전망인데 통일경제 차원에서 경계해야 할 대목이다.

반면, 금강산관광사업 등 기존의 남북 경협사업의 중단사태가 장기화하면 할수록 경협 재개 비용이 크게 증대됨으로써 투자의욕 상실이나 저하라는 부메랑이 될 수 있다. 당국 간에 갈등이 빚어져도 최소한 민간 차원에서의 경협은 지속하는 것이 남북 모두의 미래를 위해서도 바람직하다. 이는 결국 당국 간 화해와 협력을 촉진하는 가교역할을 할 뿐만 아니라 북한의 개혁·개방을 유도하는 촉매제 역할을 할 것이다.

통일경제를 위한 통일경제적 시각은

김정은 체제의 경제개혁 가능성에 대해서는 전문가들의 견해가 엇갈리지만, 선군정치를 유지할 경우 체제보존이 어려울 것이라는 점에서는 의견이 일치한다. 군부 중심에서 당 중심의 경제우선으로 전환이 불가피하다는 의미다. 물론 대폭적인 조기개혁은 기대하기 어렵다. 권력기반이 취약한 데다 핵문제로 인한 국제사회의 대북 제재조치가 지속돼 국제적인 고립이 심해졌기 때문이다.

이런 논란에도 불구하고 북한의 개혁적 조치가 꾸준히 진행되고 있다는 정황은 지속적으로 포착되고 있다. 2012년 '6·28농업개혁조치'와 '12·1기업소개혁조치'에 이어 2013년 경공업대회를 10년 만에 다시 개최한 점, 2002년 7·1조치 당시 실무책임을 맡았던 박봉주 전 내각 총리를 복귀시킨 점, 노동당 중앙위원회 전원회의를 열어 경제와 핵의 병진노선을 표방한 점 등은 경제 활성화를 위한 노력의 일환으로 평가할 만하다. 게다가 300만 명이 넘는 휴대전화 가입자, 중국으로부터의 지속적인 물자와 정보유입, 장마당이나 암시장의 지속적인 확대 등도 북한 경제에 변화의 흐름이 있다는 증거다.

현 시점에서 북한 경제개혁의 폭과 시기를 정확하게 예측하기란 쉽지 않다.

그러나 2002년 7·1조치 이후 '번만큼 지급하는' 인센티브 제도를 간간이 도입하고, 시장 개설을 허용하는 등 파격적인 실험적 경제개혁 조치를 시행한 것은 의미가 크다. 여기에 새롭고 창의적인 우리의 대북정책이 접목된다면 경제발전은 물론 개혁·개방의 폭도 크게 확대될 것이 분명하다.

따라서 남북관계의 정상화와 제도화가 시급하다. 향후 대북정책은 객관적인 평가를 통해 과거 정부의 공과를 아울러 마련해야 한다. 지난 정부의 장점은 계승하되, 단점은 과감하게 버려야 한다. 이를 통해 남북관계를 갈등의 관계로부터 대화와 협력의 관계로 발전시켜야 한다.

남북관계의 발전을 위해서는 먼저 통일과 남북협력에 대한 의식전환이 필요하다. 통일경제 실현은 안정적인 투자환경, 내수시장의 확대, 노동력과 풍부한 자원 확보 등을 통한 우리 경제를 활성화시켜 지속적인 성장과 발전을 이룰 수 있다.

남북 경제협력의 활성화는 남북관계를 안정시키고 나아가 군사적인 갈등으로 발생하는 안보리스크를 완화해 준다. 따라서 남북 대화재개와 경제협력 확대를 통해 남북 경제가 동반성장할 수 있는 교류의 장을 여는 것이 중요하다. 이를 위해서는 단기적으로는 경제적 실익이 보장되는 남북 간의 경제교류 확대 방안에 대한 연구가 필요하며, 장기적으로는 경제통합을 위한 추진방향과 문제점, 경제통합이 우리 민족경제에 미치는 영향, 통일 과도기에 나타날 수 있는 부작용을 최소화 할 수 있는 합리적인 방안을 도출해내야 한다. 특히 남북 경제통합을 위한 이론적 기초가 되는 통일경제에 대한 심층적 연구도 병행돼야 한다. ●

통일경제란?

통일경제란 남북 이질체제 간의 경제통합에 관련된 기초 경제개념으로, 남북한 경제통합 과정에서 제기되는 경제문제 등을 분석의 대상으로 하는 경제이론체계라 할 수 있다.

예를 들면, 남북 경제통합의 여건조성을 위해 설정되는 경제교류협력 단계에서는 경제 협력을 위한 산업구조 비교 등 남북의 경제체제 차이점에 관한 분석이 필요하다. 또한 본 격적인 경제통합 단계에서는 화폐통합 등 제도적 변화에 관련된 문제점이 분석의 대상이 된다. 더불어 통일 후 당면하게 되는 경제문제로 통합의 과도기에 발생하는 부작용 요인 들과 이의 최소화를 위한 방안 마련 및 과제 등이 분석의 대상이 될 것이다.

통일경제는 기존의 경제이론과는 다른 관점에서 인식되어 져야 하는데 그것은 통일경 제가 갖고 있는 특수성 때문이다. 그 이유는 첫째, 두 이질체제의 통합에 관련된 경제이론 이라는 점이며 둘째, 향후 단일경제권으로 통합이 예상되는 민족경제를 대상으로 하고 있 다는 점이다. 즉 기존의 경제이론들은 동일체제 내의 경제주체들의 형태를 분석하여 이론 을 전개하나, 통일경제에서는 경제체제의 차이점 그 자체가 중요한 변수이며 이질 체제하 에서 각기 다르게 나타나는 경제주체들의 반응 차이 그 자체가 분석의 주요내용이 된다는 점이다. 일반적으로 이질체제의 경제통합에 따르는 부작용의 크기는 양 체제의 경제력 격 차와 경제주체들의 체제전환에 대한 적응속도에 의해서 결정된다고 알려져 있다. 이질체 제의 경제통합시 체제전환에 대한 경제주체들의 반응 차이는 통일비용 등 경제통합에 따 른 부작용의 크기를 결정하는 주요 요인이 되기 때문이다.

한편 남북의 예상되는 경제통합도 이질체제 간의 경제통합의 형태이므로 남북 경제주체 들의 신(新)체제에 대한 적응속도가 통합 후 과도기적 부작용의 크기를 결정하게 될 것이 다. 만약 신체제에 대한 적응속도가 빠르면 빠를수록 통합경제의 부작용도 빨리 해소가 될 것이다. 남과 북 경제주체들의 체제전환에 따른 반응과 이에 대한 분석은 통일경제의 주요 분석 대상이 되며 이러한 점이 기존의 경제이론과 차이점이라 할 수 있다.

한편, 남북 간에 이루어지는 경제협력의 경우 북한 내 투자에 대해서는 기존의 대외투자 에 대한 평가와는 다른 새로운 평가기준이 마련되어야 할 것이다. 그 이유는 북한에 대한 투자의 경우 통상적으로 외국에서 이루어지는 투자와는 구별이 되어야 하는데, 남북 경제 통합이 이루어지면 같은 단일 경제공동체를 형성하기 때문이다.

가령 외국투자시 위험부담이 크고 대규모투자가 요구되어 투자 우선순위에서 뒤떨어지 는 항만시설 등 사회간접시설에 대한 투자의 경우를 통일경제론적 시각에서 본다면 그 우 선순위는 달라진다. 일반적으로 사회간접투자는 최우선 투자 분야가 아닐지 모르지만, 남 북 경제통합과정에서는 최우선으로 투자되어야 하기 때문이다.

통일경제는 경제통합 이후를 바라보는 장기적 관점에서 보아야 하기 때문에 기존의 경 제이론의 틀 속에서 이해될 수가 없으며 새로운 시각인 통일경제론적 관점에서 이해되어 야 한다.

남북통일의 경제적 영향과 합리적 통합 방안

이상만

남북 간의 경제통합에 따라 발생하는 경제적 영향, 즉 통일편익 및 통일비용의 크기는 통합방식, 두 체제의 발전단계, 상대적 경제력의 차이 등에 따라 달라지므로 현재 경제상태의 평면적 비교를 통해 추산하기는 불가능할 것이다. 이의 추산을 위해서는 남북의 성장모형 비교를 통한 비교동학적 접근이 필요하다. 그러나 일반적으로는 경제통합의 부작용, 즉 통일비용의 크기는 급진적 방법에 의한 일방적 흡수통합의 경우보다는 점진적인 쌍방합의에 의한 통합의 경우가 적게 나타날 것으로 알려져 있다. 이와 같은 경제통합의 형태와 통일비용과의 관계는 남북 간 경제통합의 합리적 추진방향 설정에 많은 시사점을 준다.

남북한 간의 경제통합이 점진적인 형태로 이루어진다면 경제통합 과정은 경제교류-경제협력-공동시장형성-경제통합의 단계로 추진될 것으로 예상된다.

통합에 따르는 경제적 영향을 예측하는 데에는 많은 제약이 따른다. 통합의 형태에 따라 경제적 영향이 달라지기 때문이다. 남북통합이 동서독과 달리 일방적 흡수통합이 아닌 단계적 접근에 따른 쌍방합의에 의해 통합이 되는 경우, 통일비용도 동서독의 경우보다 적을 것이다.

경제통합에 따른 고용효과는

남북 간의 경제통합은 통합에 따른 수요증대에 힘입어 남한지역의 경제활성화에 기여하게 되며 이에 따른 고용증가가 예상된다. 그러나 북한지역에서는 통합에 따른 국영기업 경쟁력 약화로 인한 도산과 대량실업이 발생하게 될 것이며, 특히 남한에 비해 경쟁력이 약한 부문에 실업이 집중될 것이다. 과잉고용문제를 안고 있는 북한의 고용구조로 볼 때 통합 후 실업문제는 심각할 것으로 예상된다. 이는 통일 후 독일의 사례를 비추어 볼 때 어렵지 않게 예상할 수 있다.

〈표1〉 독일의 실업자 수(단위: 만 명)

	서독		동독		통독	
	1990	1991	1990	1991	1990	1991
실업자 수	190	200	25	140	215	340
단순노동자 수	6	8	83	175	89	183

이러한 고용상태 악화가 언제쯤 개선될 것인가 하는 것은 북한지역의 산업 구조조정 속도, 북한지역 기업의 경쟁력 확보 속도, 실업노동자의 직업 재전환교육 성과, 북한 노동자들의 시장경제체제에서의 성공적인 적응을 위한 노력 등에 달려 있다. 그러나 현실적으로 북한지역의 산업 구조조정과 국영기업 경쟁력 강화를 통해 경제 체질을 개선하는 데에는 막대한 투자와 시간이 소요될 것이다. 통합 과도기 북한지역의 산업조정 과정에서 발생하는 대량의 실업문제는 가장 심각한 문제로 대두될 것이라 예상되기 때문에 북한지역의 고용대책에 대한 사전준비가 필요하다.

북한지역의 대량실업을 해결하기 위한 고용대책으로는 북한지역의 노후화된 산업시설 대체와 함께 북한 기업의 경쟁력 확보를 위한 신규 시설투자가 요구된다. 그리고 북한 노동자의 새로운 체제에 대한 적응능력 배양과 생산성 증대를 위한 인력교육, 실업노동자의 직업 재전환교육 등이 마련되어야 한다.

실업의 처방으로 보조금 지급은 단기적으로는 도움이 될 것이나, 이는 공공부문에 과잉 고용문제를 안고 있는 북한의 고용구조로 볼 때 비효율적 방법이 될 것이다. 따라서 남한에 비해 저수준인 북한 노동력의 생산성을 높이는 방향으로 고용정책이 추진되어야 할 것이다. 이와 같이 통합조정기에 발생하는 대량 실업은 북한지역의 산업구조 개편이 진행되어 서비스업종 등 새로운 성장업종에서 신규 고용기회가 창출되는 중장기에는 해소될 것이다.

북한지역의 실업해소를 위한 중장기적 고용대책으로는 북한지역 공공부문의 과잉 노동력 흡수방안과 군비감축에 따른 군 인력의 산업인력으로의 효율적 전환을 들 수 있다. 이를 통한 성장 잠재력 증진방안도 마련되어야 한다. 자본과 신기술이 북한지역의 생산부문에 얼마나 효율적으로 투입되고 산업구조 개편 과정에서 새로이 창출되는 서비스부문이 얼마나 빨리 새로운 고용기회를 창출할 수 있는지 여부가 통합 후 고용정책의 성패를 결정하게 될 것이다.

통합경제의 소득분배 구조는

남북통합은 남북 성장잠재력 증대를 통하여 소득분배에도 긍정적인 효과를 가져 올 것으로 예상된다. 또한 그동안 남북 분단에 따른 비생산적 소모성 지출, 특히 군사비 지출 감소에 따른 복지지출의 증가는 소득분배구조 개선에 크게 기여할 것이다. 일반적으로 군사비와 복지비는 택일적인 성격을 지니고 있고, 남북 모두 과다한 방위비 부담으로 인해 복지부문의 희생이 강요되고 있기 때문이다.

그러나 통일 후 적극적인 분배정책이 강구되지 않으면 부의 집중현상은 더욱 심화될 가능성도 있다. 따라서 통일 후 소득분배의 형평을 위해서는 통일편익의 공정배분문제, 남북 간의 지역적 소득격차 해소문제, 특히 북한의 산업 구조조정 과정에서 발생하는 실업해소를 위한 방안 등이 사전에 마련되어야 한다.

통일편익 분배와 관련해서는 북한 국유재산의 민영화문제에 대한 신중한 접근이 필요하다. 사유화조치 일환으로 시행되는 국유재산 매각이나 경쟁체제를 확립하기 위한 기업구조 개편과정에서 국영기업의 민영화조치가 이루어질 것이다. 국유재산 민영화는 북한 경제의 시장경제로의 전환을 위해 필수적인 조치이다. 그러나 북한주민의 재산형성을 돕기 위한 정책의 일환으로 사유화 조치가 시행되어야 한다. 북한주민들의 기득권 보장문제와 국영기업 민영화에 따른 소유지분 매각방법 등이 통일 후 소득분배구조에 큰 영향을 미치게 될 것이기 때문이다. 따라서 국민주 양성, 사원지주제 등의 도입을 통하여 국유 불하재산이 국민 전체에 의해 균등하게 소유될 수 있도록 해야 한다. 특히 통일에 따른 부작용으로 인해 피해를 입는 북한주민들에게 혜택이 돌아갈 수 있는 방안이 강구되어야 한다.

경제성장 효과와 통일편익은

통일 초기 남한 경제는 통일특수로 호황을 보이는 한편 북한은 산업 구조조정에 의해 경제가 침체되는 양극화현상을 보일 것이다. 그러나 중장기적으로 북한지역 인력의 재교육과 산업 구조조정이 어느 정도 이루어지고 사회간접시설에 대한 투자가 활성화되면서 통일경제의 지속적인 성장이 가능할 것으로 보인다. 남북 경제통합은 자연적 · 경제적 · 사회적 여건의 변화를 통하여 경제성장에 영향을 미치게 된다.

이 중 자연적 · 경제적 여건 변화는 성장촉진요인으로 작용할 것이며, 사회적 여건 변화는 성장억제요인으로 작용하게 될 것이다. 자연적 여건 변화란 경제통합이 지하자원 활용 등에 미치는 영향을 말한다. 그리고 경제적 여건 변화란 경제통합이 노동력과 자본 등 생산요소의 투입량을 변화시키며 신기술 도입과 운수, 통신 등 사회간접자본 형성에 영향을 미쳐 생산성을 증가시키는 것을 말한다. 한편 사회적 여건 변화는 이질체제의 통합으로부터 발생하는 사회문화적 여건의 변화를 의미한다.

남북 간 경제통합이 이루어진다면 철광석을 비롯하여 석탄자원 등 북한지역의 풍부한 지하자원 개발과 이용이 가능해지며 이는 자원의 해외의존도를 감소시켜 경제성장을 촉진시키는 요인이 된다. 또한 2014년 현재 남북한의 인구는 남한이 약 5000만 명, 북한이 약 2400만 명인데, 이를 합한다면 7400만 명의 풍부한 인적자원을 보유하게 된다는 장점도 있다. 이와 같은 경제활동 인구의 증가는 내수규모의 증대와 아울러 경제성장의 동력으로 작용하게 될 것이다. 특히 통일 후 군비감축에 의해 군동원 인력이 생산인력으로 전환되면 경제성장에 크게 기여하게 된다.

현재 남북 모두 과도한 군사비 부담을 안고 있다. 따라서 통일 후 군사비 부담 경감은 북한 경제의 구조조정을 위한 투자재원으로 활용되어 경제성장에 기여할 것이 분명하다. 이와 같이 통일경제는 장기적 측면에서 자연자원과 인적자원, 그리고 투자재원 증가를 통해 총공급 측면에서 경제성장을 촉진시킬 수 있다. 또한 남북 경제통합에 따른 국내시장 확대는 국내 총수요 확대를 통하여 지속적인 성장에 기여하게 된다.

이 외에도 통일은 한반도의 지정학적 이점을 활용한 새로운 통합 물류시스템 구축을 통해 철도, 도로, 해운업 발달과 이로 인한 물류비용 감소로 경제성장을 촉진하게 될 것이다.

통일비용은 얼마나

남북 간의 부존자원이나 상호보완적인 경제구조 등을 고려해 볼 때 통일경제 형성은 우리 민족경제의 성장동력으로 작용하리라 예상된다. 그러나 장기적 측면에서 경제통합이 가져다 줄 긍정적 효과에도 불구하고 과도기적으로는 남북 간 이질체제의 통합으로 인해 심한 부작용(통일비용)이 발생하게 될 것이다. 그리고 이러한 부작용의 치유를 위해서는 많은 재정적인 부담이 예상되는데 이는 통일경제에 큰 짐이 될 우려도 있다.

경제통합은 발전단계와 부문구조가 상이한 두 경제를 하나의 경제로 동질화하는 과정을 말한다. 그리고 이질체제인 남북 간의 통합은 과도기적으로 심한 부작용을 초래할 수 있다. 이러한 부작용의 해소를 위한 경제적 부담을 통일비용으로 정의하면 그동안 분단상황에 따른 이질적 요소들을 제거하기 위한 일체의 사회경제적 기회비용이 통일비용에 포함된다. 동서독 등 외국의 예를 통하여 통일비용 발생요인을 살펴보면, 통합 전 여건조성을 위해 지불해야 될 통일여건 조성비용과 경제통합 각 단계에서 두 체제의 동질화를 위해 지불해야 하는 체제조정비용으로 나누어 볼 수 있다. 여기에서 통일여건 조성비용이란 통합 전 경제교류협력 단계에서 남한 정부가 지불해야 할 남북 간 경제교류협력 확대를 위한 지원비용이 주요 내용이 된다.

한편 체제조정비용으로는 실물경제 통합단계와 단일통화가 창출되는 통화통합단계, 그리고 사회통합단계 등 제도변화에 대응하여 정부가 지불해야 하는 직접지원비용(예: 동서독 간 1:1 화폐교환시 서독 정부의 부담)과 부수적으로 발생하는 부작용 제거를 위한 간접지원비용을 들 수가 있다. 간접지원비용으로는 북한지역의 산업구조 개편과정에서 발생하는 국영기업 도산과 실업을 위한 기업의 지원금을 들 수 있다.

그러나 통합 전 여건조성비용은 장기간에 걸쳐 사전 조성된 교류협력기금을 통해 지출이 된다. 그리고 산업구조 개편과정에서의 민간 투자비용은 장래수익에 대한 기대에 의해 투자되는 것이다. 따라서 통일비용은 체제조정 비용 중 순수한 정부부담, 즉 재정 지출분만으로 추정하는 것이 합리적일 것이다. 통일비용의 주요 내용은 경제통합 이후 북한지역에서 발생할 대량실업에 대한 지원과 이에 따른 고용대책에 드는 비용이 있다. 그리고 북한지역의 노후화된 산업시설 대체와 함께 신규시설투자에 투입되는 공공자금, 직업교육 등 신체제 적응을 위한 교육비용 등이 포함된다.

〈표2〉 통일비용에 대한 기존 연구

연구자 · 기관 (발표 연도)	통일시점 (기간)	통일비용	추정방법 및 기준
KDI(1991)	2000	점진적: 2102억 달러 급진적: 3121억 달러	–
이상만(1993)	2000	10년간 2000억 달러	독일과 비교
KDI(1994)	2000	9800억~1조 달러	목표소득 방식
한국산업은행(1994)	1994~2000	1조5463억 달러(100%) 8050억 달러(60%)	목표소득 방식 (소득격차 해소)
민족통일연구원 (1996)	2000~10	3600억 달러(남한의 60% 수준)	목표소득 방식 항목별 추정방식
김덕영 · 국방대학원 (1996)	10년간	점진적: 1300억 달러 급진적: 2700억 달러	정부 투자 비용
황의각(1996)	2000~05	1조2040억 달러 (남한과 동일 생활수준 달성)	목표소득 방식
마커스놀랜드(1996)	2000	4150억 달러(1990) 9830억 달러(1995) 2조2420억 달러(남한의 60% 수준 달성)	목표소득 방식 (CGE 모형)
Manfred Wegner (1996)	2000~25	6100억 달러(통일 후 5년간 지원 금액)	항목별 추정방식
박태규(1997)	1995~2005	통일 후 1~5년: 남한GNP 8.7%~11.3% 통일 후 6~10년: 남한 GNP 7.5%	항목별추정방식 (위기관리비용+경제투자비용)
조동호(1997)	1995	1996~2020년: 143.1~221.3조 원	항목별 추정방식 (SOC 투자비)
고일동(1997)	2001~10	4600억 달러(초기 5년간 2800억 달러)	남한의 순재정 부담액
Economist(1997)	2000	2400억 달러(남한의 60% 달성)	목표소득 방식
신동천 · 윤덕룡 (1998)	–	887억~2808억 달러	목표소득 방식
골드만삭스(2000)	2000~10 2005~15	8300억~2조5400억 달러 1조700억~3조5500억 달러	목표소득 방식 (남한 60%)
박석삼(2003)	–	점진적: 8300억 달러 급진적: 3121억 달러	항목별 추정방식 (위기관리비용)
이영선(2003)	5~11년간	점진적: 732억 달러 급진적: 1827~5614억 달러 (남한 60% 달성에 10년 소요 가정)	항목별 추정방식 (위기관리비용 중심)
SERI(2005)	2015	546조 원(최저생계비, 산업화 지원)	항목별추정 방식
랜드硏(2005)	–	500억~6670억 달러 (통일 후 4~5년 내 2배 수준 향상)	목표소득 방식
신창민(2007)	2015~30 (10년)	8577억~1조3227억 달러 (GDP 대비 6.6~6.9%)	목표소득 방식
한국은행(2007)	–	5000억~9000억 달러	목표소득 방식

연구자/기관	통일시점	통일비용	추정방법
조세硏(2008)	2011	통일 후 10년간 매년 남한 GDP 7~12%	–
피터벡(2010)	–	30년간 2조~5조 달러(남한의 80%)	목표소득방식
미래기획위원회 (2010)	2011	점진적: 3220달러 급진적: 2조1400억 달러	–
찰스울프(2010)	–	620~1조7000억 달러 (현재 북한GDP 700달러→남한 수준 2만 달러로 향상)	목표소득방식
전경련(2010)	–	3500조 원	전문가설문조사
김유찬(2010)	2010	1548.3~2257.2조 원 (통일 후 20년 비용)	항목별 추정방식 (위기관리+SOC)
현대경제硏(2010)	2010 (10~18년)	1인당 3000 달러: 1570억 달러 1인당 7000 달러: 4710억 달러 1인당 10000 달러: 7065억 달러	목표소득 방식 (한계자본계수)
통일부 용역과제 (2011)	2020(20년)	379.2조~1261.1조 원 (2030년 1인당 GDP 남한의 20%)	항목별 추정방식 목표 소득 방식 (통일 후 10년간 포함)
	2030(30년)	813조~2836조 원 (2040년 1인당 GDP, 남한의 36%)	
	2040(40년)	1000.4조~3277.6조 원 (2050년 1인당 GDP, 남한의 40%)	

자료_김은영(2010), 신동진(2011), 양문수(2011), 조동호(2011),
통일연구원 외(2011), 홍순직 외(2010)

〈표3〉 통일편익에 대한 기존 연구

연구자, 기관 (발표연도)	통일시점 (기간)	통일편익	추정방법 및 기준
이상만(1991)	1992	통일 10년 후(2001): 806~848억 달러	노동, 자본 투입의 성장 기여율 증가효과
조동호(1997)	1995	1996~2020년: 39.4~121.4조 원 (1996년: 2조5570억 원~2020년: 16조4680억 원)	항목별 추정방식(국방비, 병력 감축 등)
신창민(2007)	2015~30	GDP 대비 11.25%	항목별 추정방식(국방비 절감, 투자로 경기활성화 등)
현대경제硏 (2010)	2010	–1인당 3000달러: 2197억 달러(10년간 소요) –1인당 7000달러: 5362억 달러(15년간 소요) –1인당 10000달러: 8350억 달러(18년간 소요)	항목별 추정방식 (부가가치 유발효과, 국방비 절감, 국가위험도 감소 등)
통일부 용역 과제(2011)	2030	–유형의 편익 ·2021~30년: 140.83달러 ·2031~40년: 494.56억 달러 –무형의 편익(분단비용 해소, 경제활성화, 비경제 적) 49.21조 원	통일 후 10년간 포함
통일연구원 (2013)	2030	통일 후 20년간 총 6300조 원 (북한지역 1인당 GDP는 2030년에 남한의 5%→2040년 24%→2050 년에는 39% 도달)	목표 소득 방식 (GDP 증대 효과)

현재 통일비용의 조달방법으로는 다음과 같은 방안 등이 논의되고 있다. 첫째, 경제통합 후에 발생하는 내수확대효과(통일특수)와 경제적 효율성 증대에 따라 예상되는 세수증대에 의한 재정수입 증가 둘째, 국방비 등 그동안 지불해왔던 분단비용 감축을 통한 조달방법 셋째, 통합 후 북한 경제의 시장경제체제로의 체제 전환과정에서 시행될 국유재산 매각 등을 통한 재원조달 넷째, 국내외 자본시장에서의 장기 정부공채(통일채) 발행 및 모금에 의해 조달하는 방법 등이다.

통일비용 최소화를 위한 합리적 통일 방안은

한반도 통일은 그 이점이 크다는 것은 확실하지만 또한 감수해야 하는 부작용 역시 무시할 수 없다. 우리보다 먼저 통일을 이룬 독일의 사례에서 살펴보면 기업의 도산과 대량실업 등 통일이 가져올 사회경제적 혼란은 쉽게 예상 가능하다. 특히 남과 북의 경제적 격차가 약 20배에 이르는 상황을 감안할 때, 북한주민들이 남한 사회로 대량 유입하는 상황에 대한 우려도 크다. 대량의 인구유출은 남한 사회에도 큰 파장을 가져오지만 특히 북한지역에 심각한 경제·사회문제를 야기할 가능성이 크다. 결국 북한주민들의 남한 사회 유입을 어떻게 적절하게 통제할 것인지에 대한 정책적 대안 마련이 통일시 남과 북 모두에 주요 과제가 될 것이다.

남북통합이 순조롭게 이루어지기 위해서는 북한주민들의 대규모 이주에 따른 정치·경제·사회적 혼란 방지와 효과적인 통제방안이 통일 정부의 가장 중요한 정책과제가 될 것이다. 통일의 유형에 따라 이주규모와 세부상황에 대한 예상 시나리오는 달라질 수 있으나, 일부 분석에 따르면 이동에 제약이 없는 경우 통일 이후 남쪽으로 이주하는 북한주민의 수는 최소한 100만 명 이상이 될 것으로 추정하고 있다. 더욱이 이주 인구가 대부분 수도권 및 대도시로 향할 것임을 예상할 때 대규모 이동과 집중에 대한 정책적 대안이 마련되어야 한다.

통일 후 대규모 인구이동이 벌어졌던 독일의 사례를 보자. 동독주민의 서독으로의 이탈은 공산정권에 대한 불만으로 1953년부터 본격화되었으며 1961년 베를린 장벽이 구축되기 이전까지 약 270만 명이 이주하였다. 물론 베를린 장벽이 세워진 후 동독 이주민 수는 절대적으로 줄었으나 동서독의 경제적 격차가 커지고 동독에서 서독 사회에 대한 정보가 확산되자 동독주민들의 체제에 대한 불만과 이주에 대한 욕구는 커져 갔다. 결국 베를린 장벽이 허물어진 이후 통제하기 힘든 수준의 대규모 인구이동이 발생한다.

서독 정부는 1990년 화폐통합을 단행함으로써, 동독으로부터의 대규모 인구이동을 완화시킨다. 이후 화폐통합정책이 효과를 거두며 동독주민의 대규모 이주는 단기간에 막을 수 있었지만, 급진적 통합에 의한 충격과 동독기업의 경쟁력 상실로 대량실업이라는 부작용이 발생하였다.

또한 통합 초기 동독경제의 회복을 위해 실시한 막대한 투자와 생활격차 축소를 위한 복지비용 때문에 예상보다 많은 통일비용을 지불하게 된다. 통일 직전 서독 정부는 1994년까지 4년간 1150억 마르크의 통일비용이 소요될 것으로 예상했으나, 통일 후 열악한 독일 경제상태를 감안하여 2000년까지 10년간 2조 마르크를 투입하기로 했다. 그러나 실제로는 통일 후 비용이 급증하여 2005년까지 15년간 총 1조4000억 유로(1750조 원)를 사용하였다. 이와 같은 막대한 통일비용의 재원조달은 통합 초기 독일경제에 심각한 재정적 부담을 안기게 된다.

물론 독일도 사회·경제적 혼란을 방지하기 위해서 점진적이며 단계적인 경제통합을 선호하였으나 동독주민의 대규모 이주사태가 발생하면서 이를 막기 위해 화폐통합이라는 급진적인 통합조치를 시행하게 된다. 이와 같은 독일의 통일과정은 한반도 통일에 시사점이 크다. 최근 북한 내부에서도 남한에 대한 정보가 확산되면서 남한 사회에 대한 동경과 내부 체제에 대한 불만이 높아져 가는 것으로 알려져 있다. 강제 송환에 뒤따르는 엄중한 처벌에도 불구하고 지속적인 탈북이 이루어져 2014년 현재 2만 6000여 명의 북한이탈주민들이 남한에 정착하고 있다.

이러한 사실에 비추어 볼 때 통일로 인해 자유로운 이동이 가능해진다면 통합 초기 북한주민의 남한으로의 대량 인구이동은 쉽게 예상할 수 있다. 그리고 통일시 예견되는 북한주민의 대규모 이주문제를 해결하지 못할 경우 경제 구조조정 등 통합의 과정이 순조롭게 이루어질 수 없다는 점에서 예상 가능한 모든 시나리오를 설정, 대응하는 전략을 수립해야 한다.

남북 간 경제력 격차는 북한주민의 남한 이주결정에 가장 중요한 변수로 작용하게 될 것이다. 한국은행이 발표한 자료에 따르면, 2013년 기준 1인당 국민총소득(GNI)의 경우 남한 2869만5000원, 북한 137만9000원으로 약 21배의 차이가 났고, 국민총소득의 경우 남북 각각 1441조1000억 원, 33조8000억 원으로 그 격차는 43배에 달했다. 나아가 자본주의시장경제와 사회주의계획경제 간 체제경쟁력을 감안한다면 남북 경제력의 격차는 시간이 갈수록 더욱 심화될 가능성이 크다.

〈표4〉 남북의 경제적 격차(기준 연도: 2013년)

	남한	북한	격차
1인당 국민총소득(원)	2869.5	137.9	21배
국민총소득(조 원)	1441.1	33.8	43배

자료_한국은행

남북의 엄청난 경제적 격차는 생활수준 차이로 나타나고 있다. 현재 북한주민들의 생활수준은 남한의 1960~70년대 수준인 것으로 알려져 있다. 보다 높은 생활수준과 환경에서 살고 싶은 것은 인간의 본능이다. 좋은 환경에서 살기 위해서는 그 안에서 직업을 가져야하기 때문에 남한에서의 일자리를 찾아 젊은 층을 중심으로 대규모 이주가 발생할 수 있다. 현재 추세로 볼 때 남북 경제력 격차는 시간이 갈수록 더욱 심화될 가능성이 높은데 이는 경제적 유인 동기가 더욱 커짐을 의미한다.

합리적 남북통합 시나리오는

한반도에서 남북통합시 예상할 수 있는 통일 시나리오는 크게 두 가지로 예상된다. 하나는 점진적 통일 시나리오이고, 다른 하나는 급진적 통일 시나리오이다. 점진적 통일 시나리오는 남북한이 장기간에 걸쳐 상호 화해 · 협력의 단계를 거쳐 신뢰를 쌓아가며 정치, 경제, 사회 등 각 분야에서 단계적인 통합을 이루어 나가는 과정으로 우리 사회가 추구하는 이상적 시나리오에 해당한다. 점진적 통일 방안이란 본격적 통합 전에 북한의 개혁 · 개방을 유도하며 교류협력과 단계적 구조조정을 통해 낙후되어 있는 북한 경제를 재건하고 사회 인프라를 구축하여 통일시 남북 경제에 미치는 급격한 충격을 완화하는 방안이다.

반면 급진적 통일 시나리오는 대내외적인 요인으로 인해 북한 체제가 붕괴되어 남한 체제로 흡수 통합되는 시나리오이다. 급진적 통일 시나리오는 흡수통일을 전제로 하며 남북 양측에 심각한 영향과 충격을 줄 것으로 보인다. 그리고 통일시 통일비용으로 추정되는 막대한 지출을 남한이 전적으로 부담해야 한다. 이와 같은 경제적 부담 외에도 급속한 통합에 따른 이질감이 주민 간 통합에 장애요인으로 작용하여 외형적으로는 제도적 통합을 이루어도 정서적인 통합에는 어려움이 따른다.

독일의 사례를 볼 때 급진적 통일을 하는 경우 경제발전단계가 다른 이질체제의 통합에 따른 혼란으로 통일한국은 막대한 통일비용을 지출해야 할 것으로 보인다. 최악의 경우 통일이 남북 모두에게 부정적인 영향을 주어 통일시너지가 발생하기보다 통일비용이 이익을 상쇄하는 결과를 낳는, 즉 통일편익이 예상보다 훨씬 감소하는 결과를 가져올 수 있다. 이때 통일은 재앙이 되는 것이다.

남북통일이 어떤 형태로 이루어질지 현재로서는 불확실하다. 따라서 점진적 통일 시나리오와 급진적 통일 시나리오 외에도 발생 가능한 여러 시나리오를 설정하여 그 대처방안을 사전에 마련해야 한다.

오히려 공존형 통합의 방식 중 하나로 중국과 홍콩의 통합방식인 일국 양제형 통일방안에 대해 심층연구가 필요하다. 현재 중국은 홍콩 통합 후 1국가 2체제를 표방하여 홍콩 내부의 정치·경제적 독립성을 철저하게 보장하고 있다. 하지만 이와 같은 조치는 궁극적으로 하나로 통합되기 위한 과도기적 조치로 50년의 완충단계를 설정하여 점진적 통합으로 양측에 미치는 혼란을 최소화하기 위한 통합방식이다.

한편 경제 구조조정은 급진적, 점진적인 방법 두 가지로 대별될 수 있다. 급진적 구조조정이 발생할 경우 단기적인 성과는 얻을 수 있겠지만, 그 과정에서 실질소득 감소와 사회적 불안정이 야기될 수 있다. 이는 장기적인 관점에서 성장동력을 감소시키고 경제성장 기반을 흔드는 부작용을 초래할 수 있다.

따라서 통일과정에서의 남북 경제 구조조정은 단계별로 점진적인 접근이 요구된다. 특히 구조조정 과정에서 이루어지는 가격자유화와 사유화조치는 단계적으로 확대되는 것이 바람직하다. 자유화가 추진되는 과도기적 기간에는 물가불안을 막기 위해 가격안정화를 위한 정책이 필요하다. 이 단계에서는 시장이 제대로 기능을 발휘하지 못하기 때문에 한시적으로 가격통제와 같은 정부의 개입도 제한적으로 사용되어야 한다.

북한의 경제 구조조정은 여건조성기→경제구조조정기→본격적통합기를 거쳐 단계별로 일정기간 지속적으로 추진되어야 하는데 특히 구조조정이 안정적으로 추진되기 위해서는 남북 간의 대규모 노동인구 이동을 억제할 필요가 있다. 그리고 북한주민의 인구이동 억제방안은 북한 경제의 시장경제체제로의 전환을 위한 초기 여건 조성 단계에서부터 시행되어야 한다.

〈표5〉 통합시 북한 경제 구조조정 단계

1단계: 여건조성기	2단계: 경제구조조정기	3단계: 본격적통합기
① 법제도 개편 ② 가격자유화 ③ 사유화조치	① 북한 기업 경영체제개편 ② 북한 무역체제개편 ③ 산업 구조조정 북한 산업구조 개편, 산업입지조정 ④ 사회간접자본 건설 및 연계 ⑤ 북한 경제활성화를 위한 조치	① 화폐통합 ② 경제통합 ③ 사회통합

결론적으로 남북통합은 급진적보다 점진적으로, 개방적인 인구이동 정책보다 통제적인 인구이동 정책으로 이루어지는 것이 통일비용 부담을 줄인다는 측면에서 바람직하다. 통일이 우리 사회에 혼란으로 다가온다면 또 다른 사회적 분열과 갈등으로 이어질 가능성이 크다. 물론 우리가 그리는 이상적인 통일미래는 점진적 통합으로 통합효과를 극대화하는 것이다. 하지만 설사 예상치 못한 급진적인 통합의 상황이 도래하더라도 통일 정부는 정책적으로 과도기적 단계를 인위적으로라도 설정하여 점진적 통합을 유도해야 한다. 그러나 인구이동 통제과정에서 제기될 수 있는 권리침해 소지들에 대해서는 국민적 공감대 형성이 요구된다. 따라서 제도적 안착과 남북주민의 진정한 통일을 위해서는 다양한 정책검토와 사전대비가 필요하다.

우리의 목표는 통일이라는 시점에 국한되어 있는 것이 아니다. 통일 이후에도 행복하고 부강한 통일한국의 비전을 실현하기 위해서는 철저한 사전준비가 필요하다. 준비 안 된 통일은 축복이 아니라 재앙이기 때문이다. ●

참고문헌

김은영, "통일비용 관련 기존 연구 자료", 『KDI 북한경제리뷰』, 8월호, 한국개발연구원, 2010.

김창권, "독일 통일 이후 구동독지역 인구이동 및 인구변화와 한반도 통일에 주는 정책적 시사점", 『경상논총』 제28권 1호, 2010.

신동진, "통일비용에 대한 기존연구 검토", 『경제현안분석』 제64호, 국회예산정책처, 2011.

양문수, "경제적 측면에서 본 통일비용과 통일편익", 『통일기반의 효과적 조성 방안과 과제』, 「2011년도 전국대학통일문제연구소협의회 학술회의」, 2011.

이상만, "남북한 경제통합과 북한의 경제구조", 『남북한 경제통합론』, 북한경제포럼, 1999.

이영훈, "통일시 노동이동 억제방안 평가 및 정책적 시사점", 『경제논집』 제248권 제1호, 서울대학교경제연구소, 2009.

이종원 외, "통일한국에서의 대량실업 및 인구이동 대응방안 : 통일독일의 노동정책에 대한 평가를 중심으로", 『동북아경제연구』 제13권 제1호, 한국동북아경제학회, 2001.

전홍택 외, "남북한 경제통합 연구: 북한 경제의 한시적 분리 운영방안", 『연구보고서』 2012-10, 한국개발연구원, 2012.

조동호, "통일에 따른 경제적 편익", 『통일기반의 효과적 조성 방안과 과제』, 「2011년도 전국대학통일문제연구소협의회 학술회의」, 2011.

통일연구원 외, 『남북공동체 기반조성사업 결과보고회』, 통일부, 2011.

홍순직 외, 『남북통일, 편익이 비용보다 크다』, 『경제주평』 10월, 현대경제연구원, 2010.

KOTRA, 『북한 대외무역 동향』, 2013.

2부

통일경제 부문별 과제와 해법

북한 헌법의 경제조항 변화와 경제통합 앞길

박정원

최근 들어 북한 경제체제 전반에 정책적인 변화가 구체화되고 있다. 내각 경제부처의 권한강화, 시장경제체제 확대, 경쟁체제 도입, 외자유치를 위한 경제특구 및 경제개발구를 통한 개방 확대 등이 그것이다. 눈여겨 볼 것은 이들 조치가 관련 법령정비를 통해 이뤄지고 있는데, 정치적으로는 김일성-김정일-김정은으로의 권력승계 과정에서 체제수호에 중점을 두고 있다. 경제적으로는 1990년대 초반 동구 사회주의국가들의 정치체제 붕괴가 경제체제 모순에서 비롯된 것임을 절감하고 경제발전을 통한 체제안정을 도모하려 애쓰고 있다. 일방적인 폐쇄경제에서 부분적이나마 개방으로의 변화의 의지와 자세를 보여주고 있는 것이다. 주목되는 것은 이들 조치 중 경제정책 변화는 헌법의 경제관련 조항을 근거로 추진되고 있다는 점이다.

北, 경제회생 위해 나름 법적근거 마련

북한은 경제부문 개방을 위한 법적조치로 사회주의헌법(1972년)을 1992년, 1998년 두 차례 개정함으로써 서방의 자본과 기술을 도입하기 위한 헌법적 근거를 마련하였다. 이를 토대로 외국인투자법 등 대외경제 법제를 정비해왔으며, 민법을 비롯한 국내법 정비와 함께 경제관련 법령 정비도 지속적으로 추진하고 있다. 또한 2000년대 들어서 2004년, 2009년, 2012년, 2013년 헌법개정이 있었지만 김정일 시대에 이어 김정은의 권력승계와 함께 일부 공산주의 용어의 삭제, 선군사상, 인권보호 대목과 더불어 권력구조개편에 따른 권력기관의 변경 등과 관련한 일부 내용에 국한되었고, 경제관련 조항은 1998년 헌법개정 이후 크게 변함이 없는 상황이다.

1992년 헌법개정은 동구 사회주의체제 붕괴, 구(舊)소련 해체 등 사회주의 몰락이라는 사상 초유의 엄청난 대외 환경변화에 대한 법적대응이라 할 수 있다. 실제로 북한은 개정헌법을 통해 김일성 주체사상과 그에 기초한 '우리식 사회주의'를 유독 강조하고 있다. 후계자 김정일은 주체사상을 재해석하고 재구성해 이론적으로 체계화함으로써 북한식 사회주의의 이상향을 제시하는 한편, 김정일 지도노선을 확고하게 구축함과 동시에 후계 권력기반을 공고히 하였다.

이어 1998년 개정헌법은 김일성 사후 비정상적인 국가운영체제에서 벗어나 김정일 체제의 공식적인 출범을 계기로 이뤄졌다. 새로운 김정일 정치체제의 수호와 경제회생이라는 두 가지 과제를 동시에 이행하기 위한 법적·제도적 장치를 헌법에 명시한 것이다. 특히 개정헌법은 경제부문에 대한 정책방향을 구체적으로 제시해 주목을 받았다.

그렇다면 헌법상 경제조항의 변화는 어떤 배경에서 이뤄진 것인가. 첫째, 경제난 타개를 위한 법적 근거와 관련 법령의 정비 필요성이다. 북한의 경제난은 복합적 요인에서 비롯된 것으로 심각한 상황에 직면했다. 소비재 생산의 격감은 국가가 통제하는 상업체계를 마비시켰고, 식량난은 식량배급제를 와해시켰다. 사회주의국가 간의 경제적 연대체제가 무너지면서 외환사정은 극도로 어려워졌고, 홍수와 가뭄까지 겹쳐 식량난이 가중되면서 경제난을 더욱 악화시켰다.

따라서 경제회생은 권력체제의 안정을 위해서도 필수적 과제로 인식되었다. 체제생존전략 차원에서도 사회주의계획경제와 민족자립경제에 기초한 주체경제노선만을 추구할 수 없었고, 실용주의적 경제정책을 수용해야 했다. 이를 위해 사회주의통제경제 및 자본주의국가와의 경제교류와 협력을 금지한 원칙으로부터 벗어나야 하는 과제가 대두되기도 하였다. 관련 헌법조항의 변화 내지 새로운 조항은 과제해결의 필수 전제가 된 것이다.

둘째, 시장경제 활성화를 현실화하고 경제활로를 찾는 정책적 노력을 법제화할 필요성이다. 헌법개정으로 경제활동 변화를 현실화 내지 공식화함으로써 제한적이나마 사회주의계획경제 원칙에서 벗어나 시장경제원리에 입각한 관련 제도를 도입하거나 이를 장려하겠다는 점을 분명히 하고 있다. 텃밭경작의 확대, 분조관리제 강화를 통한 개인소유의 대상 확대, 농민시장에서의 자유매매 활성화 등이 대표적인 사례다.

이러한 조치는 식량과 소비재 수요공급에 있어서 암시장과 사적거래의 확산을 불러왔다. 북한의 입장에서 사적 경제영역의 확대와 암시장 확산은 사회주의 경제체제의 효율성 저하나 체제정당성의 약화를 의미하지만, 오히려 소비재 부족을 완화하여 불만을 해소시킴으로써 체제유지에 도움이 되는 점을 고려했다고 볼 수 있다. 확산되고 있는 암시장의 현실을 인정하고 이를 사실상 공식화한 것도 같은 맥락이다.

셋째, 대외경제개방정책의 법적근거를 제시할 필요성이다. 북한은 경제난 극복을 위해 서방의 자본과 기술 도입을 위한 대외경제개방정책을 확대해야 할 필요성이 커졌다. 대외경제개방정책 추진을 위한 법제도 정비가 급했던 것으로 판단된다. 헌법을 근거로 외국인투자법을 외국인투자의 기본법으로 하여 외국인투자 관련 법제와 자유경제무역지대법과 관련 법제를 마련하였다. 또 대외경제개방을 위한 일반 법제로 대외민사관계법, 대외경제계약법, 대외경제중재법, 토지임대법 등의 입법을 통해 경제개방의 근거를 마련하였다.

이와 함께 나진·선봉지역을 '자유경제무역지대'로 설정하고, 외국인 및 외국기업의 투자유치를 위한 노력을 기울여 왔다. 특히 '특수경제지대'를 통한 경제개방은 경제난을 타개하기 위한 현실적인 대안이었다.

넷째, 실용주의노선에 입각한 경제정책을 펴야 할 필요성이다. 경제부문의 실용주의 노선 전환을 의미한다. 북한은 주민에 대한 통제를 강화하는 것으로 체제수호에 역점을 두는 한편 체제불안을 해소하기 위해 개방정책을 추진하는 양면성을 보여준다. 부분적이나마 자본주의경제원리를 적용한 '특수경제지대'를 설정하고도 일반주민들의 접근은 철저히 막고 있다. 경제난을 자체적으로 해결할 수 없는 상황에서 자립적 민족경제노선에 의한 폐쇄적 체제의 비현실성을 자각하고 있는 것이다. 이런 점에서 북한은 대외개방정책을 지속적으로 추진할 것으로 보인다.

북한은 1992년 헌법개정 당시 경제부문(제19조~제38조)에서 경제난 타개라는 현실을 반영하고 경제체제의 정책적 변화를 시도하는 조항을 신설하였다. 경제건설 촉진을 위해 인민경제의 주체화·현대화·과학화(제26조), 기술발전문제의 최우선과제 선정 및 과학기술발전과 인민경제의 기술개조(제27조), 농촌기술혁명을 통한 농촌공업화(제28조) 등이 대표적인 예다. 또한 '식·의·주' 문제 해결을 위한 인민복지조항(제25조)도 신설하였다.

개정 내용 중 주목되는 것은 북한 내 외국인의 합법적 권리와 이익을 보장하는 조항(제16조), 외국법인 또는 개인들과의 기업 합영과 합작을 장려하는 조항(제37조)이다. 이는 북한이 대외경제부문에서 법적·제도적 여건의 개선을 통한 선진자본과 기술을 도입할 수 있는 정책추진의 근거이기도 하다. 이를 근거로 외국인투자법을 포함한 대외경제법제 등 경제특구법제의 정비가 가능하게 된 것이다.

북한에서도 주택과 승용차 소유 가능할까

북한은 1998년 개정헌법을 통해 보다 많은 경제개방 조치를 담아냈다. 경제난 극복을 위한 하나같이 중요한 조치들이다. 첫째, 소유제의 개편이 눈에 띤다. 소유 구조조정과 개인소유 범위 확대, 경제 자율성 확대, 대외경제개방 확대 등 진일보한 내용이 주를 이룬다. 우선 생산수단의 소유 주체를 '국가와 협동단체'에서 '국가와 사회·협동단체'로 규정하여(제20조), 사회단체를 추가함으로써 북한에서 경제활동의 주체로서 사회단체의 영역이 확대되었다. 동시에 국가소유의 대상을 축소하였다(제21조. 예: 종전의 '교통운수' 부문을 '철도·항공운수'로 한정).

반면에 사회·협동단체 소유의 대상을 확대하였다(제22조. 예: 종전의 '농기구', '고기배'에서 '농기계', '배'로 규정). 종래 트랙터 등 농기계는 국가만이 소유할 수 있고 협동단체는 농기구만을 소유할 수 있었으나, 사회·협동단체도 이제는 농기계를 소유할 수 있게 되었다. 또한 협동단체는 종래 고기배(어선)만 소유할 수 있었으나, 이제는 화물선, 여객선 등 다른 종류의 배(선박)도 소유가 가능하게 되었다.

이와 함께 종래 협동단체 소유로 되어 있던 부림짐승(가축)과 건물을 삭제(제22조)함에 따라 가축, 살림집(주택)에 대한 개인소유도 가능하게 되었으며, 주택 외의 일반건물에 대한 개인소유가 허용되었다. 이와 함께 1990년 제정된 북한 민법은 살림집(주택)이라든가 승용차 같은 기재도 개인소유의 대상에 포함시키고 있다(제59조).

아울러 개인소유의 주체를 근로자에서 공민으로 바꾸고(제24조), 동시에 개인소유의 대상 중에 '협동농장원들의 터밭경리를 비롯한 주민의 개인부업경리에서 나오는 생산물'을 '터밭경리를 비롯한 개인부업경리에서 나오는 생산물'로 수정하였다(제24조). 텃밭경리는 북한주민 사이에서 활성화되고 있으며 초보적인 자본주의적 경제활동으로 볼 수 있다. '그 밖의 합법적인 경리활동을 통하여 얻은 수입'도 개인소유에 속한다(제24조)고 하여 개인소유의 대상을 확대하였다. 이는 묵인해왔던 주민의 상거래 등 사적 경제활동을 허용하는 것으로 볼 수 있다.

예컨대 텃밭 경작에 따른 이윤뿐만 아니라 농민시장이나 물물교환 등을 통해 얻는 개인적 이득을 인정하였다. 북한 민법은 근로자들의 개인적이며 소비적인 목적을 위한 기존 소유의 대상에(제58조 2항: 노동에 의한 사회주의 분배. 국가 및 사회의 추가적 혜택. 텃밭경리를 비롯한 개인부업경리에서 나오는 생산물. 공민이 샀거나 상속·증여받은 재산.

그 밖의 법적 근거에 의하여 생겨난 재산 등) 살림집과 가정생활에 필요한 여러 가지 가정용품, 문화용품, 그 밖의 생활용품과 승용차 같은 기재를 포함시킴으로써 개인소유권 대상을 확대하였다(제59조). 개인소유재산에 대한 상속권 보장에 따라 개인소유 인정범위는 더욱 확대될 여지가 있다.

둘째, 경제관리 운영원칙의 변화도 주요한 대목이다. 국가는 경제관리에서 대안 사업체계의 요구에 맞게 독립채산제를 실시하며 원가, 가격, 수익성 같은 경제적 공간을 옳게 이용하도록 한다는 규정을 신설하였다(제33조). 북한에서 독립채산제는 국영공장·기업소를 중심으로 실시되었으며, 점차 농업부문과 비생산적 부문인 유통부문에 이르기까지 확대되어 왔는데, 앞으로 독립채산제의 확대 실시로 경제관리 운용에서 자율성도 확대될 것으로 보인다. 이와 함께 원가, 가격, 수익성 같은 시장경제개념의 도입은 북한 경제에 활력소를 불어 넣으려는 정책의지를 보여주는 것이다. 이와 관련하여 북한은 1997년에 '가격법'을 제정한 바 있다.

셋째, 대외무역의 주체 변경과 외국인투자의 확대는 개방정책의 핵심이다. 대외무역부문과 외국의 투자확대를 위한 조치로 헌법규정까지 개정하였다. 주요 내용을 보면, 대외무역은 '국가가 하거나 국가의 감독 밑에서 한다'는 조항을 '국가 또는 사회·협동단체가 한다'로 수정하여 대외무역 주체로 국가 외에 사회·협동단체를 추가함으로써 교역확대 및 활성화를 꾀하고 있다. 대외무역에서 국가독점에서 벗어나 대외무역 당사자를 확대함으로써 다방면에서 무역활성화를 통해 경제의 활로를 모색하려는 것으로 보인다. 이와 관련하여 북한은 1997년 매년 1월28일을 '무역절'로 정하고 1998년에는 '무역법'도 채택하여 대외무역사업을 강화하는 조치를 취하였다.

또 외국법인이나 외국인들과의 기업 합영과 합작을 장려한다는 조항에 추가하여 특수경제지대에서 다양한 기업창설·운영의 장려를 규정하였다(제37조). 특수경제지대는 경제특구를 말하는 것으로 나진·선봉 이외의 경제무역지대 확대와 개성공단, 금강산관광지구 등의 설정을 통해 확대되었다. 제한된 지역 내에서 자유로운 경제활동을 보장함으로써 외국 및 남한의 투자를 적극 유치하여 북한 경제의 활로를 찾으려는 북한의 의도를 분명히 하였다.

〈표1〉 북한 헌법의 경제조항 개정 내용

조 항 (제2장)	구 분		1992년 개정헌법	1998년 개정헌법	비 고
제20조	생산수단소유주체		국가와 협동단체	국가와 사회·협동단체	사회단체 추가
제21조 (3항)	국가의 배타적소유 대상		모든 자연부원, 중요공장과 기업소, 항만, 은행, 교통운수와 체신기관	모든 자연부원, 철도·항공운수, 체신기관과 중요공장, 기업소, 항만, 은행	교통운수를 철도·항공운수로 한정
제22조 (1항)	사회· 협동 단체 소유	개념	'협동경리'에 들어있는 근로자들의 집단적 소유	'해당 단체'에 들어있는 근로자들의 집단적 소유	용어 변경
제22조 (2항)		대상	토지, 부림짐승, 농기구, 고기배, 건물 등과 중소공장, 기업소	토지, 농기계, 배, 중소공장, 기업소	농기구→농기계, 고기배→배, 부림짐승, 건물 삭제
제24조 (1항)	개인 소유	주체	근로자	공 민	용어 변경
제24조 (3항)		객체	협동농장원들의 터밭경리를 비롯한 주민의 개인부업 경리에서 나오는 생산물	터밭경리를 비롯한 개인부업경리에서 나오는 생산물과 그밖의 합법적인 경리활동을 통하여 얻은 수입	개인소유의 범위 확대
제26조 (1항)	자립적 민족경제		조국의 '자주적 발전'을 위한 밑천	조국의 '융성번영'을 위한 밑천	용어 변경
제28조 (1항)	농촌기술혁명		농업의 공업화	농업의 공업화·현대화	현대화 추가
제33조 (2항)	경제관리운용		-	독립채산제 실시, 원가·가격·수익성과 같은 경제적 공간 옳게 이용	추가 신설
제36조 (1항)	대외무역주체		국 가	국가 또는 사회·협동단체	사회·협동단체 추가
제37조	대외경제개방		외국법인 또는 개인과의 기업합영·합작 장려(신설)	특수경제지역에서의 여러 가지 기업창설·운영 장려	추가

北, 변하고 있지만 우리식 사회주의는 고수

헌법개정을 통해 북한은 기본 경제체제인 사회주의계획경제체제의 틀 속에서 경제회생을 위한 변화의지를 보여주었다. 헌법상 경제조항의 변화내용을 보면 다음의 몇 가지 점에서 특징을 발견할 수 있다.

우선 북한식 사회주의 시장경제체제로의 전환을 볼 수 있다. 북한은 사회주의 계획경제의 원리에 입각한 자립경제원칙을 고수하는 한편, 제한된 범위 내에서 경제개혁 및 개방정책을 펴왔다. 헌법개정으로 북한 경제에서 시장경제요소를 도입하는 현실변화를 반영하였다.

이와 함께 대외무역을 강화하고자 하는 태도를 읽을 수 있다. 무엇보다 북한이 대외무역을 강화하려는 것은 대외무역 활성화를 통해 경제난 타개를 위한 돌파구를 여는 데에 있다. 경제무역지대를 중심으로 한 합영·합작·외국인회사의 자유로운 설립과 함께 이들을 통한 수출입 확대, 교역대상국과 교역품목 확대를 위하여 다양한 무역회사 설립을 법적으로 뒷받침하는 조치를 마련하였다. 대외무역 강화조치는 우리와의 경제 교류협력 확대와도 연관되어 있다. 남북 간에는 개성공단과 같이 북한 경제특구 형태의 개발을 통해 직접교역이 추진되고 있으며, 이를 토대로 여러 분야에서 협력사업이 더 활성화되면 남북경협은 그만큼 발전하게 될 것이다.

아울러 특수경제지대 설정을 통한 경제활성화를 더욱 확대해 나갈 것으로 기대된다. 북한은 나진·선봉지역 외에 경제무역지대 확대를 추진하고 있다. 그동안 성과를 바탕으로 외국 기업 및 외국인에 대한 대외경제개방을 확대 추진하고자 하는 것이다. 남한과는 개성공단과 금강산관광지구 개발과 운영이 이루어지고 있고, 중국과는 황금평·위화도경제지대를 설치하기 위한 기본법령을 갖추었다. 나진·선봉지구도 경제무역지대 개발과 운영방식 개선을 위한 관련법령의 정비가 있었다. 앞으로 여러 형태의 특수경제지대 설정은 남한 기업의 투자도 확대하는 결과를 가져오게 되어 남북 교류협력 기반을 확충하는 데에도 긍정적인 영향을 미칠 것이다.

변화된 경제현실을 크게 반영한 것도 새로운 시도다. 헌법상 경제조항 개정은 결국 북한 경제의 변화된 현실을 반영한 것이다. 구조적인 모순으로 인한 북한 경제 침체는 계획경제의 틀을 변화하도록 하는 요인이 되었다. 현물배급체제가 마비되고, 국가의 공급능력이 한계에 달한 상태에서 대부분의 생산 및 유통기능은 시장에 의존할 수밖에 없는 상황이다. 북한에서 암시장의 확산은 북한 경제 체제 변화에 있어서 하나의 변수가 되고 있다.

북한은 식량이나 소비품에 대한 국가배급이 불가능한 상황에서 불가피하게 시장체제를 수용하고 있다. 소유구조를 조정하는 등 북한의 경제생활 및 활동의 변화는 헌법상 경제조항에서 반영하고 있다. 결국 헌법상 경제조항과 민법체제 개편은 북한의 대내외적 환경변화에 따른 소산이라고 볼 수 있다.

함께 승자되는 남북경협을 위하여

김정은 체제는 우선 대내경제 부문에서 인민생활 향상과 경제성과를 높이기 위해 내각에 경제정책 추진력을 부여하였다. 2002년 '7·1경제개선조치'를 주도하였던 경제·기술관료의 재등장이 이를 말해준다. 또한 농업 관리와 기업소 경영활동에 부분적이지만 시장경제제도와 경쟁체제를 도입하는 조치를 통해 생산성을 높이는 정책을 펴고 있다. 공식적이진 않지만 이른바 '6·28농업개혁조치'와 '12·1기업소개혁조치'로 불리는 정책은 바로 북한의 경제정책 변화를 단적으로 보여준다. 특히 강화된 인센티브와 자율성 확대는 자본주의경제체제의 시장경제원리 확산을 의미한다.

다음으로 대외경제개방의 확대 움직임이 뚜렷하다. 경제특구법 법제정비와 전국단위의 개발구법 제정은 보다 적극적인 외자유치를 하겠다는 의지의 일환이다. 북한은 2013년 13개의 지방급 경제개발구 개발을 천명한 데 이어 2014년 7월 평양, 강령, 청남, 숙천, 삭주, 남포 등 6개의 경제개발구를 추가로 지정했다. 이 계획에는 기존과 달리 3통(통행·통신·통관)을 보장하고, 경제특구정책의 일관성을 확보하는 한편 전담기구의 체계적 운영 등에 대한 대안을 담고 있으며, 과학단지, 관광개발에 대한 의지를 보이고 있다. 기존 특구정책의 실패 경험을 반영하여 성과중심으로 변화를 꾀하겠다는 전략이 엿보인다.

지금까지 살펴본 바와 같이 헌법 경제조항에서 규정한 '북한식 사회주의적 시장경제체제' 실현을 위한 다양한 정책은 향후 대북경협의 중요한 방향타 역할을 할 것이 분명하다. 대외개방정책을 통해 경제난을 타개하고 남북 간 경제격차를 어느 정도라도 해소한다면 통일비용 축소에도 큰 도움이 된다. 이를 감안해 우리의 역할도 구체적으로 확대되어야 한다. 북한 경제의 시장질서로의 유도와 경제특구에 대한 투자 확대는 남북 경제공동체를 만드는 밑거름이 될 것이다. 지속적인 남북경협 추진은 북한의 외자유치를 통한 대외개방정책에 기여하고 인적·물적 자원에 대한 우리의 자본과 기술력이 결합하여 경제통합기반을 공고히 할 수 있다. ●

북한의 개방 아이콘, 외국인투자법제

박현일

외국인투자에 관한 한 북한은 마음은 급한데 몸이 따라주지 않는 형국이다. 손에 꼭 쥐고있는 '핵개발'이란 가방으로 인해 사면초가를 자초하였기 때문이다.

북한은 1980년대 중국경제가 개혁 · 개방을 통하여 비약적으로 발전하는 것을 지켜보았다. 이후 중국의 성공사례를 본떠 대외경제법제를 손질하고 사회주의 경제시스템의 예외가 적용되는 경제특구를 건설하였다.

북한에는 1980년대 초까지 외국인투자를 위한 법령이 따로 없었으나, 중국의 사례를 모방하여 1984년 9월 외국인이 북한 내에 합영기업을 설립할 수 있는 합영법을 제정하였다. 이듬해에는 그 하위규정과 관련세법을 제정하여 외국인투자(FDI) 유치에 본격적으로 착수하였다. 그럼에도 외국인투자 유치가 별 실효성을 거두지 못하자 1991년 12월 중국의 경제특구와 비슷한 나진 · 선봉자유경제무역지대를 선포하였다.

1992년 북한 헌법은 사유재산을 일부 허용하는 한편 외국 법인 또는 개인들과의 합영과 합작을 장려한다는 규정을 두어 외국인투자에 관한 법적 기초를 마련하였다. 같은 해에는 외국인투자법과 합작법, 외국인기업법을 제정하여 외국인투자 유치의 확대를 꾀하였다.

1995년에 만든 대외경제계약법은 종래 FDI관련법과 북한 민법 등에 의하여 규율되던 외국인과의 계약체결 절차와 방법, 계약위반시의 손해배상, 강제이행수단, 분쟁해결절차와 방법을 규정한 것이다. 대외민사관계법은 북한 최초의 국제사법으로 섭외적 재산관계, 신분관계, 국제거래와 국제민사소송에 관한 준거법 구실을 하게 되었다. 또 1999년 제정된 대외경제중재법은 외국인투자기업, 외국인기업, 해외조선동포 등을 대상으로 한 중재법이다.

1998년 사회주의 헌법에 입각하여 1999년 2월 외국인투자법 등 모두 9개의 법령과 외국인투자기업 노동규정 등 5개 규정을 개정하였다. 2001년 4월에는 가공무역법, 저작권법 등 3개의 법령을 새로 채택하였다.

5대 경제특구, 나진·선봉, 신의주, 개성, 금강산, 황금평

북한은 2002년 7월 물가 현실화, 배급제의 일부 폐지, 독립채산제 도입 등을 내용으로 하는 경제관리개선조치(7·1조치)를 실시하고, 신의주특별행정구, 금강산관광지구, 개성공업지구 등을 차례로 지정하였다. 이들 지역에 대해서는 각종 투자우대조치를 내걸고 남한 기업의 대북투자를 유치하였다. 신의주특별행정구기본법이 국적에 관계없이 외국인투자를 유치하는 것과는 달리 금강산관광지구법과 개성공업지구법은 남한 기업을 대상으로 한 것이었다. 2005년 7월에는 6·15공동선언을 구체화한 '북남경제협력법'을 제정하였다.

2010년에는 나선시를 특별시로 승격하고 황금평에 경제특구를 조성하기로 했으나, 천안함 사건에 따른 5·24조치로 남북경협은 개성공단을 제외하고는 대부분 중단되었다. 이러한 사정은 2011년 12월 김정은 정권이 들어선 후에도 크게 달라지지 않은 것으로 보인다.

북한의 경제특구는 중국의 제도를 모방하여 특정지역에 한하여 실시하는 것이기에 외국인투자법제와는 별개로 고찰할 필요가 있다. 중국은 1970년대 말 광둥, 선전, 하이난 등 남중국에 4개의 경제특구를 설치하고 서방 자본과 기술, 경영기법을 본격 도입하였다. 그 다음으로 해안지역을 개방하고, 그 성과를 점차 내륙지역으로 확산하는 이른바 '점-선-면' 전략을 취했다.

북한 당국은 1991년 나진·선봉에 자유경제무역지대를 설치한 데 이어 2002년 중국 어우야 그룹 총수 양빈에게 홍콩이나 심천과 비슷한 신의주특별행정구 건설을 일임하였다. 하지만 네덜란드 국적의 양빈이 신의주특별행정구 행정장관 임명 직후 탈세와 부동산개발 등의 위법행위로 중국 당국으로부터 사법처리를 받는 바람에 신의주특구 건설은 흐지부지되고 말았다.

한편 현대아산 등 남한 기업이 제안한 금강산관광지구와 개성공업지구는 김대중 정부의 햇볕정책과 남북경협 무드에 힘입어 개발이 본격 추진되었다. 두 곳 모두 당초 개발사업자와의 포괄적인 계약 방식으로 사업을 개시하였으나, 북한 당국은 2002년 이를 경제특구방식으로 전환하고, 각각 국제적인 관광지역, 국제적인 공업·상업·관광지역으로 선포하는 한편 그 적용대상을 남측 기업 및 해외동포, 외국인으로 확대하였다.

중국의 사례와 비교할 때 북한의 경제특구는 외부자본에 의존하여 사회간접자본(SOC)을 형성하는 데 역점을 두었으나, 경제적 인프라와 인적자원의 절대부족, 핵개발에 따른 국제사회의 제재로 투자가 제대로 이루어질 수 없었다.

북한의 외국인투자법제는 외국인투자법이 일반법의 지위에 있고 특별법으로 합영법, 합작법, 외국인기업법이 있다. 그 밖에 대외경제교류와 관련한 법률로는 외국인투자기업 및 외국인세금법, 외국인투자은행법, 대외경제계약법, 토지임대법, 외화관리법 등이 있다. 한편 경제특구를 설치하기 위해 나선경제무역지대법, 신의주특별행정구기본법, 개성공업지구법, 금강산관광지구법, 황금평·위화도경제지대법을 각각 제정하였다.

2013년 5월 지방급 경제개발구의 추진을 지원할 경제개발구법을 제정한 데 이어 11월에는 최고인민회의 상임위원회 정령을 통해 각 도(道)에 경제개발구를 내오기로 결정함으로써 소규모의 경제개발구 13개가 추가되었고, 2014년 7월 6개 경제개발구를 추가 지정했다.

〈표1〉 북한의 5대 경제특구 현황

구분	나진 · 선봉	신의주	개성	금강산	황금평 · 위화도
위치, 면적	함경북도 470㎢	평안북도 132㎢	황해남도 66㎢	강원도 100㎢	평안북도 16.0㎢/12.2㎢
지정일	1991.12 (특수경제지대 2010.1)	2002.9 (특수경제지대 2013.11)	2002.11	2002.11	2010.
유형	경제무역지대	홍콩식 특별행정구	공업단지	관광특구	경제무역지대
관련법	라선경제무역 지대법	종전: 신의주특별 행정구기본법 현재: 경제개발구법	개성공업 지구법	금강산관광 지구법	황금평 · 위화도 경제지대법
주요 기능	첨단기술산업, 국제 물류업, 장비제조업, 무역 및 중계수송, 수 출가공, 금융서비스	금융, 무역, 상업, 공업, 첨단과학, 오락, 관광지구개발	공업, 무역, 상업, 금융, 관광지개발	국제관광지	정보, 관광문화, 현대농업, 경공업
자치권	행정	입법, 행정, 사법	독자적 지도 · 관리	독자적 지도 · 관리	행정
토지임대기간	50년	50년	50년	50년	50년
사용화폐	북한 원/외화	외화	외화/신용카드	외화/신용카드	북한 원/외화
출입비자	무비자 (출입증명서)	비자발급	무비자 (출입증명서)	무비자 (출입증명서)	무비자 (출입증명서)

자료_이종석(2014), 신의주 특별행정구는 2013년 11월 이후에는 '경제개발구법' 적용

이들 법률에서 외국투자가란 북한 영역 내 투자하는 다른 나라의 법인 또는 개인을 말하고, 외국인투자기업이란 북한 영역 안에 설립한 합작기업, 합영기업, 외국인기업을 가리킨다. 합작기업은 북한 및 외국투자가가 공동으로 운영하되 운영은 북한 측이 하며 계약조건에 따라 이윤을 분배한다. 합영기업은 북한 및 외국투자가가 공동으로 투자 · 운영하며 각 투자비율에 따라 이윤을 분배한다. 외국인기업이란 외국투자가가 단독 투자하여 설립하고 독자적으로 경영하는 기업을 말한다. 한편 외국투자기업은 우리의 자회사에 해당되는 '새끼회사(자회사)'를 설립할 수 있도록 규정하고 있다.

합작기업, 합영기업은 북한 영역 안이면 장소의 제한 없이 설립할 수 있으나 외국인기업의 설립장소는 지역이 제한되어 있다. 이것은 외국인 단독투자를 경제무역지대 내로 한정하여 북한 체제에 미치는 영향을 극소화하면서 개발을 유

도하기 위한 것으로 보인다. 생산수단이 국가와 사회협동단체에 속해 있는 북한에서 외국인투자기업은 필요한 토지를 국가 또는 사회협동단체로부터 임대받거나 북한 측 파트너가 현물 출자한 것을 이용할 수 있을 뿐이다.

〈표2〉 북한과 중국의 외국인투자기업 기본유형 비교

중국	북한	투자방식	경영방식	분배방식	
				이익	손실
합작경영기업	합영기업	공동	공동	공동(지분율)	공동(지분율)
합작경영기업	합작기업	공동	단독(북한측)	공동(계약)	단독(북한측)
외국인독자기업	외국인단독기업	단독(외국측)	단독(외국측)	단독(외국측)	단독(외국측)

자료_신웅식·안성조(1999)

북한 당국이 1998년 사회주의헌법에 입각하여 경제관리와 대외경제 분야에서 제·개정한 법률은 외국인투자기업에 대해 사회주의경제체제에서는 상상도 할 수 없었던 자본투자, 경영자치 및 이윤분배의 개념을 수용하는 등 비록 제한적이나마 자본주의 기업경영 방식을 도입한 것으로 평가된다. 자유경제무역지대법과 같이 특정지역에 대한 외국인투자에만 적용되는 것도 있지만, 외국인에 의한 북한지역 내 투자와 관계된 모든 것을 그 규율대상으로 하는 외국인투자법도 있다.

북한의 외국인투자법규는 중국의 관련법제를 많이 모방한 것이 특징이다. 그러나 법제정의 기본방향 및 운영, 법규정의 전제가 되는 경제현실에 있어서 다음과 같은 문제점이 지적되고 있다.

첫째, 외국인투자에 대한 국가기관의 승인, 감독, 과세 등의 수단을 통해 여전히 국가적 통제와 간섭이 보편화되어 있고, 경제발전보다 체제유지를 우선하고 있다.

둘째, 이해관계가 민감하게 교차할 수 있는 법규범에서는 구체적인 기준이 결여되어 북한 측의 자의적인 방침과 해석에 따라 외국투자가의 이익이 침해될 소지가 크다. 예컨대 나라의 안전에 지장을 주거나 기술적으로 뒤떨어진 기업을 창설할 수 없다거나, 외국투자가는 북한의 인민경제 발전에 지장을 주는 행위를 하지 말아야 한다는 규정 등은 다분히 선언적 성격을 띠고 있는 것으로서 북한 당국의 의도에 따라 외국인기업을 언제든지 제재할 수 있는 근거로 활용될 여지가 있다. 또한 불명확한 용어정의, 정확한 적용기준 결여, 관련법규의 미비와 함께 상·하위 규범관계, 신·구법 상호관계도 불명확하고 법규보다 지도자의 교시, 당의 정강·방침이 앞서는 경우가 많다.

셋째, 개성공단 입주기업에 대한 조세감면 기간이 지나자마자 세금폭탄을 안기는 등 예측가능성이 떨어진다. 그리고 부당한 과세처분에 대한 신소(불복)절차가 분명하지 않으며 아직 남북 상사중재가 가동되지 않고 있다.

넷째, 북한이 중국의 경제특구와 똑같이 만들었다 해도 화교자본을 끌어들인 중국의 경우와는 달리 해외 한민족 자본을 북한에 유치하기 어렵다. 그렇다면 북한 당국은 처음부터 남한 기업의 투자를 받거나 베트남과 같이 국제기구를 통한 공적 원조를 얻는 데 주력해야 한다. 베트남 정부는 1986년 '도이모이' 경제개혁에 착수하였고, 1990년부터 세계은행과 접촉하여 경제정책에 관한 정책협의를 개시하였다. 1993년 투자 프로젝트 차관이 이루어졌고, 1994년에는 구조조정 신용대출도 실시되었다. 이때부터 베트남 정부는 체제전환을 위한 개혁을 강력 추진하기 시작하여 1990년대 나머지 기간에는 구조조정 차관보다 국제금융기구의 금융지원을 많이 받게 되었다.

다섯째, 외국인투자 사업이 북한 경제와 동반성장한다는 확신을 주지 못하고 있다. 일단 개혁에 착수하고 시장경제 여건이 어느 정도 갖추어진 다음 개혁의 속도를 조절하면서 외국인직접투자를 활성화하는 것이 바람직하다고 생각된다.

北, 외자 유치하려면 南 1순위 삼아야

통일에 즈음하여 북한이 직접 또는 남한 기업을 통하여 외국자본을 유치하고자 한다면 무슨 조치부터 취해야 할까. 일단 남한 기업을 외국인투자 유치대상 1순위로 하고, 국제금융기구로부터 금융지원을 받는 것에도 관심을 기울여야 한다. 기본적으로 외국인투자자들이 안심하고 투자할 수 있는 제도정비와 함께 투자환경을 조성하여야 한다.

이를 위해서는 투자주체에 관한 법문상의 표현을 바로잡아 남한 기업들이 북한지역에서 투자를 많이 하도록 유도하고, 남측 투자자들은 중국 자본과의 경쟁에 대해서도 각별히 유념해야 할 것이다. 외국인투자법을 비롯하여 자유경제무역지대법, 외국인기업법 등 관련법규에 남측 투자가에 대한 투자우대 규정을 둘 필요가 있다.

이러한 견지에서 북한 당국이 2005년 '북남경제협력법'을 제정한 것은 고무적이다. 이 법은 남북 사이에 진행되는 건설, 관광, 기업경영, 임가공, 기술교류와 은행, 보험, 통신, 수송, 봉사업무, 물자교류 등의 경제협력사업을 수행하는 북한의 기관·기업소·단체 및 남한의 법인·개인에 대하여 적용된다(동법 제2조). 이로써 남북 경협사업은 당국 간 합의와 해당 법규, 그에 따른 남북 당사자 간의 계약에 기초하여 직접거래의 방법으로 이루어진다(동법 제7조)는 법적 제도적 기반이 마련되었다. 그러나 여전히 원칙적 입장에서 선언적 규정이 많고 하위의 세부규정과 절차가 미비해 구체적인 보완이 필요한 실정이다.

북한으로서는 외국자본이나 선진기술 도입이 경제재건을 위해 필수적이지만, 북한이 자력으로 외국인투자를 유치하는 데는 한계가 있다. 대외개방 정책이나 외국인투자 관련정책도 아직 정비가 덜 되어 있고, 외국인투자 유치를 위한 인력이나 노하우도 갖추어져 있지 않기 때문이다. 따라서 적극적인 외국인투자 유치를 위해서는 남한 기업이 북한에 먼저 진출하여 성공사례를 축적하고 남북 공동으로 투자유치 활동을 전개하는 것이 순서일 것이다.

대북투자 유치와 아울러 정부, 공공기관, 민간기업이 협력하여 북측 기업에 대해 시장경제적 경영교육, 노무·품질관리기법 전수, 기술자 파견 등 포괄적 지원을 실시하는 것도 필수적이다. 경제 분야에서 본격적인 인적교류 없이는 남북 산업협력이 한계가 있다는 점을 북측에 지속적으로 설득할 필요가 있다.

이와 관련하여 반드시 유념해야 할 사항은 국제자본거래에 관한 국제사회의 일반 규범을 하루 속히 도입하는 일이다. 이 일은 북한 스스로 하기는 어렵다. 현재 북핵문제에서 볼 수 있듯이 대외관계가 정상화되어야 외국인투자도 활기를 띠게 마련이다. 이를 위해서는 북한 내부체제의 개혁 및 개방의 확대가 시급하나, 북한은 아직 이에 대한 준비가 덜 되어 있다. 따라서 미국이 핵폐기 조건으로 제시한 것처럼 체제보장을 전제로 하여 북한 당국에 대한 설득과 교육·훈련지원, 북한이 수용 가능한 지원 프로그램의 개발, 북한과 국제사회 간 이견조정 등 어려운 협상의 고비를 넘겨야 한다.

특히 정부 차원에서는 북한의 세계은행(WB), 국제통화기금(IMF) 등 국제금융기구 가입을 지지하는 한편 국제금융기구의 대북지원 프로젝트가 성사될 수 있도록 지원하는 것이 긴요하다. 국제금융기구로부터 금융지원을 받는다는 것은 그 지원규모보다도 국제사회의 신뢰회복을 위한 절대 불가결한 요건이기 때문이다.

또한 북한과 서방 각국의 대외무역이 조속한 시일 내에 정상화될 수 있도록 도와야 한다. 북한은 국내 자본조달능력이 전무한 데다 외채상환불능으로 더 이상 상업차관 도입은 불가능하므로 외국인직접투자와 무역을 통한 외화획득에 의존할 수밖에 없는 실정이다. 북한이 미국, 일본으로부터 최혜국(MFN) 지위를 획득해 무역관계를 정상화하려면 북·미, 북·일 무역협정을 체결해야 한다. 외교관계 수립도 물론 중요하지만 무역협정은 양국 간의 경제적 조건이 서로 맞아야 한다.

北, 외자유치 성공열쇠는 과감한 개혁·개방

북한이 북핵문제 해소와 북·미관계 개선을 계기로 진정한 국가발전을 도모하기 위해서는 지금까지 모호하게 사용해 온 법 개념을 정립하고, 상호 충돌되는 법규범을 정비하는 등 외국인투자의 법적 안정성을 제고하는 노력을 기울여야 한다. 한편 현행 외국인투자 관련법이 남측 투자자들에 대해서도 적용될 수 있도록 북한 당국은 민족내부의 협력증진 차원에서 남한 기업에 대한 투자우대법을 제정할 필요가 있다. 북한은 1990년대부터 대외무역 및 외자유치, 사적소유의 확대에 적극성을 보였음에도 성과는 기대에 못 미쳤다. 물론 북핵문제 등 외부적 요인도 있지만 북한이 외자유치에 성공할 것인지 여부는 국제 규범에 맞게 개혁·개방을 어느 범위까지 하느냐에 달려 있다고 본다.

북한은 법률만 많이 만들어서는 안 된다. 진정한 재산권의 보호, 경영자주권의 보장, 공정한 분쟁해결 등 법치주의를 실현하고 경제를 개혁하지 않는다면 중국과 같은 대규모 외자유치를 기대할 수 없을 것이다. 중국의 경우 개혁 초기에 주로 경제특구를 통한 외국인투자 유치와 국제 공적자금의 도입에 주력하였다. 지금까지 북한의 외자정책을 보면 국제사회의 무상지원과 경제특구를 통한 남한 기업의 투자유치 외에는 별다른 대책이 없었다. 따라서 북한 당국은 국제 공적자금조달을 위한 국제적인 협력을 강화하면서 외국인직접투자, 포트폴리오 투자, 상업차관 등 국제민간자금을 유치하기 위한 다각적인 노력을 병행해야 할 것이다.

북한 당국도 외자를 유치하는 데는 법령 정비만으로는 부족하고 법에 의한 지배와 법 앞의 평등, 법령의 해석 및 적용에 있어서 일관성과 합리성이 확보되어야 함을 인식해야 한다. 그리고 외자를 원활히 유치하기 위해서는 국제사회의 신뢰가 구축되어야 하며, 이것은 세계은행, 아시아개발은행(ADB)과 같은 국제금융기구 가입을 통해 확보될 수 있을 것이다. 이를 위해 국제금융기구가 제시한 경제사회 전반에 대한 구조개혁 프로그램을 이행하면서 국제 공적자금을 지원받는 것이 훨씬 현실적이다. 또 세계은행은 자금지원보다는 지식 및 기술지원에 보다 역점을 두고 현실적인 원칙들을 제시하고 있다. 설사 수혜국이 포괄적인 빈곤감축전략을 준비하여 실행할 능력이 없을 경우에도 원조지원국들은 단계적 방식으로 제공하는 활동과 원조계획을 조정해줄 수 있다.

여기서 북한 당국이 경제개발과 국제원조를 위한 개발전략을 수립할 능력이 어느 정도 있는가 하는 점이 문제된다. 자본주의 경제 교육을 받은 테크너크랫이 절대적으로 부족하고 경제정책을 수립할 제도적 능력이 취약한 상황이어서 세계은행그룹의 공적 지원을 요청해야 하는 상황이다. 그러나 세계은행과 IMF로부터 양허성 차관을 제공받기 위해서는 빈곤감축전략보고서(Poverty Reduction Strategy Paper)를 작성하여 제출해야 하는데, 북한 경제관료들이 이를 감당할 수 있을지는 의문이다. 북한 핵문제가 타결될 경우 북한은 외부의 금융지원을 받기 위한 사전작업으로 빈곤감축전략보고서 작성에 대비해야 한다.

끝으로 남한 측이 유념해야 할 사항이 있다. 이미 개성공업지구법을 제정할 때 북측에 많은 조언을 하였고, 하위규정을 마련할 때에도 그 법적 의미를 설명하면서 제정을 독려한 것으로 알려져 있다. 장기적으로는 한반도 통일을 내다보고 통일시대에 법제의 정합성을 도모할 수 있는 공·사법 분야의 남북한 법령을 정비하는 것을 늘 염두에 두어야 할 것이다. 이를 통해 북한 당국이 학습효과를 얻을 수 있게 된다면 그것만으로도 상당한 통일비용을 줄일 수 있다고 본다. ●

참고문헌

권은민, "북한 외국인투자법제의 변화과정과 외국인투자법의 개정방향", 『북한법령연구』,
　　법무부, 2012.

김석진, "중국 · 베트남 개혁모델의 북한 적용 가능성 재검토", 『산업연구원 정책자료』
　　2008-80, 2008.

김정일, 『김정일 선집 9권』, 조선노동당출판사, 1997.

박정원, "김정일체제의 북한법제 정비동향과 전망", 『2007년 남북법제연구 실무자료집』,
　　법제처, 2007.

박훤일, "지난 10년간 북한의 대외경제개방법제의 동향과 평가", 『국제고려학회 서울지회
　　논문집』 제11호, 2008.

배종렬, "북한 외자법령의 문제점과 대책", 『북한연구』 제6권 제1호, 북한연구소, 1995.

손희두, 『북한의 경제특구와 관련한 교류협력법제 개선방안』, 한국법제연구원, 2004.

신웅식 · 안성조, 『북한의 외국인투자법』, 한국무역협회, 1999.

신현윤, "북한의 합영법과 합작법, 외국인기업법의 체계적 검토", 『북한 대외경제교류법령
　　의 주요논점』, 법원행정처, 2001.

신현윤, "북한의 외국투자관련 법제정비의 최근 동향과 평가", 『북한법연구』 제9호, 북한법
　　연구회, 2006.

유 욱, "북한의 새로운 '경제개발구법'의 분석과 평가", 「북한법연구회 월례발표회」, 2013.

이석기 외, "남북한 산업협력 기본전력과 실행방안", 『산업연구원 연구보고서』 제523호, 산
　　업연구원, 2007.

이재룡, "북한 개발자금 조달과 국제금융기구의 역할", 『산업연구원 정책자료』 2007-79,
　　산업연구원2007.

이종석, "북한 경제특구의 개발동향 및 시사점", 『건설이슈포커스』, 건설산업연구원, 2014.

전홍택 · 오강수, 『북한의 외국인투자제도와 대북투자 추진방안』, 한국개발연구원, 1995.

정영화, "북한 경제특구법의 분석과 전망", 『북한법연구』 제6호, 북한법연구회, 2003.

최은석, "북한의 외국인투자기업의 창설운영 관련법제-김정은 시대의 변화 가능성 모색",
　　『북한법령연구』, 법무부, 2012.

World Bank, "The Role of the World Bank in Conflict and Development: An Evolving Agenda",
　　World Bank Annual Report, 2003.

통일경제를 위한 화폐통합 어떻게

이영훈

화폐통합은 환율통합, 화폐동맹보다 진전된 화폐 금융협력의 최후 단계로서, 화폐에 관한 한 단일국가 개념이 적용된다는 것을 의미한다. 구체적으로 환율통합은 화폐통합의 초기형태로 두 국가 간 안정적 환율을 유지할 것으로 합의하고 이를 법으로 규정한다. 합의한 두 국가에 별도의 중앙은행이 존재하고 이들은 각각 자국 내에서 통화정책에 관한 독점적 지위를 유지하게 된다. 화폐동맹은 동맹 내에서 단일중앙은행(동맹중앙은행)이 통화정책에 대한 독점권을 행사하며, 양국 간 화폐가 교환되나 단일화폐가 존재할 필요는 없다. 화폐통합은 단일화폐와 함께 동일한 금융서비스 및 규제가 적용되어 금융시장이 통합된다는 것을 의미한다.

화폐통합의 기대효과를 살펴보면 통화교환에서 발생하는 거래비용 제거, 환율변화에 따른 불확실성 제거, 경쟁촉진 및 경제 개방촉진, 사회경제통합 가속화 등이 있다. 화폐통합의 대표적 이론으로는 최적통화지역(Optimal Currency Area)이론을 들 수 있다. 이는 다른 화폐를 이용하던 지역들이 단일화폐를 도입하는 경우 거래비용 감소 등에 따른 편익과 환율정책 수단 상실에 따른 비용이 발생하게 되는데, 편익이 비용보다 크면 그 지역들은 화폐를 통합하는 것이 바람직한 최적통화지역이 된다는 것이다.

만약 통합대상 국가들이 유사한 경제구조를 가지고 있고 유사한 충격을 경험한다면 화폐통합의 편익이 비용보다 클 것이다. 경제에 대한 충격이 대칭적으로 느껴진다면 독자적인 화폐정책 필요성이 작아 최적통화지역을 형성하기 유리하다. 반대로 경제구조가 상이하고 경제에 대한 충격이 비대칭적이라면 독자적으로 이자율 또는 환율을 조정하는 정책의 필요성이 커지게 된다.

남북 화폐통합, 무엇을 고려해야 하나

화폐통합의 주요 쟁점은 화폐통합 유형(또는 속도) 및 교환비율이다. 화폐통합은 충격의 비대칭성과 조정경로 등의 측면에서 편익과 비용을 비교하여 결정하게 된다. 이와 관련한 주된 고려사항은 북한지역 내의 산업붕괴, 인플레이션, 대규모 주민이동, 북한 금융기관의 부실 등이 될 것으로 보인다.

우선 화폐통합으로 임금이 노동생산성 이상으로 인상되면, 북한지역 내의 산업이 붕괴될 가능성도 있다. 화폐통합으로 북한화폐가 고평가되어 수요가 급증하고 수출제품 가격이 크게 상승하게 된다. 독일의 경우 통일 후 동독지역에서 3배 이상 상승했다. 이는 기업 경쟁력 하락, 생산부진 등을 초래하면서 기업도산과 심각한 실업문제를 야기할 가능성이 높다.

또한 화폐통합으로 인플레이션이 발생할 가능성도 있다. 우선 체제전환 과정에서 안정화정책 등 개혁정책이 빠르게 정착되지 못한 상태라면 가격·임금의 자유화는 인플레이션을 야기할 수 있다. 더욱이 급진적 통합이 이루어지면 남한의 물가와 임금이 북한에 확대될 수 있다. 남한의 쌀값을 비롯한 주요 생필품의 가격과 임금 수준은 북한에 비해 훨씬 높은 편이다. 이 경우 북한주민들이 북한지역에 남아 있는 조건으로 남한과 동등한 임금 수준 또는 기초생활비를 요구한다면 인플레이션이 발생할 가능성이 높다.

한편 화폐통합이 임금경쟁력 유지 또는 물가안정을 우선적으로 고려하여 추진된다면, 대규모 인구이동을 야기할 가능성이 크다. 인구이동의 규모는 경제력 격차가 클수록 커진다. 동서독의 경우에도 화폐통합을 전후해 약 100만 명 이상의 동독주민들이 급격하게 서독지역으로 이주해 많은 문제를 야기한 바 있다. 이는 1991년 동독지역 인구가 1460만 명임을 감안하면 약 7% 정도가 이주한 셈이 된다. 그러나 남북한의 경우 경제력 격차가 1인당 국내총생산(GDP)기준 약 20대 1로 동서독의 3대 1과는 비교가 안 된다. 때문에 인구이동 압력이 훨씬 커지면서 심각한 경제사회 문제를 야기하게 될 것이다.

또한 북한지역 금융기능이 매우 부실하기 때문에 화폐통합 과정에서 금융기관들이 본연의 임무를 수행하기 어려울 가능성이 크다. 기업들에 대한 대대적인 실사와 금융제도 및 관행의 개편이 불가피하지만 제도 미비나 전문인력 부족 등으로 시장금융이 제대로 작동하는 데는 오랜 시간이 요구될 것으로 보인다. 더욱이 통합과정에서 부실채권이 급증해 금융기관의 재무구조가 악화됨으로써 금융기관들의 기능이 저해될 수도 있다.

화폐통합, 상황에 따라 단계적이냐 급진적이냐 선택해야

화폐통합 유형은 단계적 통합론과 급진적 통합론으로 구분된다. 단계적 통합론은 체제전환 이후 화폐를 통합하는 후기 통합론이다. 이는 '적응 후 통합'한다는 논리로 우선 시장경제로의 경제개혁을 실시하고, 화폐의 태환이 완전 가능해졌을 때 화폐통합을 해야 한다는 논리이다. 따라서 화폐통합 이전에 사회주의에서 형성된 화폐의 과잉공급 흡수, 가격개혁, 금융제도 구축, 생산성 격차 축소, 환율이란 완충장치를 거쳐 국제경쟁시장에서 적응력을 갖춰야 한다.

단계적 통합론의 대표적 사례는 유럽연합(EU)이다. EU는 정치통합과 화폐통합을 동시에 추진하면서도 화폐통합을 점진적으로 이뤄냄으로써 급격한 통합에 따른 부작용을 줄일 수 있었다. 이는 화폐정책이 경제력 격차가 있는 나라들에 각국의 처해진 상황 속 독자적 경제운영을 가능하게 함으로써 통화통합은 다른 모든 여건이 충족될 때까지 시행해서는 곤란하다는 점을 고려한 것이다. 남북의 경우 EU와 달리 어느 정도 경제력 격차 해소뿐 아니라 북한 체제의 시장경제체제 전환이 전제되어야 할 것이다. 또한 단계적 남북 화폐통합은 환율통합과 통화동맹의 단계를 압축적으로 거치게 될 것이다.

한편 급진적 통합론은 단계적 통합론과는 반대되는 개념으로서 조기 화폐통합 논리이다. 다시 말해 급진적 화폐통합은 사회경제통합을 가속화함으로써 환율변화에 따른 불확실성 제거, 경쟁촉진 및 경제 개방촉진 등 일반적인 화폐통합의 기대효과를 앞당기게 된다.

급진적 화폐통합의 대표적 사례는 독일이다. 독일의 화폐통합은 경제통합의 엔진 역할을 수행한 것으로 평가되고 있다. 하지만 독일의 경우에도 초기에는 후기통합론이 설득력을 얻었으나 대규모 동독주민들의 이주압박이 가시화되면서 정치적 결단에 의해 조기통합론을 채택하게 된 것이다. 따라서 독일의 사례는 화폐통합이 경제논리뿐 아니라 정치사회 논리도 동시에 고려하지 않으면 안 된다는 시사점을 주고 있다.

남북의 경제체제와 경제력 격차를 고려할 때, 독일의 경우보다 훨씬 단계적 화폐통합이 바람직한 것으로 평가될 수 있다. 단계적 통합론에 따르면 북한 경제체제를 시장경제체제로 전환시키고 남한과의 생산성 격차를 줄여 북한화폐의 완전한 태환이 가능해졌을 때 화폐통합을 해야 한다. 이로써 북한 지역경제를 재건하고 대량실업을 방지하며, 북한주민의 생활수준이 향상될 것이란 희망을 줌으로써 대량이주를 억제할 수 있게 된다. 그러나 적응기간을 거치지 않고 화폐통합을 하게 되면 다음과 같은 부작용이 발생할 가능성이 있다. 우선 남북 소득격차가 분명하게 드러나게 되면 임금수준을 생산성 이상으로 요구하게 됨으로써 북한지역의 기업과 산업경쟁력은 붕괴될 가능성이 높다. 또 조기통합으로 남북 간 소득격차가 분명히 드러나면 북한주민들의 소득격차 해소가 당면과제가 돼 재정적자로 이어질 수 있다. 재정은 대부분 생산적 투자보다는 소비적 지출로 투입될 것이기 때문에 북한지역의 경제재건에도 기여하지 못할 수 있다.

뿐만 아니라 통일 초기에 북한화폐의 가치에 대한 객관적 자료가 없어 적정 수준의 화폐교환 비율을 결정하기 어렵다. 이 경우 화폐단위로 표시되는 모든 기준들이 왜곡될 가능성이 크다.

반면 급진적 화폐통합이 불가피한 상황의 경우에서는 급직적 화폐통합론을 고려하지 않을 수 없다. 화폐통합을 지연시킨다고 해서 앞서 제시한 급진적 화폐통합의 문제점이 해소될지는 의문이며 오히려 더욱 악화시킬 가능성도 배제할 수 없다. 특히 북한과 통합이 되고 물자이동이 자유로운 상태라면, 급진적 통합론이 설득력을 가질 수 있다. 물자이동이 자유로운 상태에서 북한화폐는 남한화폐에 의해 구축될 가능성마저 있다. 즉 북한주민들이 남한화폐를 선호할 것이기 때문에, 통합 후 북한화폐의 가치는 급격히 하락하는 반면 상대적으로 남한화폐의 가치는 고평가될 가능성이 크다.

따라서 인위적으로 북한화폐의 태환성을 보장하려면 막대한 비용 지불이 불가피하다. 또한 통합 후에도 북한지역에 북한화폐를 계속 사용하는 것은 외부의 투자를 억제하는 심각한 요인으로 작용하게 될 것이다. 이로 인해 남한지역에는 실업이나 지역주민 간 갈등 등이 발생하고, 북한지역에는 우수인력 공동화 현상이 발생할 수 있다. 그러나 남북한 간 심각한 경제력 격차를 고려하면 급진적 화폐 통합의 부작용이 적지 않을 것이다. 따라서 급진적 화폐통합의 부작용을 완화하기 위해 일정 기간 남북한 지역이 독자적인 경제권을 유지하면서 북한 경제체제를 시장경제체제로 전환시키고 남한과의 경제력 격차를 줄이는 과정이 필요하다. 즉 급진적 통합은 북한지역에 자유민주주의와 시장경제를 뿌리내리는데 국한하고, 노동, 화폐, 재정 등은 남한지역과 일정 기간 분리 운영하는 연방제 방식의 통일을 모색해야 할 것이다. 이때 통합이 되었기 때문에 사람의 왕래를 규제하기는 어려울 것이다. 따라서 사람의 왕래는 허용하지만, 지역 간 경제력 격차가 줄어들 때까지 화폐, 재정, 노동시장 등에서는 독자적인 경제권을 유지하는 것이다.

남북 화폐교환 비율은 1대 7.5?

남북 화폐통합에서 화폐교환 비율이 문제가 되는 것은 기존 남북 환율을 그대로 화폐교환 비율로 적용하기 어렵다는 점에 있다. 무엇보다 북한화폐의 태환성이 결여되어 있기 때문이다. 현재 북한에는 시장환율과 국정환율이란 이중의 환율이 존재하며, 시장환율은 국정환율의 약 50배(시장환율 7500원/달러, 국정환율 150원/달러)에 달한다. 국정환율은 정부에 의해 인위적으로 결정된다는 점에서 북한화폐의 가치를 객관적으로 반영한다고 볼 수 없다.

반면 시장환율은 시장의 수급에 의해 결정되고 있어 국정환율에 비해 북한화폐의 가치를 객관적으로 반영하고 있다고 할 수 있다. 그러나 북한의 시장화가 진척되었다 하더라도 여전히 국정가격과 국정환율이 기능한 계획경제 영역이 존재하고 있어 시장환율이 북한화폐의 가치를 대표한다고 보기 어렵다. 국정환율은 국정가격이 그러하듯 주로 회계·계획의 수단으로 사용되며 외국인이 거래하는 호텔이나 상점 등에서는 거래수단으로 사용된다.

또한 인플레이션이 지속되면서 대외무역뿐 아니라 식당이나 가게에서 외화가 기본 거래수단으로 통용되고 있다. 북한주민들의 외화선호 현상은 북한화폐가 외화와의 경쟁에서 밀리고 있음을 시사한다. 이로 인해 북한화폐의 태환성은 거의 없다고 말할 수 있다. 따라서 현재 남한의 환율이 1000원/달러, 북한의 환율이 7500원/달러라고 해서 남북의 화폐교환 비율을 1:7.5라고 설정할 수 없다.

그렇다면 현 시점에서 남북 화폐교환 비율을 도출해야 한다면 어떤 근거로 결정할 것인가. 우선 경제적 측면에서 정책 목표에 따라 구매력, 노동생산성, 통화량 등을 기준으로 교환비율을 산정한다. 구매력 기준의 교환비율은 북한주민이 보유한 현금이나 임금의 구매력 유지를, 노동생산성 기준의 교환비율은 북한지역의 임금 경쟁력 확보를, 통화량 기준의 교환비율은 물가안정을 고려한 교환비율이다. 또 경제논리만으로 화폐교환 비율을 결정할 수 없었던 독일의 사례처럼 인구이동 억제를 위한 교환비율도 동시에 고려해야 할 것이다. 더욱이 남북의 경우는 경제력 격차가 훨씬 심하기 때문에 인구이동 압력은 그만큼 클 것이다.

〈표1〉 교환대상별 정책목표 및 산정방식

정책목표	산정기준
화폐 구매력 유지	구매력 평가
임금경쟁력 확보	노동생산성
물가안정	통화총량(M2)
인구이동 억제	노동력 이동 유인 억제

그런데 이러한 정책목표들은 상충관계에 있어 이를 동시에 달성하기 곤란하다는 문제가 있다. 예를 들어 경쟁력 확보를 위해서는 북한화폐를 생산성에 의거해 평가해야 하지만 북한주민의 생활향상 및 남한 이주억제 등을 위해서는 고평가해야 하는 모순이 발생한다.

통일독일 화폐교환 성공적이나 아쉬움도 남아

베를린 장벽 붕괴(1989년 11월) 이전 서독 정부와 동독 정부는 단계적인 통화통합 방식을 지지하였다. 당시 서독의 집권여당은 5단계 통합방안을, 연방경제성은 3단계 통합모델을 제시한 바 있다. 이들은 동독의 과잉 공급된 통화 흡수, 가격구조개선(가격자유화), 시장경제 조건에 맞는 금융제도 구축 등 개혁방안을 단계적으로 추진함으로써 빠른 시일 내에 동독 마르크의 완전태환을 가능케 한 후에 화폐통합을 실시한다는 방침이었다. 당시 서독의 집권여당 드러커 원내총무가 제시한 5단계 화폐통합론은 〈표2〉와 같다.

〈표2〉 서독 집권여당의 5단계 화폐통합론

단계	완료시한	필요조치
1단계	1990.3.18(통독총선)	생산수단 등 동독재산 사유화
2단계	1990.9.30	대외무역 및 투자활동 자유화
3단계	1991.12.31	동독 국영기업 민영화, 동독 기업활동 중앙통제철폐, 가격보조금 폐지
4단계	1992.6.30	동서독 마르크화 자유교환
5단계	1992.10.31	동독 내 서독 마르크화 통용

그러나 베를린 장벽 붕괴 이후 동독주민의 서독이주 증가, 동독의 통화가치 폭락 및 상품시장 붕괴 등으로 동독 경제상황이 악화되면서 조기 통화통합을 지지하는 견해가 확산되었다. 1989년 11월, 그동안 민주화를 요구하던 동독 혁명은 통일 쪽으로 선회하였다. 통일이야 말로 서독인들이 누리고 있는 경제적·정치적 특권을 얻을 수 있는 가장 빠른 길이라는 인식이 동독주민들에게 확산되었던 것이다. 특히 급진적 화폐통합은 1989년 12월 드레스덴 주민들이 헬무트 콜 수상에게 "우리는 한민족이다"라고 외치면서 급속한 통일을 요구한 것이 기폭제가 되었다. 1990년 2월 서독 총리의 통화통합 및 경제공동체 조기구성을 위한 협상 제의, 동년 3월 조기통일을 공약했던 동독 우파연합의 총선 압승 등으로 조기 통화통합 추진이 본격화되었다. 이러한 노력들이 모여 1990년 5월18일 '통화·경제·사회 통합에 관한 조약'이 체결되고 동년 7월1일 발효됨으로써 동서독 통화가 통합되었다.

한편 급진적 화폐통합이 불가피한 결정이기도 하지만 빅뱅식(Big Bang) 처방의 장점이 제기되기도 하였다. 체제전환 과정에서 발생할 수 있는 모든 문제가 일시에 분출함으로써 정치, 경제, 사회적 큰 압박요인으로 작용할 수 있는 반면 이를 극복한다면 점진적 접근에서 초래되는 지루하고 소모적인 시행착오를 거치지 않아도 되는 이점이 분명히 있다.

이러한 결정은 서독의 막강한 경제력과 서독 경제체제의 우월성에서 기인한다. 서독의 사회적 시장경제체제는 경쟁원리를 통해 부의 생산을 극대화하고 사회복지정책을 통해 부의 분배에서 소외계층을 극소화하는 데 목표를 두고 있다. 재정의 절반을 사회복지에 투입한 것이 단적인 예다.

점진적 화폐통합이 현실적 의미를 상실하면서 교환비율 결정의 문제가 대두되었다. 이에 따라 화폐교환 비율에 대한 관심이 집중된 가운데 서독 정치권, 학계, 연방은행, 동독주민 등은 5:1(동독M:서독DM)에서 1:1까지 화폐교환비율에 대해 다양한 의견을 제기하였다. 서독 야당인 사민당은 1989년 말과 1990년 1월 중순에 5:1의 비율로 조기에 통화통합을 추진할 것을 제의했고, 학계에서는 경제이론에 따라 외환수익률 방식(4.4:1), 통화총량 방식(1.5~2:1), 구매력평가 방식(0.78~2.1:1) 등 다양한 방식의 교환비율을 제시하였다.

한편 독일연방은행은 경제뿐 아니라 정치사회적 환경을 고려하여 1990년 3월 2:1의 교환비율을 제시하였다(동독지역에서 인플레이션을 야기하지 않는 수준의 적정통화량을 중심으로 산정. 유량과 저량 모두 2:1 적용).

그러나 동독주민들은 연방은행의 2:1 교환비율 제안에 대해 반대하면서 1:1 교환을 요구하였다. 결국 서독 정부는 1990년 3월 독일연방은행이 상정한 안을 수정하여 화폐교환 비율을 결정하게 되었다. 서독 정부는 '통화·경제·사회 통합에 관한 조약'에 따라 동독 통화는 유량 및 저량으로 구분하되 유량을 저량에 비해 고평가하는 비율로 화폐교환을 실시하였다. 즉 유량(임금. 연금. 임대료 등)은 1:1(동독M:서독DM)로 교환하였고, 저량(금융자산 및 부채)은 2:1로 교환하였다. 다만 일정한도 내의 개인 현금 및 예금과 일정한도(1989년 말 수준)를 초과한 동독 이외 거주자 예금만 다른 비율(각각 1:1 및 3:1)로 교환하였다.

〈표3〉 동서독 통화통합시 화폐교환비율 책정 내용(동독M:서독DM)

적용 대상		교환비율
유 량	–임금, 연금, 임대료	1:1
저 량	–기업, 개인의 금융자산, 부채(아래는 별도비율 적용)	2:1
	–개인 현금 및 저축 중 일부 · 1976.7.1. 이후 출생자(14세 이하): 2000마르크 · 1931.7.2~1976.7.1. 출생자(15~59세): 4000마르크 · 1931.7.2. 이전 출생자(60세 이상): 6000마르크	1:1
	– 동독지역 이외 거주자(개인 및 단체)의 1990년 6월 말 현재 예금 잔액 중 1989년 말 수준을 초과한 금액	3:1

* 전체 금융기관의 자산·부채에 대한 평균 화폐교환비율은 1.8:1임

독일의 화폐교환은 인플레이션을 야기하지는 않아 비교적 성공했다고 평가되지만 화폐통합은 화폐부문만이 아니라 실물부문의 조정과정을 거쳐 완성된다는 점을 간과했다는 비판을 받고 있다. 동독지역 생산품에 대한 수요급감, 임

금을 비롯한 생산비의 상승으로 구동독지역의 대다수 기업이 도산하거나 조업을 단축했고 그 결과 실업이 대폭 증가하였다. 물론 이 모든 것이 1:1 교환비율에 따른 것이라고 단정할 수는 없다. 동독 임금이 한동안 노동생산성의 2배 수준을 지속하였던 것은 화폐교환 외에 동서독 간 임금협약의 영향이 컸다. 연방 정부는 1991년 임금협약을 통해 동독 근로자의 임금을 1994년까지 서독 수준으로 상향 조정한다는 데 합의했던 것이다.

남북 교류협력 확대는 화폐통합 부작용과 통일비용 줄이는 미래투자

이상의 내용을 토대로 합리적인 남북 화폐통합 방향과 추진전략을 모색해 볼 필요가 있다. 첫째, 화폐통합의 편익을 높이기 위해서는 무엇보다 북한의 체제전환과 이를 통한 남북 경제력 격차를 줄이는 노력이 우선되어야 할 것이다. 이러한 과정 없이 화폐통합을 하게 되면 북한지역의 기업과 산업 경쟁력 와해, 대규모 인구이동 및 통일비용 과다지출 등 부작용을 초래하게 될 것이다.

이러한 부작용을 완화하기 위해서는 지금부터 북한의 체제전환과 경제력 향상을 유도하기 위한 남북 교류협력 확대에 힘을 기울여야 할 것이다. 즉, 남북 교류협력 확대는 통일비용을 줄이는 미래의 투자라는 관점에서 접근해야 한다. 특히 미래의 화폐통합을 고려하여 이 기간 남북 간 물자교류에서도 동서독 간의 청산결제단위(VE: Verrechnungseinheit)와 유사한 결제수단을 적극 도입할 필요가 있다. 향후 일정 기간은 2000년 남북한이 합의한 대로 미 달러를 결제통화로 하지만, 교류협력이 확대되고 남북관계가 안정되면 남한화폐와 등가관계에 있는 별도의 VE를 도입할 필요가 있다는 것이다. 즉 VE를 매개로 북한화폐의 환율을 남한화폐와 연계시키는 것이다. 참고로 동서독이 별도의 결제단위(VE)를 도입했지만, VE가 서독의 DM과 등가관계에 있었기 때문에 사실상 DM이 결제단위였다. VE를 매개로 서독DM:동독M의 교환비율은 초기 1:1에서 동독M의 약세를 반영하여 1985년 1:2.9, 1987년 1:4.3, 통일 직전인 1989년에는 1:4.4로 변해 왔다. 이러한 결제단위의 활용은 향후 남북 간 화폐통합과 화폐교환 비율 설정시, 혼란을 줄일 수 있는 유용한 수단이 될 것이라 판단된다.

둘째, 현 시점에서 동서독 통합의 사례처럼 급진적 통합의 상황에 직면한다면 단계적 화폐통합을 고려하지만 어느 순간 급진적 화폐통합으로 선회할 가능성을 배제할 수 없다. 그러나 남북한 경제력 격차가 동서독에 비해 훨씬 크기 때문에 아무리 세심한 접근을 하더라도 급진적 화폐통합의 부작용은 클 수밖에 없다. 따라서 이를 완화하기 위해 일정 기간 남북한 지역이 독자적인 경제권을 유지하면서 북한 경제체제를 시장경제체제로 전환시키고 남한과의 경제력 격차를 줄이는 과정이 필요하다.

그 기간 동안에는 남북한 화폐통합을 진전시키기 위해 일차적으로 환율통합이 추진되어야 할 것이다. 즉 북한화폐의 환율을 남한화폐와 직접적으로 연계시켜야 할 것이다. 이 경우 그 전까지 남북 교역에서 결제단위를 활용해 왔다면, 북한화폐의 환율 결정은 큰 어려움이 없을 것으로 보인다. 또한 북한지역의 수출산업 경쟁력 확보 및 불요불급한 수입을 억제하기 위해 초기에는 북한통화를 다소 저평가하고 단계적으로 평가절상하는 방안도 고려할 필요가 있다.

단, 물리적 수단을 동원한 분리 운용의 불안정, 대규모 인구이동의 압력, 재분단의 가능성 등을 고려하여 분리 운용의 기간은 짧아야 할 것이다. 그러나 남북 경제력 격차가 크기 때문에 그 격차를 줄이는 데도 장기간이 소요될 것이다. 따라서 장기간 정치적 통합과 경제적 분리 상태를 유지하면서 궁극적인 통일을 이룬다는 것이 결코 쉽지 않은 과제이다.

결국 미래의 화폐통합을 고려하면 무엇보다 남북 교류협력 확대를 통해 북한의 체제전환과 남북 간 경제력 격차 완화가 선행되어야 하고 여기에 역량이 집중되어야 한다. 남북 교류협력 확대는 화폐통합의 부작용과 통일비용을 줄이는 미래투자이다. ●

통합과정의 리스크와 보험

이제경

통일과정에서 보험은 어떤 역할을 할 수 있을까. 경제발전에 있어 금융의 중요성은 이견의 여지가 없다. 보험도 자금조달 역할을 하는 은행 못지않게 중요하다. 북한과 같은 대상에 대한 투자는 결실도 크겠지만 그만큼 위험도 크다. 이런 이유로 투자에 따른 물적 및 인적위험을 줄이기 위해선 보험상품으로 위험을 방어할 수 있어야 한다.

남북통일에서도 보험이 필요?

통일로 가는 길 중 보험의 중요성을 세 가지 관점에서 짚어보자. 첫째는 남북 경제협력 활성화 차원에서 보험의 역할이다. 남북 경제협력에서 중추적인 역할을 하는 곳은 역시 개성공단이다. 그러나 개성공단에 입주한 국내 기업들은 국내 보험회사를 상대로 화재보험이나 적하보험(積荷保險) 등을 가입할 수 없다.

국내 보험회사들이 보험료 산정의 어려움을 이유로 가입을 거절하고 있기 때문이다. 이에 따라 개성공단에 입주한 국내 기업들은 울며 겨자 먹기로 북한의 국영보험회사인 '조선민족보험총회사(KNIC)' 화재보험에 가입하는 실정이다. 그러나 보험료가 비싸고, 사고 이후 보험금을 제대로 받을 수 없다는 불안감 때문에 보험가입률은 높은 편이 아니다. 임의가입이 아닌 의무가입인데도 그렇다.

개성공단 입주 기업들의 자동차사고에 대한 위험도 무시할 수 없다. 개성공단에서 발생한 교통사고 위험을 보장받기 위한 방법으로는 국내 보험사 자동차보험에 가입하거나, 또는 북한 조선민족보험총회사의 자동차보험에 중복가입하는 방법이 있다. 현재 국내 자동차보험에 가입했을 경우엔 개성공단에 입주한 국내 기업끼리의 사고에 대해서만 보장받을 수 있는데, 그것도 입증자료를 충분히 제출할 수 없다는 제약 때문에 쌍방과실로 처리되기 일쑤다. 또한 조선민족보험총회사의 자동차보험에 가입했다 해도 제대로 된 보상을 받지 못한 경우가 많은 것으로 전해진다.

남북 교역화물에 대한 화물운송위험을 담보하기 위한 적하보험의 필요성도 무시할 수 없다. 북한으로의 해상 및 육상운송에서 운송-적하-하역-보관 중에서 도난, 불착손, 부족손 등이 빈번히 발생하기 때문이다. 그러나 북한으로의 화물운송 위험을 담보할 수 있는 국내 보험상품은 찾아보기 힘들다.

개성공단 입주기업들은 2013년 공단폐쇄조치와 같은 불상사가 재발하지 않을까 여전히 염려한다. 현재 입주 기업들이 개성공단 투자위험에 대비할 수 있는 장치로는 남북협력기금 경협보험제도가 유일하다. 남북협력기금 경협보험제도는 개성공단 입주 기업 및 대북 경협 기업의 투자위험을 줄이고, 대북거래 안정성을 높이기 위해 도입된 보험제도이다. 민영 보험회사가 취급해야 할 사업영역이나 시장성과 안정성이 뒷받침되지 않기에 정부가 직접 나서서 교역보험과 경협보험을 취급하고 있는 것이다.

남북협력기금 경협보험제도의 적용대상 투자는 통일부로부터 경제협력 사업승인을 받은 지분투자, 대출, 권리취득 등 3가지 경우다. 담보되는 위험의 대상은 5가지로 수용, 송금, 전쟁, 약정불이행, 불가항력위험 등이다. 보험계약 체결한도는 기업 당 70억 원이며 보험기간은 10년 이내로 보험계약자가 결정한다. 보험계약은 사업자가 수출입은행에 보험계약을 신청하고 통일부가 최종 결정하며 수출입은행과 보험계약을 체결함으로써 보험효력이 발생한다.

지난 2013년 개성공단이 폐쇄된 지 133일에 만에 정상화되는 과정에서 경협보험제도는 나름대로 소기의 성과를 거두었다. 경협보험에 가입한 개성공단 가입업체는 모두 140개 사(2014년 4월 말 기준. 제조사 123개 사 및 영업소 17개 사)에 달한다. 이 가운데 지난 2013년 개성공단 조업중단으로 보험금을 받아간 업체는 59개, 보험금 규모는 1761억 원이었다. 보험가입 업체수가 140개였으나 59개 업체만이 보험금을 수령했던 이유는 경협보험제도가 손해보험이 아닌 투자보험이어서 만약 개성공단이 재가동되면 받았던 보험금을 되돌려줘야 했기 때문으로 보인다.

실제로 보험금을 수령한 59개 업체 가운데 35개 업체가 보험금을 반납했고, 20개 업체는 아직 반납하지 않고 있으며 4개 업체는 개성공단에서 철수함으로써 보험금을 되돌려줄 필요가 없게 되었다.

둘째는 남북 인적교류 확대 차원이다. 남북 인적교류의 주요 창구는 현대아산의 금강산관광사업이다. 만약 남북 화해무드가 다시 찾아온다면 금강산관광이 재개될 것이고, 그렇게 되면 여행보험(남북주민왕래보험)이 필요해진다. 현대아산이 금강산관광을 주도했을 때엔 현대해상화재보험을 통해 남북주민왕래보험을 판매하였다. 그러나 금강산관광이 중단되면서 남북주민왕래보험을 취급하는 보험사는 없는 상태다.

셋째는 국내 보험회사의 북한 진출이다. 독일 알리안츠생명이 독일통일을 예상하고 한발 앞서 동독 정부와 합작보험회사를 만들어 통일 이후 동독지역 보험시장을 석권했다는 사례에서 국내 보험회사의 북한 진출가능성을 타진해 볼 필요가 있다. 아직까지 북한에 진출한 국내 보험회사는 없다. 전 금융권을 통틀어 북한에 진출한 금융회사도 없다.

2001년 북한 보험진출에 관한 설문조사를 한 결과 '진출계획을 수립할 의향이 있다'는 대답이 약 70%에 달했다. 북한 진출의향이 있거나 이미 계획을 수립하였다면 그 목적이 무엇이냐는 질문에 대해선 '잠재력이 풍부한 시장(31.8%)'과 '수익성보다는 시장 선점효과(22.7%)' 때문이라는 대답이 많았다.

北에도 보험제도 있지만 南과 너무 달라

북한 보험제도는 국내와 여러 가지 점에서 상이하다. 우선 개념과 목표가 다르다. 북한의 보험은 '조선민주주의인민공화국보험법(이하 북한보험법)'과 북한 민법에서 '자연피해나 불상사고로 인한 손실을 미리 막거나 발생된 손실을 보상하기 위하여 사회적으로 자금을 형성하고 이용하는 제도' 또는 '자연피해 또는 그 밖의 사고로 인하여 일어날 수 있는 피해를 미리 막으며 사람의 생명, 건강이나 재산에 발생된 손실을 보상하기 위하여 사회적으로 자금을 형성하고 지급하는 제도'일 뿐이라고 적고 있다. 다시 말해 국내 보험은 개인의 재산권과 생명을 보호하기 위한 제도인 반면 북한 보험은 사회주의체제를 지키기 위한 국가의 생산활동 또는 재산보호 수단으로 이용되고 있는 셈이다.

북한 보험은 제도적으로 외국법인이 진입할 수 있도록 되어 있으나 실제로는 북한 당국이 독점적으로 운영하는 사회주의적 보험제도를 채택하고 있다. 북한은 1954년 1월15일 내각결정 제15호로 발표된 국가보험에 관한 기본 규정인 '조선민주주의 인민공화국에서 국가보험제도를 실시한 데 대하여'에 근거해 보험의 국가유일체계를 확립하는 법적 근거를 마련했다. 그 이후 1995년 '북한보험법'이 제정되며, 금융개혁 차원에서 나진·선봉지대에 한해 외국보험사가 진출할 수 있도록 허용되었다.

북한에도 사회보험제도가 있다. 사회보험은 사회보장제도의 일환이다. 사회보험의 급여로는 의료급여, 금전급여, 시설급여가 있다. 금전급여는 질병, 부상, 불구, 임신, 해산 등의 사유로 노동능력이 상실됐을 때 지급되는 일종의 재해보험금이다. 사회보험료는 북한주민이 납부하지 않고 주민이 몸담고 있는 기관, 기업소, 협동단체에서 납부한다. 실제 보험료를 받고 보험금을 지급하는 업무는 조선중앙은행이 담당한다.

〈그림1〉 북한의 금융기관 체계

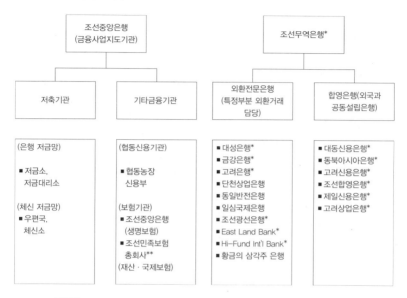

* SWIFT 가입은행
** 조선민족보험총회사는 재정성이 직접관장.

　북한 보험제도의 특징은 다음과 같다. 첫째, 국가독점 보험제도다. 제도적으로 외국보험회사 진입을 허용하고 있지만 생명보험과 손해보험을 모두 국가가 독점하고 있다. 생명보험은 북한 중앙은행인 조선중앙은행이 맡고 있다. 조선중앙은행은 중앙은행 업무뿐 아니라 보험업까지 겸하고 있는 셈이다. 손해보험업무는 조선중앙은행이 설립한 조선민족보험총회사(과거 조선국제보험회사)가 총괄한다. 조선민족보험총회사는 손해보험업무와 국제보험사업을 도맡아 한다. 북한에도 조선중앙은행과 조선민족보험총회사와의 계약을 통해 보험대리인, 보험대리점, 보험중개인이 활동하고 있다.

　둘째, 국내 보험과 국제 보험을 분리해서 운영한다. 국내 보험은 조선중앙은행이, 국제보험은 조선민족보험총회사가 각각 담당한다. 단 일부 생명보험상품은 조선민족보험총회사가 취급한다.

한편 북한 보험상품은 크게 국내 보험상품과 국제 보험상품으로 구분할 수 있다. 국내 보험상품은 보험대상에 따라 인체보험과 재산보험으로 나뉜다. 인체보험으로는 생명보험, 어린이보험, 재해보험, 여객보험 등이 있다. 생명보험과 어린이보험은 저축성보험 성격이 강하고, 재해보험과 여객보험은 보장성보험에 가깝다. 생명보험과 어린이보험은 주민들의 자발적인 의지에 따라 가입하는 상품인 반면, 여객보험은 의무적 인체보험이다. 재해보험은 의무적 인체보험은 아니나 기관·기업소·협동단체 등이 종업원 전체를 대상으로 가입하는 일종의 종업원단체보험이다.

〈그림2〉 북한의 국가보험제도 체계

재산보험으로는 화재보험, 해상보험, 농업보험, 책임보험(자동차보험 포함), 신용보험 등이 존재한다. 자동차보험의 경우 기관·기업소·협동단체 소유 자동차는 의무가입 대상이나, 개인 자동차나 외국인 자동차는 의무가입 대상이 아니다. 특이한 점은 피보험자의 교통위반, 무면허운전, 음주운전으로 인한 사고 등에 의한 손해는 보험혜택에서 제외된다. 최근엔 '휴대폰보험'의 일종인 '손전화기보험'을 판매하고 있다. 휴대전화기가 고장 났을 때 휴대전화 판매가격 범위 안에서 새 부속품으로 교체해주는 보험이다. 국제 보험상품으로는 외국인대상보험(해상수송화물보험, 선박보험, 항공보험, 외국인재산보험, 자동차공민피해보험, 외국인관광객보험)과 재보험 등이 있다.

북한 당국은 보험관련 자료를 공개하지 않고 있기 때문에 북한 보험시장 규모는 알 수 없다. 단지 보험개발원이 추정한 자료에 따르면 1995년 기준 북한 전체 보험시장 규모는 3120억 원(원화 기준) 수준에 불과하다. 또한 북한의 손해보험시장이 생명보험시장의 2/3에 달한다. 북한 경제는 2000년 이후 줄곧 내리막길을 걷거나 정체되었다. 또한 국내총생산(GDP)이 남한의 2.3%에 불과한 30조5000억 원인 점(2012년 기준), 인구 수가 남한의 48.8%인 2442만 명인 점을 감안할 때 현재 북한 보험시장 규모는 대략 남한의 1%에도 미치지 못할 것으로 예상된다.

북한 보험은 보험산업이라기보다 보험제도라고 보는 게 타당하다. 사회주의건설을 위한 수단으로 사회보험제도와 함께 형식적인 보험상품이 있을 뿐이다. 의무가입을 하게 함으로써 사회주의건설에 필요한 재정활동에 투입되는 자금을 조달할 목적으로 활용되고 있다고 해도 과언이 아니다.

보험금 지급능력에 있어서도 불신감이 팽배하다. 의무가입을 한다 해도 보험금을 받아낼 수 있다는 보장이 없고, 더구나 저축성보험으로 가입한다고 해도 북한 원화의 가치가 폭락하기 때문에 보험가입을 통한 재산증식은 요원한 상황이다. 북한 원화가치의 폭락으로 인한 저축기능의 상실은 비단 보험상품뿐 아니라 은행의 경우도 마찬가지다. 은행에 저금형태의 상품이 있으나 대부분 반강제적으로 불입하는 수준이다.

통일 후 알리안츠, 동독지역에서 인기몰이 중

시장이 형성되려면 수요와 공급이 있어야 한다. 그러나 북한 보험시장에는 보험수요와 공급이 매우 제한적이다. 보험수요 중 가장 큰 것이 생명보험과 손해보험이다. 보험수요가 탄탄하게 자리 잡으려면 기본적으로 피보험이익이 존재해야 한다. 그러나 북한은 사유재산을 극히 제한하고 있기 때문에 피보험이익을 목적으로 보험에 가입하려는 수요가 미미할 수밖에 없다. 특히 북한 원화에 대한 기피현상도 풀어야 할 숙제다.

그럼에도 북한에서도 보험에 대한 잠재수요는 커 보인다. 문제는 신뢰회복이다. 또한 2009년 단행된 화폐개혁 이후 물가상승에 따른 북한 원화에 대한 신뢰추락은 저축성보험의 수요를 진작시키는 데 있어 걸림돌로 작용할 가능성이 크다.

북한에서 보험시장을 형성하기 위해선 보험수요를 진작시켜야 하고 다른 한편으론 보험공급을 늘려야 한다. 현재 상황에서 보험수요를 늘리려면 무엇보다도 북한 당국이 보험에 대한 신뢰도를 높여야 한다. 이를 위해선 보험을 통해 개인재산을 늘릴 수 있는 길을 터줘야 한다.

통일독일이 과거 동독지역의 보험수요를 늘리기 위해 비과세혜택이 주어지는 최소보험계약기간을 대폭 단축했다는 점을 눈여겨 볼 필요가 있다.

당시 독일 생명보험의 경우 비과세 혜택의 최소 보험계약기간이 12년이었으나 동독에서는 6년으로 단축되었다. 또한 보험공급 측면에서 보면 시장참여자들을 끌어들이기 위해서라도 무엇보다 보험관련 자료가 투명하게 공개돼야 한다. 그래야만 보험요율을 결정할 수 있다. 보험요율을 결정할 수 없는 상황에선 결코 보험상품 공급이 원활할 수 없다.

외국 보험회사의 북한 진출은 개방됐으나 아직까지 북한 시장에서 영업하는 외국 보험사는 존재하지 않는다. 지난 1995년 조선국제보험회사(현 조선민족보험총회사)는 네덜란드은행과 다국적 보험회사 ING와의 합작으로 'ING 동북아시아은행'을 설립하였다. 네덜란드은행과 ING는 나진·선봉자유경제무역지대에 진출한 외국 기업을 대상으로 환거래와 기타 보험업무를 추진함과 동시에 장기적으로 북한의 잠재력을 믿고 등록자본금 200만 달러 가운데 70%에 해당하는 자본금을 투자했고 나머지 30%는 조선국제보험회사(현 조선민족보험총회사)가 투자하였다. 그러나 네덜란드은행과 ING는 1999년 투자한 자금을 조선국제보험회사에 다시 팔고 북한에서 철수하였다.

국내 보험회사가 북한에 진출할 경우 어떤 형태가 가장 바람직할까. 진출시기와 함께 진출방법에 대해서도 진지한 고민이 필요하다. 점진적인 진출이냐 아니면 급진적인 진출이냐, 또 사업영역, 판매채널, 합작유무 등을 고려해야 한다.

독일이 통일되는 과정에서 알리안츠생명이 동독에 급진적으로 진출해 성공한 사례를 눈여겨 볼 필요가 있다. 독일이 통일된 시기는 1990년 10월 3일이었고, 서독 알리안츠생명보험이 동독 국영보험회사(동독 신탁청)의 지분 49%를 인수한 시기는 1990년 5월이었다. 1990년 6월 생명보험계약만을 따로 떼어내 '독일생명보험회사'를 출범시켰다. 결국 알리안츠생명이 동독에서 생명보험영업을 시작한 것은 독일통일에 비해 불과 4개월 빨랐던 셈이다. 통일 이후 1년여 만에 동독지역에 진출한 서독 및 유럽 소재 보험회사는 300여 개에 달하였다. 이처럼 진출시기가 크게 다르지 않았는데도 알리안츠생명이 동독에서 눈부신 영업활동을 펼칠 수 있었던 배경에는 선점효과와 함께 '독일생명보험회사'란 회사명을 사용했다는 점을 무시할 수 없다.

'독일생명보험회사'란 간판을 내걸고 동독지역에 뛰어든 알리안츠생명은 보장성보험에 치중하는 영업전략을 구사하였다. 당시 동독의 보장성보험은 보험료는 저렴했지만 보험금 또한 많지 않았기 때문에 별로 인기가 없었다. 이런 상황에서 알리안츠생명은 구계약을 신계약으로 전환시키면서 보험료와 보험금을 대폭 올렸다. 또한 자동차 차량보험만 존재했던 동독지역에 자동차 배상책임보험을 부가한 보험상품을 내놓아 인기몰이에 성공하였다.

국내 보험사의 북한 진출을 앞당기려면 무엇보다도 남북이 보험정보 교류에 적극 나서야 한다. 개성공단에서 벌어지는 각종 상사분쟁을 해결하기 위해 지난 2014년 3월에 '남북 개성공단 상사중재위원회'를 개최했다는 점은 남북경협이 정상화될 수 있는 긍정적인 신호로 보인다.

현재로서 실현가능한 방법은 북한 당국이 개성공단에서라도 국내 보험사의 진출을 허용하는 것이다. 국내 보험사가 생명보험과 손해보험상품을 팔 수 있도록 북한 당국이 인허가를 내주고, 국내 보험사들도 시장성보다는 선점효과를 노린다는 차원에서라도 상품공급에 나서는 적극적인 움직임이 필요하다. ●

참고문헌

김광진, "북한 외환관리시스템의 변화와 외화의존도의 증대", 『수은북한경제』 봄호, 한국수출입은행, 2008

고평석, 『북한보험법』, 보험연수원, 1999.

김정만, "북한 금융제도와 금융개혁동향", 『수은북한경제』 여름호, 한국수출입은행, 2009.

김정만, "북한 금융제도 현황과 과제", 『통일경제』 가을호, 현대경제사회연구원, 2009.

배종렬, "북한의 외국인투자 실태와 평가", 『수은북한경제』 가을호, 한국수출입은행, 2008.

신동호 · 안철경 · 박홍민 · 김경환, "보험회사의 북한 진출에 관한 연구", 『보험연구소 연구보고서』, 보험개발원, 2001.

정광민, "북한 화폐개혁의 정치경제적 함의", 『수은북한경제』 봄호, 한국수출입은행, 2010.

한국법제연구원, 『북한법령용어사전-민사법편』, 2004.

통일농업이 보장하는 행복한 한반도

권태진

북한에는 1990년대 중후반 극심한 식량부족으로 수많은 아사자가 나왔으며, 2000년대 후반에도 지역별로 정도의 차이를 두고 이런 현상이 빚어지고 있다. 배급 대상자인 도시 노동자뿐만 아니라 농업에 종사하는 농민조차 굶주림에서 자유롭지 못한 처지다. 최근 식량수급 상황이 다소 나아졌다고는 하지만 아직도 많은 주민들이 기초열량 수준에 미달하는 식품을 섭취하고 있으며 영양실조 상태에 있는 주민의 수가 1/3이나 된다.

농업은 북한 국내총생산(GDP)의 20% 이상을 차지하고 있는 중요한 산업이다. 농가인구가 전체 인구의 36.8%를 차지하고 있어 농업은 사회안전망일 뿐만 아니라 산업으로서의 역할도 중요하다. 북한이 경제개발 시도 속에 자본부족으로 어려움을 겪고 있지만, 농업부문은 토지와 노동력을 갖추고 있어 여타 부문에 비해 여건이 상대적으로 나은 편이다. 따라서 경제개발 초기에 농업부문을 중심으로 개발에 나선다면 비교적 적은 자본으로 정책 목표를 손쉽게 달성할 수 있을 것으로 판단된다.

파격적 농업실험 시도하는 北

농촌은 농촌주민의 일터이자 삶터이며 도시민의 쉼터다. 따라서 농업발전은 이러한 시각에서 종합적으로 살펴볼 필요가 있다. 농업이 농촌주민의 일터로 충실한 역할을 하기 위해서는 농업활동이 지속적으로 이루어질 수 있어야 한다. 이를 지속가능한 농업이라고 한다.

오늘날 북한의 농업이 피폐해진 것은 단기적인 목표 달성에만 치중한 나머지 지속가능성을 간과한 결과이다. 농업은 토지를 바탕으로 생산활동을 하는 산업이기 때문에 그 바탕이 되는 토지를 건강하게 보전하는 것이 가장 중요하다. 그럼에도 북한은 식량자급에만 몰두해 곡물 생산을 중심으로 매년 동일한 형태의 영농을 반복해오고 있다. 더구나 필요한 양 이상의 화학비료를 계속 사용한 결과 토지의 산성화와 함께 지력의 저하가 초래되었다. 토지를 회복하기 위해서는 작물 윤작체계를 확립하고 화학비료와 유기질비료를 균형 있게 사용해야 하며 필요한 경우 석회나 규산을 투입해 객토를 통한 토질개량작업이 병행되어야 한다.

농촌이 삶터이자 쉼터로서 역할을 하기 위해서는 환경을 최대한 보존하면서 소득을 창출할 수 있는 공간이 되어야 한다. 북한은 농촌주민을 농촌에 묶어두기 위해 거주이전의 자유를 원천적으로 차단하고 직업선택의 자유마저 박탈해 왔다. 최근 탈북자 조사에 의하면 북한의 농촌주민은 소득이 가장 낮고 주식을 대부분 강냉이밥에 의존하고 있는 것으로 조사되었다. 농촌은 농민을 묶어두기 위한 공간이 아니라 그 속에서 인간다운 삶을 영위할 수 있는 곳이어야 한다. 그러기 위해서는 생산활동 주체인 농민이 그들의 의사에 따라 무엇을 생산할지 결정할 수 있어야 하며, 이를 통해 그들의 가치를 실현할 수 있어야 한다.

그러나 현재 북한의 협동농장은 국가의 필요에 따라 작물이 선택되며, 생산에 참여한 농민에게는 충분한 분량의 식량을 제공하지 못하고 있다. 물론 김정은 정권 출범 이래 이른바 '6·28조치'로 알려진 새로운 경제관리 체계를 도입했는데, 이 중 가장 주목할 부분이 농업분야 변화다. 먹는 문제를 해결 못하면 다음 단계로 나갈 수 없다는 것을 중국이나 베트남을 통해 깊이 인식한 결과다. 특히 협동농장 개혁을 눈여겨 볼 필요가 있다. 핵심 포인트는 분조관리제 변화다. 하부구조인 포전담당제를 조별 2~3명으로 압축한 것이 특징이다. 이들이 단합해 목표생산량을 달성하면 70%는 국가에 납부하고 나머지 30%는 생산자가 갖되, 초과분이 있으면 시장에 내다 팔 수 있는 구조다. 문제는 시장에 팔 때 시장가격이냐 국정가격이냐 인데 북한 당국은 잉여분을 국가명의로 수매하면서 시장가격을 부여하고 있다. 농민들이 시장가격을 꾸준히 요구해 온 결과로 매우 파격적인 실험이라 할 만하다. 관건은 분조구성을 가족으로 하느냐 아니냐다. 개혁은 하면서도 중국처럼 분조담당제를 순수 가족단위로는 하지 않고 있다. 중국은 가족단위로 명실상부한 개인농업을 허용하지만 북한은 겉으로만 가족농 구조를 취할 뿐이다. 북한식 사회주의체제 유지를 위한 방법이라면 앞으로도 계속 이런 형식을 지속할 것으로 보인다.

농업의 중요한 역할 가운데 하나는 공업부문이 필요로 하는 원료를 공급하는 일이다. 경제가 발전하기 위해서는 각 산업이 더 높은 부가가치를 창출해야 한다. 산업이 더 높은 부가가치를 창출하기 위해서는 산업 간 연계성이 강화되어야 하며 질 좋은 원료가 지속적으로 공급되어야 한다. 잠사업을 예로 들면, 농업부문에서 생산된 질 좋은 누에고치를 이용하여 품질 좋은 생사를 제조하고 제조된 생사는 견직물 생산에 이용되며 견직물은 다시 나염이나 디자인을 통해 고가의 실크제품으로 탄생하게 된다. 이러한 일련의 과정이 서로 연계되지 않으면 고부가가치의 생산물을 만들 수 없다. 최근에는 이러한 전통적인 생산 이외에도 뽕나무 열매인 오디를 이용한 각종 음료나 와인 제조, 뽕잎이나 누에가루를 이용한 건강보조식품 제조, 실크를 이용한 고부가가치 화장품이나 인공고막 제조 등 새로운 기능성 제품 생산으로 이어지고 있다. 북한이 가진 자연환경과 기술을 최대한 활용하여 부가가치가 높은 새로운 제품을 생산하기 위한 원료를 공급하는 일은 미래 농업이 발전할 수 있는 원동력이다.

통일한국, 해외 식량의존도 높아질 것

남북통일이 실현되면 식량 부족량이 현재보다 더 커진다. 현재 한국의 식량자급률은 25%에도 미치지 못하기 때문에 남북통일이 실현되면 숫자상으로는 자급률이 향상되지만 해외 식량의존도는 더욱 높아진다. 따라서 통일에 대비하여 남북 모두가 적어도 현재 수준의 식량자급률을 유지할 뿐만 아니라 가능한 만큼 자급률을 높이려는 노력이 필요하다.

도농 간 소득격차는 비단 한국만의 문제는 아니다. 2012년 기준 한국의 농가소득은 도시 근로자가구의 58%에 지나지 않는다. 해마다 그 격차는 더 벌어지고 있다. 북한의 경우도 남한과 크게 다르지 않을 것으로 추정된다. 남북통일이 실현된다고 해도 이러한 구조가 개선되리라는 보장이 없다. 시장에 익숙하지 않은 북한농민은 농업을 통한 소득 창출에 더 큰 어려움을 겪을 게 분명하다. 북한처럼 국가가 모든 경제활동을 계획·관리하는 체제하에서는 농민의 소득을 향상시키는 데 한계가 있다. 농민에게 더 큰 자율권을 제공하고 국가가 농산물을 수매할 때 시장가격과 일치하도록 조정하지 않으면 농가소득은 개선되기 어렵다.

농업이 경제발전을 위한 동력으로 역할하기 위해서는 농업이 1차 산업에만 머물러서는 안 될 것이다. 생산된 농산물을 수출함으로써 외화를 획득하기 위한 다면적인 노력이 필요하다. 비교우위가 있는 농산물은 수출하고 열위에 있는 농산물은 수입함으로써 국민의 복지를 최대한 높이는 전략이 바람직하다. 북한은 인삼, 잠업, 약초 등 특용작물 부문이 비교우위에 있기 때문에 비교열위에 있는 식량자급을 고집할 것이 아니라 국제시장에서 교역을 통해 농업의 가치를 극대화할 수 있는 노력을 기울일 필요가 있다.

북한은 1970~1980년대 식량문제 해결을 위하여 농토를 무분별하게 확장하는 정책을 추진한 결과, 오늘날과 같은 심각한 산림황폐화를 초래했으며 이로 인해 매년 자연재해가 되풀이 되고 있다. 2000년대에 들어서면서 농지의 외연적 확대 정책을 더 이상 추진하지 않고 토지이용률을 높이는 방향으로 전환하였

지만 비공식적으로는 경사지 개발이 지속되고 있다. 국가가 농민의 생활을 책임

지지 않은 결과다.

〈표1〉 남북 농업생산성 추이(단위: t/ha)

남북	연도	쌀	보리	옥수수	감자	콩
남한	1965	2.89	1.76	0.81	2.42	0.57
	1970	3.30	1.95	1.45	2.80	0.79
	1975	3.86	2.17	1.72	3.17	1.13
	1980	4.35	2.41	4.36	3.01	1.15
	1985	4.56	2.54	5.04	4.64	1.50
	1990	4.51	5.54	4.61	4.42	1.53
	1995	4.45	2.80	4.25	5.92	1.52
	2000	4.97	1.99	4.06	6.08	1.31
	2005	4.90	2.88	4.84	6.77	1.74
	2010	4.83	2.39	4.79	6.17	1.47
북한	2000	2.05	1.02	2.10	2.50	1.00
	2005	2.64	2.04	3.49	2.73	1.99
	2010	2.77	2.32	3.35	3.25	2.00
	2013	3.50	1.50	3.80	3.70	1.40
남북비교	남1975 북2013	1.10	1.45	0.45	0.86	0.81
	남1980 북2013	1.24	1.61	1.15	0.81	0.82
	남1985 북2013	1.30	1.69	1.33	1.25	1.07

자료_농림축산식품부, FAO/WFP. 각 연도

남북 주요 농작물의 생산성을 비교하면 현재 북한의 주요 농작물 생산성은 남한의 1985년 수준에도 미치지 못한다(표1). 쌀의 경우 북한의 생산성은 남한의 1975년대 중반, 옥수수는 1970년대 후반, 콩은 1980년대 중반 수준과 유사하다. 보리는 한국의 1960년대 중반 수준, 감자는 1980년대 초반 수준으로 평가된다. 종합적으로 평가할 때 현재 북한의 농업생산성은 한국의 1980년 수준과 비슷하다고 판단된다.

현재 북한의 농경지 면적에다 1985년 한국의 작물별 수량을 적용하여 곡물생산량을 추정해보면, 경사지와 텃밭을 제외한 농경지 재배면적 143만ha만 활용

하더라도 정곡기준으로 연간 630만t의 곡물을 생산할 수 있다. 이 정도 곡물을 생산하면 북한의 농촌지역을 어느 정도 유지할 수 있는 수준에 이르며, 이는 북한주민들이 하루에 필요한 1인당 2130kcal의 열량을 정상적으로 섭취할 수 있는 수준이다. 따라서 통합에 이르는 시점에서 북한이 남한의 1985년 수준의 생산성을 유지할 수 있도록 농업생산기반을 비롯하여 농기계, 시설, 기술, 농자재에 대한 투자가 이루어질 수 있다면 통합 이후 북한지역에 대한 농업투자 부담이 크게 줄어들게 된다.

〈표2〉 북한의 곡물 생산량 및 잠재생산량 추정(조곡 기준)

구분	2013/14년			잠재생산량[3]		
	면적(천ha)	수량(t/ha)	생산량(천t)	면적(천ha)	수량(t/ha)	생산량(천t)[1]
주작물(A)						
쌀	547	5.3	2,901	547	6.91	3,780
옥수수	527	3.8	2,002	527	5.04	2,656
기타	26	2.5	66	26	2.54	66
감자[2]	29	4.6	135	29	4.64	135
콩[2]	116	1.4	163	116	1.80	208
소계	1,245	4.2	5,267 (4,313)[1]	1,245	5.48	6,845 (5,593)[1]
이모작(B)						
밀/보리	70	1.5	106	70	2.54	178
감자[2]	115	2.8	316	115	4.64	534
소계	185	2.3	422	185	2.2	712
합계(A+B)	1,430	4.0	5,689	1,430	3.8	7,557
경사지(C)[4]	550	0.4	220	–	–	–
텃밭(D)[4]	25	3.0	75	–	–	–
총계(A+B+C+D)	2,005	3.0	5,984 (5,030)[1]	1,430	5.28	7,557 (6,305)[1]

자료_FAO, WFP

* 1: ( )안은 정곡 환산량임. 쌀의 정곡환산율 66% 적용.
  2: 감자와 콩은 각각 곡물환산율 25%, 120% 적용.
  3: 잠재생산량은 현재 북한의 곡물 재배면적에다 1985년 남한의 작물별 수량을 적용한 것임.
  4: 잠재생산량의 경우 경사지와 텃밭을 원래의 용도로 환원한다는 의미에서 재배면적에서 제외.

농업협력, 순서 설정해 단계별로 추진해야

우리나라의 경험에 비추어 볼 때 북한의 농업생산성 증대를 농업개발의 핵심과제로 설정하되 북한 실정에 맞는 단계적인 발전전략을 채택할 필요가 있다. 우리나라는 1960~1970년대 농업개발 과정에서 종자개량 등 생물학적 기술개발을 필두로 비료, 농약, 비닐 등 이른바 화학적 기술개발 및 투입재 사용을 증대시킴으로써 농업생산성을 획기적으로 향상시켰다.

산업화가 진전되면서 농촌인력이 도시 및 산업부문으로 유출되면서 농촌 노동력부족 현상이 나타나게 되자 농기계 사용을 증대시키는, 이른바 기계적 기술을 통해 생산성저하 현상을 방지할 수 있었다. 농업이 자가 식량 공급 위주에서 상업적 목적의 전문 경영체제로 전환되자 시장의 수요를 반영하는 경영기술 개발단계를 거치면서 부가가치가 높은 농산물을 생산하고 경영정보를 최대한 활용하였고, 이윤극대화에 초점을 맞추는 상업영농 시대로 진입하게 되었다. 비록 북한은 우리와 다른 경제체제에서 집단영농이라는 형태를 취하고 있지만 북한에도 엄연히 시장이 존재하며 앞으로 시장의 역할은 더욱 중요해질 것이기 때문에 농업의 발전 방향도 우리가 추구했던 것과 크게 다르지 않을 것으로 판단한다.

북한의 농업부문 중에서 비교우위가 있는 분야(잠업, 인삼, 식품가공)를 개발하여 수출산업으로 육성함으로써 외화를 획득하여 경제개발 재원으로 활용하고 승수효과를 통해 농업 외 부문의 성장을 유도하는 것이 효과적인 개발전략이다. 농업부문 남북협력을 추진할 때 특구 배후지나 경제개발구를 적극 활용함으로써 선택과 집중을 통한 개발전략 또한 효과적이다. 북한은 개성공단, 금강산관광특구, 나선경제특구, 황금평·위화도경제특구, 원산관광특구 등 기존 특구 외에도 2013년 13개 지방경제개발구를 지정한데 이어 최근에는 신의주특구와 강령경제특구 등 새로운 특구를 지정하였고, 2014년 7월 6개 개발구를 추가지정했다(표3). 남북 농업협력을 추진한다면 개성공단이나 금강산특구 배후지, 북청농업개발구를 비롯한 지방경제개발구나 신의주 등 농업 입지가 비교적 좋은 곳을 중심으로 협력을 추진할 필요가 있다.

<표3> 농업관련 개발구의 개발개요

개발구명	투자액 (달러)	주요 개발내용	지역적 특성
압록강경제개발구	2억4천만	현대농업, 관광휴양, 무역 – 고리형 순환생산체계(농업과 축산 결합) – 채종, 육종을 포함한 농업과학연구기지 – 박막온실 등 현대적 남새재배시설 – 유기질복합비료공장, 배합사료공장 – 농축산물 1차 가공시설	평안북도 구리도지구 중국 단동
만포경제개발구	1억2천만	현대농업, 관광휴양, 무역 –고리형 순환생산체계(농업, 축산) –약초재배 –식품가공공업	자강도 만포시 미타리 중국 길림성 통화시, 집안시
위원공업개발구	1억5천만	광물자원가공, 목재가공, 기계설비제작, 농토산물가공, 잠업, 담수양어과학기지 –임산자원 가공 및 2, 3차 가공품 수출 –담수양어 –자강도 잠업과학발전기지화 –축산업	자강도 위원군 덕안리, 고성리 중국 길림성 통화
북청농업개발구	1억	과수업, 과일종합가공업, 고리형 순환생산 체계(농업, 축산) –과일생산체계 구축 –과일종합가공 –약초, 고사리, 더덕, 송이버섯 가공 –수산물 가공	함경북도 북청군 문동리, 부동리, 종산리 북청원예단과대학
어랑농업개발구	7천만	고리형 순환생산체계, 채종 및 육종을 포함 한 농업과학연구개발기지화 –고리형 순환생산체계(농업, 축산, 양어)를 기본으로 채종, 육종 등 농업과학연구개 발기지 건설 –무토양 남새온실을 이용한 고효율 농업 –1차 농산물 가공 –배, 추리 등 과수재배 –장연호와 바다를 이용한 물고기 생산 및 가공	함경북도 어랑군 용전리, 어랑군 농기계전문학교, 청진 도농업과학원 분원
혜산경제개발구	1억	수출가공, 현대 농업, 관광휴양, 무역 –목재가공 –수출 지향형 가공조림 –약초 재배 및 가공	양강도 혜산시 중국 길림성 장백현

자료_통일부

* 2013년 발표한 13개의 지방경제개발구 중 농업관련 투자 유치 내용이 포함된 곳은 6곳.
** 2014년 7월 발표한 경제개발구 6곳 중 농업관련 강령국제녹색시범구, 숙천농업개발구 추가 지정

　　북한이 농업문제를 해결하기 위해서는 일차적으로는 한국을 포함한 국제사
회와의 협력이 요망되며, 지속적인 협력이 가능하려면 북한 역시 국제규범을 준

수하려는 노력을 보여야 한다. 국제사회의 지원만으로는 충분한 재원을 확보하기 어렵기 때문에 부족한 자금은 국제금융기구나 외국의 차관을 통해 해결해야 한다. 그러기 위해서는 국제금융기구 가입이 선행되어야 하고 이를 위해서는 국제사회와의 신뢰회복이 필수적이다.

외국의 투자를 유치하는 것도 바람직한 방법이지만 이 역시 국제기준의 제도 정비와 신뢰가 전제되지 않으면 안 된다. 개방에 의하지 않고서는 북한이 필요한 개발자금을 확보하기 힘든 것이 사실이다. 물론 자본 확보만으로는 충분한 성과를 기대하기 어렵다. 북한이 농업문제를 근본적으로 해결하고 통일에 보탬이 되기 위해서는 북한 스스로 개혁과 개방을 추진하는 것이 최선의 방책이다. 우리는 북한이 이러한 길로 나올 수 있도록 국제사회와 함께 북한을 설득하고 지원하는 노력을 아끼지 말아야 할 것이다.

물론 북한이 개혁과 개방의 길로 들어선다고 해서 통일이 앞당겨지는 것은 아니다. 핵심은 남북국민이 통일에 대한 비전과 목표를 어떻게 공유할 것인가에 있다. 남북국민 모두 한반도 통일을 이루었을 때 잃는 것보다 얻는 것이 더 많을 것이라는 확신이 필요하다. ●

참고문헌

농림축산식품부, 『농림축산식품 주요통계 2013』, 2013.
서울대학교 통일평화연구원, 『2013 통일의식조사』, 2013.
FAO/WFP, "Crop and Food Security Assessment Mission to the DPRK", 2012
FAO/WFP, "Special Report: FAO/WFP Crop and Food Security Assessment Mission to the DPRK", 2013.

북한의 환경과 기후변화, 남북 상생 과제

이근영

2014년 3월31일 유엔 '정부간기후변화위원회(IPCC)'는 기후변화보고서를 발표하였다. 보고서는 전 세계 과학자 309명이 참여해 작성한 것으로 지구온난화로 인한 기후변화에 따라 홍수와 가뭄, 해수면 상승, 그리고 식량부족 등의 현상을 자세히 기록하고 있다. 특히 기후변화로 영토와 자원을 둘러싼 분쟁이 발생할 수 있으며, 가난한 나라일수록 식량부족으로 피해가 더욱 커질 것이라는 우려를 담았다.

북한의 경우 땔감 확보와 텃밭 확보를 위한 무분별한 벌목으로 산림이 심하게 훼손되면서 가뭄과 홍수, 그리고 산림침식 현상이 갈수록 심각해질 것이라고 경고하였다. 북한은 2000년대 이후 사실상 식목을 하지 않아 더욱 심각한 상황이라는 것이다. 북한 당국의 방치 아래 주민들은 곡물생산을 위해 산을 밭으로 개간하고 산림을 화전으로 개간하면서, 산림녹화와 그에 따른 환경문제는 사실상 외면돼 왔다.

북한의 삼림, 토양, 수질, 대기, 생물다양성 등 자연환경 실태를 종합적으로 평가한 보고서가 처음 나온 것은 2003년이다. 9년이 지난 2012년 유엔환경계획(UNEP)이 내놓은 '북한의 환경과 기후변화 전망'이라는 보고서는 북한의 환경과 기후변화에 대한 심각성을 지적하고 있다. 북한 당국이 UNEP와 유엔개발계획

(UNDP)과 공동으로 이 보고서를 작성했다는 것은 북한이 환경에 대해 관심이 높다는 것을 의미한다.

　이 보고서는 북한의 환경을 대기오염, 수질오염, 산림황폐, 생물다양성, 세계 기후변화 등 5개 부문으로 나누어 세밀하게 분석하고 문제점을 지적하고 있다. 북한의 환경과 기후변화에 관한 최근 동향을 포함해 환경오염의 원인과 실태까지 상세하게 밝히고 있다.

北, '공해 없는 나라'라고 선전은 하지만…

UNEP는 북한의 대기오염이 산업화 진행정도에 비해 심각하다고 보고 있다. 북한 대기오염의 주된 물질은 산업과정, 에너지 생산, 가정 난방, 자동차 배기가스와 관련이 있다는 것이다. 특히 연소효율과 오염물질 포착기술이 미미한 상태에서 산업생산이 늘어나고 인구가 증가해 대기오염 물질과 먼지 양이 지속적으로 증가할 것이라는 전망이다. 공장이나 가정에서 사용하는 주 연료가 석탄인 것을 감안한다면 이는 당연하다. 실제로 북한의 석탄소비량은 2000년 2200만t이던 것이 2007년에는 2700만t으로 증가하였다.

〈표1〉 북한의 석탄과 기름 사용량(1995~2007) (단위: t)

종류	1995	2000	2005	2007
무연탄	2382	1921	2034	2254
갈탄	617	341	462	480
총 석탄 소비	3020	2273	2505	2743
중유	175.3	113.9	128.5	130.1

자료_중앙통계국 2010

　북한은 지역에 따라 사용하는 연료가 다른데 도시는 석탄, 시골은 나무를 주로 사용한다. 동절기가 다가오면 석탄 소비로 인한 대기오염과 무분별한 벌목으로 토지의 황폐화가 동시에 진행된다. 이러한 현상은 해가 거듭할수록 장마철에 더 큰 물 피해를 일으키는 요인이 되어 농사수확량 감소에 따른 식량난을 가속화시키는 결과를 낳는다.

또한 북한 대기오염의 요인인 아황산가스 문제도 심각하다. 2008년 평양의 연평균 아황산가스농도는 0.009ppm이었다. 아황산가스는 각종 호흡기질환을 일으키고 산성비의 원인이 되는 물질로 이 정도면 한국의 웬만한 대도시보다 높은 수치다. 북한의 대기오염 증가는 2000년대 후반 미약하나 제조업이 회복세를 보이고, 에너지 소비가 다시 커지면서 오염물질 배출량이 증가하기 때문으로 보인다.

북한은 2000년대 들어 4대 선행 부문과 광업에 투자를 확대하면서 중반 이후 금속, 기계, 군수 부문을 중심으로 일부 공장과 기업소의 가동률이 다소 증가하였다. 발전소, 주택건설, 산업시설의 가동률 증가로 화석연료 소비도 증가하였으며, 2007년에는 철강, 시멘트, 화학비료 생산량이 2000년에 비해 각각 1.1배, 1.7배, 2배 증가하였고 같은 기간 석탄 소비는 1.2배 증가하였다.

평양시와 북한의 주요 산업도시에서 배출되는 대기오염은 주로 석탄, 중유 등 화석연료 사용에 따른 것이며, 북한의 에너지 공급원은 석탄 67.9%, 석유 4.6%로 추정되는데 석탄의 비중이 매우 높은 편이다. 여기에 몽골 황사까지 악영향을 끼치고 있다.

북한은 식량, 의약품, 환경 분야에 대해서는 국제기구와의 공조에 적극적인 자세를 취하고 있다. 유엔공업개발기구(UNIDO)는 2013년 7월, 86만 달러를 투입해 북한의 친환경 산업체계 구축을 위한 4개 환경 지원사업을 진행하고 있다고 밝힌 바 있다. 이중 80%는 '통합관리 이행의 지원과 촉진을 위한 국제상담' 사업이라고 한다. 나머지 3개 사업은 2008년 11월 승인된 '대기오염 방지를 위한 기술과 관리 지원사업'이다. 프레온을 대체하는 수소염화불화탄소(HCFC) 도입을 위한 단계별 관리계획으로, 주로 단열재에 쓰이는 폴리우레탄 발포제 관련 분야에 5만 달러, 상업용 냉장고분야에 3만 달러의 예산이 배정되었고, 이후 11만 4000달러의 예산이 추가되었다.

금수강산은 옛말, 北 수질오염까지 심각

세계식량기구(WFP)의 지원에도 불구하고 북한의 보육기관 중 42%가 수도시설이 없어 식수와 용수를 우물물에 의존하는 실정이다. 식수, 산업용수, 농업용수를 공급하는 대동강, 압록강, 두만강의 수질이 갈수록 나빠지고 있는 것으로 확인되고 있다.

평양 도심을 흐르며 평양시민의 식수원이 되는 대동강은 물의 오염정도를 나타내는 화학적 산소요구량이 2008년 당시 2.15ppm으로 나타났다. 한국의 수질환경 기준이 상수원수 1급수가 1ppm 이하, 상수원수 2급수가 3ppm 이하를 유지하도록 규정하고 있는 것에 비하면 대동강의 오염정도는 대단히 심각한 수준이다. 곳곳에서 공업용수가 무방비로 유입된 결과다.

〈표2〉 계절에 따른 대동강 수질 지표(1999~2008)

지표	봄		여름		가을		겨울		평균		환경적균
	1999	2008	1999	2008	1999	2008	1999	2008	1999	2008	기타
COD	2.14	2.82	1.33	2.11	0.78	1.56	0.73	2.10	1.25	2.15	3.00
NH4-N	0.27	0.30	0.87	0.20	0.08	0.20	0.20	0.19	0.35	0.22	0.3 이하
CI	7.20	8.60	8.40	16.33	8.40	13.53	10.00	7.49	8.70	11.49	30 이하
COLIFORM	311,666	33,743	4,847	63,234	2,300	25,780	68,500	12,000	96,828	33,689	1만 이하

오염물질 밀도는 수위가 낮은 봄에 가장 높고, 여름철 강우로 수위가 높은 가을에는 가장 낮은 경향을 보이고 있다. 이를 감안해 북한은 내각 차원에서 수자원관련 입법을 통해 수질보호에 노력을 기울이고 있는 것으로 확인되고 있다. 매년 봄철 중소규모의 강과 하천 정리주간(3월 첫째 주~4월 마지막 주)을 지정하고, 매년 가을(11월 첫째 주~12월 말)에는 강과 하천 정리주간 정비를 위한 전국적 운동을 벌이고 있다. 북한의 수질관리와 관련된 입법에는 '대동강 오염방지법', '수자원법', '하천법' 등이 있다.

결과적으로 북한 수질오염은 하수처리시설에 대한 투자 부족, 폐수처리 취약성, 기술 미비 등이 겹쳐 강과 하천에 미처리된 폐수가 방류된 결과다. 처리되지 않은 하수가 식수원으로 사용될 가능성이 커지면서 주민들의 식수오염에 따른 각종 질병과 전염병 위험은 심각한 상황에 이르고 있는 실정이다.

게다가 북한의 수질오염은 물 부족 현상을 야기함으로써 중국과 갈등을 증폭시킬 가능성이 농후하다. 북·중 접경에 있는 두만강은 각종 산업시설에서 나오는 배출수로 심하게 오염돼 중하류 구간부터는 5급수 수질이라는 것이 학계의 정설이다. 5급수는 오염물질로 인해 생활용수나 농업용수로 쓸 수 없을 뿐더러 특수한 정수처리를 해야 공업용수로 사용할 수 있는 수준의 물이다. 북한이 식수 부족에 시달리는 이유다. 북한에서는 특히 농업용수의 비중이 높아 평양과 청진 등 도시에서 쓸 물이 상대적으로 부족한 것으로 추정되고 있다.

2011년 말 현재 물 부족 지수에서 북한은 전체 평가대상국 186개국 중 75위로 중위권이지만 도시에서 사용할 물은 매우 부족한 국가로 평가되고 있다. 북한의 농업용수 비율은 전체 사용량의 55%로 다른 나라보다 높게 평가되고 있다. 북한 당국이 물자원법, 하천법, 대동강오염방지법 등을 마련했음에도 문제는 해결되지 않고 있는 실정이다. 두만강 최하류 지역인 금삼각주마저도 땔감을 위한 산림남벌로 토사가 퇴적돼 하천유로가 변경되면서 북·러 국경 재실사 문제가 대두될 정도다.

매년 김일성 광장 33배의 녹지대가 땔감으로

2011년 5월, 여름마다 반복되는 북한의 장마피해를 줄이기 위해 유엔아시아태평양경제사회위원회(UNESCAP)가 물 관리와 녹림조성을 담당하는 북한 고위 관리 10여 명을 태국으로 초청해 눈길을 끈 바 있다. 북한 산림녹화가 그만큼 심각하다는 방증이다. 세계은행이 발행한 2011년 세계개발지수를 보면, 1990년 8만 2000km²이던 북한의 녹지대가 2010년 5만7000km²로 크게 줄어든 것으로 나타났다. 20년 동안 김일성 광장의 33배 크기만큼의 녹지대가 사라진 셈이다.

북한의 산에서 나무가 사라지는 속도는 세계에서 가장 빠른 것으로 확인되고 있다. 2000년부터 2010년까지 매년 2%의 산림이 훼손되고 있다. 세계발전지수의 조사대상국 165개국 중 아홉 번째로 산림황폐화 비율이 높다.

북한의 산림황폐화는 농지가 부족한 상황에서 식량증산을 위한 무모한 경작의 결과다. 경제난으로 국가의 식량배급 기능이 약화되면서 당국의 묵인아래 주민들이 자력으로 산림을 개간하여 식량을 생산하는 풍조까지 생겨났다. 비공식적인 경제활동이 가능해지면서 식량배급이라는 부담은 줄어들었지만 반대급부로 주민들이 시장경제에 눈을 뜨는 결과를 낳고 말았다.

2008년 북한 인구조사에 따르면, 주민 중 900만 명 이상이 가정 단위로 채소 및 과수 재배에 참여하고 있는데, 16세 이상 경제활동 대상인구의 56%에 이른다. 주민들의 농업관련 부업활동은 취약계층의 식량난 완화에 기여하였으나 농작물 생산을 위해 구릉지 산림을 다락밭으로 개간함으로써 토지의 황폐화를 불러오고 말았다.

농촌가정의 난방과 취사도 무분별한 벌목을 가속화하고 있다. 땔감으로 감소한 산림의 면적은 1990년 1944km^{2}에서 2005년 3988km^{2}로 거의 두 배에 가깝다. 땔감이나 건축자재를 구하기 위한 무분별한 벌목으로 수목차폐율과 숲 밀도가 감소하고, 임상식물의 질과 범위도 줄어들었다. 게다가 산불과 해충까지 극성을 부리고 있다. 2000년부터 2002년 사이에 365건의 산불이 보고되어 128km^{2}의 산림에 피해를 입었다. 같은 시기에 2만1000m^{2}와 1600m^2 면적의 나무가 소실되었고, 솔나방 등의 해충으로 약 300km^{2}의 산림이 피해를 입었다. 북한의 산림파괴에 따른 표토층 침식과 토양 산성화는 토지의 질을 급속히 저하시키고 있다.

2000년대 들어 북한 당국도 산림 황폐화의 심각성을 인식하여 산림조성과 보호에 관심을 보이고 있지만, 경제난으로 인해 산림을 복구하기 위한 사업이 제대로 추진되지 못하고 있는 실정이다.

희귀 수목도 통치자금 앞에서 희생되는 현실

북한은 세계 식물종의 3.2%에 해당하는 9970종의 식물종, 세계 척추 동물종의 4.5%에 해당하는 1610종의 척추동물종, 조류종의 4.5%인 416종의 조류종을 보유하고 있는 것으로 보고되고 있다. 그러나 안타깝게도 그 중 2종은 멸종되었고 46종은 멸종위기에 놓여 있는 것으로 확인되고 있다. 산림황폐화, 수질오염, 자연재해 등 환경문제가 그 원인이다.

더 큰 문제는 이른바 '외화벌이'를 위해 생물자원을 무분별하게 채취함으로써 영구 보존해야 할 동식물 자원이 멸종위기를 맞는 심각한 상황이 벌어지는 것이다. 김정은 국방위원회 제1위원장의 비밀자금을 관리하는 노동당 38호실 산하 외화벌이 기관들은 약초와 희귀동식물을 무차별적으로 거둬들이고 있는 것으로 알려졌다. 최근 자강도 등지에서는 사마귀집(알집)이 1kg당 중국인민폐 260위안까지 거래되고 있을 정도다. 특히 노동당 38호실 산하 모란지도국은 각 지방 외화벌이사업소를 통해 특정 나무를 남벌해 멸종위기에 처한 것으로 알려지고 있다.

세계적인 현상과 마찬가지로 북한의 기후도 변화하고 있는데 기온, 강수, 해수면 변화가 그것이다. 1970년대부터 기온이 10년 단위로 0.38도씩 상승하고 있는 것으로 분석되고 있다. 최근에는 연간 강수가 고르게 분포되지 않고 한 번에 집중되는 경향이 지속되면서 기온이 높고 건조한 날이 길어져 가뭄현상도 점점 더 심해지고 있다.

세계기후의 변화 추세를 감안하면 북한 역시 기온과 강수량이 계속 상승할 것으로 예상돼 대체품종 경작을 적극 고려해야 한다. 여름이 길어지면 쌀 생산량이 개선될 수 있지만 상대적으로 증발량이 많아져 효과는 미미할 것으로 보인다. 또한 강수량 증가와 7월과 8월에 심각한 홍수가 집중 발생할 가능성이 높다. 향후 수십 년 후 대동강 유량은 25%, 압록강 유량은 21%, 두만강 유량은 18% 증가할 전망이다.

2013년 북한은 유엔 탄소배출권 거래 승인을 받았다. 예성강수력발전소 3~5호, 함흥1호 수력발전소, 금야발전소, 백두산선군청년2호발전소 등 수력발전소 6곳이 친환경 시설물로 지정돼 연간 20만의 탄소배출권을 거래할 수 있게 되었다. 북한의 탄소배출권 사업이 국제사회에 공개된 것은 2011년이다. 그해 3월 독일 자문단이 북한을 방문한 사실이 언론을 통해 알려졌다. '블룸버그'는 북한이 24만의 탄소배출권 거래로 매년 약 130만 달러를 벌어들일 수 있다고 보도했다. 그러나 시세의 유동성을 감안할 때 연간 67만 달러의 이익을 거둘 수 있을 것으로 추산된다. 탄소배출권을 외화벌이 수단으로 활용하려는 것인지, 지구온난화 극복을 위한 국제사회의 노력에 동참하려는 것인지에 대해서는 견해가 엇갈린다.

국제기구, 대북 환경·에너지 지원사업 확대

국제사회는 북한의 경제회복과 자체역량 강화를 통한 지속가능한 개발을 위해 환경부문에서 상당한 기술과 자금 지원을 추진하고 있다. UNDP는 1999년부터 농업복구 및 환경보호(AREP) 프로그램을 통해 환경개선사업을 추진하고 있다. AREP 프로그램은 단순한 대북 구호 차원의 식량지원이 아닌 중장기적인 농업생산 증대를 위한 기술지원과 개발사업으로의 전환을 의미한다. 애초 3억 달러 지원계획에는 못 미쳤지만 결국 1억3000만 달러 상당을 지원했다. AREP 사업의 일환으로 산림보호 프로그램이 추진되어 산림 조림, 양모장 복구, 임업관리 능력 향상을 위한 지원이 이뤄지기도 했다.

UNDP는 2000년대 들어 '새천년개발목표(MDGs)'와 연계해 대북지원사업의 범위를 환경, 에너지분야와 관련된 사업으로 확대하였다. 1999년부터 2007년까지 106개 사업에 총 1891만 달러를 투입했다. 어린이 보호시설과 초등학교 식수 및 위생시설 개선사업을 지원하였으며, 홍수피해와 같은 긴급 재난구호 활동을 전개하였다. 국제적십자·적신월사연맹(IFRC)은 북한에서 WASH 사업을 지

원하고 있으며, IFRC는 2001년부터 함경남도, 황해남도, 평안남도, 평안북도의
183개 리 지역에서 식수 및 공중위생 환경개선사업을 진행하였다. 또한 호주,
캐나다, 덴마크, 핀란드, 독일, 네덜란드, 스페인 등 9개 회원국 적십자사가 북한
조선적십자회와 협약하여 재난관리(덴마크), 조림(노르웨이), 식수 및 공중위생(스웨
덴) 등의 분야에서 기술 지원을 하고 있다.

〈표3〉 국제기구들이 추진한 북한과의 협력사업

활동	기간	수행 기관
북한 내 오존층 보호 사업	1995	유엔공업개발기구(UNIDO), 유엔환경계획(UNEP)
생물다양성 전략 준비	1998	유엔개발계획(UNDP), 세계야생생물기금(WWF)
아시아 최소 비용 온실가스 감축 전략	1999	지구환경기금(GEF), 아시아태평양경제사회위원회(ESCAP), 유엔개발계획(UNDP)
북한에서 유엔 기후변화협약하의 첫 번째 보고 준비	2000	유엔환경계획(UNEP), 유엔기후변화협약 사무국
묘향산에서 생물다양성 보호 사업	2002	유엔개발계획(UNDP), 유엔환경계획(UNEP)
환경보호를 위한 국가 능력배양 사업	2003	유엔개발계획(UNDP), 유엔환경계획(UNEP)
토질 저하, 사막화, 가뭄 방지를 위한 국가활동계획(2006~10년)	2006	유엔환경계획(UNEP)
지속가능한 의사결정을 위한 환경 감시 기능과 정보기술 강화	2006	유엔개발계획(UNDP), 유엔환경계획(UNEP)
북한 내 잔류성 유기오염물질 관리를 위한 국가 이행 계획	2008	유엔훈련조사연수원(UNITAR)
북한 내 폴리염화비페닐 관리 계획	2010	유엔훈련조사연수원(UNITAR)

대북지원에 참여하고 있는 국제 NGO들은 농업과 산림복구, 식수 및 공중위
생 사업에 참여하는 방식으로 북한의 환경부문 개선을 위해 꾸준히 노력하고 있
다. 미국 국제구호단체인 'Mercy Corps International'은 2000년 북한 조림사업의
일환으로 평안북도 협동농장에 사과나무 1만 그루를 심었다. 아일랜드에 본부
를 두고 있는 'Concern Worldwide'는 공중위생 개선, 하수처리장 설립 등 보건환
경 개선사업에 참여하고 있다. 프랑스 비정부기구인 'Triangle GH'는 2009년 4월
부터 2년 동안 강원도 문천에서 상하수도관 개보수 사업을 성공적으로 해낸 것
으로 알려졌다.

단순 식량지원보다 환경개선 차원의 지원 필요

북한이 식량난을 완화하고 지속가능한 발전을 위해서는 핵문제와 대남 도발행위를 중단해야 한다. 2008년 이후 국제사회의 대북지원은 취약계층을 대상으로 한 인도적 사업(긴급식량, 백신, 산모 및 어린이 건강 지원)을 제외하고는 거의 중단되었다. 북한에서 활동 중인 유엔 산하기구들은 소요자금 1억3700만 달러 중 9.8%에 해당하는 액수를 모금하는 데 그쳤다. 북핵 해결 지연으로 국제여론이 악화됐기 때문이다.

따라서 대북 환경지원 사업 대부분이 집행 중단되거나 금액을 조정하는 실정이다. 북한에서 활동 중인 국제기구들은 2011년부터 향후 5년간 대북지원 사업을 사회개발, 지식 및 개발관리를 위한 협력, 영양 개선, 기후변화와 환경 개선 등 4개 부문을 중심으로 추진하려 했지만 결국 핵문제로 물거품이 되고 말았다.

북한은 재정 고갈로 환경 폐기물과 오염물질 관리조차 제대로 못 해내고 있다. UNEP와 한국 정부는 2007년 11월 신탁기금 설립을 위한 협정을 체결했지만 결국 사업이 보류되고 있는 상황이다. 대표적인 사례가 압록강 오염방지사업, 대동강유역의 통합수질오염 모니터시스템 구축, 산림관리정보센터 설립 등이다.

북한의 열악한 환경문제는 비단 북한 내부만의 일이 아니다. 북한의 환경문제를 지구온난화에 따른 자연재해의 일부로 인식하고, 남북 공존공영 차원에서 보다 근본적인 고민과 함께 문제점을 찾아 해결하려는 노력이 필요하다. ●

참고문헌

김영훈 · 지인배, 『식량난 이후 북한의 농업과 농정정책 분석1995~2005년』, 한국농촌경제
　　　연구원, 2006.

박경석 · 이성연 · 박소영, "1990년대 경제난 이후 북한 산림관리 변화 연구", 『통일문제연
　　　구』, 평화문제연구소, 2009.

이석기, "2000년대 북한 산업 동향과 시사점", 『KIET 산업경제』, 산업연구원, 2010.

장형수 · 박영곤, 『국제협력체 설립을 통한 북한개발 지원 방안』, 대외경제정책연구원,
　　　2000.

Democratic People's Republic of Korea Environment and Climate Outlook 2012.

International Federation of Red Cross and Red Crescent Societies, "Revised Plan 2011: Democratic
　　　People's Republic of Korea", 2011.

UNDP External Independent Investigative Review Panel, "Confidential Report on United Nations
　　　Development Programme Activities in the Democratic People's Republic of Korea, 1999-
　　　2007", 2008.

통일로 가는 길목, 통일관광의 앞날

김철원

관광은 평화산업이란 점에서 갈등을 해소하고 이질적 문화를 이해하면서 국제사회의 평화를 달성하는 유용한 정책수단이다. 남북의 관광협력은 이미 갈등과 분쟁을 해결할 수 있는 효과적인 방안임이 금강산관광을 통해 입증된 바 있다.

남북 간 협력을 통한 북한 관광산업의 활성화는 상호이익, 민족경제공동체 형성촉진, 한반도 균형발전, 긴장완화 등에 매우 중요한 의미를 지닌다. 또 인적교류를 통해 문화적 통합에도 크게 기여할 것이다. 남북관광 활성화는 중국, 러시아, 일본을 포함하는 동북아지역을 환동해권, 환황해권으로 설정하여 세계적인 관광중심지로 발전시킬 수 있는 전략적인 가능성이 충분히 있다.

관광은 교류와 평화증진에 긴요한 수단

국제적으로도 국가 간 관광교류는 평화증진과 교류확대에 있어서 매우 효율적인 수단으로 인식되고 있다. 특히 세계의 분쟁지역 또는 분단지역에서의 관광은 비정치적 교류를 통해 평화를 증진시키는 수단으로 이용되고 있다. 종교, 인종, 식민지 경험, 전쟁 등 외부적인 요인에 의해 분단국가들의 관광 교류 형태는 〈표1〉과 같이 여러 형태로 분류된다.

〈표1〉 분단국 관광교류 유형별 특징

유형	특징	사례 국가
유형1	– 양국 간 관광교류에 제한 없음	아일랜드 ←→ 북아일랜드
유형2	– 한쪽 국가에서만 교류에 제한을 둠	전 서독 ←--→ 전 동독
유형2	– 현재 남북 간의 관광교류처럼 별도의 관광 관련 사업이나 특정지역의 관광사업 추진과 같은 형태를 찾아보기는 어려움 – 양국 간 인적교류의 확대, 특히 서독의 꾸준한 노력이 돋보이는 유형으로 분석됨	
유형3	– 양쪽 모두 교류에 제한을 두나 제3국을 통한 교류가 부분적으로 가능 – 교류의 형태가 단방향적인 성격이 강함	중국 ←→ 대만 홍콩/마카오/기타3국
유형3	– 동서독의 사례처럼 인적교류의 확대 과정에 초점을 두지만, 양국 모두 자국민의 상대국가 방문을 통제하는 차이가 있음 – 중국·대만 간의 인적교류는 단방향성, 즉 대만에서 중국으로의 일방적 성격이 강함 – 2005년 7월에는 중국과 대만이 중국인의 제3국을 거치지 않은 직접 대만 방문에 합의함	
유형4	– 양쪽 모두 교류에 제한을 둠 – 교류의 형태가 단방향적이며 제3국을 통한 방문도 제한	남한 → 북한
유형5	– 양쪽 모두 교류에 제한을 둠 – 상대국가를 방문한 외국인에게도 제한을 둠	사이프러스 (Greek Cyprus) ← 북부 사이프러스 (Turkish Republic of North Cyprus)

〈표1〉에서처럼 분단국 사이의 관광교류는 국가별로 차이가 있고, 또한 분단 국가 내의 국내관광도 그 사회의 경제적 발전, 정치적 자유 등의 조건에 따라 차 이가 있다. 또한 이들 분단국 간의 방문은 상대국가에 거주하고 있는 친지방문 등의 특정한 목적을 가지고 방문하는 경우가 대다수를 차지하고 있지만, 남한과 북한처럼 이 범주에 속하지 않는 예외적인 경우도 있다.

물론 과거 동독과 서독, 그리고 중국과 대만의 관계는 그 역사적 배경이나 교 류의 형태가 현재 남북관계와는 다르다. 따라서 분단국가로서 공통적 경험을 가 지고 있기는 하나 교류의 시작과 진행되었던 과정, 그 속도 등에 있어서 차이가 크다.

그럼에도 불구하고 분단국가들의 관광교류는 인적교류에 기초한 단계적 접근을 시도한 점과 이러한 교류확대를 위한 지속적인 지원 등은 우리에게 많은 시사점을 남긴다. 특히 서독의 동독에 대한 지원은 '평화비용'으로 작용하여 동서독 간 경제적, 사회적 격차를 줄이는 데 일조하여 결국 통일비용을 줄이는 데 기여하였음을 눈여겨 볼만하다.

북한에서 숙박·쇼핑하며 정도 키우고

금강산관광은 1998년 시작하여 관광교통 수단 다변화, 관광일정 다양화, 관광코스 확대 등으로 2008년 7월 중단되기 전까지 약 193만여 명이 관광에 참여하였다. 금강산관광사업이 남북관계 개선을 위한 발판이 되었음은 자명한 사실이다.

특히 지난 60여 년간의 남북분단과 대결을 협력과 화해로 전환시킨 계기를 마련한 사업이라는 점에서 금강산관광은 높이 평가되고 있다. 우선 금강산관광은 법적·제도적 장치가 마련된 점에서 그 의의를 찾을 수 있다. 금강산관광지구에 대한 50년간의 토지이용권을 비롯하여 금강산 특구법과 9개의 하위 규정이 발표됨으로써 투자활성화의 기반이 조성되었다.

〈표2〉 연도별 금강산관광객 추이(단위: 만 명)

구분	1998	1999	2000	2001	2002	2003	2004	2005	2006	2007	2008
연도별	1	15	21	6	9	7	27	30	24	35	19
누적	1	16	37	43	52	59	86	116	141	176	196

자료_현대경제연구원(2014)

2002년 11월 금강산관광지구 특구법이 공포된 이후, 개발 및 설립·운영 규정과 광고 규정 등에 이어 2004년 9월 부동산 규정이 제정됨으로써 사업자 간 협의해 오던 10개 규정 중 9개 규정이 발표되었다. 특히 금강산관광사업은 개성공단 특구 지정과 여타 경제협력으로의 확대, 3통(통행·통신·통관)과 경협합의서 체결 등 남북경협의 법·제도화 마련의 첨병 역할을 하였다고 할 수 있다.

다음으로 금강산관광은 민족통합 및 문화공동체 형성의 돌파구 마련에 기여하였다. 각종 사업 추진 과정에서 빈번한 만남과 대규모 인적·물적 교류 확대를 통해 상호 이해와 협력 정신이 증진되었을 뿐 아니라, 이산가족 상봉과 고향 방문을 해결해 주는 돌파구가 마련되었다.

〈표3〉 금강산관광사업의 중요성

구 분	내 용
중요성	- 정치 군사적으로 한반도 긴장 완화와 통일신작로 역할, 경제적으로 남북경협 활성화와 동북아 중심국가 건설 구상 실현의 촉매제 역할을 함
정치 군사적	- 남북관계 개선을 위한 단순한 창구 역할을 넘어 한반도 화해협력을 촉진시키는 공공재 성격이 강함 - 단순한 민간경협사업이 아니라 유람선관광은 해상 북방한계선 붕괴를, 육로관광은 군사 분계선 북상 및 관통을 의미하므로 한반도의 긴장완화와 평화안정 체제 기반조성에 기여함
사회 문화적	- 대규모 물적 인적교류 확대를 통한 남북 간의 이질감 해소와 함께, 이산가족 면회소로서 기능에도 크게 기여함

자료_김철원·이태숙(2008)

개성관광은 2007년 시작하여 2008년 11월 중단될 때까지 약 11만여 명이 관광에 참여하였다. 개성관광사업을 통한 남북 관광교류협력은 북한의 대외개방을 이끌어내고 남북의 인적, 경제적, 사회문화적 교류협력을 도모하였다.

문화적 측면에서 개성관광은 고려의 풍부한 역사·문화적 관광자원과 화려한 불교문화의 예술적 재발견에 크게 기여하고 전통 계승을 주도하여 한반도 통일시대 문화의 새로운 장을 열기에 충분한 사업이다. 활발한 인적교류와 역사의 상호이해 제고로 민족적 동질성을 확보하여 남북 이질감을 해소함으로써 세계적으로 통일한국의 조화를 과시하는 데 이바지할 수 있을 것으로 전망된다.

〈표4〉 개성관광객 현황(단위: 명)

구분	07'12	08'01	08'02	08'03	08'04	08'05	08'06	08'07	08'08	08'09	08'10	08'11	계
인원	7,427	9,049	8,540	11,400	11,536	11,953	12,168	11,607	7,447	5,770	7,348	6,304	110,549

자료_신용석(2012)

이러한 동질감 회복의 장으로서 개성관광은 관광지로서 매력을 충분히 갖추게 되어 철도연결이 끝나고 육로관광이 자유롭게 소통되는 시점에서는 동북아의 허브도시로서, 전략적 관문기능을 갖는 경제·사회문화적 전진기지의 기능이 가능하게 될 것이다.

또한 고구려 문화의 본고장에서 유적지를 철저히 조사하고 관리함으로써 중국의 동북공정을 비롯한 역사왜곡 시도를 사실적으로 고증하며 저지할 수 있다. 북한 역사학자들의 기존 연구성과를 보조해 남한 학자들이 합동으로 문화재와 역사 연구를 하고, 그 성과물이 국제적으로 인정받을 수 있도록 국제무대에 홍보하는 것을 남한 정부의 이름으로 주도하면 그동안 '은자의 나라'라고 불리던 북한을 개방하는 효과와 그 안에 조용히 갇혀있던 귀중한 문화유산들이 나오는 효과를 창출하게 될 것이다.

北, 입국절차 간소화 등 관광 외자유치 주력

북한은 1987년 9개 관광개방 지역을 선포하여 외국관광객 유치에 주력하는 한편 세계관광기구(UNWTO)에 가입하였으며, 1995년 아시아·태평양관광협회(PATA)에 가입한 데 이어 1996년에는 '나진·선봉경제무역지대'에 대한 관광규정을 제정하였다. 또한 묘향산, 칠보산, 구월산 등 관광 휴양지 개발에도 주력하였으며, 특히 지난 1998년에는 현대·조선아시아태평양평화위원회 간 금강산관광 및 개발사업합의서가 체결되어 금강산관광이 실현되었다.

2002년은 북한의 관광정책 추진에 있어 획기적인 해로, 2002년 5월15일~18일 UNWTO 사무총장 일행이 북한을 방문한 바 있으며, 11월에는 최고인민회의 상임위원회 정령으로 금강산관광지구법을 채택하기도 하였다. 뿐만 아니라 북한은 UNWTO의 지원으로 관광산업 관계자들의 중국이나 말레이시아 등 아시아지역 주요 관광지 연수 프로그램에도 꾸준히 참여하고 있고, 외국의 주요 관광관련 언론인들을 초청해 관광자원 소개에도 적극적으로 나서고 있다. 이러한 북한의 해외관광객 유치노력은 점점 확대되고 있는 상황이다.

북한은 과거 합영법 제정시 형식적 유치시기를 지나서 금강산관광사업으로

관광사업의 수익성에 눈을 뜬 후 외화획득을 위해 적극적으로 변화하고 있다. 2013년 12월 원산과 이웃한 강원도 문천에 12개의 슬로프를 갖춘 대규모 스키장인 마식령스키장을 완공하고, 같은 해 10월 평양의 문수물놀이장을 개장한 것이 이를 뒷받침한다. 특히 북한은 인터넷을 통해 백두산 관광상품을 대대적으로 홍보하는 등 중국 관광객 유치에 큰 노력을 기울이고 있다.

〈표5〉 북한의 13개 경제개발구

구 분	지 역	주요 산업	투자액
압록강경제개발구	평안북도	현대농업, 관광휴양, 무역	2.4억 달러
만포경제개발구	자강도	현대농업, 관광휴양, 무역	1.2억 달러
위원공업개발구	자강도	광물자원가공, 목재가공, 기계설비 제작, 농토산물가공	1.5억 달러
온성섬관광개발구	함경북도	골프장, 경마장 등 관광개발구	0.9억 달러
혜산경제개발구	량강도	수출가공, 현대농업, 관광휴양, 무역,	1.0억 달러
송림수출가공구	황해북도	수출가공업, 창고·화물운송 등 물류업	0.8억 달러
와우도수출가공구	남포시	수출 가공조립업, 보상무역, 주문가공	1.0억 달러
신평관광개발구	황해북도	체육, 문화, 오락 등 현재 관광지구	1.4억 달러
현동공업개발구	강원도	보세가공, 정보산업, 경공업, 관광기념품 생산, 광물자원	1.0억 달러
흥남공업개발구	함경남도	보세가공, 화학제품, 건재, 기계설비제작	1.0억 달러
북청농업개발구	함경남도	과수업, 과일종합가공, 축산업	1.0억 달러
청진경제개발구	함경북도	금속가공, 기계제작, 건재, 전자제품, 경공업, 수출가공업	2.0억 달러
어랑농업개발구	함경북도	농축산기지, 채종, 육종 등 농업과학연구개발단지	0.7억 달러

자료_북한 경제개발위원회

＊ 2014년 7월 은정첨단기술개발구(평양시), 강령국제녹색시범구(황해남도), 청남공업개발구(평안남도), 숙천농업개발구(평안남도), 청수관광개발구(평안북도), 진도수출가공구(남포시) 등 경제개발구 6곳 추가 지정

북한과 중국의 경협이 성장하는 것처럼 북한은 중국을 가장 큰 시장으로 인식하고, 국경을 맞대고 있는 중국관문 도시들을 통한 변경관광을 비롯해 철도, 항공, 자동차를 이용한 중국 관광객 유치에도 애쓰고 있다.

또한 2014년 4월에는 중단한 지 12년 만에 중국 지린성 지안과 평양을 연결하는 열차관광 운행을 재개하였다. 열차를 타고 지안을 출발해 5일간 묘향산, 평양, 개성 등을 관광하는 이 코스는 나흘에 한 번씩 운행되며 가격은 2980위안(약

50만 원)이다.

이와 함께 조만간 지린성 투먼-칠보산 열차관광도 운행을 재개할 예정인 것으로 알려졌다. 또한 접경지역인 지린성의 여행사들을 통해 나선시 일대를 둘러보는 3일 코스 자가용 관광상품 판매에도 주력하고 있다. 이외에도 입국수속도 간소화하고 있다. 과거에는 4일 전에 관광객 명단을 북한에 제출해야 했지만 2014년부터는 2일 전에만 제출하면 관광이 가능하다.

특히 북한은 관광을 외화획득을 위한 정책적 수단으로 활용하고자 13개 경제개발구 중 5개의 경제개발구(압록강경제개발구, 만포경제개발구, 온성섬관광개발구, 혜산경제개발구, 신평관광개발구 등)가 관광휴양지 개발 등을 포함하고 있다. 이와 함께 신의주, 원산, 강령 등에서도 새로운 경제특구 개발계획이 발표돼 주목받기도 했으며 6개의 경제개발구를 추가 지정하기도 했다.

〈표6〉 신의주 및 원산 경제특구

구 분	개발면적	중점 육성분야	투자액
신의주경제특구	82km²	산업, 첨단기술, 금융, 무역, 관광 등 복합형 경제특구	1000억 달러
원산경제특구	414.8km²	역사, 경제, 문화교류를 위한 국제 관광지구	78억 달러

자료_북한 경제개발위원회

북한은 경제특구 개발을 위해 2013년 최고인민회의 상임위 정령으로 경제개발구법을 제정하고 국가경제개발총국을 국가경제개발위원회로 승격시켰다가 올해 다시 무역성과 합영투자위원회 등과 통합해 대외경제성을 신설하였으며, 민간단체인 조선경제개발협회를 출범시키기도 하였다.

최근 관광산업 붐의 일환으로 관광전문가 양성을 위한 관광대학과 관련학과도 만들어졌다. 평양관광대는 장철구평양상업대 관광봉사학부를 모체로, 외국어 전문가 양성을 위한 영어, 중국어, 러시아어학과 등 관광안내학부와 경영, 개발학과 등 관광경영학부를 설치하였다. 이전에는 없었던 관광과 투자 등의 내용이 강의 계획에 새롭게 포함되었다. 아울러 평양 인민경제대학에는 개발학과가 신설되었고, 정준택원산경제대학에는 관광경제학과가 신설되었다.

北, 관광산업 기대는 높지만 현실은 열악

2002년 북한 당국은 주요 관광 중심지로 칠보산 개발을 위한 정책을 공포하였고, 유엔개발계획(UNDP)은 UNWTO와 협력하여 칠보산 개발을 위한 지속가능한 관광지원에 나섰다.

북한의 관광을 발전시킬 수 있는 구체적인 모델로는 UNWTO 등에서 논의되고 있는 '빈곤퇴치를 위한 지속가능한 관광 프로그램(PPT: Pro-Poor Tourism)'을 활용할 필요가 있다. PPT는 빈곤국의 경제적 자립을 통해 빈곤퇴치의 목표를 달성하고자 하는 관광을 말하며, 특정한 상품이나 틈새부문이 아닌, 관광개발과 관리에 대한 접근방식과 관리를 말한다.

관광사업과 빈곤층과의 연계를 통하여 빈곤퇴치를 하는 데 관광이 기여할 수 있도록 하고, 빈곤층이 더욱 효과적으로 관광상품 개발에 참여할 수 있도록 하는 것이다. 따라서 PPT를 위한 프로그램을 개발하여 북한의 실질적인 빈곤퇴치 효과를 가져올 수 있도록 해야 한다. 이를 위해 국제기구와 협력적 네트워크를 구축하고 남북 관광교류에 전략적 접근을 한다면 남북관광 교류 촉진에 새로운 돌파구를 제시할 수 있을 것이다.

또한 UNWTO는 2003년부터 ST-EP(Sustainable Tourism-Eliminating Poverty·지속가능관광-빈곤퇴치) 프로그램을 시작하여 관광을 통해 빈곤을 극복할 수 있는 방안을 추진·지원하고 있다. ST-EP는 개발도상국가와 관광 개발협력을 통해 빈곤퇴치, 사회경제성장, 지역주민의 사회적·경제적·문화적 수준 향상 등의 목적을 달성하고자 한다. 북한은 현재 외국인 관광객 유치를 통한 외화수입에 국가적 차원에서 기대를 모으고 있다. 그러나 북한의 열악한 인프라 시설과 홍보 미비로 인해 기대한 만큼의 수익을 얻지 못하고 있는 형편이다.

UNWTO 프로그램은 북한에서도 활용될 만한 충분한 가치가 있다. 또한 북한은 남한 정부의 예산과 한국 기업들의 북한 내 진출보다는 국제기구와 서방국가들로부터의 외자유치를 더 환영하는 실정이다. 따라서 UNWTO의 지원을 적극 유치할 필요가 있다. 금강산개발에 관한 계획안을 작성했던 이력도 있으니 UNWTO에서도 북한 관광사업에 관한 경험을 갖춘 상태이며 남한의 인력이 방문하고 접촉하는 것보다 유엔 산하의 국제기구 조사단이 방문하는 것이 더 수월할 것이다. 북한의 경계가 낮을 것으로 예상이 되는 만큼 자료 수집의 범위도 더 넓어질 수 있다.

결국 UNWTO를 통한 북한 관광단지 개발로 인해 더 풍부한 재원이 조성되고 대북 협상시 보다 융통성있는 원활한 합의가 이루어질 것을 기대할 수 있으며, 유엔 가입 국가들에 대해 북한 관광에 대한 홍보효과도 수월할 것으로 전망된다. 특히 북한이 국제사회로 나올 수 있는 접근성이 가장 높은 국제기구는 UNWTO, PATA로 이들 기구는 북한 관광산업에 관심이 많고, 실제 많은 인사들이 북한에 초청되어 북한 관광발전에 대하여 논의하고 있다.

남북 관광교류협력을 활성화하기 위해서는 우선 북한의 경제특구 정책에 대한 적극적 지지표명과 함께 관광지 개발 및 인재 양성지원을 남북경협 차원에서 추진할 필요성이 있다. 새롭게 탐색기를 거쳐 북한 관광특구 개발에 참여하여 실질적인 관광교류의 틀을 마련하는 방향을 설정해야 한다.

또 남북 간의 관광교류는 남북주민의 이질성을 극복하는 데 그 목표를 두어야 한다. 남북주민 간의 이질성은 분단에 따른 상호교류 부족으로 심화되고 있다. 기본적으로 관광은 성격상 개인 간의 접촉이 있을 수밖에 없지만 현재의 남북관광은 그 형태가 매우 제한적이고 북한 일반주민들과의 접촉은 더욱 어렵다. 따라서 현재로서는 북한의 제한적 집단이나마 그 접촉기회를 늘릴 수 있는 기회를 만들어야 한다.

가능하면 지속가능한 협력 및 교류의 틀을 도출할 수 있도록 북한 관광특구 개발과 연계하여 공동연구를 수행하는 협의체를 구성할 필요성도 있다. 이는 개발 노하우의 전수와 함께 부가가치를 창출할 수 있는 관광인력 양성에 크게 기여할 수 있을 것이다. 특히 남북 관광교류협력은 단계적으로 추진하되 중장기 로드맵을 구축해 운용할 필요가 있다. ●

참고문헌

김철원·이태숙, "남북관광 협력과 통일인식변화에 관한 연구: 금강산관광을 중심으로", 『통일문제연구』, 평화문제연구소, 2008.
통일부, 『금강산관광 지속을 위한 정부지원 필요성과 지원방향』, 2002.
한국관광공사, 『북한 관광산업개방유형 비교분석』, 2000.
한국문화관광정책연구원, 『남북관광 교류협력 활성화 방안』, 2005.
한국문화관광연구원, 『남북관광 현황 분석 및 정책대응방안』, 2012
현대경제연구원, 『금강산 관광의 의미 재조명』, 2014.
Butler, R. W. 『The Concept of Tourism Area Cycle of Evolution :Implication for Management of Resource』, Canadian Geographer, 24(1), 5-12. 1980.

IT, 통일경제 로드맵의 열쇠

문형남

남북통일 과정에 있어서 정보기술(IT) 또는 정보통신기술(ICT)의 역할은 매우 중요하다. ICT는 IT와 거의 같은 의미로 사용되고 있으며, IT와 방송 및 통신 등을 포괄하는 의미로 사용된다. 통일을 향하는 과정 중에 여러 분야가 유기적으로 제 역할을 다해야 하겠지만, ICT는 특히 통일의 기폭제 역할을 할 수 있기 때문에 어느 분야보다 중요하다고 할 수 있다.

북한은 1990년대 중후반 이른바 '고난의 행군'이라는 범인민적 운동을 펼친다. 동구 공산권 해체에 따른 국제적 고립과 잇따른 자연재해로 인한 극도의 경제난에서 벗어나기 위해 제시한 구호다. 당시 산업기반은 상당부분 붕괴되었고 극히 일부를 제외하면 20여 년이 지난 지금도 여전히 회복하지 못하고 있다. 일반적으로 국가산업의 성장은 상당한 기반 투자를 요구하는 것이기에 경제적 제재조치를 받고 있는 북한으로서는 이를 복구하기란 여간 어려운 일이 아닐 것이다.

그래서인지 북한은 인도식 모델을 채택해 IT를 경제도약의 발판으로 삼겠다는 전략을 전면에 내세우고 있다. 이른바 '단번 도약의 별동대'로 소프트웨어 개발산업을 지정하고, 내부적으로는 '제3산업'이라는 명칭도 부여하면서 집중적으로 투자하고 있다.

IT라고 하면 그 범위가 매우 넓지만 북한은 하드웨어분야에 투자하기 어려운 상황이어서 얼마간의 장비와 우수인력만으로 진출이 가능한 소프트웨어분야에 초점을 맞추고 있는 것으로 보인다. 이에 따라 대학마다 정보센터를 두었으며 컴퓨터 관련 학과를 집중적으로 세워 우수인력을 양성하여 정보기술 기관에 배치하고 내부적으로는 정보화를, 외부적으로는 외화벌이를 추구하고 있다.

북한은 유치원 때부터 컴퓨터 수재를 선발해 철저하게 교육한다. 반면 남한에서는 컴퓨터 관련 학과 지원 학생이 줄어들고 있는 실정이다. 대부분 북한 산업이 침체를 거듭하고 있는 데도 불구하고, 소프트웨어분야에서 상당한 발전을 이룩한 것은 1980년대 중반부터 프로그램 개발인력을 국가적인 계획 아래 집중적으로 양성했기 때문이다.

북한 당국은 1985년 4년제 컴퓨터 인력 양성전문기관인 조선계산기단과대학을 설립하였고, 1986년과 1990년에는 프로그램 개발 전문기관인 평양정보센터(PIC)와 조선컴퓨터센터(KCC)를 각각 설립하였다. 1998년부터 각급 중·고등학교에서 컴퓨터 교육이 의무화되었으며, 이어 김일성종합대학과 김책공업종합대학에 컴퓨터과학대학이 설치되는 등 주요 대학에 프로그램 학과가 신설되었다. 이러한 노력으로 북한은 10만 명 이상의 IT 기술인력을 양성하였으며, 현재 최상급 수준의 프로그램 개발분야 연구자는 약 1000여 명 정도로 파악되고 있다.

평양과기대, 포항공대에 손색없어

북한의 IT 수준은 매우 높은 것으로 평가되고 있다. 이 때문에 남북 교류협력에 있어서 IT분야는 큰 역할을 할 수 있을 것으로 기대된다. 북한의 IT 수준을 살펴보면, 경제적인 제약 등으로 하드웨어분야 개발보다는 소프트웨어분야 개발에 주력하고 있다. IT 교육도 소프트웨어 중심으로 비교적 체계적으로 이뤄지고 있다. 북한의 소프트웨어 수준이 선진국 수준에 이른 것도 이 때문이다.

박찬모 평양과학기술대학(PUST) 명예총장은 "평양과기대 컴퓨터 전공 대학원

학생들의 실력은 남한의 포항공대 학생들과 비교해 전혀 손색이 없을 정도로 뛰어나다"고 말하기도 했다. 이처럼 북한에는 우수한 IT 전문인력이 많은데, 산업적으로 활용되기보다는 사이버전에 투입되어 남한의 주요 웹사이트를 해킹하거나 은행 등 주요 시설의 전산시스템을 정지시켜 큰 피해를 주기도 한다. 정보기술을 선용하기보다는 악용하고 있다고 봐야 할 것이다.

동독과 서독의 통일에 있어서 방송이 매우 중요한 역할을 했다는 것은 잘 알려진 사실이다. 그렇다면 남한과 북한의 통일에 있어서 방송의 역할은 어떠할 것인가. 많은 이들이 독일의 예를 들며 남북통일에 있어서도 방송이 중요한 역할을 할 것으로 보지만 남북한의 경우는 방송 송출 방식이 달라 동서독과 같은 효과는 기대할 수 없다는 점을 간과해서는 안 된다.

그러나 통신과 정보(인터넷)는 남북통일의 결정적인 역할을 할 수 있는 잠재력이 크다. 현재는 막혀 있으나 어느 순간 통일은 정보와 통신을 통해 가장 먼저 이뤄질 수도 있다. 북한의 이동통신(휴대전화) 가입자 수는 2014년 현재 약 300만 명으로 추정되고 있으며, 2014년 연말에는 400만 명으로 전망되는 등 그 수가 빠르게 증가하고 있다. 북한 당국이 기술적으로 국제통화 등을 엄격히 통제하고 있지만 북한 사회에 휴대전화 가입자가 크게 늘수록 통신과 정보는 남북통일에 있어서 첨단병기 역할을 할 것이라는 관측도 제기된다.

북한의 인터넷은 아직 개방되어 있지 않지만 오래 전부터 내부적으로 '광명'이라는 인트라넷을 '인터네트'라는 명칭으로 사용하고 있다. 외부와 연결된 인터넷은 극소수만이 사용하고 있다. 남한은 오래전부터 kr이라는 국가도메인을 사용하고 있는데, 북한은 몇 년 전부터 kp라는 국가도메인을 사용하고 있다. 북한의 국가 도메인 kp를 쓰는 웹사이트는 '내나라(www.naenara.com.kp)', '벗(www.friend.com.kp)', '조선중앙통신(www.star.edu.kp)' 등이다. 이들 사이트는 국내에서는 우리 정부에 의해 불법 사이트로 접속이 차단되고 있다.

정부는 2004년 11월부터 이른바 북한 관련 웹사이트 30여 개를 차단한 이래 북측 언론매체인 '우리민족끼리'나 재일본조선인총연합회 기관지 '조선신보' 등에 대한 접속을 금지하고 있다. 이러한 사이트를 차단한 나라는 우리나라뿐이다. 종북세력이나 용공행위를 막기 위한 불가피한 조치이긴 하나 현실적으로 통일을 향하는 걸음을 감안하면 북한 관련 웹사이트들에 대한 차단 해제를 적극 검토해야 할 것이다. 북한 사이트를 보고 체제선전에 현혹되기보다 오히려 북한 현실을 제대로 아는 데 도움이 될 수 있다.

〈표1〉 북한의 이동전화 가입자 수

시점	2008년	2009년	2010년	2011년	2012년	2013년	2014년	2014년 말(E)
누적 가입자수(명)	1,694	91,704	431,919	약 90만	약 150만	약 250만	약 300만	약 400만

자료_오라스콤 사 실적보고서(2008~2010), 언론 보도와 필자 추정치(2013~2014)

北, 미국과도 IT 교류하는데 南과는 단절

2000년 김대중 정부의 6·15남북정상회담을 계기로 남북 간 IT산업 분야 교류가 급진전돼 삼성전자를 비롯한 10여 개 관련기업이 남북 교류협력사업에 뛰어들었다. 그러나 이명박 정부 이후부터는 대부분 중단된 상황이다. IT부문의 남북협력을 활성화하기 위해서는 북한 IT산업과 관련된 정보를 교류하고 공유할 수 있는 네트워크를 구축해 확대하여야 한다. 또한 기업, 대학, 연구기관, 정부 등 다양한 기관들이 참여하는 종합적인 네트워크 형성이 필요하다. 기관별로 특성에 맞게 역할을 구체화하고 기관 간 정보교류를 강화하여 정보 부족에서 초래되었던 과당경쟁, 중복투자, 과다한 부대비용 발생을 최소화하여야 할 것이다. 정보네트워크 활성화를 위해 정부의 적극적인 지원정책도 마련되어야 할 것이다.

〈표2〉 북한의 정보화 발전단계

구분	태동기	토대 구축기	본격 추진기
기간	1969년~1987년	1988년~1997년	1998년~현재
담론	사회주의 체신*	과학기술의 담보	강성대국 건설 인민경제의 현대화
계획화	–	제1, 2차 과학기술발전 3개년 계획	제1, 2, 3차 과학기술발전 5개년 계획
정책방향	기술혁신 체신의 현대화 강조	컴퓨터 도입 필요성 강조	컴퓨터 교육 강화지시 과학의 해 지정 강성대국론 강조
기술발전	1세대 컴퓨터 제작	자체적 컴퓨터 생산 32bit 공업화 완성	아침-판다콤퓨터 합영회사
네트워크	전국단위 유선방송화 완성	망 현대화(빛섬유화) 초보적 인트라넷 시험 인터넷 노출 시작	리 단위까지 망현대화 완성 내부 네트워크 본격화(광명 서비스 본격 화) 대외적 인터넷 활성화
주요기관 설립	프로그람종합연구실 전자계산기 단과대학 집적회로 시험공장	반도체 공장 조선콤퓨터쎈터(KCC) 평양정보쎈터(PIC) 프로그람 강습소	전자공업성 프로그람 교육 지도국 각 대학 정보쎈터 수재양성기지
정책적 특징	정보화에 대한 초보적 관심 표명	과학화·현대화 뒷받침으로서의 정보화	독립된 산업으로서의 정보화

자료_박문우(2009), 한국정보화진흥원 연구자료(2010.12)

* 북한의 정보화를 구성하는 대표적인 요소는 '체신'으로 이는 우편통신, 전기통신, 방송을 포괄하는 우리의
  '통신' 개념에 가깝다. 즉, 북한에서 체신은 컴퓨터를 제외한 정보화의 기본 요소를 모두 다 포괄하는 개념
  이라 할 수 있다.
** 조선콤퓨터쎈터(KCC)→ '조선콤퓨터중심'으로 명칭이 변경, 평양정보쎈터(PIC) → '평양정보기술국'으로 명
  칭이 변경

  북한은 IT분야 전문인력의 수준이 높고, 숫자도 많다. 이런 인력들이 남북 교
류협력에 활용되면 좋겠지만 실정은 그렇지 못하다. 북한의 정보인력들은 조직
적으로 청와대를 비롯해 금융기관 등 남한 주요기관의 정보망을 해킹하거나 전
산마비 등 금융 사고를 유발하는 등 큰 문제를 야기하고 있다. 상당수의 북한 소
프트웨어 전문인력들은 중국 단둥 등 국경지역 중국 기업에 근무하며 소프트개
발 업무를 담당하기도 한다.

  이러한 문제점들을 해결하기 위해서는 인도의 사례를 참고하여 북한의 소프
트웨어 인력들을 잘 활용할 수 있는 방안을 찾아야 할 것이다. 우선 개성공단이
나 단둥지역에 IT협력센터를 개설하여 주요 대학이나 연구소 및 기업들이 남북
IT전문인력의 교류협력 방안을 모색해야 할 것이다.

대학은 주요 대학별로 IT관련 연구개발협력을 추진할 필요가 있다. 북한 최고의 대학인 김일성종합대학이나 북한 최고의 이공계 대학인 김책공업종합대학의 기술력은 뛰어난 것으로 평가받고 있지만 남한 대학과의 교류협력은 전혀 이뤄지지 않았다. 김책공업종합대학이 미국의 시라큐스대학교와 교류협력을 활발하게 하고 있는 것과 대조적이다.

1989년 11월9일 베를린 장벽 붕괴 20년 전인 1969년, 서독 사회민주당의 빌리 브란트 총리는 '동방정책'을 제안하였다. 동독을 국제법상 국가로 인정할 수 없지만 동독과 서독으로 존재하는 두 국가의 관계를 '특수 관계'로 규정한 것이 핵심이다. 1972년 5월 동서독은 '통행협정'을 체결한 데 이어 같은 해 12월에는 동서독의 관계정상화를 주요 내용으로 하는 '동서독 기본조약'에 합의하였다. 1980년대 후반까지 동서독의 교류와 협력은 서독 내부의 정권교체에도 불구하고 지속되었다는 점에 주목할 필요가 있다.

1969년 동방정책의 시작부터 1980년대 후반까지 동서독 관계는 '점진적 통합'의 시기로 평가할 수 있다. 1969년 서독 정부가 동독의 각종 매체 유입을 허가하기 시작한다는 공표를 하면서부터 동독과 서독은 교류협력관계를 구축하여 왔다. 독일은 통일의 초석이 된 동방정책 제안부터 통일까지 21년이 걸렸고, 1972년 통행협정 체결부터 18년이 걸린 셈이다. 이를 참고하면, 우리나라도 남북이 상호 동의하는 본격적인 통일정책을 시행한 후 15~20년 정도 지나야 통일이 이뤄질 것이라는 예측이 가능하다.

독일이 통일에 이르기까지 방송은 매우 중요한 역할을 하였으며, 독일의 방송교류협력 단계를 시기별로 정리하면 다음과 같이 세 단계로 나눌 수 있다. 1단계는 방송수신 제한시기(1945~1970년)이고, 2단계는 암묵적 허용시기(1971~1980년), 3단계는 수신개방 및 통합시기(1981~1990년)라고 할 수 있다.

북한의 라디오 방송으로는 중앙방송, 평양방송, 국제방송, 평양FM, 각 도별 지방방송 등이 있다. 북한의 국내 라디오 방송은 유선방송에 의존하며, 전파라디오 청취는 중앙방송에만 채널을 고정하도록 검열·통제한다. 북한 텔레비전 방송의 공중파 채널은 조선중앙TV, 만수대TV, 교육문화TV가 남한과는 다른 유럽방식인 PAL(Phase Alternation Line) 방식으로 방송되며, 개성TV는 대남선전 용TV 방송으로 남한과 같은 NTSC(National Television System Committee) 방식으로 방송하고 있다. 이 중에 만수대TV, 조선교육문화TV(현재 룡남산TV로 개칭) 채널은 주말에만 방송하고 평양시민들만 시청할 수 있다.

〈표3〉 북한의 지상파TV 방송 현황

구분	조선중앙TV	만수대TV	조선교육문화TV*	개성TV
방송범위	전국	지역	지역	대남 방송
시청대상	북한주민	평양주민, 외국인	북한주민	–
전송방식	PAL	PAL	PAL	NTSC
설립년도	1963년	1973년	1997년	1971년

* 2012년 '룡남산텔리비죤방송'으로 개칭

2009년 현재 남북 간 1350회선 전화연결

통신분야는 유선통신(유선전화)과 무선통신(휴대전화) 및 데이터 통신망으로 나눠 볼 수 있다. 1971년 서울과 평양을 연결하는 남북 적십자사 간 직통전화가 설치 된 이후 현재까지 남북 간 직간접 형태의 유선 전화가 설치되어 있다. 남북 간에 는 2009년 말 현재 남북대화용으로 47회선, 항공관제용으로 3회선, 개성공업지 구 통신용으로 1300회선 등 총 1350회선의 전화가 직접 연결되어 있다. 직접 연 결된 전화는 남북 당국 간 합의에 의해 설치된 것이다. 제3국을 경유하여 간접 연결된 전화는 금강산관광과 이산가족 상봉장 건설, 평양실내체육관 시설관리 용으로 활용했었다. 남북 간에 간접적인 방식으로 연결된 전화는 2009년 말 금 강산지역에 총 40회선과 이산가족 상봉장 건설용 10회선이 있다.

남북 간 데이터 통신망은 2005년 8월15일부터 이산가족 상봉용으로 연결 운 용한 광케이블망이 있으며, 이는 개성공단용으로 구축된 총 12코어의 광케이블 중 4개 회선을 이산가족 상봉 영상용으로 우선 사용한 것이다. 남북 간에는 개성공업지구 통신용 8코어, 경의선 철도통신용 24코어, 동해선 철도통신용 24코어 등 모두 56코어 분량의 광케이블이 구축되어 있다.

분야별 통신망 구축 내역을 살펴보면 ▲한반도에너지개발기구(KEDO) 경수로 사업 통신망 구축 ▲금강산관광 지원 사업 통신망 구축 ▲평양실내종합체육관 지원 사업 통신망 구축 ▲북한지역 통신망 구축 ▲개성공단 통신망 구축 등이 있다. 한국통신(KT)과 KEDO는 경수로사업에 통신을 지원하기 위해 1997년 5월 협정서를 체결하고 같은 해 8월 남북 간의 전화회선 8회선을 개통하였다. 이후 2000년 7월 2회선, 2001년 5월 6회선을 추가하여 경수로 통신 지원을 위한 전화 회선 수는 총 16회선으로 늘어났다.

현대그룹과 북한의 조선아시아태평양평화위원회가 1998년 7월6일 금강산 관광을 위한 부속계약서를 체결하면서 같은 해 11월 처음으로 금강산지역과 통 신망이 개통되었다. 이후 2008년 1월까지 여러 차례 증설을 통해 총 69회선이 구축되어 있다. 1998년 10월 남북이 공동으로 민간 차원에서 평양 보통강 인근 105층짜리 류경호텔 옆에 실내종합체육관을 건립하기로 합의하였다. 1999년 9월 통일부의 사업 승인을 받아 2000년 7월에 공사를 착수했으며, 2003년 10월 6일 '류경정주영체육관'이라는 이름으로 개관하였다. 이를 계기로 남북 민간차 원에서는 최초로 서울-평양 간 통화가 가능하게 되었고, 전화 2회선과 팩스 1회 선을 포함해 총 3회선이 체육관 건설에 사용되었다.

남북 정보·방송·통신분야 교류협력 방안은 크게 정보통신분야와 방송통신 분야로 나눠볼 수 있다. 남북 ICT교류협력 단계별 추진전략은 실현 가능한 ICT 분야 세부기술 및 교류방식을 결정하는 진입단계, 남북 ICT산업교류를 확대하 는 진행단계, 국내 ICT관련 사업자의 대책을 마련하는 최종단계로 구분되며, 각 단계별 추진전략은 다양하게 펼칠 수 있다.

우선 단기 전략인 진입단계는 남북 ICT협력 1차 5개년 계획(2015~2019년)으로 민간 차원의 남북 ICT협력 대책 및 방안을 마련한다. 또 남북 ICT전문가 교류협력을 통해 간접 교류 및 표준화를 추진한다. 남북한 간 또는 연변 조선족 간 ICT 분야의 국가표준안을 마련하고 기술교육을 구체적으로 지원한다. 북한과 동북아지역 전반의 ICT산업 기술지원이 가능하고 동북아지역 전체로 ICT산업의 협력대상을 점진적으로 확대한다. 중국, 러시아 등 주변 국가 ICT산업기지의 현대화 지원도 주요한 과제다.

다음으로 중기전략인 진행단계는 남북 ICT협력 2차 5개년 계획(2020~2024년)으로 정부 차원의 남북 ICT협력 확대 방안을 마련하고 남북 간 직접 교류와 공동연구를 추진하기 위한 남북 ICT전문가 교류협력을 꾀한다. 이 과정에서 정치적 역할과 정책적 지원이 필요하다. 아울러 ICT산업 교류협력을 위한 협력위원회를 설치하고 법이나 제도를 정비해 ICT분야의 세부 기술별 기술제휴나 협정 체결을 추진한다. 또한 IT 산업교류를 확대해 연변을 통한 북한의 ICT산업 활성화를 유도한다.

끝으로 장기전략인 최종단계는 남북 ICT협력 3차 5개년 계획(2025~2029년)으로 학생 및 교수 교류 등 남북 ICT전문가 교류협력을 적극 추진하고 대북 ICT산업 사업자의 독점사업권을 일정기간 부여한다. 동북아지역 ICT산업 협력 네트워크 구축 촉진을 위한 투자환경을 적극적으로 조성하고 남북이 협력하여 동북아지역 ICT산업협력 네트워크를 시장으로 개척한다. 동북아지역 ICT교류를 통해 생산된 제품이나 서비스의 특허 권리를 부여한다. ●

참고문헌

박세환, "남북한 정보통신산업 교류협력 활성화를 위한 전력적 연구", 한국과학기술정보연구원, 2013
오라스콤 실적보고서, 2008~2010
이완식, "북한 방송현황과 매체별 전개(안)", KBS, 2013
최성, "남북 방송통신 간접교류 협력방안 연구", 방송통신위원회, 2013

통일시대를 위한 국토개발 밑그림

이상준

한반도는 세계에서 가장 빠른 속도로 경제성장을 이룬 한국과 경제적으로 후진
을 거듭하는 북한이 대비되는 국토공간을 형성하고 있다. 2000년 6월 분단 사상
첫 남북정상회담에서 합의한 주요 사항 가운데 '남북 경제의 균형발전'이 명시
된 것은 그만큼 남북 간의 국토개발 격차가 극심하다는 것을 시사한다.

북한 국토개발은 한반도 균형발전 차원에서도 중차대한 과제가 아닐 수 없다.
동시에 우리에게 기회이자 도전이 될 수 있다. 남북 공동발전이라는 인식을 공
유하고 긴밀히 협력한다면 한반도 전체 경제발전에 큰 동력이 될 수도 있다. 그
러나 준비가 갖춰지지 못한 상태에서 갑자기 북한 국토개발을 떠안아야 하는 상
황이 발생할 경우 많은 문제가 제기될 수 있다.

1970년대까지 南보다 국토개발 앞선 北

북한 국토개발이 필요하다는 것에 대해서는 남북한과 국제사회의 인식이 같지
만 남북 간 편차를 어떻게 줄여갈 것인지에 대해서는 동상이몽이라 할 수 있다.
북한이 생각하는 국토개발과 우리가 생각하는 국토개발은 근본적인 인식에서
차이가 있기 때문이다.

북한은 주체사상과 선군정치의 실현을 위한 수단으로 국토개발을 도모하고

있다. 자유민주주의와 시장경제에 기반한 우리의 국토개발과는 근본적으로 다른 접근이라고 할 수 있다. 6·25전쟁 이후 지난 60여 년간 남북의 국토개발 성과는 판이한 평가를 받고 있다.

남북 모두 지역 간 불균형이 공통적인 문제지만 그 수준에 있어서는 현격한 차이가 있다. 남북의 경제력과 기반시설은 단순 비교할 수 없을 정도로 큰 격차가 나타나고 있는데, 일례로 북한의 사회간접자본 수준은 대략 우리의 1970년대 수준으로 볼 수 있다.

〈표1〉 남북한 인프라 격차 비교

구 분	남한(A)				북한(B)				비교(A/B)
인구(천명)	50,004				24,427				2.05
면적(km²)	100,188				123,138				0.81
인구밀도(인/km²)	499.1				198.4				2.52
도시화율(%)	90.2				60.3				–
1인당 GNI(남한 만원)	2,559				137				18.68
항만하역능력(천t)	1,017,190				37,000				27.49
철도총연장(km)	3,559				5,299				0.67
도로총연장(km)	105,703				26,114				4.05
고속도로연장(km)	4,044				727				5.56
발전량(억kWh)	총량	수력	화력	원자력	총량	수력	화력	원자력	23.70
	5,096	77	3,516	1,503	215	135	80	–	
유선전화(천회선)	30,100				1,180				25.51

자료_통계청(2013)

북한의 국토개발은 중앙집중과 통제 아래 진행되었다. 하지만 그 결과는 지구상에서 가장 낙후된 사회주의국가 중 하나로 평가받을 정도로 참담하다. 황폐화된 산림과 만성적인 홍수피해로 농업생산기반이 와해된 상태이고 9개 공업지구의 생산은 설비대비 20~30% 수준에 머물고 있다. 지역을 연결하는 도로와 철도 역시 시설낙후와 연료부족으로 세계적인 극빈국의 교통시설 수준에 머물고 있다. 이러한 북한의 국토개발 문제들은 근본적으로 붕괴된 경제관리체제에서 기인한다. 일제강점기 한반도의 북반부는 남반부에 비해 산업화가 먼저 이룩되었다. 이러한 배경 때문에 1970년대까지도 북한의 국토개발은 남한보다도 앞서 있었다고 할 수 있다.

그러나 이후 우리가 수출경제와 외국자본을 기반으로 지역발전의 토대를 빠른 속도로 마련한 데 비해 북한은 폐쇄주의적 경제정책 기조를 그대로 견지함으로써 쇠락의 길로 접어들게 되었다. 특히 1990년대 들어 동유럽 사회주의권의 붕괴와 중국, 러시아의 개혁·개방은 북한의 고립과 쇠퇴를 더욱 심화시켰다. 남북 간의 개발 격차는 대략 30년 이상 벌어지게 되었다.

해방 이후 북한은 주요 공업지구개발을 중심으로 지역개발을 추진해 왔다. 물론 공업 가운데에서도 중화학공업, 군수공업을 중심으로 개발을 추진해 왔다. 주민생활과 직결되는 경공업은 식량난 등 경제위기가 심화된 1990년대 이후 비로소 중시되었다. 이러한 정책기조 때문에 북한은 지역의 생산거점으로 청진, 함흥 등 주요 도시의 공업지구를 집중 육성하는 개발정책을 추진해 왔다. 이 과정에서 군사적인 측면에서 외부의 도발에 상대적으로 유리한 내륙지역에 군수산업이 육성되기도 했는데, 자강도의 강계와 만포가 대표적인 사례라고 할 수 있다.

하지만 더 이상 평양이 지방의 식량과 생산을 책임질 수 없는 상황에 이르자 주요 기업들은 사실상 자력으로 원료확보와 생산을 하게 되었고, 주민들 역시 생존을 위한 자구노력을 하게 되었다. 이에 따라 사실상 비공식적인 시장경제 메카니즘이 작동하고 있는 것이 오늘의 북한이다.

이러한 상황에서 북한은 평양과 지방 간 극심한 격차, 지역 내에서도 중소 도시들의 몰락, 지역 간 연계 인프라 및 지역 내 기반시설 낙후라는 문제를 안게 되었다. 남북 간의 개발격차 만큼 평양과 그 외 지역 간의 개발격차는 극심하다. 체제보위를 위한 식량과 자원이 평양에 우선적으로 공급돼 온 결과다. 식량 등 생존과 관련된 과제가 최우선적으로 중요시되기 때문에 주택이나 기반시설들에 대한 투자는 지난 20여 년간 평양을 제외하고는 거의 중단되어 온 것이 사실이다.

평양 외 자생적 지역발전 기반 붕괴

향후 남북 간 국토 및 인프라분야 제도통합을 위해서는 남북 간 격차를 줄이는 것이 필요하다. 이에 따라 북한에서 어떠한 개발이 필요한지 파악하는 것이 가장 중요하다. 사실상 북한 경제 지탱에 결정적 역할을 하고 있는 중국은 북한이 개방과 개혁을 통해 경제재건과 지역발전을 모색할 것을 여러 가지 경로로 권고해 오고 있다. 우리를 포함한 국제사회 역시 이러한 권고를 하고 있으며, 북한도 과거와 같은 폐쇄적인 경제정책으로는 변화된 국제환경에서 살아남을 수 없다는 것을 분명히 인식하고 있다.

우선 붕괴된 지역발전 기반을 복원하기 위한 인프라 개발 중심의 국토개발을 추진하는 것이 바람직하다. 평양과 그 주변지역을 제외한 북한 전역은 사실상 자생적 지역발전 기반이 붕괴된 상태이다. 가장 중요한 것은 외부로부터의 접근성이 양호한 동서연안지대의 주요 거점개발이 우선적으로 고려돼야 마땅하다. 20세기 초 한반도가 개방을 처음 시작한 곳이 항구도시였듯이 북한 지역발전의 단초도 항구도시들로부터 찾을 수 있을 것이다.

다음으로 지역성장의 동력이 될 미래 핵심사업을 중심으로 국토개발을 추진해야 한다. 북한의 지역발전을 위해서는 미래 경쟁력이 있는 성장동력을 확보하는 것이 중요하다. 북한이 가지고 있는 최대 자산 가운데 하나가 미개발 자원과 인력이다. 도시 인근의 산림은 황폐하지만 북한은 여전히 백두대간축의 풍부한 산림자원을 갖고 있으며 인적자원의 잠재력도 갖고 있다.

아울러 한반도 경제통합과 동북아협력을 고려한 국토개발을 추진하는 것이 옳다. 북한 지역개발의 궁극적 목표는 결국 한반도 경제통합을 통해 남한과 더불어 균형적인 발전을 이룩하는 것이다. 이와 함께 지경학적 강점을 극대화할 수 있도록 중국, 러시아, 일본 등 주변국과의 협력을 고려한 개발을 모색해야 한다.

북한의 국토개발은 핵심 거점으로부터 시작해서 개발을 광역화 해가는 접근이 필요하다. 1970년대 이후 우리의 지역개발도 이러한 거점개발 방식을 통해 진행되었다. 현재 북한의 27개 도시 가운데 핵심 거점들은 각각 동·서 해안지역에 위치해 있다. 서해안에서는 평양과 남포, 신의주 등이 핵심 거점이라 할 수 있고, 동해안에서는 함흥, 청진, 원산, 나진·선봉 등이 핵심 거점이다. 평양을 제외한 모든 거점들이 연안지역에 분포해 있다. 이 중에서도 북한 전체인구의 62%가 집중되어 있는 서해안지역의 거점 개발을 우선적으로 하는 것이 바람직하다.

거점개발은 복합형 특구개발을 적극 고려할 필요가 있다. 현재 북한의 여건을 감안할 때 단순한 외국 기업 유치방식의 특구개발은 한계가 명확하다. 우리가 전력, 통신, 접근교통망 등 모든 인프라를 개발하면서 조성한 개성공단의 사례가 이를 보여준다. 특구개발은 공장 건설만이 아니라 관련 인프라까지 패키지사업으로 추진해야 하는 특수한 과제다.

복합형 특구개발을 추진하기에 비교적 유리한 조건을 갖춘 지역은 북한의 접경지대인 신의주, 나선, 원산, 남포 등을 들 수 있다. 신의주와 나선은 중국, 러시아 접경지역과의 연계개발을 통해 비용분담과 효용 극대화를 도모할 수 있는 가능성을 갖고 있다. 남포와 원산은 우리 수도권과의 연계를 통해 복합개발의 효과를 기대할 수 있다.

국토개발에 필요한 핵심 요소는 자금과 인력, 그리고 기술이다. 특히 북한의 지역개발에는 대규모 자금이 필요하다. 국토연구원이 2008년 추계한 북한의 국토개발관련 투자소요는 향후 20년에 걸쳐서 총 224조6000억 원에 이를 것으로 예상되고 있다. 2013년 제시한 11대 핵심 프로젝트의 추진에는 93조5400억 원이 소요될 것으로 추산된 바 있다.

이러한 대규모 투자재원을 마련하기 위해서는 정부재정이나 국제사회의 지원만으로는 부족하다. 민간자본 유치는 필수적이다. 이러한 측면에서 민관협력을 통해 기반시설 개발을 성공적으로 추진한 해외사례를 참조하여 북한 지역개발 비즈니스 모델을 만들어내야 한다. 지역개발을 실행할 인력 확보 준비도 중요하다.

남북한과 국제사회가 협력하는 모형이 이상적이다. 북한이 개방과 개혁의 의지를 보인다면 당장이라도 기술과 자본이 투입될 수 있는 여건이 마련되어 있어야 한다. 물론 여기까지 이르는 것 자체가 어려운 과제다. 그렇다고 피할 수도 없거니와 선택의 여지도 없다.

평양·남포·신의주·나선·원산, 지역발전 5대 견인차

북한의 국토개발이 체계적으로 진행되기 위해서는 전문인력 양성을 위한 프로그램이 필요하다. 국제적인 규범을 반영한 국토계획체계 수립과 운용을 담당할 인력양성이 우선돼야 한다. 또 계획수립을 위해 국토 전체를 대상으로 한 토지이용 실태조사를 실시하여 관련 통계를 확보하는 것이 중요하다. 국토분야 국제협력을 위해서도 반드시 필요한 사안이다. 남북 간의 국토계획분야 용어 및 각종 표준 통일을 위한 공동연구도 중단기에 추진해야 한다. 장기과제로는 남북 간의 국토계획 및 관리체계 통합이 이뤄져야 한다. 한반도에 단일한 법적 토대를 마련함으로써 효율적인 북한 개발투자가 가능할 것이다. 궁극적으로는 한반도 종합국토계획을 남북이 공동으로 수립하는 것이 필요하다.

북한에서 경쟁력 있는 산업구조의 구축을 뒷받침하기 위해서는 산업입지의 개발이 체계적으로 진행되어야 한다. 중단기에는 개성공단 1단계 사업 완성 및 2단계 사업 추진이 우선적으로 고려되어야 한다. 이는 2007년 노무현 정부 당시 남북정상회담의 이행 과제이기도 하다. 당초 3단계까지 예정되어 있는 개성공단 개발사업에 대해 향후 추가적인 북한 내 특구개발을 감안하여 2단계 수준에서 마무리하는 것이 좋다.

특히 개성공단은 단순한 제조업기지가 아니라 남북 간 접촉과 교류의 전진기지로서 2단계 개발을 도모하는 것을 적극 검토해야 한다. '남북공동직업훈련센터'를 2단계 개발시 확대개편하는 것도 고려할 만하다. 또한 중단기에는 북한 내 산업시설의 실태조사를 통한 경쟁력 재평가가 이루어지도록 해야 한다. 이와 함께 노후 산업지대의 재정비 계획도 수립되어야 한다.

기존 거점도시 내와 주변지역에 제조업과 관광물류기능을 중심으로 한 경제특구개발도 적극 추진해야 한다. 장기적으로는 남북 간의 산업분업체계 구축과 이를 뒷받침 할 산업입지계획을 수립하는 것이 옳다. 국제경쟁력 등을 감안하여 남북 간 산업분업체계 구축계획을 공동으로 수립하는 것도 검토할 만하다.

북한 도시와 농촌의 생활환경 개선을 목표로 중단기에는 토지이용 및 생활기반시설 실태조사가 우선적으로 추진되어야 한다. 도로, 상·하수도망 등 기반시설 전반에 걸친 실태조사를 선행적으로 할 필요가 있다. 경제특구 대상지역이나 배후도시 및 농촌지역을 대상으로 시범사업 대상지를 선정하되 특히 대도시의 상습 침수지역이나 산사태 위험지역 등 주민생활의 위험요소 집중지역에 대한 실태 파악을 우선적으로 하는 것이 좋다. 이와 함께 도시 및 농촌지역의 재정비 계획을 수립해야 한다.

단계적으로 추진할 정비계획을 수립하고 주요 거점도시 시가지 시범정비를 우선 추진하는 것이 좋다. 시범정비는 열악한 주거지를 대상으로 도시방재와 환경개선차원에서 추진할 필요가 있다. 농촌개발을 위한 시범사업으로 시범영농단지 조성계획을 남북이 공동으로 수립하는 방안도 있다. 황해도 등 서부지역과 강원도 등 동부지역에 각각 시범영농단지의 입지를 지정해 기존 특구나 새로운 특구대상지 주변지역을 우선 고려하는 것이 바람직하다.

농촌개발을 위한 시범사업으로서 특구주변 농촌정비 시범사업을 이른바 '북한판 새마을사업'으로 추진하는 것도 하나의 방법이다. 장기적으로는 도시와 농촌의 노후 시가지 정비를 전면적으로 추진하여 이 사업을 북한주민들의 일자리 창출과 연계된 프로그램으로 추진하는 것이 좋다. 기존 도시들 가운데 평양·남포·신의주·나선·원산 등 5개 도시를 지역발전을 견인할 성장 선도도시로 육성하는 것이 옳다.

주택·교육·하천 등 단계적 종합개발계획 마련 시급

북한지역 주거의 양적·질적 개선을 목표로 중단기에는 주거실태 조사(센서스)를 전면적으로 실시할 필요가 있다. 이를 통해 주택의 노후도, 개량 필요 정도를 중점적으로 파악해야 한다. 또한 중단기에는 개성 등 특구지역을 중심으로 노후주택 정비 시범사업을 추진하고 현재 60%에 머물고 있는 북한의 주택공급 부족을 감안하여 단계적인 주택공급계획도 마련해야 한다. 장기적으로는 10년 동안 100만호 신규 주택을 공급하여 주택보급률을 현재보다 10% 개선하는 것을 목표로 설정하는 것도 고려해야 한다. 이와 함께 주택시장의 안정적 형성을 위해 주택거래와 주택금융관련 제도적 기반도 구축할 필요가 있으며, 이를 위해서는 중국의 경우처럼 북한에서 주택의 단계적인 사유화 추진도 좋은 방안이 될 수 있다.

북한의 황폐화된 교통 인프라 복원과 현대화 그리고 경쟁력 강화를 목표로 여러 과제들을 추진해야 한다. 우선 북한지역 교통시설에 대한 실태조사가 우선되어야 한다. 중단기에는 남북 간의 기존 철도 및 도로연결노선(경의·동해선축)을 정상 운영하는 방안을 모색해야 한다. 교통분야의 남북 간 용어 및 각종 표준 통일을 위한 공동연구, 그리고 대륙철도 진출을 위한 기술개발도 중단기 과제다. 국제철도 시설 현대화를 우선 추진하되 남포와 해주 등 남북교류가 진행되는 항만 준설사업과 하역시설의 개선도 중단기 과제다. 북한의 핵심 공항인 순안공항의 경우 홍콩 기업이 시설개보수사업에 투자할 것으로 알려지고 있지만 관광사업의 배후공항 역할을 할 삼지연공항, 갈마공항의 현대화도 우선 추진해야 할 과제다.

장기적으로는 철도, 도로, 항만, 공항 등 각 분야별로 시설의 전면적인 현대화

계획을 수립해야 한다. 철도의 경우 경의선, 경원선·동해선 등을 신선개념으로 현대화하는 것도 시급한 과제다. 서울-신의주 고속철도 건설은 장기적으로 추진하되 도로분야의 경우 평양 등 5개 거점 도시의 주변 도로망을 우선 개발하는 것이 필요하다. 장기적으로는 북한 항만도 전면적으로 개보수해야 하고, 주요 무역항을 기능별로 특화 개발하는 것도 고려 대상이다. 공항부문에서는 장기적으로 남북 공항설계기준 표준화와 남북 항공 및 공항 운영시스템 통합을 추진하는 것이 마땅하다.

북한지역에서 효율적이고 안전한 이수, 치수체계를 구축하기 위해 수자원분야에도 다양한 대책이 요망된다. 우선 북한의 주요 하천에 대한 실태조사가 이루어져야 한다. 중단기에는 남북접경의 임진강, 북한강유역에서 방재와 이수차원에서 협력사업을 우선 추진하고, 임진강의 황강댐과 북한강의 임남댐의 다목적댐화를 남북이 공동으로 추진하는 방안이 있다. 임진강, 북한강을 포괄한 공유하천협력계획을 수립하여 단계별로 협력하되 우선적으로 주요하천 상류지역의 산림녹화사업을 공동으로 실시해야 한다.

경제특구를 중심으로 주민생활개선을 위한 상수도사업 시범사업을 추진하는 것과 본격적인 수자원분야 남북 협력사업 추진을 대비해 교육훈련 시범사업을 우선 추진하는 것도 필요하다. 북한 주요 하천을 대상으로 유역종합개발계획을 수립하여 단계적으로 사업을 실시하고 기존 댐의 개보수 및 추가 다목적댐 건설도 장기적으로 추진해야 할 과제이다.

실태파악-개보수-공동연구 로드맵 마련을

북한 국토개발을 위한 부문별 중단기 과제로 첫째, 실태파악을 위한 조사사업을 들 수 있다. 국토 및 인프라분야의 실태파악을 위한 조사가 우선적으로 추진될 필요가 있다. 둘째, 개보수사업이다. 상대적으로 적은 비용으로 할 수 있는 주요 지역 인프라 시범 개보수 사업을 중단기에 실시하는 것이 효과적이다. 셋째, 남북 공동연구이다. 남북 간 해당분야의 용어 및 각종 표준 통일을 위한 공동연구는 중단기에 추진할 필요가 있다.

통일시대를 향한 북한의 국토개발계획을 통일 이후에 수립하고자 하면 이미 늦는다. 지금부터 가능한 범위 내에서 실태조사를 통해 세부 실천과제를 파악하고 큰 틀의 밑그림을 준비해야 한다. 물론 북한과 함께 할 수 있다면 금상첨화일 것이다. '한반도 공동발전 마스터플랜' 수립도 마찬가지다. 남북이 장기적인 한반도의 비전에 대한 인식을 공유하고 국토발전의 큰 그림에 먼저 합의 한 후 세부적인 협력사업을 추진한다면, 협력의 일관성과 지속성이 확보될 수 있을 것이다. 만약 북한과 당장 이 작업을 함께 시작할 수 없다면 우리 내부적으로라도 정부와 학계가 함께 지혜와 역량을 결집해야 한다.

그리고 남북교류가 확대되고 심화되는 단계까지 남북협력을 통해 어느 정도의 인프라를 개발할 것인지에 대한 기본적인 전략도 마련해야 한다. 통일 이전에 할 일과 통일 이후에 할 일이 무엇인지 명확히 하는 것이다. 북한의 국토개발에는 많은 시간과 비용이 소요될 것이다. 독일통일의 경우 통일 초기 3년 동안에만 약 126조 원이 투입되었고, 2005년까지 15년 동안 약 1750조 원이 동독지역에 투자되었다. 물론 사회복지비용까지 포함된 것이지만 통일이 얼마나 큰 비용을 요구하게 될 것인지 짐작할 수 있다. 이러한 재원을 어떻게 조달할 것인지에 대한 세밀한 대안이 지금부터 준비되어야 한다.

북한의 국토개발과 관련한 남북협력에 있어서 우리가 가장 먼저 할 일은 남북 간 격차를 줄이기 위한 지식공유와 기술협력이다. 남북의 인프라 관련 전문가와 기술자들이 머리를 맞대고 어느 분야부터 격차를 줄여 갈 것인지 고민해야 한다. 그리고 경제통합 이전에 우리가 할 수 있는 것부터 하나씩 실천하는 것이 중요하다.

국토개발은 시간과 인내를 요구하는 장기적인 과제이다. 시간이 걸리고 힘이 들더라도 통합된 한반도의 국토를 질서 있게 개발하는 것이 통일 한반도의 발전

적인 미래를 담보해 줄 것이다. ●

참고문헌

김규륜 외, "통일비용·편익연구의 새로운 접근: 포괄적 연구요소의 도입과 대안의 모색",
　　　통일연구원, 2011.
김천규 외, "압록강유역에서의 남북중 초국경협력을 위한 실천전략 연구", 국토연구원,
　　　2013.
이상준, "북한의 경제발전과 기반시설 개발과제", 『남북한경제통합연구: 북한경제의 장기
　　　발전전략』, 한국개발연구원, 2012.
이상준 외, "한반도 공동번영을 위한 국토분야의 대응방안", 국토연구원, 2008.
이상준 외, "통일시대를 향한 한반도 개발협력 핵심 프로젝트 선정 및 실천과제 연구", 국토
　　　연구원, 2013.
통계청, 『북한의 주요통계지표 2013』, 2013.

한반도 통합철도망의 꿈을 이루려면

나희승

남과 북 그리고 동북아가 미래에 하나의 경제권을 형성하려 한다면, 가장 기본적인 요건이 바로 상호교류와 상생이다. 한반도가 이러한 미래의 비전을 실현해 가기 위해서는 역내 지역의 산업과 교통·물류 인프라, 투자 그리고 이익을 공유하여야 한다. 이러한 교통·물류 인프라를 통해 닫힌 영토, 폐쇄적 영토에서 '열린 영토' 개념으로 한반도 국토공간을 발전시킬 필요가 있다.

남북 및 대륙철도 연결 사업은 기존의 남북관계를 한 차원 더 높이고 새로운 유라시아 협력시대를 여는 개혁적 의미를 담고 있다. 유럽-아시아-태평양을 잇는 철의 실크로드가 연결되면 수송시간 및 비용 절감 등으로 남북 간의 경제협력뿐만 아니라 유라시아 경제협력 확대에 크게 기여하게 될 것이다.

이는 오랜 세월 이어져 온 대립과 갈등의 역사를 교류와 협력의 역사로 전환시키는 평화의 인프라가 구축되는 것을 의미하기도 한다. 또한 북한의 기반 인프라 개발은 경제특구개발 등 산업발전과 연계하여 북한 경제재건을 견인하는 핵심전략사업이다. 과거 제국주의의 산물이며 식민지경영의 상징이었던 철도가 유럽의 경제·사회·문화를 통합하여 유럽연합(EU) 결성을 앞당긴 것처럼, 남북 및 대륙철도 연결 사업은 유럽-아시아-태평양을 잇는 유라시아 랜드브리지를 통해 유라시아 지역의 경제·사회·문화 공동체를 촉진하는 미래의 신성장동력이 될 것이다.

'열린 공간' 앞당길 남북협력 인프라

남북경협의 상징이라 할 수 있는 3대 경협사업인 개성공업지구개발사업과 금강산관광사업, 남북 철도·도로 연결사업은 중장기적으로 남과 북이 함께 발전하는 남북 경제공동체의 추동력이다. 남북 접경지역을 우선 개발함으로써 비무장지대(DMZ) 인근을 중심으로 동서 끝단부터 평화벨트를 형성할 수 있다.

특히 남북의 혈맥을 이어준 남북 철도·도로 연결 사업은 남북 접경지역의 특구사업을 활성화하기 위한 필수불가결한 요소로 그 역할을 톡톡히 하고 있다. 남북 간 경의선·동해선 철도·도로 연결 사업이 추진되면서 비교적 정치적 이슈에서 자유로운 도로가 먼저 개통되었고, 이로 인해 개성공업지구개발사업과 금강산관광사업이 탄력을 받기 시작하였다. 비록 현재 중단되었지만 2004년부터 크루즈 금강산관광이 육로관광으로 전환되면서 한해 30만 명의 남한 관광객이 북녘 땅인 금강산을 다녀올 정도로 활성화되었다. 개성공단은 5만 명 이상의 북한 근로자가 남한의 사업장에서 근무하고 있다. 여기에 추가적인 노동력을 확보하기 위하여 통근열차도 운행되어야 한다.

남북 간 인프라 연결 사업이 남북 접경지역의 특구개발 활성화를 견인하였다고 평가할 수 있다. 이제 남북 접경지역에서 남북 간 협력은 동서 양 끝단뿐만 아니라 내륙으로 보다 확대해 갈 시점이다. 이는 통합적 한반도 국토공간구조 형성과 한반도경제공동체 기반조성 차원에서 평화벨트의 중추적 역할을 해나갈 것이다.

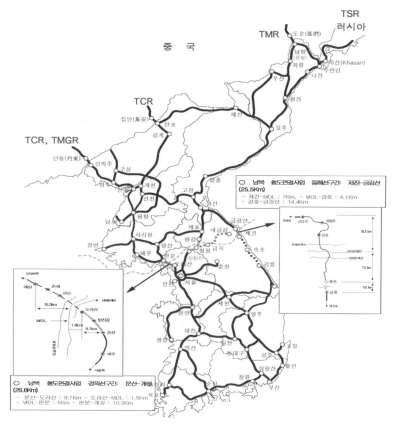

자료_한국철도기술연구원

열차타고 평양, 모스크바 지나 유럽까지

동북아지역은 세계 3대 교역권(EU·NAFTA·동북아) 가운데 하나로 세계 물동량에서 차지하는 비중은 30% 이상이며, 아시아지역 역내 국가 간 물동량 증가율은 EU와 북미자유무역협정(NAFTA)을 추월하고 있다. 유엔아시아태평양경제사회위원회(UNESCAP) 보고서에 따르면, 약 10년간 전 세계의 고부가가치 컨테이너 물동량이 2배 이상 급증할 것으로 예측된다. 특히 아시아지역의 물동량은 매년 10%를 상회할 것으로 기대되고 있다. 하지만 아시아지역 간 물적·인적교류의 증가로 인하여 물류시설은 포화상태가 지속되고 있다.

특히 한국은 2011년부터 교역 1조 달러 시대를 개막하였으며 중국, 일본, 러시아 등 동북아 역내 국가들과의 수출입 교역액이 전체의 40%에 육박하고 있다. 이러한 증가추세의 물동량에 대비한 남북 및 동북아 철도연결 사업은 한반도 경쟁력 제고의 필수 불가결한 요소인 것이다. 중국은 동북3성의 성도인 하얼빈-장춘-심양 고속철도를 1년 전에 개통하였다. 중국 전체가 이미 고속철도 네트워크로 연결되고 있는 것이다. 러시아는 시베리아횡단철도(TSR) 물류 운송시간을 2주에서 1주로 단축하는 획기적인 'TSR 7일 프로젝트'를 추진 중이다. 유라시아 물류망으로 남북 통합철도망의 부가가치가 그만큼 높아지고 있으며, 남·북·러, 남·북·중 3각 협력이 매우 중요한 이유이다.

현재 진행하고 있는 남북·대륙 철도 인프라 사업은 동북아를 통합하는 국제 승객철도망과 유라시아 대륙을 연결하는 국제 화물철도망으로 발전할 것이다. 이제는 한반도 통합철도망이 시베리아횡단철도(TSR), 중국횡단철도(TCR), 몽골횡단철도(TMGR), 만주횡단철도(TMR) 등과 물리적으로 연결된다는 논리를 넘어 남북 및 대륙철도 개발 방안과 전략에 따라 경쟁력 우위에 있는 유라시아 철도망과 동북아 철도망으로 업그레이드 할 시점이다. 이러한 맥락에서 초기 유라시아 화물 철도망 사업은 남·북·러 3자 간의 TKR-TSR 연결 사업으로 추진하고, 동북아 철도망 사업은 초기에 남·북·중 간의 컨테이너 전용열차 운행을 위한 철도 협력사업으로 추진할 필요가 있다. 나아가 중장기적으로 동북아 역내국가와 중앙아시아 국가를 포함하는 아시아 통합 인프라 협력모델로 확대·발전시킬 필요가 있다.

앞서 언급한 것처럼 한반도 통합철도망 사업은 남북 경협특구의 활성화를 좌우하는 필수불가결한 주요기반시설이다. 북한의 4개 특구지역(개성·금강산·신의주·나진선봉)과 2개 특구예상지역(원산·남포)은 지경학적 잠재력과 북한의 사회경제적 여건을 감안하여 단계별로 개발해야 한다.

장기적으로 한반도 국토발전의 두 축이 될 서해안축과 동해안축을 중심으로 지역개발을 단계적으로 확대해 가야 한다. 초기에는 저비용·정부주도형의 파급효과가 큰 시범사업을 추진하고, 이후 고비용·국제투자가 가능한 민간 참여의 대규모 사업으로 확대해 가는 단계별 전략이 필요하다. 남북 간 양자사업뿐만 아니라 남·북·러 3각 협력사업(3대 메가프로젝트) 및 남·북·중 3각 협력사업의 발굴도 필요하다.

〈그림2〉 동북아 및 유라시아 철도망 구상

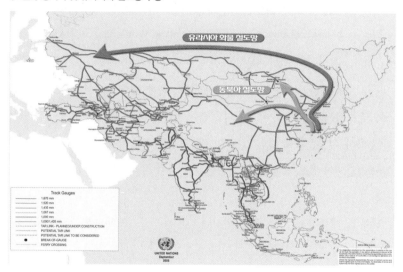

나진-하산 프로젝트, 유라시아 이니셔티브 성공 열쇠

최근 논의되고 있는 남·북·러 3각 협력사업 중 하나가 나진-하산 프로젝트이다. 나진-하산 구간 철도개보수사업은 TKR-TSR사업의 시범사업을 의미하며, 부산/동해항만-나진 간 해상수송 후 TSR 경유 물류사업이 성공한다면 국제사회에 북한 철도 현대화 및 TKR-TSR사업 공론화에 매우 긍정적인 효과로 작용할 것이다. 나선 주변지역은 풍부한 천연자원(러시아 극동지역)과 노동력(북한, 중국), 산업기술(한국), 자본력(일본)과 연계되어 있으며, 전략적 입지 여건으로 인해 다자

간 경제협력 시너지 효과가 높은 지역으로 평가받고 있다. 다국 간 복합협력의 축으로 나진이 등장할 가능성이 매우 높다. 더불어 국제기구를 활용하는 다자협력사업도 강화해야 한다.

최근 정부는 '유라시아 이니셔티브'를 발표하였고, 유라시아 이니셔티브의 중요한 사업 중 하나가 실크로드 익스프레스(SRX) 사업이다. 유라시아 동북부를 철도와 도로로 연결하는 복합 물류 네트워크를 구축하고, 궁극적으로 유럽까지 연결하는 것이다. 부산에서 출발하여 북한, 러시아, 중국, 중앙아시아, 유럽을 관통하는 실크로드 익스프레스를 실현하는 것이다. 이를 위하여 추진하고 있는 시범사업이 국제철도협력기구(OSJD) 가입과 나진-하산 프로젝트이다.

OSJD는 불가리아 소피아에서 열린 철도관계 장관회의(1956.6.28)에서 설립된 기구로 구(舊)소련체제의 사회주의국가, 중국, 북한 등 사회주의체제 국가를 중심으로 구성된 기구이다. 이 기구의 설립 목적은 유라시아철도망의 발전과 활성화에 있다. 철도운송에 책임 있는 중앙 정부기관 또는 행정기관으로 현재 25개국이 가입되어 있으며 국제여객운송협정(SMPS)과 국제화물운송협정(SMGS)을 관장하고 있다.

남북 및 대륙철도를 연결하기 위하여 한국은 반드시 OSJD에 가입해야 한다. OSJD 가입은 회원국 만장일치제이다. 현재 한국은 25개 회원국 중 24개국의 찬성을 획득한 상태인데 북한만이 남북철도가 운영되지 않는다는 점을 이유로 유보적인 입장이다. 최근 코레일은 유라시아 철도 운영을 위한 OSJD의 제휴회원으로 가입하였다.

최근 추진하고 있는 남·북·러 간 나진-하산 프로젝트는 상업적으로 성공할 가능성이 높으며, 남북 및 대륙철도 연결사업의 시범사업으로 그 의미가 크다. 나진-하산 프로젝트는 나진항 제3부두에서 하산까지 철도(54km)를 개보수하고, 화물터미널 건설과 화물열차 확보를 통해 나진항과 시베리아 횡단철도(TSR)를 연계하는 물류사업이다. 나진-하산 프로젝트 수행에 따른 나선지역의 전략적 가치를 확보한다는 점에서 정치적·경제적 효과가 큰 사업이다. 나진-하산 프로젝트는 사업초기에 컨테이너 운송을 계획하고 있었으나 현재 석탄, 벌크화물 등을 취급할 예정이다. 특히 이 구간은 표준궤와 광궤가 동시에 부설된 복합궤이며, 북·러 국경에서 환적·환승 없이 나진항에서 바로 광궤열차로 운송가능하다. 따라서 국경통과시간과 절차를 대폭 줄일 수 있는 장점을 가지고 있다.

최근 북·러는 개항을 위해 국경통과 절차 간소화와 항만국제화를 위한 논의가 진행 중이다. 최근 러시아는 나진항을 통해 러시아산 석탄을 중국 동남부로 수출하였다. 나진항의 본격 운영을 위해 나진-하산 간 열차 운행, 통관, 하역 등 각 단계를 최종 점검한 것으로 보인다고 외신들은 보도하기도 하였다. 남·북·러 간 나진-하산 프로젝트는 2006년부터 시작되었으나 남북관계 경색으로 5년 이상 한국의 참여가 불투명하였다. 북·러 양자 간 협력사업으로 공사가 착공되었고, 시험운행을 거쳐 작년 9월22일 나진-하산 철도를 개통하였다.

하지만 러시아 석탄회사 메켈사가 포스코 측에 동 프로젝트를 제안하였고, 남·북·러 간 3자 협력사업으로 재점화되었다. 현재 실태조사와 협상이 진행 중이다. 당초 컨테이너항에서 석탄벌크항으로 개발을 추진하고 있으며 한국이 러시아 지분의 49%를 인수해줄 것을 요청하고 있다. 물동량은 연간 400만의 화물을 처리할 수 있으며, 컨테이너를 처리할 경우 초기 10만 TEU 화물을 TSR로 유치할 수 있다.

나진-하산 프로젝트의 성공을 위해서는 남·북·러 간 협상과 협력을 통해 경쟁력 있는 운임구조, 빠른 수송시간, 신속하고 투명한 통관절차, 풍부한 항만 인프라를 구비해야 한다. 특히 한·러 양측은 나진-하산 프로젝트를 통해 항만이용료 절감, 화차 렌탈비용 절감, 할인운임제 적용, 빠른 수송시간과 통관절차 간소화로 비용과 시간 측면에서 경쟁력 높은 물류서비스를 제공해야 한다.

유라시아시대 개막의 기관차 고속철도

남북 및 유라시아 통합철도망 사업 초기에는 저비용, 정부주도형의 파급효과가 큰 시범사업을 추진하고 이후 고비용·국제투자가 가능한 민간 참여의 대규모 사업으로 확대해 가는 단계별 전략이 필요하다. 이는 단계별 한반도 통합철도망 현대화와 유라시아 국제물류사업의 선순환 구조를 창출하여 국제경쟁력을 확보하는 전략이다. '남북철도 최소개보수→물류사업에 따른 수익창출/재투자→개량개념의 북한 철도현대화→물류사업 확대/국제콘소시엄 구성→신선개념의 북한 철도현대화→유라시아 랜드브리지 완성'으로 이어지는 남북철도의 단계별 국제경쟁력 제고를 위해서다. 또한 북한 철도개발을 위한 단계별 전략과 과제를 수립하고, 남북철도의 단기·중기·장기 로드맵을 제시할 필요가 있다. 이를 통해 남북 경제특구와 남북 교통 인프라의 선순환 구조가 구축되게 된다.

1단계 남북철도 연결단계는 개성·금강산 등 남북 접경지역에서의 국지적 기반시설 건설단계이다. 경의선, 동해선 철도와 도로가 완공돼 개통되었으나 경의선 화물열차 운행이 중단된 바 있다. 향후 개성공단의 물자나 생산품 수송뿐만 아니라 인도적 지원물자나 교역물자 수송, 남북근로자 통근, 개성관광열차 등으로 확대될 수 있다. 통행 및 통관의 효율성을 제고하기 위한 남북철도 공동운영위원회 활성화도 필요하다.

2단계 북한 철도개보수단계는 북·러, 북·중, 북한 통과수요에 대비한 기반시설 개발 추진단계이다. 특히 초기 북한의 물동량이 미비하기 때문에 동북아 역내국가 간 북한 통과수요를 목표로 해야 한다. 이를 위해 남·북·러 3각 협력사업 및 남·북·중 3각 협력사업 발굴이 필요하다. 특히 최근 추진되는 나진-하산 프로젝트는 향후 남북 및 유라시아 철도사업에 상당한 모멘텀을 줄 것으로 예상된다. 또한 남·북·중 3각 협력사업으로 경의선 개보수에 따른 동북아 국제물류사업을 추진할 필요가 있다. 이를 위해 선양-평양-서울-부산을 잇는 국제 컨테이너 전용열차의 운행을 추진해야 한다. 이밖에 향후 남북철도가 중국,

러시아, 유럽과 연계 운행되기 위해서는 국제 승객과 화물 운송협정을 관장하는 OSJD에도 가입해야 한다.

3단계 북한 철도현대화단계는 한반도 통과 수요 및 북한 내부 수요에 대비한 기반시설(복선화, 고속화) 확충단계이다. 우리가 통상적으로 알고 있는 신선개념의 북한 철도현대화 단계이다.

20세기 고속철도가 유럽의 경제·사회문화를 통합하여 EU결성을 앞당겼다면, 21세기 초고속철도는 유럽과 아시아를 통합하는 유라시아 시대를 열 것이다. 미래는 초국경 글로벌 경쟁시대로 변화하고 있으며, 세계인재와 자본을 흡수하는 차세대 신성장 동력인 글로벌 메가시티리전(MCR) 시대가 도래하고 있다. 미래에 유럽과 아시아, 그리고 태평양까지 연결해주는 MCR의 필수불가결한 요소는 유라시아 고속철도망이다. 유라시아 철도망은 경제적 효과뿐만 아니라 한반도 평화 인프라 구축, 나아가 새로운 한반도시대 개막을 의미하는 중차대한 프로젝트인 것이다. ●

한반도 SOC의 핵심, 통합도로망

안병민

북한은 사회간접자본(SOC)을 자본주의경제의 고유한 개념으로 정의하고 있다. SOC는 '자본주의사회에서 공공시설과 공공봉사부문에 투하된 자본을 사회간접자본이라고 부르는 것은 물질적 생산물의 창조에 간접적으로 봉사하는 이 부문을 마치 사회공동의 이익을 위하여 복무하고 있는 듯이 꾸미기 위한 것'으로 규정한다.

따라서 북한은 사회간접자본을 생산적이거나 비생산적인 고정시설을 개보수, 확장하는 기본건설의 일부로 취급하고 있다. 북한은 기본건설을 집중화 · 공업화 · 정상화하는 데 중점을 두고 있으며, 사회주의 확대재생산을 빠른 속도로 보장하기 위한 생산적 건설에 우선순위를 두고 있는 것이다.

북한은 국토총건설계획 수립시 기본원칙으로 농업용 부지를 훼손하지 말 것, 도시규모를 너무 크게 하지 말 것, 지역별 발전전망과 국방상 요구를 고려해야 할 것 등의 조건을 제시하고 있다. 특히 도시규모를 너무 크게 하지 말라는 원칙은 자본주의국가에서 자주 나타나는 대도시로의 공업생산 편중과 인구 및 교통운수 집중현상을 해결하고, 도시와 농촌 간의 격차를 해소하는 것을 주요 내용으로 하는 사회주의 · 공산주의 건설의 합법칙적 요구를 반영하는 것이다.

북한은 사회간접자본을 생산활동의 일환으로 간주하고 있으며 특히 도로, 철도와 같은 운송수단도 수요와는 무관하게 획일적으로 건설, 유지·관리하고 있다는 것을 알 수 있다. 통제된 경제체제 아래 제한된 투자재원으로 획일적 건설 원칙에 기초하여 수많은 사회간접자본을 적정하게 건설·유지·보수한다는 것은 많은 문제를 내포한다.

도로를 전쟁승리의 주요조건으로 삼는 北

북한은 도로를 '인민경제의 중요 구성부문'이며 '수송수요의 보장, 경제건설, 인민에게 생활편의를 보장해 주는 수단'으로 인식하고 있다. 도로는 그 나라의 문화와 기술 발전수준을 평가하는 주요한 척도의 하나이며 북한의 경제, 문화발전에 중요한 역할을 수행하고 있다고 평가한다.

주목할 만한 것으로는 북한이 도로를 전쟁승리의 중요조건으로 강조하고 있다는 사실이다. 북한은 '도로가 발전하면 할수록, 도로가 잘 정비되어 수송조직이 유리하면 할수록 전선과 후방과의 연계를 강화하며 군사활동의 높은 기동성을 보장하여 전쟁승리에 더욱 유리한 조건을 마련하여 준다'고 보고 있다.

김일성 주석은 생전에 도로건설의 원칙으로 '간지대의 교통문제 해결, 농촌경리의 기계화 실현, 농경지를 침범하지 않는 도로건설'을 강조하였다. 이러한 교시는 북한 도로정책의 기본이 되었고, 아울러 도로운송은 30km 이내의 단거리 운송에 국한한다는 원칙으로 수립되었다.

북한이 본격적인 도로정비에 착수하게 된 것은 북한지역 도로의 대부분이 일제강점기에 건설된 것으로 정상적인 인적·물적 기능을 수행할 수 없는 기형적인 구조를 갖고 있었기 때문이다. 철도와 마찬가지로 북한의 도로는 일제가 자원개발, 물자반출, 대륙침략을 위한 통과수송로라는 식민지의 효율적인 활용수단으로 건설되었다.

따라서 남북분단 초기의 북한 도로망은 남북으로 관통하는 간선도로와 그것을 항구도시들과 연결시키는 단거리노선이 대부분이었다. 이와 같은 배경 아래 북한은 단절구간의 연결, 화물거점과 항만 연결, 도시 간 연결도로 복구 및 내륙지역의 도로와 교량 건설을 본격적으로 추진해 왔다.

1980년대까지 북한의 도로는 주요 철도역이나 항구 등을 잇는 연결교통 및 보조 수송수단으로 활용되었다. 즉 철도나 수운망이 없는 지역에 한하여 장거리 수송을 담당하도록 한다는 기본입장에서 정책이 추진되었다. 그러나 최근 북한은 도로수송의 중요성을 강조하는 등 기존 철도 위주의 교통정책에서 탈피하는 모습을 보이고 있다.

북한은 도로운송이 기동성이나 운행속도가 높아 원하는 시간에 수송이 가능한 교통수단이라고 평가하고 있다. 또한 도로운송은 약 150~200km 수준에서 수송원가가 저렴하고 건설비 또한 철도 건설비에 비해 수십분의 1에 불과하다고 보고 있다.

북한의 도로망은 지형조건, 경제·정치·군사적 여건을 고려하여 평양을 중심으로 원산 이남을 연결하는 노선에 집중되어 있다. 북한의 지형적 특성상 북부지역은 고원지대, 중앙부에는 낭림산맥이 위치하고 있어 도로망은 동서 해안선을 따라 형성되어 있다. 내륙산지들은 해발 300~1500m 고도로 동해안으로는 급경사, 서해안에는 긴 산맥들이 완경사로 뻗어있어 도로망은 대부분 하천을 따라 발달되어 있으며, 터널 및 교량이 많다. 따라서 동서 연결도로망과 북부 내륙지역 연결도로망은 취약한 실정이다.

주요 간선도로는 대부분 산업 입지 및 인구밀도에 따라 동서해안에 철도와 병행하여 건설되었고, 서해안 지역에는 지형여건상 평양을 중심으로 도로망이 조밀하게 발달하였다. 특히 남포와 나선지역의 도로망 밀도가 상대적으로 높고, 도 가운데에서는 황해남도가 높은 편이다. 양강도와 자강도는 산악지형이기 때문에 도로밀도가 낮다.

북한에서 도로망 계획을 수립할 때 지켜야 할 원칙이 있다. 첫째, 해당지역의 경제발전 및 건설과 관련된 '김일성 동지와 김정일 동지의 말씀'과 당의 방침에 철저히 입각할 것, 둘째, 인민경제의 모든 부분을 유기적으로 결합, 장성하는 수송수요를 원만하게 보장할 것, 셋째, 지역 간 문화적 연계와 주민들의 이동상 요구를 원만히 보장할 것, 넷째, 도로망은 될수록 농경지를 침범하지 않는 원칙을 지킬 것, 다섯째, 자동차 운행을 편리하고 안전하게 보장할 것, 여섯째, 모든 리에 들어간 도로들을 정상적으로 조사하여 더욱 개선할 것, 일곱째, 도로망은 농촌경리 기계화를 성과적으로 보장할 수 있게 계획할 것, 여덟 번째, 도로망은 국방상 요구에 맞게 계획할 것 등이다.

이 원칙에 따라 도로를 건설한다면 과연 어떠한 형태의 도로가 가능할 수 있을까. 북한의 도로망계획 원칙의 전면적인 수정이 없는 한, 북한 내에서의 효율적인 도로망 구축은 사실상 어려운 상황이다.

통계만 보면 북한은 이미 도로왕국

북한이 내부 도로연장을 대외적으로 공식 발표한 것은 1988년쯤의 일이다. 대외선전용 책자인 '조선개관'을 통해 도로연장이 7만5500km라고 밝힌 바 있다.

〈표1〉 북한 도로 등급별 현황(1982년 말)

등급	노선수(개)	길이(km)	구성비(%)	포장길이(km)
고속도로	2	233	0.4	233
1급도로	10	2290	3.8	921
2급도로	29	4300	7.1	283
3급도로	145	5939	9.8	387
4급도로	638	8334	13.8	203
5급도로	·	7697	12.7	41
6급도로	·	3만1745	52.4	47
합계		6만538	100	2115

자료_조선지리전서(경제지리)(1990)

또 같은 해에 출간된 '조선지리전서'에는 1982년 말 통계를 인용하여 도로총연장이 6만537km라고 적고 있다. 이러한 통계수치를 기준으로 할 경우, 북한은

5년 만에 신규도로를 1만5000km 건설했다는 설명이 된다. 북한의 도로건설 능력 및 재정상황을 감안한다면 연간 3000km의 신규도로 건설은 불가능하다.

주목할 것은 북한의 도로포장률이 매우 높다는 것이다. 북한의 도로포장률이 높은 것은 자갈로 포장된 도로도 포장도로에 포함시키기 때문이다.

북한은 1964년 6월 개최된 내무성 및 도시 경영성 일군 협의회에서 도로정비 및 관리사업의 효율화를 위해 도로를 6개 등급으로 구분하는 조치를 취하였다. 1급도로는 중앙과 도 사이, 2급도로는 도와 도 사이, 3급도로는 도와 군, 군과 군 사이, 4급도로는 군과 리 사이, 5급도로는 리와 리 사이, 6급도로는 리 안의 마을과 마을을 연결하는 도로로 규정하였다. 평양-원산 고속도로가 건설된 1978년 이후에는 고속도로가 도로 등급에 추가되어 7개 등급으로 확대되었다. 도로관리 주체를 살펴보면 고속도로는 중앙 정부가, 1·2·3급도로는 도가 관리하고 있으며 4·5급도로는 군이, 6급도로는 리에서 관리하고 있다.

〈표2〉 도로의 구분과 기준

도로 등급	기능	요소별 기준				관리 소속
		차선수(개)	차선넓이(m)	도로넓이(m)	길어깨넓이(m)	
1	중앙과 도를 연결	2이상	3.5	7.00이상	1.50이상	중앙
2	도와 도를 연결	2	3.5	7.0	1.0	중앙
3	도와 군, 군과 군을 연결	2	3.0	6.0	0.75	중앙
4	군−리를 연결	2	2.75	6.0	0.5	도
5	리와 리간 도로	2	2.5	5.0		군
6	리의 마을과 마을간 도로	1		3.0~3.5		군

자료_조선지리전서(경제지리)(1990)

그렇다면 북한의 도로등급 가운데 어느 수준의 도로까지를 일반적인 도로의 범주에 포함시켜야 할 것인가. 북한 전체도로의 약 52%를 차지하는 6급도로의 도로폭은 3~3.5m에 불과하다. 북한에서 가장 일반적으로 사용되는 10t급 자주호 트럭과 자주 82형 트럭의 차량 폭은 약 2.7m에 달한다. 이러한 차량이 6급도로를 주행한다면 차량 좌우의 여유공간은 15~40cm에 불과하다. 트럭 1대가 겨우 주행가능하고, 차량통행시 사람이 이동할 공간이 전혀 없는 그런 수준의 도로인 것이다. 북한은 남측의 농로보다 좁은 도로를 6급도로로 분류하고 있으며, 이런 수준의 도로연장을 전체 도로망에 합산시켜 놓은 것이 현실이다. 따라서 북한의 도로연장은 5급도로 이상을 대상으로 하여야 할 것이다.

북한 최초의 고속도로는 1979년 완공된 평양-남포 간 고속도로이다. 이 고속도로는 평양 만경대구역과 남포시 항구구역을 연결하는 총 연장 53km의 4차선 콘크리트 고속도로이다. 이후 평양-원산, 평양-개성 고속도로 등의 순으로 새로운 고속도로가 건설되었으며, 고난의 행군 시기에는 평양-남포 간 10차선 고속도로인 청년영웅도로가 건설되었다. 현재 북한의 고속도로는 평양-원산, 평양-개성, 평양-향산, 평양-남포(청년영웅도로), 평양-강동, 원산-온정리 고속도로 등 총 6개 노선이 있으며 노선 연장은 661km에 달한다.

〈표3〉 북한 고속도로 현황

노선명	구간	거리(km)	노폭(m)	개통시기
평양원산 고속도로	평양-원산 (남사분기점~관풍동)	196	2-4차선(20)	1978년
평양개성 고속도로	평양-개성 (조국통일3대헌장기념비~판문점)	162	4차선(19)	1992년
평양향산 고속도로	평양-향산 (안흥입체교차로~철벽3다리)	119	4차선(24)	·
평남고속도로 (청년영웅도로)	평양-남포 (만경대 교차로~청년다리)	44	12차선(72)	2000년
금강산고속도로	원산-온정리 (갈마다리~온정리)	107	4차선(14)	1989년
평양강동 고속도로	평양-강동 (합장교~강동읍)	33	4차선(18)	·

자료_"도로리정도", 교육도서출판사, 2006 자료 보완

북한의 고속도로는 엄격하게 차량을 통제한다. 고속도로 운행 차량은 외국인 관광객 수송용 차량, 북한주민의 혁명전적지 참관용 차량, 긴급물자 수송차량, 도시 간 시외버스, 군 작전용 차량 등으로 제한되어 있다.

과거의 인천-남포 간 교역화물은 남포항에서 하역된 이후, 고속도로가 아닌

구 남포-평양 간 고속도로인 강안도로를 이용하여 평양으로 수송된다. 평양-남포 간 청년영웅도로를 이용할 경우, 약 40분 이내로 수송이 가능하지만 강안도로 이용시 3~4시간이 소요되고 있다.

〈표4〉 북한 개정 도로법의 주요 내용

구 법의 내용	개정된 내용
16조(준공검사) -도로건설이 끝나면 준공검사를 한다 -준공검사에 합격하지 못한 도로는 도로관리기관에 넘겨줄 수 없다	16조(도로건설의 질 검사) -국가건설감독기관과 해당기관은 도로건설에 대한 공정검사, 중간검사, 준공검사를 엄격히 하여 질을 최상의 수준에서 보장하도록 하여야 한다 -공정검사, 중간검사에서 합격되지 못한 경우에는 다음단계의 공사를 할 수 없으며, 준공검사에서 합격되지 못한 도로는….(이하 같음)
22조(계절적 특성에 따르는 도로관리) -국토환경보호기관과 도시경영기관, 해당기관, 기업소, 단체는 계절적 특성에 맞게 도로관리를 과학적으로 하여야 한다	22조(차세척) -국토환경보호기관과 도시경영기관은 도시 입구도로 같은 필요한 장소에 차세척장을 꾸리고, 도시로 들어오는 차를 깨끗이 청소하도록 하여야 한다. 먼지, 흙탕물과 같은 것이 묻어 어지러워진 차는 도시로 들어올 수 없다.
23조(도로의 주변 관리) -도로의 필요한 곳에는 꽃밭, 휴식터를 꾸려야 한다	23조(도로의 주변 관리) -도로의 성격과 주변환경에 어울리는 좋은 수종의 나무를 심으며, 나무 사이의 간격을 잘 조정하여야 한다

북한은 도시에서 대중교통의 기본수단을 무궤도전차로 보고 있으며 버스교통을 일부 배합하여 도시교통계획을 수립하고 있다. 기동성이 높은 버스 배치는 건설 중인 도시와 무궤도전차나 전기철도 부설에 막대한 투자가 소요되는 교외노선에 주로 적용시키고 있다.

북한은 도시교통수단 선택의 기준으로 기동성·확신성·정규성을 제시하고 있다. 기동성이란 어떤 순간적인 움직임을 염두에 둔 것이 아니라 필요에 따라 교통수단들과 기본시설들을 다른 경로 또는 다른 방향으로 옮겨야 할 때 순응할 수 있는 능력상 정도를 말한다. 기동성 순위는 버스, 무궤도전차, 지하철도 순이다. 확신성이란 여객들에 목적지까지 예정한 시간만으로 정확히 도착할 수 있는가를 보여주는 지표로서 지하철도, 버스, 무궤도전차 순이다.

한편 정규성은 계획에 예견된 대로 정상적인 운행을 보장할 수 있는가 하는 것으로, 정류장에서의 차량 대기시간에 결정적 의의를 부여하고 있다. 정규성 순위는 확신성과 동일하게 지하철도, 버스, 무궤도전차 순으로 나타나고 있다.

북한의 버스는 무궤도전차가 등장하기 이전까지 도시의 기본적인 대중교통 수단이었다. 연료의 대부분을 수입해야 하는 북한의 경제상황에서 버스는 수송 원가가 높은 운송수단이며 공해의 주원인으로 인식되고 있다.

그럼에도 불구하고 북한에서 버스는 간단한 운행설비, 높은 기동성을 강점으로 도시 대중교통의 보조수단 또는 기본수단으로서 위상을 확보하고 있다. 북한은 버스를 재건기에 있는 도시 또는 교통망이 완성되지 못한 도시, 여객이 일시적으로 급증한 노선, 교외노선, 관광노선에서 기본수단으로 사용하고 있다. 현재 평양의 시내버스노선은 33~36개 정도이며 노선길이는 약 220km 수준인 것으로 알려지고 있다.

북한의 도시 교통수단 중 하나인 무궤도전차는 궤도 없이 찻길로 다니는 전차를 말한다. 평양에서 무궤도전차가 운행되기 시작한 것은 1962년 5월부터였다. 무궤도전차의 장점은 궤도전차에 비해 소음과 진동이 적으며 별도의 선로 건설 작업이 필요없다는 것이다.

무궤도전차의 구조는 견인전동기와 전동기로부터 바퀴에 동력을 전달해주는 동력전달장치, 힘받이장치, 조종장치, 집전봉, 차체로 되어 있으며, 600V의 직류를 사용하고 있다. 평양의 무궤도전차 노선은 대략 10여 개로 추정된다. 주요 노선은 대동강-1백화점, 문수-2백화점, 문수-락랑, 연못동-룡성, 개선문-황금벌역, 평양역-서평양역, 평양-연못동, 서평양역-서포, 연못동-서성, 화력발전소-서평양 구간이다.

북한에서의 궤도전차는 '도시의 도로바닥에 궤도를 부설하고 그 우를 따라 달리는 열차로서, 전차선으로부터 전력을 공급받아 달리는 도시 교통수단의 하나'로 정의된다. 평양의 궤도전차는 1990년 4월 사동-만경대 구간 20km가 개통된 이후, 현재 문수-낙랑, 낙랑-서평양, 송산-평양역, 송신-선교 간, 금수산기념

궁전 등 5개 노선이 운행되고 있다.

〈그림1〉 평양-향산 간 고속도로

〈그림2〉 평양의 버스 정류장

〈그림3〉 천리마호 무궤도전차

〈그림4〉 궤도전차

남북 종합도로망, 한반도-유라시아 국제운송시스템 차원

북한 '도로법'은 1997년에 제정되었으며 2011년 4월 7차 개정되었다. 주요 개정 내용은 도로의 품질검사(16조)가 강화되었으며, 자동차 세척 강제조항(22조)이 신설되었다. 자동차 세척 강제조항 신설은 도시미관에 미치는 자동차 역할에 대해 새로운 인식이 나타난 것으로 보인다. 또한 도로건설시 엄격한 건설기준을 제시하려는 움직임과 도로사용료 징수대상을 확대한 것은 북한이 외국자본을 유치하여 도로 현대화를 추진하려는 의도다. 투자자에게 유료고속도로를 건설, 수익성을 일정 부문 보장하는 법적 장치를 마련함과 동시에 도로건설의 엄격한 건설기준 제시로 도로수준을 높이려는 것으로 보인다.

북한은 2013년 10월 국제경제연합체가 평양(순안)비행장-평양시내 간 밀폐식

고속도로 건설을 추진하고 있다고 밝힌 바 있다. 평양공항 개발에 참여하는 국제경제연합체는 외국자본으로 이 고속도로는 주변 국도로부터 무료 자유진출입이 불가능한 밀폐식이라는 것이다. 도로부문에서 새로운 움직임이 나타나고 있는 것은 분명하다.

대부분의 남북 간 교통협력사업은 남측이 전적으로 설계와 건설을 담당하는 개념에서 출발하고 있다. 이것은 잘못된 발상이다. 북측이 담당할 수 있는 부문은 북측이 하도록 하고 남측은 부족부분을 지원하는 형태가 되어야 한다. 북한의 자생력을 지원하는 협력사업이 추진되어야 한다는 것이다.

가장 중요한 것은 보다 큰 그림으로 종합적인 시각에서 남북 도로망에 접근하여야 한다는 점이다. 남북 종합도로망은 1차적으로는 남북통합의 한반도라는 공간에서, 2차적으로는 유라시아 연결 국제운송시스템 구축이라는 거시적인 틀 안에서 검토되어야 할 것이다. ●

참고문헌

교육도서출판사, "도로리정도", 2006.
백과사전출판사, 『조선대백과사전(9)』, 평양종합인쇄공장, 1999.
북한 과학원 지리학연구소, '조선지리전서(경제지리)', 1990.

한반도 미래는 과학기술이 좌우

이춘근

과학기술은 창의적인 연구와 성과로 국민경제와 생활에 기여함으로써 국가경쟁력 향상과 국가안보 강화에 핵심적인 역할을 수행한다. 우리나라가 6·25전쟁의 폐허에서 벗어나 IT산업과 조선, 자동차, 화학, 철강 등에서 세계적인 강국으로 성장할 수 있었던 것도 과학기술을 국정 핵심지표로 삼고 육성에 큰 힘을 기울였기 때문이다.

이를 통해 육성된 40여 만 명의 전문연구원과 세계 6위이자 국내총생산(GDP) 비중 세계 2위 수준인 연간 50조 원의 연구개발비가 우리의 중요한 자산이다. 따라서 현 정부도 창조경제를 내세우면서 과학기술과 IT, 관련분야 융합, 선도적인 신산업 창출 등에 주력하고 있다.

北, 국방기술과 기초과학은 상당한 수준

발전방향과 자원활용 등에 많은 문제가 있지만 북한 역시 과학기술을 중요시한다. 북한은 전쟁 중이던 1952년 국가과학원을 창설하여 오늘날 130여 개의 연구소와 수만 명의 연구원을 가진 중추 연구기관으로 육성하였다. 또 국제적인 고립 속에서도 자체원료를 이용해 핵심 설비들을 유지 발전시켜오고 있다.

최근 몇 년 사이에 감행한 3차례의 지하핵실험과 나날이 사거리가 증가되는 장거리로켓 발사에서 보듯이 북한의 일부 국방기술과 기초과학은 상당한 수준에 도달해 있다. 과학기술이 이중적 용도를 지녀 안보상의 문제가 발생할 때 이를 경계하지만, 통일 후에는 이들 역시 우리 민족의 중요한 자산이 될 것임에는 틀림이 없다.

북한의 과학기술체제와 분야별 동향, 수준 등은 2000년부터 추진된 남북 과학기술협력과 그동안의 노력들을 통해 상당부분 파악이 되고 있다. 냉전시기의 미·소 교류나 동서독 통일사례가 말해 주듯 과학기술은 합리적인 의사결정수단과 유사한 목표를 가져 전반적인 협력을 선도하고 인접분야 사이의 연계를 강화하는 데 중요한 역할을 한다.

통일이 민족의 지상과제이듯이 남북, 특히 북한 과학기술계에 통일이 주는 의미는 대단히 크다. 북한은 구(舊)소련의 영향을 받아 국가주도의 연구개발체제를 가지고 있다. 또한 국가과학기술위원회에서 산업 전반의 연구개발계획을 수립하고, 실제 집행도 정부기관인 국가과학원 산하 연구소들이 주도한다. 북한 기업은 생산목표 달성에 집중하고 연구활동이 적어, 세계 수준의 우리나라 기업들에 비해 혁신역량이 취약하다.

따라서 남북 과학기술 통합은 북한의 정부주도 혁신체제를 민간주도 혁신체제로 전환하고, 기업이 혁신의 주체가 되면서 수익을 창출하는 선순환체제를 구축하는 데 결정적인 계기가 될 것이다. 아울러 엄청난 남과 북의 혁신능력 격차를 조기에 해소하고, 세계 수준의 과학자들을 체계적으로 육성하는 계기가 될 것이다.

통합방안은 통일 직후의 비상조치와 이후의 중장기적인 통합방안으로 대별할 수 있다. 또 통일 직후의 비상조치도 민감한 분야의 위험요소 해소와 통합정책상 미진한 부분의 보완으로 구분할 수 있다.

먼저 남북 과학자들이 협심 단결해 비상조치에 따라 핵무기와 로켓, 화학·생물무기 등 민감한 국방기술 연구자들과 관련 무기, 장비 및 지역에 대한 현황을 사전에 상세히 파악해 위험요소를 제거해야 한다. 무엇보다 혼란을 틈타 제3국으로 유출하는 것을 방지해야 한다. 아울러 국제기구 및 우방 선진국들과 긴밀히 협력하면서 방사능 오염지역에 대한 제염처리 등을 추진하고 고급인력 및 설비의 평화적 활용과 직업전환 등을 추진해야 한다.

이러한 조치들은 다양한 과학기술프로그램과 전문가들의 직·간접적 참여를 필요로 한다. 여기에 포함되는 핵 활동 탐지와 통제, 오염지역 제염처리, 원자로 및 위험시설 해체, 안전 설비들의 평화적 이용 등은 비핵화를 위한 우리나라의 기술력 확대와 관련해 국제무대에서 높은 위치 선점에 극히 중요한 요소가 된다. 남북 통합프로그램을 통해 국제 비핵화프로그램 추진시 우리 과학기술계의 주도권 확보와 국제적 위상 및 경쟁력 확보를 도모할 수 있는 것이다. 따라서 이러한 비상조치에서 단순히 위험을 제거하는 것 못지않게 중장기적으로 우리의 기술력을 축적하고 남북 과학기술자들을 훈련시키는 데에도 큰 관심을 기울여야 한다.

이와 함께 과학기술행정체제를 통합해야 한다. 현 상황에서는 남한의 미래창조과학부와 북한의 국가과학기술위원회 및 체신성을 통합하는 것이다. 차제에 보다 미래지향적이고 우리 현실에 맞는 통합 과학기술행정체제를 수립하는 것이 좋다. 이 때 남한과 북한의 정부조직과 주요 업무, 법제, 책임과 권한 등에 상당한 차이가 있다는 것을 염두에 두고 발생하기 쉬운 오류에 철저히 대비해야 한다. 동서독 통일이나 러시아, 중국, 베트남 등 주요 체제전환국들의 사례가 시사점을 제공해 줄 수 있을 것이다. 신설된 통일준비위원회 산하의 과학기술분야 전문가들이 이를 준비할 수 있다.

<그림1> 북한 국가과학원 조직

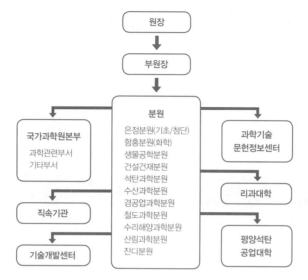

자료_이춘근, 김종선(2014)

"서독, 일방적 잣대로 동독 폄하했다"

북한 과학기술계에 대한 정확한 정보파악 부족으로 발생하는 통합정책상의 미비점 보완도 통일 직후에 해야 할 일이다. 먼저 북한 과학기술 정책입안자들과 핵심지도자들을 확보해 상세한 현황과 최근동향을 파악하고, 북한의 과학기술 설비들과 분야별 분포 및 수준 등을 실사 분석해 계속사용과 갱신, 폐기 여부를 결정하며 전반적인 남북 격차와 시사점을 재확인한다. 기존의 남북 과학기술통합방안을 수정하고 통합을 추진할 행정기구와 산하 실무진, 자문단 등을 구성한다. 최종적으로 세부적인 분야별 통합방안과 단계별 추진 로드맵을 작성하고 담당 부처와 협의하여 필요한 예산과 인력을 확보한다.

북한 과학기술자들의 의견을 수렴하는 것은 통합의 시너지 창출과 남북 과학기술자들의 단합에 극히 중요하다. 동서독 과학기술체제 통합과정에서 동독 출신과학자들이 가장 크게 제기하는 문제는 "서독의 일방적인 잣대로 동독 과학기술을 폄하해 수많은 우수기관과 성과들을 사장시켰고, 고급 과학기술자들을 도태시키거나 이등국민으로 전락시켰다. 그러면서도 동일한 평가기준을 서독 과학기술자들에게는 적용하지 않았다"는 것이다. 북한 사회에서 과학기술자들은 합리적인 사고와 적극적인 행동양식을 갖춘 지도층에 해당한다. 이들이 통합에 참여하고 제반 정책들을 지지하게 되면 이후의 원만한 집행에도 커다란 도움이 될 것이다.

⟨표1⟩ 주요 체제전환국들의 과학기술체제 개편 특성

구 분		(급진 자립형) 러시아	(급진 의존형) 헝가리	(점진 자립형) 중 국	(점진 의존형) 베트남
과학기술행정체제(주관부서)		산업 과학기술부	교육부 (연구기술사무국)	과학기술부	과학기술부
연구기관	과 학 원	역할 축소	역할 축소	역할 축소	유지, 발전
	부처연구소	축소, 전문화	축소, 연구회	축소, 기업화	유지, 발전
	대학연구	확대, 강화	확대, 강화	확대, 강화	확대, 강화
	기업연구	취약	완만한 발전	급속 발전	완만한 발전
자원투입	연구비	감축 후 회복	감축 후 회복	급속 발전	완만한 증가
	연구인력	지속 감축	감축 후 회복	지속 발전	완만한 증가
중점분야 및 상업화	전통중점분야	국방, 기계	기계, 석유화학	국방, 농업	국방, 농업
	최근중점분야	국방, IT, BT	IT, BT, 기계	IT, BT, 기계	IT, BT, 기계
	기술 시장	중간	강	강	중간
	성과 확산	중간	원활	중간	중간
대외협력	자주적 혁신	강	중간	중간, 최근강화	취약
	전통 협력국	CIS	소련, 미국, 독일	소련, 미국	소련
	신규 협력국	미국, 독일	미국, 독일	미국, 일본	일본, 미국, 프랑스

통일 직후의 비상조치 단계를 넘어 중장기적으로 추진할 과학기술체제 통합은 체제 및 인력 통합과 인프라 통합으로 대별할 수 있다. 먼저 행정체제 통합 이후의 법제를 대대적으로 정비해야 한다. 남한은 법과 제도가 잘 발달되어 있지만 북한은 당이 직접 통치하므로 커다란 혼선이 벌어질 수 있다. 따라서 통합법과 제도를 속히 정비하고 북한지역 담당자들에 대한 대대적인 교육을 시행해야

한다. 여기에는 각종 표준과 규격, 방송계의 주파수 등도 포함된다. 북한지역 담당자, 주민들에 대한 교육, 홍보는 주민소양 교육과 연동하여 다양한 매체와 수단을 적극 활용할 수 있다.

다음으로 연구개발체제를 통합해야 한다. 대표기관으로 북한의 핵심연구기관인 국가과학원 산하 130여 개 연구소들을 재분류해 남한 정부출연 연구기관과의 통합과 재편, 여타 기관 이전, 폐지 등을 결정한다. 국방과학원(제2자연과학원) 산하의 50여 개 연구소들도 유사한 절차를 거쳐야 할 것이다. 남한의 이공계 연구이사회와 유사한 상위기구를 설립하고 남북 통합관리 또는 분리관리를 추진한다. 과도기적으로 북한 과학원과 산업부서 연구소들을 모아 별도의 관리기구를 구성해 일정기간 재편과 체제전환 작업을 거친 후 완전한 남북통합을 실현할수도 있다.

과학기술체계 통합에 충분한 예산을

고급인력들의 통합방안은 상당히 예민한 문제가 될 수 있다. 동유럽 주요국가들의 체제전환 과정을 보면 〈그림2〉와 같이, 응용분야를 연구하는 과학원 소속 연구원들이 공통적으로 크게 감축된다. 자본주의국가들에서 응용분야는 주로 기업이 연구하므로 이는 어느 정도 불가피한 면이 있다. 그러나 최근까지 북한의 대학입학율이 10%정도에 그치고 있고 통일 후 지역주민 재교육과 퇴역군인 직업전환교육 수요가 폭발적으로 늘어날 것을 고려하면 좋은 대안을 찾아낼 수 있다. 즉 이공계를 중심으로 북한지역에 다양한 유형의 대학과 전문대학을 신설하고 여기에 과학원과 기업 연구소들의 우수인력 일부를 전환 배치하는 것이다.

청년 연구자들에 대해서는 재교육과 대학원 진학 및 장단기 외국유학 지원 프로그램을 확충하고 통폐합되는 연구소들의 핵심연구원들을 재분류하여 정부출연연구원과 대학 등으로 전직시킨다. 아울러 북한이 경쟁력을 보유한 분야와 지역특성에 적합한 연구과제들과 선별해 집중적으로 지원하여 이들이 세계적인 경쟁력을 갖추도록 한다.

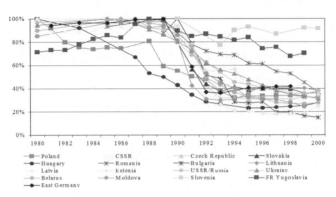

자료_Meske(2004)

북한지역 연구원들에 대한 각종 복리후생 제도들을 수립해 이들이 혼란을 극복하고 연구에 몰두할 수 있도록 해야 한다. 또한 일정기간 연구성과 평가를 유예하거나 완화해 주고, 연구원들의 생활수준 향상과 연동하여 인건비와 우수 성과들에 대한 장려를 상향 조정한다.

통합과정에서 필연적으로 나타나는 남북 격차 해소는 과학기술계에도 지극히 중요한 요소가 된다. 남북 격차를 조기에 해소하고 국제 수준의 연구를 추진하기 위해, 북한지역의 연구개발 인프라를 획기적으로 개선하고 이를 능숙히 활용할 수 있도록 지원할 필요가 있다. 일정기간 동안 컴퓨터와 인터넷, 시약, 부품, 도서, 전력 등 연구수행에 필요한 부대설비와 연구비, 보조인력들을 남한보다 많이 지원하고 각종 애로들도 해소해 준다.

이 과정에서 나타나기 쉬운 중복투자와 사용 효율저하를 방지하기 위해 지역별로 고가 실험설비와 우수도서들을 갖춘 서비스센터를 설립하고 경험이 많은 전문인력들도 배치할 필요가 있다. 남북 과학기술체제 통합은 남북 과학기술자들이 골고루 참여하고 더 많은 사람들이 만족하며 통합의 시너지를 극대화할 수 있어야 한다. 통합 후의 정치지도자들과 정책입안자들이 여기에서 극히 중요한 역할을 한다. 특히 재정 당국에서 과학기술체제 통합의 의미와 중장기적 효과를 인식하고 필요한 예산을 지원해줘야 한다.

동서독 통합사례에서 보듯이, 예산 부족은 초기에 수립한 과학기술체제 통합 방안을 무시하고 칼로 두부 자르듯이 구조조정을 가속화하는 가장 직접적인 요인이 된다. 이를 방지하기 위해 초기부터 예산 당국과 협의할 필요도 있겠다.

'통준위', 남북 과학기술통합 준비 철저히

체제통합을 효과적으로 이루려면 장기간의 준비와 치밀한 정책대안 수립을 앞세워야 한다. 신설된 통일준비위원회 등의 과학기술담당자들이 이를 추진해야 할 것이다. 먼저 정부 주도로 과학기술기본법 규정에 의한 남북 과학기술협력계획을 수정 보완하는 작업을 해야 할 것이다. 2013년 1월23일에 개정된 '과학기술기본법' 제7조는 정부가 매 5년마다 남북 간 과학기술교류협력이 포함된 과학기술기본계획을 수립하도록 규정하고 있고, 제19조에서는 정부가 남북 간 과학기술교류에 요구되는 시책과 이에 필요한 북한의 과학기술 관련 정책, 제도 및 현황 등에 대한 조사·연구를 하도록 규정하고 있다. '과학기술기본법' 시행령 제26조에도 기본계획의 내용을 반영한 남북 간 과학기술 교류협력계획을 관계기관과 협의를 거쳐 세우고 추진할 것을 규정하고 있다.

계획을 수립할 때 현 정부의 조직개편과 대북정책 및 최근 동향을 반영해야 할 것이다. 정부조직 개편으로 과학기술과 정보통신기술(ICT)을 모두 관할하는 미래창조과학부가 신설되었으므로 이를 반영해야 한다. 즉 기존의 남북 과학기술 및 학술협력계획에서 교육관련분야를 타 기관으로 넘기고 새롭게 ICT분야를 포함시키는 방향으로 수정해야 한다.

남북협력은 북한의 대응과 정치상황 변동, 정부정책의 영향을 크게 받으므로 발생할 수 있는 경우를 반영하는 몇 개의 시나리오를 상정해 계획을 수정할 수도 있다. 어느 경우라도 통일부 등 대북정책 관련 기관들과의 긴밀한 협력을 거쳐야 하는 것은 물론이다.

다음으로 드레스텐 선언과 같이 농업, 보건, 의료 등 인도적분야와 비정치분야에서 남북 과학기술협력을 추진할 필요가 있다. 바이러스 없는 감자 육종과 전염병 및 조류 인플루엔자 공동조사 및 방역, 비무장지대(DMZ) 생태계 공동보존, 동식물자원 교류와 유전자은행 공동구축 등을 예로 들 수 있다. 이와 함께 태풍, 홍수, 폭설, 지진 등 재해예측과 예방 및 복구분야에서 남북 과학기술협력을 추진할 수 있다. 여기에는 기상위성 사진 제공과 임진강·북한강유역 공동개발, 황폐지역 복원, 황사와 미세먼지, 기상이변 공동대응 등이 포함된다.

세 번째로 북한의 산림녹화를 지원하는 협력을 추진할 수도 있다. 산림녹화에는 수십 년의 긴 세월이 필요하고 북한도 2000년대 들어 국가적인 '산림녹화 10년 계획'을 추진하고 있으므로 보다 효과적으로 추진할 수 있다. 여기에는 북한 적응형 묘목개발과 공동식수 등 황폐한 북한의 산림을 복원하고 개발하기 위한 협력이 모두 포함된다. 이 때, 북한 국가과학원 산림과학분원 산하 경제림연구소와 산림육종학연구소, 산림보호학연구소, 산림경영학연구소, 산림기계연구소, 애국수목조직배양연구소, 산림과학정보센터 및 각 도별 산림과학연구소들의 연구동향을 파악하고 이들과 협력할 수 있다.

네 번째로 경제특구와 국제공조 분야에서 협력을 더욱 강화할 필요가 있다. 개성공단의 안정적인 발전과 실익증진을 위해 개성공단 국제화를 지속적으로 추진하고 외국의 유사사례 파악도 강화한다. 신의주, 나진 등 북한이 중요시하면서 인접국과 공조가 가능하고 협력특구 개발을 지속적으로 추진할 수도 있다. 이와 함께 북한의 교통, 인프라, 지하자원 등에 대한 조사연구를 강화하고 관련 기관과 산하 연구소들의 개발계획 파악도 추진한다.

과학기술이 민과 군 모두에서 중요한 수단으로 작용하는 만큼, 과학기술분야 안보태세 확립도 중요한 과제가 된다. 먼저 북한 핵 활동 탐지와 통제, 물리적 방호 등 비핵화 협상력 제고를 위한 기술력 확대와 남북 대화에서의 주도권 확보를 추진할 필요가 있다. 여기에는 원자력통제기술원 등의 전문인력 양성 프로그램에 북한 핵문제와 대응방안 및 국제적 공조를 추가하는 방안도 포함될 수 있다. 사용연한이 만료된 핵설비 해체와 오염지역 제염, 군사용 핵설비의 평화적 이용 등에 대한 기술적 대비와 국제경쟁력을 확충하고, 미래창조과학부 원자력 연구개발사업에 포함되어 있는 원자로 해체와 원자력 안전분야도 지속적으로 강화한다.

북한 첨단무기 대응을 위한 민군 기술협력 강화도 중요한 과제가 된다. 국방, 안보분야의 첨단기술 관련 조직을 확충해 북한의 무인기 등 새로운 이슈분야 파악과 대응방안 수립에 투입하고, 항공, 우주, 정밀기계, IT, 화학 등의 전문기술자들을 확보하면서 각 분야의 청년 인력들을 체계적으로 육성한다. 북한 첨단무기 대응을 위한 민군 기술협력을 강화하고, 과학기술발전 속도가 빨라 군이 바로 대응하기 어려운 분야에서 민간의 역할을 확대한다. 종합적으로 군 정책, 기술 전문가들과 관련분야 민간전문가들의 협력 네트워크를 강화하고 전문성도 심화한다. ●

참고 문헌

이춘근 · 김종선(2014), "과학기술분야 대북현안과 통일 준비", 『STEPI Insjght』, 과학기술정책연구원, 2014.

Meske, "From System Transformation to European Integration", Transaction Publishers, 2004.

納特.C.羅伯遜, 保羅. M. 考克斯, "美蘇科學政策", 中國科學院政策研究所, 1983.

남북 통합에너지는 통일의 동력이다

정우진

주체사상과 자력갱생은 북한의 통치이념이자 경제정책 근간이다. 에너지분야에서 주체는 에너지를 외국에 의존하지 않고 자체적으로 해결하는 것을 의미한다. 북한은 오래전부터 에너지 자립을 위해 수입에너지 사용을 억제하고 국내산 에너지 이용을 촉진하는 정책을 추진하여 왔다.

북한에는 화석에너지 중 석탄(주로 무연탄)이 유일하게 부존되어 있기 때문에 에너지 자립을 위해 에너지 공급체계를 석탄중심 구조로 만들었다. 석유수입을 억제하기 위해 석유화학보다는 석탄화학산업을 발전시켰고, 석탄이용을 확대하기 위해 탄질이 낮은 석탄도 이용할 수 있는 기술개발에 주력하였다. 동시에 북한 내 풍부한 수력을 핵심발전원으로 확대해 왔다. 일제강점기부터 운영된 수풍발전소와 함께 해방 이후 대대적인 수력발전소를 건설하여 주력 전원화한 것이다.

南의 5% 안 되는 북한 에너지소비량

북한은 남한보다 약 20년 앞선 1950년대 후반부터 원자력개발이나 석유탐사에 노력을 기울여 왔다. 당시는 전쟁 직후로, 자금도 기술도 열악한 상황에서 이를 추진했다는 것은 초기부터 에너지자립을 위해 국가재원을 중점적으로 투입했다는 것을 의미한다. 이후 1990년대부터 석탄생산에 차질이 생기면서 에너지수급 불균형이 계속되자 국내에서 개발 가능한 풍력과 소수력 등 신재생에너지의 공급을 확대하는 데 주력해 왔다.

〈표1〉 북한의 에너지정책

정책이념	에너지 부문별	정책 수단
자력갱생 (에너지자급도 제고)	에너지생산	– 석탄 채취공업 우선 투자 – 매장자원 생산 극대화 – 대규모 수력발전 투자 – 석유탐사, 원자력 개발
	에너지소비	– 석탄, 수력이용 극대화 – 수입에너지 소비최소화 – 대체에너지 이용확대 – 에너지 절약
	기술개발	– 국내산 자원 이용기술 적극 개발 – 신재생 및 대체에너지 개발 주력

자료_ 에너지경제연구원(2010)

북한의 에너지소비량은 2012년 기준으로 12.3백만toe로 추정되며 같은 기간 남한의 에너지소비량 277.8백만toe의 4.4%에 불과하다. 자력갱생에 의해 국내 에너지소비를 촉진한 결과 국내에서 생산되는 무연탄과 수력의 비중이 전체 에너지의 87%를 넘고 있다. 반면 석유비중은 4.5%에 불과하다.

〈그림1〉 남북의 에너지 수급구조 비교(2012년)

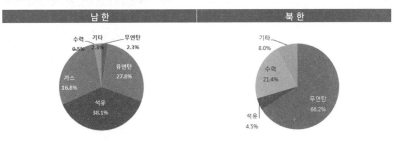

총 에너지수요: 277.8백만toe   총에너지수요: 12.3백만toe

자료_통계청(2014)

남한의 에너지수급을 보면 석유가 38%로 주 에너지 역할을 하고 무연탄 이외에도 원자력과 가스, 유연탄, 수력 등 에너지원이 다양하다. 다만 북한과는 달리 수력의 비중은 1%도 안 된다. 북한의 해외에너지의존도가 5% 이내인 반면 남한은 통상 95%가 넘고 있는데, 북한은 에너지정책의 중점을 자립도 제고에 두었고 남한은 무연탄이 국내에 부존해 있음에도 불구하고 경제효율을 중시하여 수입에너지 중심의 에너지 수급구조를 이룬 결과이다.

2012년 기준 북한의 발전설비 용량은 722만kW로 추정되어, 남한 발전용량 8180만kW의 약 1/11 규모이다. 수력 426만kW, 화력 296만kW로 수력발전이 화력보다 크다. 이는 그동안 북한이 수력을 기저전원으로 이용하고 화력은 수급조절용으로 하여 수력을 화력보다 우선시하는 이른바 수주화종(水主火從) 정책의 결과이다.

한편 발전량은 남한 발전량 5098억kWh의 1/24 수준인 215억kWh에 머무르고 있어 남한과 비교할 때 발전설비보다 발전량 차이가 더 크게 난다. 이런 이유는 북한의 발전설비가 제대로 가동되지 못해 이용률이 낮은 것을 보여주는 것이다. 즉, 남한의 발전설비 이용률이 71%인 반면 북한은 34%에 불과하다.

〈표2〉 남북 전력산업 비교(2012년)

구 분	남 한	북 한	남북 비교 (북한=1)
발전설비용량(천 kW)	81,806	7,220	11:1
발전량(억 kWh)	5,098	215	24:1
전원구조 −화력 −수력 −원자력	63.9%(67.3%) 7.9%(1.5%) 25.3%(29.5%)	41.0%(37.2%) 59.0%(62.8%) −	
설비 이용률(%)	71	34	2:1
주파수(Hz)	60	60	동일
송전 전압(kV)	765/345/154	220/110/66	상이
배전 전압(kV)	22.9/220V/110V	22/11/6.6/3.3/ 220V/110V	−

자료_통계청(2014)

북한의 에너지 공급량은 경제상황이 비교적 순탄하였던 1980년대 후반 최고치를 기록한 이후 사회주의권 국가들의 붕괴에 따른 경제상황 악화로 원유도입 급감과 석탄생산 부진이 겹치면서 급격히 감소하였다. 특히 경제난이 가중된 1990년대 중반 이른바 '고난의 행군' 시대에 이르러 에너지생산력은 더욱 큰 타격을 받게 되었다. 2000년대 이후 국제사회의 원조에 힘입어 경제가 다소 나아지고 에너지생산도 늘어났으나 이미 북한의 에너지 인프라는 노후화단계로 들어섰고 이를 대체할 수 있는 경제역량도 낮아 생산력 증강에는 한계를 보였다.

한편 북한에서 에너지난이 일어나게 된 원인을 좀 더 면밀히 살펴보면, 첫 번째는 에너지자급 우선 정책에 의한 자원배분 비효율을 들 수 있다. 자급을 강조하는 에너지정책은 북한 주체사상의 이념적 실천정책이지만 자원을 비효율적으로 배분함으로써 북한 경제 전체의 비효율을 초래하는 원인이 되기도 하였다. 특히 자연조건에 따라 발전량 변동이 심한 수력발전에 투자 우선순위를 두는 에너지정책은 에너지공급의 불안정성을 야기했고 자원공급 비효율을 초래하면서 경제구조의 비효율도 초래하였다.

주력에너지인 석탄공급 역시 장기간 지속되면서 탄광 자체에 무리가 가해졌고 채탄장비의 현대화가 이뤄지지 못한 가운데 대규모 노동력이 투입되면서 갱도의 작업여건 악화로 생산력 유지에도 한계를 보일 수밖에 없었다. 에너지자원이 부족한 여건에서 자립적 에너지수급체계를 유지하려면 화석에너지를 대체할 수 있는 신재생에너지 개발이 성공적으로 추진되어야 한다. 북한 역시 신재생에너지 개발에 역점을 두었으나 기술과 자금 부족으로 그 성과를 보지 못하였다. 특히 세계적으로도 아직 소규모 소비단위에만 일부 실용화가 된 신재생에너지로 중공업 위주인 북한의 에너지문제를 해결하기란 불가능하다.

두 번째 원인은 과거 사회주의권 국가들과의 관계변화를 들 수 있다. 1990년대 초부터 구(舊)소련의 붕괴, 중국의 사회주의적 시장경제정책으로 두 나라를 주축으로 하였던 공산권 국가들의 정치적, 이념적 혈맹관계가 급속히 변화하기 시작하였다.

이에 따라 당시 소련과 중국의 대북경제지원은 크게 축소되었고 북한 경제는 큰 타격을 받게 되었다. 에너지부문에서는 석유공급지원이 축소되거나 중단되었고 에너지설비 및 관련기술에 대한 지원도 거의 중단되었다. 북한의 발전소와 정유소 설비가 대부분 소련과 중국의 지원으로 건설되고 운영되었기 때문에 이들의 지원 중단은 설비 및 부품의 보수, 교체를 어렵게 하여 에너지설비 노후화를 가속시켰다. 이런 설비운영의 문제는 결국 북한 에너지생산시설의 가동률 저하로 이어지게 되었다.

세 번째는 자연재해를 들 수 있다. 1990년대 중후반의 대홍수로 수많은 탄광들이 침수되면서 석탄생산이 크게 타격을 입었다. 또 발전설비나 송배전 설비들의 피해가 컸고, 수력발전 댐에 토사가 흘러내려 저수조 용량이 작아지면서 발전량이 축소되었다. 그러나 경제적 어려움이 계속되면서 아직까지도 복구가 제대로 이루어지지 못하고 있다.

〈표3〉 북한의 에너지난 원인

원인별		주요 상황
에너지 산업·경제 구조	에너지산업의 불균형 자원배분	– 투자비가 높은 수력에 과도한 투자 – 투자의 비효율성(투자대비 낮은 에너지생산성) – 낮은 재원·기술력으로 대체에너지 개발 한계
	에너지-경제의 비효율적 순환	– 에너지 다소비형 경제구조(중공업) – 에너지산업 비효율로 공업생산성 저하 – 공업생산성 저하로 에너지투자 여력 감소
구(舊)소련·중국과의 관계변화		– 구상무역, 저가의 석유지원 중단 – 발전설비 등 에너지설비 기술 및 부품지원 감축 – 에너지공급비용 상승
자연재해		– 1995, 1996년 홍수로 발전/송배전 설비 피해 – 수력발전 댐 토사유입, 석탄광 침수 – 1997년 가뭄으로 댐 용수량 감소

北 활용하면 南 '에너지 섬나라' 탈피

북한의 에너지공급력은 지난 1980년대 중후반부터 지속적으로 감소되어 현재는 남한의 5~10% 수준에 있다. 특히 전력의 경우 규모가 작을뿐더러 송배전망도 제대로 작동하지 않기 때문에 전력공급 광역화가 어려운 실정이다.

　이러한 여건에서는 대규모 발전소를 건설해도 북한 에너지체계가 수용하기 어렵다. 전력을 생산해도 이를 송전하기 어려우며, 설사 전국 송전망을 갖추었다 해도 대규모 발전설비가 일시적으로 정지하면 이를 보완할 대체설비가 없고 전압흐름의 파장으로 북한 전력망 전체에 문제를 발생시킬 수도 있다. 또 북한의 송배전 손실률은 20% 이상일 것으로 추정되며, 그 외 발전과정에서 낮은 효율과 소비단위에서 낙후된 전력이용설비들을 볼 때 대규모로 발전량을 늘인다 해도 많은 양의 전력이 중간에 사라져 버릴 것이다. 참고로 남한의 송배전 손실률은 3~4% 정도이다. 남한도 1960년대에는 송배전 손실률이 18%에 달했다.

　결국 북한과의 에너지협력은 생산부문뿐만 아니라 유통과정과 최종 소비부문까지 모두 고려한 유효에너지 중심으로 추진되어야 한다. 이런 관점에서 볼 때 향후 상당기간은 북한에 대규모 설비를 구축하는 것보다 다수의 소규모 설비들을 보강해 나가는 것이 더 효율적이고, 신규설비보다는 기존설비들을 개보수하는 것이 북한 에너지시스템 운용에 더 효과적일 수 있다. 따라서 북한과 에너지협력을 추진할 때는 협력설비의 수용여부, 에너지공급의 전후방 효율성 등이 함께 고려되면서 추진되어야 할 것이다.

　에너지산업은 경제개발 단계에 따라 생산요소 간의 다양한 비용구조를 갖는다. 에너지설비의 경우 대규모 부지를 필요로 하는데 소득이 증대되면 부지대가 올라갈 뿐만 아니라 지역주민들의 저항이 심해 높은 보상금과 다각적인 지원이 수반된다. 이러한 지원에도 불구하고 상당한 시간과 갈등을 치른 후에야 부지가 정해지는 경우가 대부분이며, 심할 경우 높은 비용에도 불구하고 부지를 확보하지 못하는 경우도 생긴다.

　또한 소득이 증대될수록 임금이 상승하고 환경제약이 높아 인건비와 환경비용에 상당한 재원이 투입된다. 따라서 남북 간의 정치적 장애를 차치할 때 통합적 에너지체계를 고려한다면, 발전소나 정유소 같은 대규모 에너지공급설비는 남한에 구축하는 것보다 요소비용이 낮은 북한에 짓는 것이 투자비나 운영비에서 효율적이다.

남한은 시간대별, 계절별 에너지소비량 차이가 크다. 늘어나는 피크수요에 대비해 에너지 설비를 계속 증강시키다 보니 피크수요가 지나면 에너지 설비가동률이 낮아지고 공급비용이 상승되고 있다. 그러나 남북 양 시장의 에너지수요 시간대를 통합, 조절하고 나아가 에너지제품 간 수급을 조절하면서 에너지 설비가동률을 제고시키면 평균생산비를 낮출 수 있다. 이와 같이 남북 간의 상이한 경제발전 단계를 서로 접목한다면 남한의 에너지수급 효율성은 높아지고 북한은 낮은 비용으로도 에너지설비를 구축할 수 있는 효과가 있다.

유럽에 광역 가스망과 전력망이 일찍이 구축된 것도 다수의 국가가 육로로 연결되었기 때문이다. 국가 간에 에너지설비가 연계되어 있으면 수급편차에 의해 상호 효율적이며 경제적인 에너지공급시스템 구성을 가능하게 한다. 즉, 에너지 설비 연계에 의한 설비가동률 향상을 통해 단위 생산량 고정비용들을 낮출 수 있다.

남한은 97%의 에너지를 수입하지만 모두 해상을 통해 들여오는 '에너지 섬나라'이다. 그러나 북한을 통과한다면 육로를 통한 에너지도입이 가능하게 된다. 풍부한 자원이 매장된 동시베리아와 중국 등 동북아지역 국가들과 육로를 통한 다양한 에너지교역을 추진할 수 있게 된다. 동시베리아 가스 파이프라인사업이나 동북아 역내 광역전력망 구축사업은 북한과의 연계를 통해 사업성을 높일 수 있고 송유관에 의한 석유수입, 육로를 통한 석탄수입을 가능하게 한다.

북한을 통한 육로 에너지공급시스템이 구축되면 수송방법뿐만 아니라 에너지수입선이 다양해져 경제적 측면은 물론이고 에너지안보 증진에도 큰 효과가 기대된다. 북한 역시 남한과 함께 대륙으로 에너지망을 연계한다면 저비용으로 에너지설비들을 구축하면서 현재 겪고 있는 에너지난 탈피에도 크게 기여할 것으로 예측된다.

〈표4〉 통일대비 남북 에너지협력 방향과 기대 효과

협력 방향	기대 효과
북한의 설비수용성을 고려한 에너지협력	-북한 적합형 에너지 설비체계 존속 -에너지설비 성능개선을 통한 에너지효율 개선 -에너지공급역량 확충으로 경제성장 토대 구축
남북 간 효율적 에너지 체계 구축	-에너지설비 투자비 감축 -에너지제품 수급조절 능력제고 -수요시간대 조절로 설비가동율 제고
대륙 연계형 에너지 공급망 추진	-육로에 의한 동북아지역 에너지교역 추진 -북한 경유한 수송비 절감 -대륙지향형 에너지수급체계 구축

南 신규 전력설비 北 이전이 훨씬 효율적

남북 경제협력을 강화하기 위해서는 우선 크게 훼손된 북한의 에너지공급 역량을 복원하는 것이 중요하다. 이를 위해서는 협력 초기부터 새로운 설비들을 북한에 건설하는 것보다 상당기간은 북한의 기존 에너지설비를 복구하는 것이 합리적이다. 남한 기준에서 대부분의 북한 설비들이 적정한 기술이나 운영기준에 못 미칠지라도 북한지역에 새로운 설비를 건설하여 가동시키기 위해서는 최소 5년에서 10년 이상의 기간이 소요될 것으로 추정된다.

북한의 에너지설비 복구 협력 중 가장 중요한 것이 전력시스템을 정상화시키고 발전량을 늘리는 일이다. 그러나 발전소 설비나 부품 조달, 개보수만으로는 북한의 전력공급 정상화가 이루어지기 어려우며 발전연료가 원활하게 조달될 수 있는 대책들이 동시에 병행되어야 한다. 북한의 화력발전소는 나진 근방의 선봉석유화력발전을 제외하고는 모두 무연탄 발전소들이다.

따라서 가장 서둘러야 할 것은 발전용 무연탄을 원활하게 공급하는 일이다. 이를 위해 북한의 무연탄광산의 가동을 원활하게 하고 발전소까지 이어지는 수송철로와 기관차 운영체계의 정상화도 함께 추진해야 한다. 이와 같이 북한지역에 에너지공급을 늘이기 위해서는 생산부문뿐만 아니라 수송로, 연료 및 원자재 공급 등 일련의 체계를 모두 고려한 에너지협력이 추진되어야 한다.

우선 남북 간에 경제협력이 활발히 추진되어야 한다. 경협이 저조한 상황에서 원활한 에너지부문 협력은 기대하기 어렵다. 가령 남북이 북한에 대규모 선박을 건조하는 조선단지나 북한의 풍부한 광물자원을 생산가공하는 광물자원 단지를 구축한다고 해도 필요한 전력을 북에서 공급받을 수 없다. 남북협력의 생산단지를 위해 인근에 전용발전소를 세울 수 있으나 에너지 건설비용이 사업 자체 투자비보다 더 높아 사실상 사업성이 없어지게 된다.

이러한 에너지설비 문제를 고려해 볼 때 남북경협 단지들은 가급적 소수지역으로 집중화시키고 이곳에 대규모 에너지설비를 지어 공동으로 사용해야 에너지 인프라의 경제성이 나올 수 있다. 반대로 남북경협 생산시설을 북한지역의 동과 서, 남과 북으로 광역화시키면 경제적 규모의 에너지설비들이 이를 뒷받침하기 어렵다. 이런 요소들은 남북경협 초기단계부터 경협의 적정지역과 에너지 인프라를 동시에 고려하는 남북경협 설계도가 만들어져야 함을 시사한다.

북한의 발전소 투자비가 남한보다는 크게 낮기 때문에 남한에서 신규로 건설될 발전소를 북한에 건설하고 생산된 전력을 남한으로 공급한다면 전력비용이 낮아지는 효과를 볼 수 있다. 반면 남북 간의 투자비 차이만큼을 북한에 전력으로 공급한다면 북한지역은 발전소를 유치함으로써 낮은 비용으로 전력을 공급받을 수 있다. 북한에서 남쪽으로 전력흐름의 길이 트인다면 단순히 발전소 투자비 차이 이외에도 남북 간의 전력수요 시간대 조절을 통해 설비가동률을 제고시켜 발전비용을 낮출 수 있다. 또한 발전소가 남부에 몰려있고, 전력수요는 경기권에 집중되어 북부방향으로 송전제약이 심한 남한의 북상조류문제도 완화시켜 송전혼잡도를 해결하기 위한 송전망 구축비용을 절감할 수 있다.

따라서 남북 간의 경제협력이 증진된다면 남한에서 신규로 건설될 거의 대부분의 전력설비는 북한지역으로 이전시키는 것이 남북 간 경협은 물론이고 통일을 대비해서도 효율적인 전력 공급방법이다. 남북 통합전력 운용체계를 갖추기 위해서는 남과 북을 잇는 한반도 통합전력망이 구축되어야 할 것이다. 한반도 전력망을 크게 서부권(수도권 북부–평양)과 동부권(남북한 강원권), 중부권(충청권–평양)

순으로 구축하는 한반도 통합구축망(UKPS)이 좋은 예다.

〈그림2〉 남북 전력송전망 연계 구상도

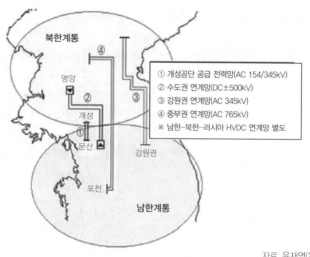

① 개성공단 공급 전력망(AC 154/345kV)
② 수도권 연계망(DC±500kV)
③ 강원권 연계망(AC 345kV)
④ 중부권 연계망(AC 765kV)
※ 남한-북한-러시아 HVDC 연계망 별도

자료_윤재영(2009)

남과 북의 에너지망을 연계할 수 있다면 에너지자원이 풍부한 동러시아와 남과 북, 그리고 중국, 일본까지를 포함한 다국 간의 다양한 에너지협력을 추진할수 있다. 특히 극동러시아에서 전력을 공급받는 사업은 에너지시장 확대를 통한지역경제 발전을 추구해왔던 러시아는 물론, 중국과 일본까지도 관심을 갖고 주시해 왔다. 재일교포 손정의 일본 소프트뱅크 회장을 비롯한 각 분야 전문가들은 러시아와 몽골을 전력공급지로 하여 남북한-중국-일본-대만까지 잇는 동북아 슈퍼그리드 구축을 제기한 바 있다. 몽골의 광활한 사막지대에 수십GW의신재생에너지단지를 조성하여 전력을 생산하는 방안도 거론되고 있다.

특히 후쿠시마 원전사고 이후 일본은 물론 남한에서도 원전 축소운동이 일어나면서 원전의 대안으로 동북아 슈퍼그리드 사업이 더욱 부각되고 있다. 동북아슈퍼그리드 사업이 추진된다면 그리드 중심부분에 위치해 있는 한반도의 지정학적 중요성이 높아지면서 다양한 사업기회를 창출할 수 있고 낮은 비용으로 전력공급을 받을 수 있는 이점이 기대된다.

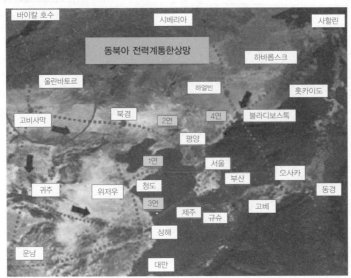

자료_전기연구원

한편 가스가 풍부한 동시베리아에서 남한지역에 이르는 천연가스 파이프라인을 건설하는 것과 러시아 가스 도입을 골자로 한 남·북·러 가스공급사업은 이미 오래전부터 남한과 러시아가 논의해왔으나 북한 통과문제로 지연되고 있다. 따라서 남북은 조속한 대화를 통해 이 사업을 실현시키도록 해야 할 것이다.

천연가스와 함께 동러시아의 동시베리아-태평양송유관(ESPO)을 남북으로 연결하는 사업도 통일을 대비해 추진해야 할 사업이다. ESPO 송유관은 시베리아 이르쿠츠크 타이셰트에서 블라디보스토크 근처인 코즈미노항구까지 부설되었고 길이가 4663km에 이르는 장거리 원유수송관이다.

2012년 완공된 이 송유관은 현재 하루 60만 배럴 규모의 원유를 공급하는데 일부는 송유관 중간지점에서 중국 송유관과 연결하여 수송하고 나머지 원유는 코즈미노항까지 수송하여 우리나라를 비롯한 일본, 동남아, 미국까지도 판매하고 있다. 현재 수송규모는 하루 60만 배럴인데 2020년까지 160만 배럴로 확대할 계획이며 장기적으로 수송규모를 더욱 확대할 계획이다.

통일에 앞서 남북관계의 정치적 유연성 확대로 한반도정세가 안정된다면 현재 억제되고 있는 북한지역에서의 석유수요도 크게 늘어날 것으로 예상된다. 남한도 현재 유조선을 통해 도입되는 ESPO 원유의 수송량이 계속 늘어날 전망이다. 따라서 극동 코즈미노항의 ESPO 송유관 말단지역에서 시작하여 남북을 연계하는 송유관을 연결한다면 수송효율성을 크게 향상시킬 수 있다.

특히 남한은 원유의 84%를 중동에서 수입하고 있는데다 수입경로는 지역정세가 불안한 페르시아만과 남중국해를 이용하고 있다. 이러한 중동 중심의 원유도입선을 러시아로 다변화하게 되면 석유공급안보의 취약성을 개선하는 데도 크게 기여할 것이다. 다만 ESPO 송유관과 남북 연계사업의 경제성은 중간에 중국 공급량을 제외하고 코즈미노항까지 수송되는 원유규모와 남한의 ESPO 원유수요 등 향후 각 지역 간의 원유공급 규모에 따라 크게 차이가 나기 때문에 이러한 모든 요소들을 고려해 추진해야 할 것이다. ●

참고문헌

김경술,『남북 에너지협력 프로젝트별 추진방안 분석연구』, 에너지경제연구원, 2013

윤재영, "북한 전력인프라 구축을 위한 단계적 협력 과제",『통일경제』여름호, 현대경제연구원, 2009

정우진,『에너지산업의 대북한 진출방안 연구』, 에너지경제연구원, 2001

정우진,『남북 에너지 적정 공급방안 연구』, 에너지경제연구원, 2010

통계청,『2013 북한의 주요 통계지표』, 2014

남북 통합여성의 힘, 통일을 품다

최금숙

여성정책에서도 통일은 중요한 과제다. 2014년 5월 전면 개정된 '양성평등기본법' 제41조 제1항은 '국가와 지방자치단체는 국내외 평화문화 확산과 통일추진 과정에서 여성과 남성이 평등하게 참여할 수 있도록 노력하여야 한다'고 명시하고 있다. 평화 · 통일 과정에서 남녀의 평등한 참여를 규정한 것이다. 제2항에서는 '국가와 지방자치단체는 국내외 여성평화증진 및 통일을 위한 활동을 지원할 수 있다'고 하였다. 국내외에서 여성의 평화증진과 통일을 위해 활동하는 이들에게는 반가운 내용이다.

독일통일 직후 여성 · 청소년부 장관을 역임한 사람은 지금의 앙겔라 메르켈 총리이다. 그는 통일과정에서 여성과 청소년들의 적극적인 참여를 유도함으로써 통일에 따른 사회적 변화에 적응할 수 있도록 배려하였다. 독일 여성청소년부와 가족노인부는 ▲동독지역 여성 및 청소년연합체 조직 장려 ▲남녀동등권에 관한 독일헌법 제3조 제2항에 실질적 남녀평등 실현을 위한 국가의 촉진의무 명시 ▲독일연방 남녀평등법 제정 ▲동서독 간 상이한 낙태규정으로 문제된 형법 제218조 개정 ▲통합조약에 따라 서로 다른 여성 관련법 개정 등의 성과를 이루었다.

1980년대 동서독에서는 여성 평화운동가들의 활발한 연대활동이 통일에 크게 기여하였다. 남북에 있어서도 1990년 유엔 동시가입과 교류협력의 물꼬를 트는 데 여성들의 역할이 컸다. '일본군위안부' 문제를 고리로 남북 여성들이 서울과 평양을 오가며 교류협력의 의지를 다지기도 하였다. 이러한 노력들을 토대로 한다면 신설된 통일준비위원회를 통한 여성들의 역할이 크게 기대된다.

南北, 여성 관련법 유사해 통일 양성평등법 기대

남북 여성계의 교류협력은 1988년 7·7선언을 계기로 제한된 범위 내에서 시작되었다. 특히 정당, 사회단체, 노동계, 언론, 학자, 학생 등 각계각층을 통해 제의가 있었고 주로 여성단체나 종교단체가 중심이 돼 관련 분야에서 교류가 이어졌다. 이후 2009년 현재 '아시아의 평화와 여성의 역할' 세미나 4건과 '일본의 전후처리 문제에 관한 토론회' 7건, '남북 여성대표자 회의' 4건, 개인 또는 여성단체를 통한 만남 8건 등이 성사되었다. 남북 여성계 만남은 세부적으로 남북 여성교류협의, 노동당기념행사 참가, 남북 및 중국 조선족 여성의 삶 관련 학술회의, 남북 여성하나되기 토론회, 6·15선언 실천을 위한 남북 여성통일토론회, 6·15선언 실천과 평화를 위한 남북 여성통일대회 등을 통해서 이루어졌다.

북한의 경우 조선민주여성동맹을 중심으로 여성의 사회활동이 이루어지고 있다. 북한의 조선민주여성동맹은 1945년 11월18일 북조선민주여성동맹으로 창립되어 1951년 1월 조선민주여성동맹으로 통합 개칭된 노동당의 여성전위조직이다. 북한 최대의 여성조직인 여성동맹도 초기의 취지와는 달리, 남녀평등을 실현하기 위한 독자적 노력이나 의미 있는 정치적 영향력 행사에 두각을 나타내지 못하고 있는 실정이다.

해방 이후 김일성 정권은 가부장적 절대지도체제를 통치이념으로 삼고 사회주의정권을 건설하였다. 이 같은 구조에 여성이 참여하는 비율은 별로 높지 않다. 1970년대 이래 북한 최고인민회의 대의원들 가운데 20% 내외, 지방인민회의 대의원들 가운데 20~30% 만이 여성이다. 또한 정치적·행정적 책임과 권한을 지닌 내각의 각료 진출여성은 극소수이며 실질적 권한을 행사하는 노동당 중앙위원회에서의 여성비율은 4.5% 정도에 불과하다.

북한의 남녀평등에 대한 기본정신은 1948년 헌법에 이어 1972년부터 2012년 헌법에 이르기까지 계속 규정되고 있다. 북한 사회주의헌법 제77조는 '녀자는 남자와 똑같은 사회적 지위와 권리를 가진다. 국가는 산전산후휴가의 보장, 여러 어린이를 가진 어머니를 위한 로동시간의 단축, 산원, 탁아소와 유치원망의 확장, 그밖의 시책을 통하여 어머니와 어린이를 특별히 보호한다. 국가는 녀성들이 사회에 진출할 온갖 조건을 지어준다'고 규정하고 있다. 이러한 여성의 지위를 제도적으로 보장하는 것이 노동법, 가족법, 어린이보육교양법, 탁아소규정 등과 여러 가지 김일성 교시, 당의 시책 등이다.

또한 북한은 남녀평등권에 관한 법령을 1946년 7월30일 제정했다. 북한 여성권리보장법 제1조는 이 법의 사명에 관하여 '녀성권리보장법은 사회생활의 모든 분야에서 여성의 권리를 철저히 보장하여 녀성의 지위와 역할을 더욱 높이도록 하는 데 이바지한다'고 하고 있다. 내용은 남한의 양성평등기본법이나 그 밖의 여성관련법의 내용과 유사한 부분이 많다. 그러므로 앞으로 남북 간 '통일양성평등보장기본법(가칭)'의 제정을 기대할 수 있다.

1990년대 북한은 경제적 위기를 맞게 되어 심각한 식량난을 맞게 된다. 주목할 점은 식량난으로 인해 기근이나 영양실조, 질병이나 죽음의 고통을 겪게 된 상황 속에서 여성은 노인과 어린이와 함께 가장 큰 피해자 중 하나라는 점이다. 식량난으로 북한 여성들은 가족 생계유지에 대한 역할과 책임이 더욱 커지게 되어 과도한 노동, 건강악화, 성폭력 등에 시달리고 있다.

일부 탈북자들의 증언에 따르면, 1990년대 중후반 '고난의 행군' 시기 여성들이 당국의 묵인아래 장마당 장사를 통해 가족생계를 이어갈 수 있었는데 특히 나이든 여성들에게 장사를 허용하여 이 여성들이 혜택 아닌 혜택을 보게 되면서 시어머니가 대접받는 풍조가 생겨나기도 했다고 한다.

남성중심 가부장문화 만연, 고달픈 北여성들

북한 가족법을 보면 결혼은 사회주의적 결혼으로, 가정은 사회주의 대가정으로 인식한다. 반면 남한의 가족법은 사랑을 기반으로 하는 남녀의 육체적 및 정신적인 종신결합으로 개인주의적 결혼을 기본으로 한다. 그러나 가정이란 부부의 사랑과 부모와 자녀 간의 사랑으로 결합된 사회의 기본단위라는 개념에 있어서는 남북 간에 동질성이 있다. 또한 남북한의 가정은 전통적인 요소를 아직도 많이 지니고 있는 것이 특징이다. 서로의 차이를 극복하기 위한 노력과 정책이 보완된다면 '통일가족법(가칭)' 제정도 비교적 쉽게 이뤄낼 수 있을 것으로 보인다.

북한은 정권수립 초기부터 여타 사회주의국가와 같이 남녀평등정책과 여성해방정책을 수용하면서 탁아제도를 중요한 정책과제로 삼아왔다. 또한 북한은 1960년대 들어오면서 공산주의적 인간개조의 목표를 수행하기 위한 가족정책 전환을 시도하는데 취학 전 모든 유아와 아동을 집단적으로 수용하여 일찍부터 사상교육과 공산주의적 도덕교육을 주입시켜 왔다.

북한에서는 취학 전 교육 강화방안으로 1973년 '취학 전 1년제 교육제도' 개선이 이루어졌다. 즉 1972년에는 인민학교 연령을 만 7세부터에서 6세부터로 내리고 학교 전 1년간 교육(유치원 높은 반 1년 과정)을 의무교육으로 발표하였고 그 후 단계적 의무교육을 실시하였다. 1975년부터는 '전반적 11년제 의무교육제도'가 실시되었고 2012년 '12년제 의무교육'으로 확대되었다.

북한에는 무상보육과 의무교육제도가 있지만, 탈북자들의 학업통계를 보면 고등학교나 대학을 졸업한 이들은 많지 않다. 남한은 2012년에야 무상보육을 실시하였고 초·중등학교까지만 의무교육을 실시하고 있으나 대학 입학률은 남녀 모두 약 80%에 이른다.

여기서 주목할 것은 남한이 북한에 비하여 탁아소에 해당하는 어린이집의 수가 매우 적다는 점이다. 물론 교육의 질은 별개의 문제다. 이런 점을 감안하면 영유아교육에 있어서 남한은 어린이집 설치를 대폭적으로 증가시킬 필요가 있다.

또한 북한의 육아시설은 그 수를 줄여서는 안 되고 질을 높이도록 남북이 서로 협조를 하여야 할 것이다.

남북 가족제도는 호적 및 가족등록 제도나 부부의 혼인 및 이혼관계, 그리고 친족 범위에 있어 차이가 존재한다. 또한 남북주민 사이에는 혼인관계가 중혼이 될 수도 있다. 이를 해결하기 위하여 2012년 2월10일 '남북주민 사이의 가족관계와 상속에 관한 특례법'이 제정되었다. 이 법은 중혼에 관한 특례를 인정하여 '1953년 7월27일 한국 군사정전에 관한 협정이 체결되기 전에 혼인하여 북한에 배우자를 둔 사람이 그 혼인이 해소되지 아니한 상태에서 남한에서 다시 혼인을 한 경우에는 중혼이 성립한다'고 규정, 남북의 이중혼인을 모두 유효한 것으로 인정하고 있다.

이 법은 '남한주민과 북한주민 사이의 가족관계와 상속·유증 등에 관한 법률관계의 안정을 도모하고, 북한주민이 상속이나 유증 등으로 소유하게 된 남한 내 재산의 효율적인 관리에 이바지함을 목적으로 한다'고 규정함으로써, 북한에 남아있는 가족의 상속권을 인정하고 그 상속재산의 일부를 북한으로 반출하는 방법을 인정하고 있다. 이러한 중혼 및 상속관계는 통일과정에서 복잡한 양상으로 나타날 가능성이 높아 꼼꼼한 정책적 대응이 요구된다.

최근 우리나라 법정에서 남한의 아버지 유산과 관련하여 북한의 자녀가 그 아버지의 혈족 여부를 밝히기 위해 자기의 머리카락을 잘라 보낸 사례가 있었다. 이 사건에서 북한 자녀의 혈족관계 및 상속권이 인정되었다. 남한의 현행법에 따르면 북한가족의 상속권이 인정되더라도 '남북주민 사이의 가족관계와 상속에 관한 특례법'이 반출금액을 크게 제한하고 있다. 반출재산을 제한할 것이 아니라 북한주민의 상속재산은 국가가 관리해 주도록 '남북가족신탁청'을 설립해야 한다고 본다.

또한 앞으로 남북주민 간 생사확인이나 서신왕래가 활발해지게 되면 신분등록제도가 서로 다른 점으로 인해 많은 혼란이 있을 것이다. 남한은 2008년 1월

1일부터 호적제도가 없어져 묵은 호적부를 뒤져야 남북주민 간 혈족·인척관계를 밝혀낼 수 있다. 북한은 1955년 호주제도 및 호적제도를 폐지하였고 이와 함께 가족이란 개념을 사용하지 않으며 우리와 다른 공민등록제도를 가지고 있다. 이에 따라 북한주민의 생사확인 등은 더 어렵게 되었다. 따라서 통일과정에서는 신분등록에 관하여 남북 간에 통일된 신분등록제도가 필요하다.

북한이탈주민 문제도 심각해지고 있다. 통일부에 따르면, 2014년 6월 현재 2만68544명으로 이중 70%선인 1만87764명이 여성이다. 그 수가 점차 늘어나면서 혼인, 이혼, 상속 등의 문제가 사회적으로 불거지고 있다. 특히 북한의 경제위기가 심했던 1990년대 중반 이후 남한 입국이 늘어나면서 1997년 1월 '북한이탈주민의 보호 및 정착지원에 관한 법률'이 시행되었다. 이들에 대해서도 남북 간의 잠정적 특수관계를 감안해 남북 주민평등의 원칙을 적용하는 것이 법적 취지에 부합한다. 성별·연령·능력 등에 상응하는 내실화된 맞춤형 지원정책이 필요하다.

여학생 전무 평양과기대 … '여성과학기술디자인대학' 설립 시급

통일과정에서 여성과 가족을 위한 정책을 위해서는 다음과 같은 사안들이 검토되어야 한다. 첫째, 통일정책에 여성의 참여를 확대하는 것이다. 독일통일과정에서 여성들의 의사가 잘 반영되지 못한 점이나 1990년 동구의 선거에서 여성들의 수가 현저히 줄어든 것을 유념할 필요가 있다. 여성대표성을 강화하기 위해서는 할당제를 통한 여성들의 대거 참여가 있어야 한다.

둘째, 수년간 중단되고 있는 남북 여성교류를 활성화해야 한다. 남북만의 행사가 아니라 일본과 중국, 기타 국가들이 함께 하는 국제행사를 추진하는 것이 바람직하다. 개인이나 여성단체를 통해 학술적 행사, 문화적 행사를 추진할 필요도 있다. 정치색이 없는 행사일수록 좋다.

셋째, 남북 간의 법률상 통일을 이루고 상이점을 극복해야 한다. 양성평등에 관한 법률 및 가족법에 관하여는 남북 간에 합일점을 찾기 쉽다. 그러므로 발전적으로 '통일양성평등보장기본법'이나 '통일가족법'을 만들 수 있을 것이다. 가령 북한에는 낙태죄나 간통죄가 없으나 남한에는 엄연한 범죄다. 이처럼 상이한 점들을 해결하고 생활의식이나 가치관의 간극도 좁혀나가는 노력이 필요하다.

넷째, 탈북여성과 가족을 위한 지원책이 강화되어야 한다. 북한에 관한 연구와 아울러 북한이탈주민들에 대한 연구도 같이 한다면 문제해결에 많은 도움이 될 것이다. 탈북자들의 혼인 및 이혼문제는 매우 심각하다. 북한에 두고 온 배우자와의 혼인관계를 계속 인정할 것인지 여부, 이혼을 하고 남한에서 재혼을 하고자 한다면 가능한 것인지 문제 등이다.

통일 준비과정에서 여성참여는 필수다. 특히 통일 후 경제성장을 주도해나가려면 고급 여성인적자원의 활용이 절실하다. 따라서 여성과학기술인력을 양성할 수 있는 방안을 적극 모색해야 한다. 남북 과학기술교류 및 협력을 종합적으로 관리·지원하는 협력센터 설립, 남북 이공계 대학원생 교류와 과학도서, 과학교육용 기자재 공여 등 차세대 이공계 인력 양성사업, 기상재해에 공동대처하기 위한 남북 기상협력 강화 등이 논의된 바 있다.

그러나 차세대 과학기술인력으로서 여성인력 양성에 관한 논의는 아직 없으며 평양과학기술대학조차 여학생은 1명도 없는 실정이다. 북한은 IT 등 첨단과학기술로의 발전을 꾀하는 상황에서 개성공단에 입주한 일부 우리 기업들은 디자인을 전공한 북한 기술인력을 원하고 있다. 따라서 개성공단에 '여성과학기술디자인대학(가칭)'을 설립해 북한 여성전문인력을 양성하는 방안을 적극 검토할 만하다.

'남북가족신탁청' 신설해 이산가족 증여·상속 해결해야

남북 이산가족문제가 날로 심각해지고 있다. 현재 이산가족으로 등록된 사람은 12만9553명이고, 상봉 신청자 중 실제로 상봉에 성공한 숫자는 2014년 현재 전체의 1.5%에 불과하다. 더구나 이산가족의 대부분이 고령자이므로 이산가족문제는 시급성을 다투는 현안 중 현안이다. 2014년 2월 제19차 남북 이산가족상봉행사가 열렸다. 무려 3년4개월 만의 일이다. 그러나 상봉인원이 너무 적어 이산가족의 한은 풀어내지 못하고 있다.

현행 방식대로라면 상봉 대기자 7만2000명이 20년을 기다려도 만나기 힘들다고 한다. 10년 후에는 같은 세대 간 상봉이 사실상 어렵다. 상봉 정례화는 물론이고 실질적인 도움을 주고 한을 풀어줄 수 있는 방법이 필요하다. 그 방법 중에 하나가 북한 가족에 대한 상속, 증여, 유증 제도다.

남북 가족의 상속문제를 살펴보면, 상속을 둘러싸고 남한에 있는 생존배우자와 자녀들이 상속재산을 나누어 갖고 북한의 배우자나 자녀는 배제되는 것이 대부분이다. 6·25전쟁 이후 월남하여 성공한 이들이 남한 가족 몰래 가슴앓이 하며 북한에 남겨놓은 가족 명의로 재산을 상속할 수 있게 해달라고 호소하는 경우가 종종 있다.

따라서 피상속인의 유산에 대해 북한 상속인의 상속분을 관리해 주는 특별기관이 필요하다. 이를 위하여 '남북가족신탁청(가칭)'을 신설할 필요가 있다. 다른 공동상속인들은 상속분을 이 신탁청에 그들 명의로 신탁하도록 하며, 신탁청은 통일이나 남북협력이 이루어져 상속인이 상속재산에 대한 권리를 행사할 때까지 그 재산을 관리해 주도록 하는 것이다.

먼저 남한 가족인 공동상속인은 북한의 공동상속인의 상속분을 남북가족신탁청에 신탁하도록 의무화하는 신탁청 설립에 관한 법률을 제정해야 할 것이다. 만일 남한의 공동상속인들이 신탁을 하지 않는다든지, 신탁재산이 북한 가족인 상속인 상속분에 미달되는 경우에는 일정한 친족이나 대리인이 북한 가족을 대신하여 상속재산분할청구를 할 수 있게 해야 할 것이다. 이런 청구는 북한 상속인 8촌 이내의 친족, 검사·기타 법원으로부터 허가를 받은 관계인(절친한 친구, 먼 친척 등) 등이 할 수 있도록 하고, 이로써 받은 상속분은 북한 상속인 명의로 신탁청에 신탁을 하도록 하면 된다.

　더불어 통일준비과정에서 여성들이 참여할 수 있는 중요한 사업 중의 하나가 북한나무심기다. 북한의 산들이 대부분 민둥산인 것은 잘 알려진 사실이다. 연료부족이 극심하면서 땔감용으로 나무와 숲을 남벌한 결과다. 각종 종교관련 여성단체들이 이 사업에 나서는 것도 좋은 방법이다. 북한 당국도 남한 종교단체의 후원에 대해서는 너그러운 입장인 만큼 북한 숲가꾸기사업에 주도적으로 나선다면 실질적인 교류협력에 큰 성과를 낼 수 있을 것이다.

　종교기관이나 단체의 유휴지를 활용해 북한에 보낼 나무묘목을 기른다면 비용절감의 효과도 클 뿐 아니라 지속가능한 사업으로 발전시킬 수도 있다. 남북관계가 보다 원만해질 경우 개성공단이나 북한 내 적당한 지역에 대단위 묘목장을 조성하는 것도 효과적이다. 이를 통해 개성공단에 '아름다운 평화공원'을 조성하는 방안도 적극 고려할 만하다.

　더구나 남북 여성계가 손잡고 앞장서, 삭막한 석회산을 아름다운 정원으로 변화시킨 캐나다의 '부차드 가든'의 기적을 개성공단에 현실화한다면 역사적인 의미는 이루 말할 수 없을 것이다. 이런 사업을 전국으로 확산해 나간다면 결국 '그린 한반도'의 꿈도 자연스럽게 이룰 수 있을 것이다. ●

참고문헌

권수현, "북한 조선민주여성동맹의 변화와 지속", 『서강대학교 사회과학연구』 제18집 2호, 서강대학교 사회과학연구소, 2010.

김석향, "'남녀평등'과 '여성의 권리'에 대한 북한당국의 공식담론 변화-1950년 이전과 1979년 이후 『조선녀성』 기사를 중심으로", 『북한연구학회보』 10권 1호, 북한연구학회, 2006.

김원홍, 『북한 여성실태 및 향후 대북정책 추진방향』, 한국여성개발원, 2009.

김원홍 외, "북한여성의 지위에 관한 연구: 여성관련법 및 정책을 중심으로", 한국여성개발원, 1992.

김원홍·김선욱·김영혜·김동령, "북한여성의 지위에 관한 연구: 여성관련법 및 정책을 중심으로", 한국여성개발원, 1992.

리영한, 『조선교육사6』, 사회과학출판사, 1995.

박연호, "자녀교양에서 어머니들의 임무와 역할을 밝힌 강령적 지침", 『조선녀성』 1991년 제6호, 근로단체출판사(평양), 1991.

법무부, 『통일독일.동구제국 몰수재산처리 개관』, 1994,

법제처, 『북한법제개요』, 법제자료 제157호, 1991.

임창복, (사)한국기독교교육교역연구원, 2010.

UNICEF, Nutritional, Rehabilitation and Prevention, 2003.

보건, 드레스덴 선언의 핵심 과제

황지윤

박근혜 대통령은 드레스덴 선언을 통해 인도적 문제의 우선 해결을 제안하였다. 그 중의 하나가 유엔과 함께 임신부터 2세까지 북한의 산모와 유아에게 영양과 보건을 지원하는 '모자패키지(1000days)사업'이다. '1000days'는 임신부터 출산까지 38주(266일)와 탄생 후 두 돌까지의 기간을 합친 996일, 약 1000일의 기간을 말한다.

　2010년 9월 반기문 유엔 사무총장이 생애 첫 1000일의 영양상태 중요성을 강조한 것을 계기로 유엔 산하 기구들이 저개발국가의 산모와 영유아에게 영양과 보건을 지원하는 '1000일 프로젝트'를 실천하고 있다. 정부는 향후 유엔과 구체적인 내용을 협의해 북한 임신부와 영유아 지원을 장기적인 패키지 형태로 발전시킨다는 방침이다.

생애 첫 1000일은 '기회의 창'

유엔아동기금(UNICEF)은 가정과 개인의 복지를 의미하는 가구 내 식품보장, 모성과 어린이에 대한 보호, 보건서비스와 건강한 환경을 중시하고 있다. 이런 것들이 충분히 제공되지 못하면 임신부와 영유아, 더 나아가 모든 구성원이 필요한 충분한 양의 식품을 섭취하지 못하고 질병에 걸려 영양불량 상태가 되거나 심한 경우 사망에 이르게 된다.

〈그림1〉 사회 내 영양부족의 개념적 프레임

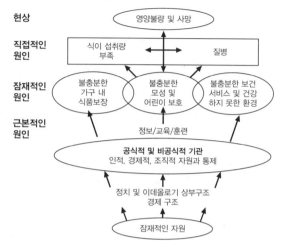

분단 이후 각기 다른 환경 속에서 60여 년의 세월을 보낸 남북이 통일을 이루려면 여러 단계의 고비를 넘어야만 한다. 보건영양 측면에서는 식량난과 보건기반시설 부족으로 오랜 기간 영양불량과 질병에 시달려온 북한과 만성질환 예방과 관리 및 고령화에 대비를 하고 있는 남한은 서로 다른 상황을 고려한 대비가 필요할 수밖에 없다.

세계보건기구(WHO)에 따르면 2012년 5세 미만 사망률은 남한의 경우 1000명당 4명, 북한의 경우 1000명 당 29명이었고 기대수명은 남한의 경우 남자 78세, 여자 85세, 북한의 경우 남자 66세, 여자 73세로 현격한 차이를 보이고 있다. 북한은 사회주의국가들의 붕괴와 더불어 국제사회 내에서 고립과 계속된 자연재해 등으로 1990년대 중반 이래 오랜 기간 경제적 어려움에 처해 있다. 경제적 어려움에 따른 북한의 보건실태는 비만이나 만성질환 예방에 우선순위를 둔 남한의 보건상황과는 완전히 다른 형편이다. 〈그림2〉와 같이 장기간 지속된 북한 경제의 어려움으로 개인은 빈곤하게 되고 공공영역에서 사회적 투자가 줄어들게 되었다. 이는 어린이가 자신이 가진 잠재력만큼 성장과 발달을 이루지 못하고 성인이 되었을 때 역시 건강한 삶을 충분히 누릴 수 없게 되었음을 의미한다.

〈그림2〉 경제성장, 인적자원, 그리고 영양상태의 세대 간 순환

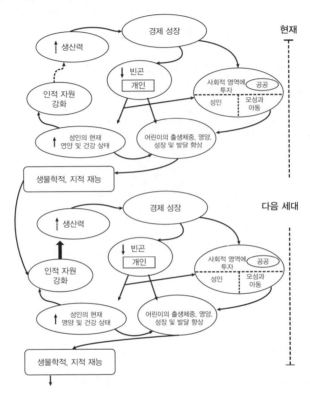

현재 북한 내 보건문제가 단기간에 해결될 수 없는 현실임을 감안할 때, 통일 이전에 향후 개선방향의 전략과 방법에 대한 논의가 충분히 있어야 한다. 개인의 성장 잠재력을 보장해주기 위한 보건 및 영양지원은 필수적이다. 생애 첫 1000일간 영양공급을 적절하게 받은 아동은 그렇지 못한 아동보다 신체적으로 건강하고 정신적으로도 우수하게 자랄 수 있다. 하지만 이 시기 영양불량으로 신체적, 정신적 성장에 손상이 생겼다면 이후 영양상태가 충분히 공급되어도 정상적인 성장패턴으로 회복하기 힘들다. 이 때문에 생애 첫 1000일을 '기회의 창'

이라 부른다.

정부는 식량난의 장기화로 만성영양부족에 시달리는 북한의 5세 이하 영유아와 산모의 보건, 영양관리 개선을 위해 국제기구와 민간단체를 통한 지원사업을 벌여왔다. 2013년 정부는 북한 영유아 지원사업을 위해 유엔아동기금에 604만 달러(약 67억 원), 세계보건기구(WHO)에 630만 달러(약 68억 원) 등 1234만 달러(약 135억 원)의 남북협력기금을 사용하였다. 이는 북한 영유아를 위한 필수백신 5종과 영양실조 아동을 위한 영양제 및 치료지원 비용으로 전달되었다. 이러한 대북인도지원은 정부가 천명한 대로 분배투명성이 보장되는 국제기구와 협력을 통한 모자패키지 사업의 시발점으로 보다 체계적이고 지속적인 사업을 기대해 봄직하다.

통일 후 남북 보건실태의 차이를 최소화하고 북한 사회의 성공적 재건을 위해서는 통일 전부터 북한의 현 상황에 대한 충분한 이해와 관찰을 통한 기반 마련이 필요하다. 더불어 예측가능한 문제점들을 사전에 파악하고 보건영양 분야의 선제적인 기반확보를 위한 전략과 정책이 필요하다.

보건은 사회재건에 독립적으로 영향을 미치는 동시에 타 요인들과 상호 연결되어 영향을 주고받는다. 성공적인 보건재건은 해당 국가, 비정부기관, 국제기구, 공여국의 협조와 보건 계획, 병원을 비롯한 기본 사회기반시설과 공여국의 지원에 달려있다.

실제로 세계보건기구의 자료와 〈그림1〉의 사회 내 영양부족의 개념적 프레임을 바탕으로 개발도상국 어린이 영양불량 개선요인을 살펴본 결과 예방 접종률, 안전한 식수 보급과 같은 직접적 요인과 정부지출, 소득분배 등과 같은 근본적인 요인이 전반적인 개선작업에 영향을 미쳤다. 다시 말해 전반적인 보건환경 개선을 위해서는 국가 단위의 보건체계에 대한 투입-산출-성과에 대한 점검과 계획이 필요하다. 북한은 내부 자원만으로는 보건환경 개선이 힘들어 대외원조에 의존해야 하는 실정이다. 이에 따라 국제수준의 보건지표를 성취한다는 목표를 갖고 보건시스템 계획 및 평가를 위한 구체적인 체계가 요구된다.

〈그림3〉 보건시스템의 수행도 측정을 위한 체계

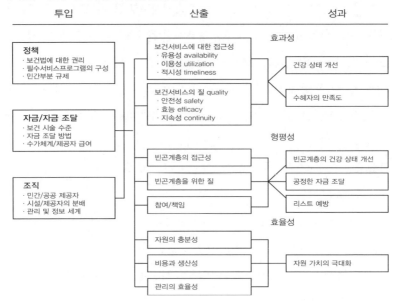

〈그림3〉에는 개발도상국을 위한 보건시스템 수행체계가 도식화되어 있다. 투입은 보건법, 필수 서비스프로그램, 민간부분 등에 대한 정책, 보건자금 및 자금조달과 조직으로 구성된다. 이와 같은 투입은 보건서비스에 대한 접근성과 질을 개선하고 성과로서 수혜자의 건강상태를 개선하여 만족도를 얻는 효과성을 갖는다. 또한 참여와 책임으로서 사회적으로 취약한 빈곤계층을 위한 접근성과 질을 확보하고 성과로서 빈곤계층의 건강상태 개선, 공정한 자금조달, 리스크 예방이라는 형평성에 대한 성과를 얻는다. 효율성 차원에서는 자원의 충분성, 비용과 생산성, 관리의 효율성을 통해 자원 가치를 극대화할 수 있다.

최근 유엔세계식량계획(WFP)은 북한 보건영양 지원에서 긴급 식품지원을 가장 시급한 과제로 지적했다. 특히 어린이, 임신부와 수유부, 노인, 저소득층 및 어린이와 노인이 있는 가구, 결핵환자, 장애인을 가장 취약한 식품 미보장 계층으로 분류하였다. 또한 모자보건 및 영양중재정책, 영아가 있는 가정, 고아원, 학교, 병원, 보건소 등에 대한 식수공급과 위생개선, 농업개선 등을 통해 영양보장이 이루어져야 한다고 지적하였다. 더 심각한 것은 지역별 영양 불평등현상이 나타난다는 점이다. 만성영양불량을 보여주는 저신장의 경우 지역에 따라 22~45%까지 차이가 나고 있어 향후 자원배분 시 반드시 고려해야 할 사안이다.

초기 긴급지원 이후에는 궁극적으로 남북통합을 위한 단계적인 보건시스템 정비의 접근이 필요하다. 통일시 의료안전망 구축방안에 대해서는 1단계 초기 긴급대처, 2단계 의료안전망 구축, 3단계 남북 의료안전망 통합으로 구분한 접근법이 제기되고 있다.

5년간의 1단계에서 가장 중요한 문제는 재원조달이다. 이때 기존 북한 보건 의료체계의 인프라 및 전문인력에 대한 복구와 재교육이 요구된다. 다음 5년의 2단계에서는 북한 보건인력의 양성이 중시되며, 이후 3단계에서는 남북 모두 의료보험과 의료부조에 의해 통합적인 의료안전망을 보장해야 한다. 즉 통일 이후 보건분야의 핵심은 단계별 정책에 따라 자금과 조직을 마련하고 투입요소별 조달과 배분, 지속가능한 산출과 성과의 측정이다.

보건·식품·영양은 통일의 성패 가늠할 리트머스지

정부가 계획하고 있는 '생애 첫 1000일' 모자패키지 사업에는 임신부와 영유아를 위한 비타민과 무기질 보충제 보급, 6개월간 완전 모유수유 권장, 올바르고 시기적절한 양질의 이유식 공급, 치료를 요하는 영양불량 아동 치료 등이 포함돼 있다.

〈그림4〉 보건체계강화를 위한 실천으로의 로드맵

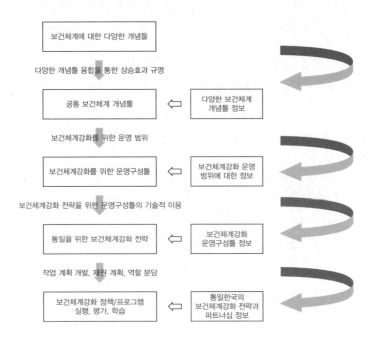

〈그림4〉는 통일을 위한 맞춤형 보건체계 강화전략 마련을 위한 개념틀에서 실천까지 체계적인 과정을 보여준다. 이 같은 로드맵에 따라 통일한국을 대비한 보건영양 분야의 목표와 추진전략은 〈그림5〉와 같이 구축할 수 있다. 통일한국의 궁극적인 비전은 주민의 건강한 삶의 질 확보이다. 보건영양 분야에서는 각각 긴급지원, 북한 내 보건기반구축, 남북 보건시스템 통합이라는 3단계 추진과제가 실행되어야 한다.

〈그림5〉 통일 후 남북 보건영양 분야 목표 및 추진전략

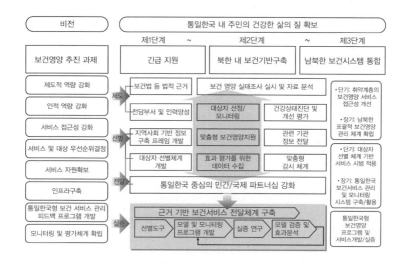

1단계에서는 제도적 역량강화와 인적 역량강화를 위한 법적근거와 전담부서 및 인력양성을 준비해야 한다. 또한 긴급지원서비스 접근성 강화와 서비스 대상 우선순위를 결정하기 위해 지역사회 및 대상자에 대한 정보체계가 마련되어야 한다. 이 시기 긴급지원은 결핵, 말라리아, HIV/AIDS 등 감염성 질환에 대한 치료 및 예방, 영양개선에 집중해야 한다. 따라서 자원의 효과적인 배분을 위해 우선순위 질환, 지역, 대상 파악을 위한 기초자료가 확보되어야 한다.

또한 기존 기반시설과 인력 중 활용할 수 있는 부분을 동원하여 신속한 서비스가 전달되도록 해야 한다. 이 단계에서는 통일한국형 맞춤 보건서비스 관리 피드백 프로그램을 개발하고 모니터링 및 평가체계를 구축할 수 있도록 실증연구도 병행되어야 한다.

2단계에서는 북한 내 보건기반 시스템을 구축해야 한다. 보건영양 분야의 전문인력을 양성하고 교육하여 남한의 질병관리본부 국민건강영양조사와 같은 주기적인 보건영양분야 기반 데이터 확보가 북한에서도 이루어질 수 있도록 해

야 한다.

이와 같은 실태조사는 효과적인 대상자 선정을 통한 맞춤형 보건지원을 가능하게 하며 효과에 대한 평가를 가능하게 한다. 또한 주기적인 조사체계를 구축하여 주민들의 건강개선 상황을 가시적으로 확인할 수 있을 것이다.

3단계에서는 남북 통합보건시스템 구축을 통해 통일한국을 위한 포괄적 보건영양관리체계를 구축한다. 이 시기 도래할 저체중과 과체중의 공존상태인 이중부담을 해결하기 위한 다각적인 보건영양정책이 필요하며, 대상자 맞춤형 보건영양프로그램 개발과 실증을 통한 근거 기반 보건프로그램 체계가 마련돼야 할 것이다.

앞서 〈그림1〉과 〈그림3〉에서 제시하는 것처럼 전기공급 및 안전한 식수와 같은 사회기반시설, 기아를 해결하기 위한 농업 발전 등 타 분야의 개선도 밀접하게 관련되어 있다. 따라서 통일 전 보건영양분야 해결을 위해서는 관련 분야를 총망라한 다각적이고도 통합적인 의견교류가 필요하다.

인간의 기본권인 보건과 식품, 영양보장을 위한 심도 깊은 논의는 통일시 닥칠 사회혼란을 최소화하는 요건임은 물론, 통일의 성공적인 정착을 가늠할 수 있는 주요 요소가 될 것이다. 또한 궁극적으로 한반도 주민의 삶의 질 향상과 건강수명을 연장하여 국민 전체의 복지증진과 의료비 절감에 도움을 줄 수 있을 것이다.

따라서 통일 전 과도기 단계에서부터 실현 가능한 방법을 강구해야 한다. 가령 개성공단 지역의 모자를 대상으로 '모자보건 1000일' 사업을 시범적으로 진행한다면 향후 사업 확대를 위한 좋은 출발이 될 것이다. ●

참고문헌

신영전, "통일 후 북한 의료안전망 구축방안", 『대한의사협회지』 제56권 5호, 2013.

장남수 · 조동호 · 황지윤 · 강은영, "문헌과 이탈 귀순자 설문 조사를 통해 본 북한인의 보건 영양상태", 『한국영양학회지』 제31권 제8호, 1998.

황지윤 · 장남수, "문헌과 북한이탈주민의 설문조사를 통해 본 북한인의 식생활과 영양소 섭취실태", 『대한지역사회영양학회지』 제6권 제3호, 2001.

황지윤, "북한의 배급체계와 북한이탈주민의 영양상태", 『중앙대학교 민족발전연구』 제 4호, 2000.

Fogel RW, "Health, Nutrition, and Economic Growth". 『Economic Development and Cultural Change』, University of Chicago, 2004.

Jones SG. Hilborne LH, Anthony RC, David LM, Girosi F, Bernard C, Swanger RM Garten AD, Timilsina A; 『Securing Health. Lessons from Nation-Building Missions』, RAND Center for Domestic and International health Security, 2006.

Kruk ME, Freedman LP; "Assessing health system performance in developing countries: A review of the literature", Health Policy, 2008.

McLee M, "Understanding population health: lessons from the former Soviet Union". 『Clin Med』, 2005.

Sen A, 『Development as Freedom』, Anchor Books, 2000.

Shakarishvili G, Atun R, Berman P, Hsiao W, Burgess C, Lansang MA; "Converging Health Systems Frameworks: Towards A Concepts-to-Actions Roadmap for Health Systems Strengthening in Low and Middle Income Countries", Global Health Governance Volume III, No. 2. Available, 2010.

UN, "A New Global Partnership: Eradicate Poverty and Transform Economies Through Sustainable Development", The Report of the High-Level Panel of Eminent Persons on the Post-2015 Development Agenda, United Nations, 2013.

United Nations Children's Fund (UNICEF), 『Strategy for improved Nutrition of Children and Women in developing countries』. New York: UNICEF, 1990.

World Food Programme, Food and Agricultural Organization, Children's Fund, 『Rapid food security assessment mission to the democratic people's republic of Korea』, Rome: World Food Programme, 2011.

3부

통일경제 실현을 위한 추진 전략

한반도 문제해결, 통일경제 위한 초석

조성렬

세계은행(WB)은 최근 보고서를 통해 2014년 말 중국의 경제규모가 16조7349억 달러, 미국이 16조6522억 달러로 중국이 미국보다 800억 달러를 앞지르게 됨으로써 중국이 세계최대의 경제대국에 오를 것으로 예측하였다. 인도도 일본을 제치고 세계 3위의 경제대국이 될 것으로 전망하였다. 중국이 1위 등극을 한다면 1872년 미국이 영국을 추월해 세계 최대경제대국이 된 지 142년 만의 자리바꿈이 된다.

　미국은 중국에 경제규모 면에서 밀리고 있을 뿐만 아니라 근년에 발생한 시리아사태, 우크라이나사태에서도 과거와 달리 무기력한 모습을 보이고 있다. 미국은 세계차원의 영향력을 잃어가면서 점차 국제질서의 주도력을 상실해가고 있지만, 중국은 아직 책임 있는 대국의 지위를 받아들이기 부담스러워 하고 있다. 이제는 미국과 중국이 국제질서를 주도한다는 'G2' 개념도 후퇴하고 오히려 'G제로 세계론'이 주목을 받고 있다.

　하지만 동아시아에서는 여전히 미국과 중국이 절대적인 영향력을 갖고 있어 미국을 포함하는 다극적 질서인 탈·탈냉전(post-post Cold War)시대에 접어들었다고 볼 수 있다. 미국은 중국을 견제하기 위해 '아시아 재균형'에 나섰고, 중국은 경제력을 바탕으로 점차 안보분야에서도 영향력을 확대하고 있다. 이제 중국은 북한 핵문제, 한반도 평화, 통일문제에 상당한 영향력을 미치고 있다. 우리의 외교안보정책은 한·미 안보협력과 한·중 경제협력이라는 고정된 틀을 넘어 중국과도 안보협력을 모색해야 하는 새로운 단계에 접어들었다.

한국은 세계 10위권의 경제규모를 갖고 있지만 아직까지 한반도 문제를 자력으로 관리하고 미·중, 중·일 등 강대국관계를 능동적으로 변화시킬 수 있는 능력이 부족하다. 그렇기 때문에 우리나라는 대외정책에서 미국과 중국 또는 일본과 중국 사이에서 어떻게든 정책선택을 강요받을 수밖에 없는 상황에 내몰리게될 수도 있다. 주변 강대국들이 분단 상황을 이용하여 자국의 이익을 강요할 경우 이를 쉽게 떨치기 어렵다는 의미이다.

때마침 우리 정부는 2014년 연초부터 '통일대박론'을 내세워 통일시대를 준비해 나가자는 캠페인을 벌이고 있다. 박근혜 대통령은 한반도 통일구상인 '드레스덴 선언'을 통해 보다 구체적인 제안을 제시하기도 하였다. 하지만 북한의 최고권력기관인 국방위원회는 우리 측 제안을 '흡수통일' 논리이며 남북관계의 개선 및 발전과는 거리가 먼 부차적인 것들일뿐이라고 거부의사를 밝혔다.

북한 국방위원회가 박 대통령의 구상을 거부함에 따라 통일시대 준비를 내세웠던 열띤 분위기가 한풀 꺾이면서 새로운 국면을 맞게 되었다. 통일시대를 맞이하기 위해서는 우리 쪽의 일방적인 생각뿐만 아니라 통일의 상대인 북한 쪽의 의사도 고려하지 않으면 안 되며, 통일의 과정도 평화적으로 관리해야 한다는 인식을 받아들이는 계기가 되었다.

국제신용평가사 피치의 제임스 매코맥 국가신용등급평가위원회 위원장은 '통일대박론'에 대해 평화통일이 분명 단기적·장기적으로 큰 이익을 가져올 것이라고 수긍하면서도 통일대박은 평화통일을 이뤘을 때에만 발생한다고 밝혔다. 통일과정에서 남북 분쟁이나 북한 내부요인에 의한 갈등이 발생한다면 분명히 엄청난 통일비용이 수반될 것이라고 경고한 것이다.

독일은 유럽에서 냉전이 해체되는 국제질서 재편과정을 이용해 평화통일의 기회를 움켜쥐었다. 반면 우리는 냉전에서 탈냉전으로 가는 전환기에 그 기회를 그냥 흘려보낸 바 있다. 이제 또다시 밀려오는 새로운 동아시아 질서재편이라는 물결에 어떻게 대처해 평화통일의 기회로 삼을 것인지는 우리에게 주어진 중대한 과제이다.

두 개의 주권국 남북한의 통일은 어떻게?

국제법적 차원에서 남한과 북한의 지위, 남북관계의 법적성격은 국내법 규정과 반드시 일치하지는 않는다. 남북이 모두 평화통일을 내세우면서도 상대체제를 인정하지 않고 있으며 서로 자신의 주도로 통일을 달성하겠다고 공언하고 있다. 이는 최고의 법규범이라고 할 수 있는 남북한의 헌법 규정에 잘 드러난다.

우리나라 헌법 제3조는 "대한민국의 영토는 한반도와 그 부속도서로 한다"고 규정하여 남한이 한반도 전역에 대한 관할권을 보유했다고 밝히고 있다. 북한 헌법 제1조도 "조선민주주의인민공화국은 전체 조선인민의 리익을 대표하는 자주적 사회주의국가이다"라고 규정함으로써 북한을 전체 한민족의 이익을 대표하는 국가, 즉 한반도 전역에 대한 관할권을 보유한 국가로 보고 있다.

이처럼 남북이 최고의 법규범인 헌법을 통해 상대를 주권국가로 인정하고 있지 않지만 국제사회에서는 남북한을 대한민국(Republic of Korea)과 조선민주주의인민공화국(Democratic People's Republic of Korea), 별개의 주권국가로 간주하고 있다. 남북한은 유엔헌장 제2조와 제4조에서 규정한 회원국의 조건과 절차에 따라 1991년 9월18일 유엔에 동시 가입하여 유회원국이 되었다.

남북한이 유엔 회원국이 되었다는 것은 양측이 모두 국제법적으로 주권국가이며 미국을 포함한 유엔 안보리 상임이사국 5개국의 동의를 얻었다는 것을 의미한다. 유엔 회원국의 자격이 주권국가라는 점을 고려할 때, 유엔 동시가입 이후 남북관계는 국제법상으로 두 개의 독립주권국가 간의 관계가 된 것이다. 미국은 아직 북한과 정식 외교관계를 맺고 있지는 않지만 북한의 국가적 실체를 사실상 인정하고 있다.

이처럼 남북이 서로를 국가로 승인하고 있지 않다고 하더라도, 미국·중국을 비롯한 국제사회는 남북한을 별개의 독립주권국가로 간주하고 있는 것이다. 이 때문에 1991년 남북한이 유엔에 동시 가입한 직후 체결한 '남북기본합의서'에서 남북관계를 "통일을 지향하는 과정에서 형성되는 잠정적 특수관계"라고 규정하여 사실상 '두개의 한국(two Koreas)'을 받아들였던 것이다. 결국 통일의 국제적인 승인과정은 두 개의 주권국가가 하나의 국가로 통합되는 국제법적인 절차를 밟아야 할 것이다.

남북은 동서 양 진영의 영향권 아래에 있던 분단국이라는 점에서는 옛 동서독의 관계와 유사하다. 하지만 남북한은 동서독과 달리 2차 세계대전을 일으킨 전범국가가 아니라 일제의 식민통치를 받은 피해국가라는 점에서 근본적으로 다르다. 그럼에도 불구하고 우리나라는 얄타회담에서 강대국들(미·소·영·중)의 도움에 의해 해방되었기 때문에 일제의 패망 직후 미군, 소련군이 한반도 남쪽과 북쪽을 분할 점령하였다. 그리고 신정부 수립과정에서 이들의 동의가 필요했다.

모스크바 미·소·영 3국 외무장관 회의에서는 임시중앙정부를 수립하기로 했지만 국내 좌우대립으로 결정이 관철되지 못한 채 1948년 남북한에 각각 단독 정부가 수립되었다. 그 뒤 자유진영과 공산진영이 각각 남북한 정부를 승인하면서 남북한은 국제정치적으로 사실상 두 개의 주권국가가 된 것이다. 하지만 남북한이 전범국가나 패전국가가 아니기 때문에 남북통일을 달성하기 위해서는 국제법상으로 미국이나 소련 등 제2차 세계대전 승전국의 승인을 받을 필요는 없다. 한민족 전체가 주권을 박탈당한 것이 아니기 때문에 남북 정부가 합의한다면 전체로서의 주권에 대한 통합·통일을 이룰 수 있는 민족자결권을 갖고 있는 것이다.

그럼에도 한반도에서는 남북이 서로 전쟁을 벌였고 국제법상으로는 여전히 정전상태에 있다. 과거 동서독은 패전으로 분단되어 서로 다른 체제와 정부를 갖고 있기는 했지만 서로 전쟁하지는 않았다. 그렇기 때문에 동서독이 통일국가로 건설되는 과정에서 쌍방의 합의에 의한 통일조약과 전승국들의 승인만 필요로 했을 뿐 평화협정 같은 것은 필요로 하지 않았다.

그러나 남북의 경우에는 통일에 앞서 6·25전쟁을 법적으로 종식하기 위한 평화협정 체결이 필요하다. 평화협정 체결에는 남북한 합의뿐만 아니라 정전협정 체결국인 미국과 중국의 동의가 필요하다. 반면 동서독 통일과정과 달리 남북통일은 남북 정부가 주민들의 동의를 얻어 합의만 한다면 국제법상으로 미국이나 중국의 승인 없이도 가능하다.

남북이 합의하여 한반도 평화협정 체결 평화체제 수립을 토대로 상부 정치기구로서 남북 연합기구를 만들어 나가거나 남북 경제공동체 완성과 외교권, 군사권 해결을 통한 연방제 또는 단방제 통일국가를 만들어 갈 수도 있다. 이러한 점에서 우리의 평화통일전략은 남·북·미·중 4자에 의한 한반도 평화체제 구축, 남북 합의에 의한 평화통일 달성 등 두 단계의 경로로 구성되어야 할 것이다.

미·중은 어떤 조건에서 통일을 지지할까

남북한과 동서독은 처해있는 지정학적 위치와 안보환경이 크게 다르지만 변화된 강대국의 역관계를 잘 활용한 독일통일의 사례는 남북한이 평화통일을 추진하는 과정에 많은 시사점을 제공하고 있다.

독일의 경우, 냉전이 절정기였던 1955년 서독 기민당의 콘라드 아데나워 총리는 '하나의 독일'을 내세워 동독과 수교한 나라와는 외교관계를 단절한다는 '할슈타인 원칙'을 내걸었다. 1960년대 후반 동서 데탕트의 진전과 사민당 집권으로 '접근을 통한 변화'를 내건 신동방정책을 채택하면서 서독 정부는 사실상 '두 개의 독일' 정책으로 전환하였다.

미·소 세력균형이 이루어진 냉전시기에 서독은 신동방정책에 따라 경제원조와 차관공여 등을 통해 동독엘리트들이 개혁 필요성을 깨닫게 하고 동독주민들의 친 서독 의식화를 촉진하였다. 그러다가 1980년대 말부터 미국과 소련 사이의 세력균형이 깨지고 동독에서 베를린 장벽이 무너지면서 주민들의 자유투표로 개혁정권이 등장하자, 서독은 열린 '기회의 창'을 놓치지 않고 통일을 실현했다.

한반도의 경우는 독일보다 지정학적인 영향을 많이 받고 있다. 중국은 국공내전을 거쳐 신생 중화인민공화국을 건국한 지 1년밖에 안된 불안정한 국내사정에도 불구하고 6·25전쟁에 30만 명 이상을 파병할 정도로 한반도의 지정학적 위치를 중요시하고 있다. 이에 비해 미국은 1950년 1월 '애치슨 선언'을 통해 한국을 방위선에서 제외하는 등 전략적 가치를 경시했었으나, 근년에는 "한반도와 아시아의 평화·안정을 위한 중심축"으로 규정하는 등 높게 평가하고 있다.

냉전시기에는 한반도를 둘러싸고 미국과 소련이 세력균형을 형성하며 남북한 분단이 고착화되었다. 이 때 우리 정부는 '선 건설, 후 통일' 정책을 내걸고 분단관리에 초점을 두는 대북·통일정책을 취했지만, 옛 사회주의권이 붕괴되고 냉전체제가 해체된 과도기 상황에서 통일환경을 조성하는 북방정책을 전개하여 헝가리, 소련, 중국 등 옛 사회주의국가들과 수교하는 성과를 거두었다.

탈냉전시기 미국의 유일패권체제 아래에서 우리 정부는 미국의 압도적 영향력하에 화해·협력정책(일명 햇볕정책)을 추진하였다. 햇볕정책은 북·중 및 북·러 관계가 악화된 틈을 노려 적극적인 대북 관여를 통해 북한 체제 변화를 추구한 것이었다. 하지만 급부상한 중국이 북한 체제의 변화에 완충 역할을 하면서 햇볕정책은 제대로 빛을 보지 못하였다.

미국은 2009년 6월16일 한·미 양국이 채택한 '한·미동맹 공동비전'에서 처음으로 통일된 한반도가 자유·민주주의와 시장경제이어야 한다는 공식입장을 밝혔다. 이에 비해 중국은 1991년 '한·중 수교 공동성명' 때부터 줄곧 외세(미국)의 개입 없이 남북한이 자주적으로 평화통일에 합의한다면 반대하지 않는다는 입장을 견지해 왔다. 미 · 중 양국의 미묘한 차이는 통일에는 반대하지 않지만 자국의 이익에 부합되어야 한다는 입장에 따른 것이다.

중국의 부상과 미국의 유일패권체제가 약화된 21세기 탈 · 탈냉전 시기를 맞이하여 새로운 대북 · 통일정책을 모색할 필요가 있다. 독일통일 당시에는 소련이 급격히 몰락하고 미국이 유일패권국이 되는 빠른 세력전이가 일어났다면 남북의 통일환경은 미국이 점진적으로 쇠퇴하고 중국이 급부상하는 점진적인 세력전이가 일어나는 형세가 전개될 것으로 전망되기 때문이다.

이와 같이 새롭게 전개되는 미 · 중 강대국의 국제질서 재편과정에서 우리의 통일외교가 미 · 중 양자택일로 가서는 안 될 것이다. 우리 통일외교는 기본적으로 아직 글로벌 영향력을 갖고 있는 미국의 힘을 최대한 활용하면서도 떠오르는 중국과의 전략적 협력관계도 함께 강화하는 방향으로 나아가야 한다.

핵무기를 가진 통일한국이 가능한가

국제적인 차원에서 볼 때 한반도 평화와 통일을 준비하기 위해서는 당면한 국제 현안인 북한 핵문제를 비롯한 대량살상무기(WMD) 문제를 해결하지 않으면 안 된다. 이제 남북의 군사적 신뢰구축조치와 재래식 군비통제뿐만 아니라 한반도 비핵화를 동시에 추진해야만 하는 것이다. 이와 같은 한반도 비핵화 추진은 한반도 평화체제 구축뿐만 아니라 평화통일을 위해서도 피해 갈 수 없는 과제이다.

북한은 1950년대부터 핵개발에 관심을 가졌지만 본격적으로 핵개발에 나선 것은 1980년대 중반부터이다. 북한은 구(舊)소련으로부터 경수로를 제공받는 조건으로 1985년 12월12일 핵확산금지조약(NPT)에 가입하였다. 하지만 소련이 몰락하면서 경수로사업이 중단되자 북한은 독자적인 원자로개발에 나섰고, 1988년부터 영변원자로를 가동하기 시작하면서 핵개발 국가로 국제사회의 주목을 받게 되었다.

남북한은 남한지역 내 미군 전술핵무기 완전철수를 배경으로 1992년 '한반도 비핵화 공동선언'을 발표했지만 북한은 핵개발 시도를 멈추지 않았다. 1993년 이후 북한은 NPT 탈퇴선언과 탈퇴효력 정지선언, 또 다시 탈퇴선언을 되풀이한 뒤 장거리미사일과 핵실험을 잇달아 실시하였다. 마침내 2006년 7월 대포동 2호 장거리미사일 발사실험을 실시한 데 이어 같은 해 10월9일 제1차 핵실험을 실시하였다. 이후 북한은 2009년 5월과 2013년 2월에 제2, 3차 핵실험을 추가로 실시했다.

이와 같이 북한이 핵무기를 개발하는 것은 현행 NPT체제에서 보장된 원자력의 평화적 이용권리를 남용한 것으로 핵개발 금지의무를 악의적으로 위반한 것이다. 현행 NPT체제 아래에서 핵무기 보유를 인정받은 미국, 러시아, 영국, 프랑스, 중국 등 5개 국가 외에는 핵무기 보유가 불법행위로 규정된다. 비밀리에 핵무기를 개발한 국가에 대해서는 유엔 안보리 결의를 거쳐 각종 국제제재가 가해진다.

그렇기 때문에 비록 NPT 탈퇴를 선언했다고는 하나 북한을 핵보유국으로 인정할 경우, NPT 회원국 시절에 비밀리 핵개발을 성공시킨 최초의 국가가 될 뿐만 아니라 핵무기 보유를 원하는 다른 국가들에 나쁜 선례가 될 수 있다. 뿐만 아니라 일본이나 대만 등 동북아지역 국가들에 핵개발 구실을 제공함으로써 국제 비확산체제를 부정하는 결과를 낳을 수도 있다. 이 때문에 국제사회는 이미 핵무기를 보유했거나 핵프로그램을 가진 나라들이 핵을 폐기하도록 압력을 가해왔다.

북한의 핵포기는 쉽지 않으나 한반도 통일을 위해서 아무리 어려워도 반드시 해결해야 할 과제이다. '비핵화 통일한국'을 지향하지 않으면 국제사회와 주변국들이 남북한 통일에 동의하지 않을 가능성이 높다. 설사 비핵화되지 않은 상태에서 통일이 된다고 하더라도 통일한국의 핵무기 보유는 NPT 위반이 된다. 그런데도 핵무기 보유를 고집한다면 유엔 안보리에 회부되어 국제사회의 제재를 받게 된다. 결국 한반도 비핵화는 평화통일을 위한 필요하고도 충분한 조건이 될 수밖에 없는 것이다.

민족자결권에 입각한 통일한국을 이루려면

통일을 달성하는 데서 중요한 점은 남북한이 비록 '두 개의 국가'로 유엔 회원국이 되었지만, 남북 어느 쪽도 항구적인 분단상태를 원하지 않고 있다는 사실이다. 그런 점에서 남북은 '7·4남북공동성명'에서 '10·4정상선언'에 이르기까지 각종 남북합의서들을 존중하는 자세를 분명히 해야 한다. 만약 남북한이 스스로 남북합의를 존중하고 이행하려는 의지를 보이지 않는다면 국제사회가 남북관계를 '잠정적 특수관계'로 인정해 줄 이유가 전혀 없을 것이다.

유엔총회는 2000년 10월31일 남북한이 공동으로 제기한 남북정상회담과 '6·15공동선언'을 지지하는 결의안을 채택했고, 제2차 남북정상회담 직후인 2007년 10월31일에도 남북 대화와 평화통일을 지지하는 총회결의안을 만장일치로 채택하였다. 이는 국제사회가 남북한의 평화와 안정을 넘어 통일을 지지했다는 점에서 중요하다. 남북한의 평화통일에 대한 유엔총회 지지결의안은 국제사회가 남북관계를 특수관계로 볼 수 있게 하는 중요한 조치이기 때문이다.

하지만 이와 같은 유엔총회 지지결의안은 국제정치적 의의에도 불구하고 국제법적인 효력을 갖는 것은 아니다. 그렇기 때문에 남북관계를 규율하는 기본규범인 남북합의나 국내법적인 동의절차, 국제사회의 지지뿐만 아니라 국제법적인 근거를 확보하기 위한 외교적 노력도 계속해야 한다. 가능하다면 남북합의가 통일 이전 단계에서 남북 양측을 규율할 뿐만 아니라 국제사회에서도 통용될 수 있도록 해야 한다.

남북합의가 국내법적으로 뿐만 아니라 국제법적인 효력도 갖기 위해서는 그동안 채택된 남북 정상 간의 공동선언이나 남북합의서를 토대로 새롭게 남북관계 규범을 담은 '남북기본협정(가칭)'을 채택하여 우선 국회와 최고인민회의에서 각기 국내법적인 동의절차를 완료한 뒤에, 이를 유엔 사무국에 기탁하는 절차를 밟도록 해야 한다. 이러한 절차를 밟음으로써 통일의 국제법적 근거를 확보할 수 있는 조치가 한층 강화된다.

이와 같이 남북관계 기본규범을 담은 합의서가 국제적으로 인정받음으로써 통일 이전 단계에서 국제법적으로 독립된 국가 간의 관계라는 성격이 남북의 평화통일에 장애가 되지 않을 수 있다. 뿐만 아니라 남북한의 자결권을 인정하는 국제정치적인 관행을 축적하고 국제법적 근거를 확보해 나가는 노력이야말로 평화통일을 만들어 나가는 출발점이 될 수 있다.

이밖에도 한반도 통일과정 혹은 평화체제 구축과정에서 주변국들의 이해를 충족시키는 외교적 조치가 필요하다. 남북한이 일제의 식민지배에서 벗어나기 위해 미·소 강대국들의 도움을 받았지만, 현 국제질서를 형성하게 된 배경인 제2차 세계대전의 전범국가가 아니기 때문에 한반도 통일은 우리 민족 스스로의 결정으로 이룰 수 있음은 앞에서 이미 살펴보았다.

이처럼 국제법적으로는 한반도 통일이 남북한 당사자들이 합의하면 이루어질 수 있다고 하더라도 현실의 국제관계를 볼 때 주변 강대국들의 동의 내지 묵인 없이는 평화롭게 이루어지기 쉽지 않다. 한반도 통일이 동아시아지역의 기존 국제질서를 변경하는 일대사변이기 때문이다. 특히 여전히 동아시아에서 강력한 영향력을 가지고 있는 미국은 물론, 지정학적으로 한반도 정세에 민감할 수밖에 없는 중국의 태도가 한반도 통일에 미치는 영향력이 클 수밖에 없기 때문에 이들의 이해관계에 주목하지 않을 수 없다.

평화통일로 가는 길은 남북 간의 합의뿐만 아니라 미·중 등 강대국의 이해도 맞춰야하기 때문에 순탄하지 만은 않을 것이다. 그럼에도 분명한 것은 우리의 국익을 바탕으로 민족자결권을 견지한 가운데 한·미동맹의 골격을 유지하면서 중국의 핵심이익을 훼손하지 않는 방식이 되어야 할 것이다. 구체적인 방법을 모색해 보자.

첫째, 통일로 인한 동아시아지역 세력균형의 갑작스런 파괴를 막기 위해 통일한국은 한반도 비핵화 약속을 준수한다. 또한 현재 한국군 60만 명, 북한군 117만 명 수준인 통일한국군의 감축을 실시한다. 과거 서독은 통일의 조건으로 독일지역에 배치됐던 핵무기를 모두 철수하고, 동독지역에 미군을 주둔하지 않으며 핵무기를 배치하지 않도록 했다. 또한 통일독일군의 규모도 서독 50만 명, 동독 22만 명이던 정규군 수를 37만 명으로 축소·유지하기로 소련과 약속한 바 있다.

둘째, 기존에 북한과 중국이 체결한 조약이나 협정을 승계하는 문제이다. 북한이 맺은 각종 국제조약이나 의무는 원칙적으로 승계하되, 한국이 맺은 국제조약이나 협정 등과 상충될 때는 재협상을 통해 개정하도록 한다. 국내에서 청·일 간에 맺은 간도조약 원인무효를 주장하는 의견이 있는 만큼, 필요할 경우 통일한국은 북·중 변계조약을 계승하거나 새롭게 중국과 국경선 획정조약을 체결하여 분쟁의 소지를 제거한다. 1985년 북한과 러시아가 체결한 북·러 국경조약도 마찬가지이다. 이것은 통일독일이 폴란드와 독일·폴란드 국경조약을 체결하여 주변국과의 분쟁요인을 제거한 것과 비교될 수 있다. 그밖에 북·중 간에 체결한 무산철광, 나진항 등에 대한 개발권 및 이용권에 대한 중국의 승계 요구에 대비할 필요가 있다.

셋째, 통일한국은 북한이 중국과 맺은 '북·중 우호협력 및 원조 조약'은 파기하고 '한·미 상호방위조약'은 유지한다. 이것은 동서독 통일과정에서 동독이 서독에 편입됨에 따라 동독이 바르샤바조약기구(WTO)에서 탈퇴하고, 통일독일이 대서양조약기구(NATO)에 잔류한 것과 비교할 수 있을 것이다. 하지만 동서독 통일 당시 몰락하던 소련과 달리 현재 중국은 급부상하고 있기 때문에 한·미 동맹의 재정의를 통한 성격변화가 불가피할 가능성이 높다. 변화된 통일한국의 주변 안보환경을 고려해 주한미군의 주둔 및 핵무기의 배치 제한 등을 담도록 '한·미 상호방위조약' 개정이 필요하다.

통일한국과 유엔의 관계는 어떻게 재설정해야 하나

남북한은 1991년 9월 18일 유엔에 동시 가입하여 유엔 회원국이 됨으로써 국제사회에서 모두 주권국가로서 인정받고 있다. 현재 유엔은 193개 회원국을 가진 세계 최대의 국제기구이다. 따라서 한반도 통일의 국제적 승인은 유엔을 통해 완성된다고 볼 수 있다. 현재 국제법상으로 남북한은 모두 주권국가로 인정받고 있다. 그렇기 때문에 남북한이 비록 국내법상 서로를 국가적 실체로 인정하지 않는다고 해도 남북한이 통일국가가 되기 위해서는 유엔헌장에 따라 두 개의 주권국가가 하나의 주권국가로 통합되는 국제법적 절차를 밟아야 한다.

〈표1〉 분단국가의 재통일시 유엔 가입 비교

	분단시기	통일 후
베트남	남북 베트남 모두 유엔 미가입	통일베트남 유엔 신규가입(1977.7.)
예 멘	북예멘 유엔 가입(1947.9.) 남예멘 독립 후 유엔 가입(1967.12.)	예멘 단일국호 유엔 재가입(1990.5.)
독 일	동서독 독일 유엔 동시가입(1973.9.)	서독이 통일독일의 유엔회원국 자격 승계
한반도	남북한 유엔 동시가입(1991.9.)	시나리오 I : 통일한국이 단일국호로 유엔 재가입 시나리오 II : 남한이 통일한국의 유엔 회원국 자격 승계

자료_조성렬(2012)

분단국가가 재통일된 사례로는 베트남, 예멘, 독일이 있다. 이들 국가들은 소정의 절차를 거쳐 모두 유엔 회원국이 되었다. 언젠가 남북이 통일될 때에도 다른 나라들의 통일 사례와 비슷한 경로를 취할 것으로 예상된다. 국제법적으로 볼 때 남북한이 유엔에 가입한 별개의 주권국가이기 때문에 전쟁과 같은 극단적인 방법이 아니고서는 남한 정부가 북한지역을 일방적으로 접수하여 통일하는 것은 불가능하다. 일반적으로 생각할 때, 국제법적으로 가능한 남북한 평화통일의 방법은 다음 두 가지이다.

첫째는 남북 정부가 합의로 먼저 통일 정부를 구성한 뒤 점진적으로 사회적·경제적으로 통합해가는 합의통일 방식이다. 남북 정부가 통일협상을 추진하여 통일헌법 초안을 만든 뒤, 남북주민들이 모두 참여하는 총선거를 실시하여

이 헌법을 승인함으로써 통일을 제도적으로 완성한다. 남북한 모두 유엔 회원국이므로 기존의 두 국가를 해체한 뒤 하나의 주권을 가진 통일국가로 재구성한다. 이 경우 통일한국은 새롭게 단일국호로 유엔 재가입 절차를 밟아 예멘의 경우처럼 유엔총회에서 통합을 추인 받는 절차를 취한다.

둘째는 북한 정권 내부의 합의 또는 권력투쟁 결과로 과도 정부가 수립되고, 이 과도 정부의 관리 아래 북한주민들이 민주적인 총선거를 실시하여 남한과 통일을 표방하는 개혁정당을 지지하는 경우이다. 개혁정당을 주축으로 한 북한 개혁 정부가 남한 정부와 통일협상을 추진한다. 인구 규모나 국력, 국가 운영능력, 주민 지지도 등을 고려할 때 남한 정부가 남한 헌법하에서 북한지역을 관리하게 될 가능성이 높지만, 경우에 따라 남북주민 선거를 통해 통일헌법을 제정하는 방식이 될 수도 있다. 따라서 남한 정부가 통일한국의 유엔 회원국 자격을 승계하거나 경우에 따라서는 새로운 단일국호로 유엔에 재가입할 수 있다.

이와 같이 유엔헌장 규정에 따라 한국의 유엔 회원국 자격을 계승하거나 새로운 단일국호로 재가입 한다면 통일한국의 국제적인 승인절차는 완료된다. 이로써 통일한국은 민족 내부적으로 뿐만 아니라 국제적으로도 명실상부한 단일 주권국가가 되는 것이다. ●

참고문헌

박종효, "두만강 유역의 조.러 국경 성립과정과 북(北)소(蘇) 국경조약," 「한양대 러시아 · 유라시아 연구사업단 유라시아협의회 34차 세미나 발표문」, 한양대아태지역센터, 2010.

조성렬, 『한반도평화체제: 한반도 비핵화와 북한체제의 전망』, 도서출판 푸른나무, 2007.

조성렬, 『뉴한반도비전: 비핵 평화와 통일의 길』, 백산서당, 2012.

최경수, "국가승계에 의한 조약의 효력: 독일의 경험과 우리의 대책," 『한국사회개발연구』 제32권, 고려대아세아문제연구소, 1993.

張文木(주재우 옮김), 『중국 해권에 관한 논의』, 국방대학교 국가안전보장문제연구소, 2010.

Chris Giles, 'China poised to pass US as world's leading economic power this year', Financial Times, April 30, 2014.

Ian Bremmer, 『Every Nation for Itself : Winners and Losers in A G-Zero World』, Penguin Group, 2012.

Thomas L. Friedman, 'The Post-Post-Cold War', The New York Times, May 10, 2006.

UN SCR 702, "Admission of New Members to the United Nations", 1991.

UN A/RES/55/11, 'Peace, Security and Reunification on the Korean peninsula', 31 October 2000.

UN A/RES/62/5, 'Peace, Security and Reunification on the Korean peninsula', 31 October 2007.

http://www.fmprc.gov.cn/eng/ 'President Jiang Zemin's Letters of Congratulations on the DPRK-ROK Summit', in Ministry of Foreign Affairs of the People''s Republic of China, Beijing, China November 15, 2000.

통일경제 성공, 북한 대외경제에 달렸다

이종운

경제협력을 기반으로 한 통일환경 조성을 위해서는 북한의 과감한 개혁·개방 추진과 함께 남북경협 활성화, 국제사회의 대북경제지원이 필요하다. 그러나 지난 몇 년간 북한의 대외관계는 핵문제 미해결에 따른 국제사회와 긴장증대로 오히려 퇴보하는 모습을 보여 왔다. 장기화된 경제난으로 내부자원이 거의 고갈되고 경제의 효율성이 극도로 저하된 북한의 실태를 고려할 때 외부의 지원과 협력은 북한 경제의 재건을 위해 필수적이다.

북한 당국은 경제위기의 극복이 필요한 상태에서 무역 확대와 외자 유입, 국제사회의 원조에 관심을 보이면서도 국제적 고립을 탈피하기 위한 적극적인 정책 변화를 시도하지 않는 이중적 행태를 보여 왔다. 따라서 북한의 대외경제관계는 정치경제체제의 내부적인 문제들과 예측하기 힘든 북한 당국의 행위로 인해 매우 불안정한 상태로 평가된다. 남북관계 정상화와 통일기반 구축을 위해 대외경제 관계개선을 제약하는 요인들을 해소하기 위한 북한의 변화 노력이 필요하다.

北, 핵실험 이후 국제적 고립 심화

북한의 대외경제협력 확대를 제약하는 가장 큰 걸림돌은 북한 당국의 핵문제 해결 지연과 이에 대응한 국제사회의 제재조치라 할 수 있다. 북한은 현재 유엔 차원의 다자 제재조치와 남한, 미국, 일본의 양자 간 경제제재의 대상이다. 국제사회는 북한이 2006년 7월 장거리미사일을 시험발사하고 10월 1차 핵실험을 강행함에 따라 유엔 차원의 제재조치에 착수하였다.

유엔 안보리 대북제재결의는 2006년부터 2013년까지 거듭되는 북한의 핵실험과 장거리미사일 발사에 대응하여 다섯 차례 이루어졌다. 북한이 2013년 2월 12일에 실시한 3차 핵실험에 대응하여 국제사회는 3월7일 채택한 유엔 안보리 결의안 2094호를 통해 과거보다 강력한 금융제재를 비롯하여 선박과 항공기의 검문검색 등 필요한 조치를 취할 수 있도록 하였다.

다자 간 제재조치가 북한의 핵 · 미사일 개발과 관련된 의심물자 수송과 수출통제, 금융거래활동 차단에 초점을 두고 있다면, 남한과 관련국들의 독자적인 제재조치들은 북한의 무역과 투자유치를 제한하기 위한 인적 · 물적 교류 중단 등 광범위한 조치를 포함하고 있다.

경색된 북한의 대외관계는 무역 활성화를 제약할 뿐만 아니라 해외투자 유치에도 부정적인 영향을 미치고 있다. 북한은 2000년대 들어 유럽을 중심으로 서방국가들과 외교관계를 맺고 경제지원 확보와 해외자본 유치를 위해 부분적인 정책변화를 시도하였다. 일부 유럽국가의 기업들은 2000년대 전반기 남북관계 진전을 계기로 대북투자를 확대하는 움직임을 보였다. 또한 북한은 이집트, 싱가포르 등의 기업투자를 유치하는 성과를 보이기도 했는데 대표적인 사례로는 북한 이동통신사업에 진출한 이집트의 통신회사 오라스콤텔레콤이 있다.

그러나 핵문제의 돌출과 국제사회의 대북 경제제재 강화는 북한 진출에 관심을 가진 해외기업의 사업 추진을 전반적으로 제약하였다. 실례로 북한에서 사업을 진행하였던 전기, 발전설비분야의 스위스 다국적기업인 ABB사는 판매한 장비에 핵에너지로 전용될 수 있는 기술이 포함되었다는 의혹이 제기되자 2005년 북한과의 거래를 중단하였다. 이러한 사례로 볼 때 북한의 외국인 투자유치 확대와 다각화를 제약하는 핵심 장애요인은 핵문제 해결 지연이란 것을 알 수 있다.

더욱이 북한의 핵개발과 악화된 대외관계는 국제사회의 자금, 기술지원에 부정적인 영향을 미치고 있다. 유엔 통계에 따르면 2000년 이후 국제사회는 북한에 약 20억 달러 상당의 인도적 지원을 실행하였다. 국제사회의 원조는 북한의 대외관계에 따라 전반적인 실적의 변화를 보여 왔다.

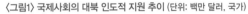

〈그림1〉 국제사회의 대북 인도적 지원 추이 (단위: 백만 달러, 국가)

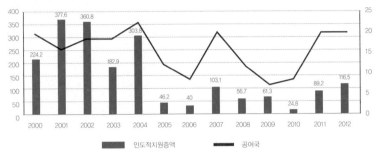

자료_UNOCHA, Financial Tracking Service(http://fts.unocha.org).

〈그림1〉에서 보듯이 북한이 남북관계 개선과 대외 이미지 개선을 도모하던 2000년대 초반에는 국제사회의 대북지원이 연간 3억 달러 수준으로 증가하였고, 36개국의 정부기구나 민간단체들이 인도적 지원에 참여한 것으로 파악된다. 그러나 2005년 북한이 핵보유를 공식적으로 선언한 이후 대북원조액은 크게 감소하였다. 특히 북한이 2차 핵실험을 단행하고 대남 강경조치에 따라 남북관계가 경색되면서 국제사회의 대북지원은 취약계층을 대상으로 한 최소한의 인도적 사업을 제외하고는 거의 중단되었다. 국제사회의 2010년 지원 금액은 2480만 달러로 대북원조가 시작된 이후 최저 실적을 기록하였다.

中의 역할 막중하지만 지나친 의존도는 문제

외자유치와 국제사회의 원조 획득에 제약을 받고 있는 북한에 중국은 최대 교역, 투자 국가로 역할하고 있으며, 중국에 대한 경제적 밀착은 북한의 대외경제 관계에서 최근 나타나고 있는 큰 특징이다. 대중 경제관계 확대는 북한의 국제적 고립을 터주는 역할을 하고 있지만, 중국의 경제적 영향력이 과도해지는 문제를 드러내고 있다.

북·중 경제관계의 확대와 북한의 대중 의존도 심화는 〈그림2〉에서 드러나듯이 양국 간 무역 증가규모와 속도에서 우선적으로 파악된다. 2003년 10억 달러 수준을 넘어섰던 북한의 대중 무역은 2012년 59억3054만 달러 규모로 성장하였다. 2013년 북·중 무역액은 65억4469만 달러를 기록하여 전년에 비해 10% 증가하였다. 북한의 대외무역에서 중국이 차지하는 비중은 2004년 48.5%로 절반에 못 미쳤으나 2005년 53%를 기록하고 2007년 67%, 2009년 79%, 2011년 89%로 빠르게 증가하였다. 2012년에는 북한의 전체 대외무역액이 68억1127만 달러로 추정되어 중국이 차지하는 비중은 88.3%를 기록하였다.

더욱이 북한의 외자유치는 중국에 대한 의존을 더욱 심화시키고 있다. 중국 기업들은 광물자원 개발을 중심으로 제조업, 유통업, 부동산 등 분야에 진출을 확대하고 있다. 특히 중국의 동북3성 개발계획 차원에서 논의되던 북한 접경지역 협력사업들이 구체화됨에 따라 중국 단둥과 신의주를 연결하는 교량 건설, 나선지역과의 운송로 개보수, 나진항 개발사업 등은 진척을 보이고 있다.

대외무역과 투자유치에서 중국이 거의 대부분을 차지하는 현실은 북한의 대중 경제관계가 비정상적인 예속형태로 진행되고 있음을 방증하고 있다. 최근의 북·중 경제협력 확대는 대외관계를 개선하지 못하는 북한의 정치경제적 특수성과 더불어 경제가 고도성장함에 따라 교역과 투자, 원조를 통해 주변국들의 자원, 인프라, 노동력을 활용하려는 중국의 필요가 원인으로 작용하고 있다.

북한 경제의 대중국 의존이 심화되는 부정적인 측면은 있지만, 체제유지가 우선인 북한 정권으로서는 내부의 경제난과 국제사회의 경제제재에 대응하여 중국과의 협력을 강화하는 전략을 추진하는 것으로 보인다. 그러나 중국에 의존하는 경제정책은 북한의 현상 유지에는 도움이 될 수 있겠지만, 만성적인 경제난을 겪고 있는 북한 경제상황을 호전시킬 수 있는 방안이 될 수는 없을 것이다.

<그림2> 북한의 대중국 교역 추이(2000-2013)(단위: 백만 달러)

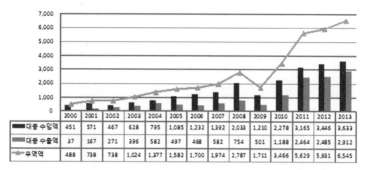

	2000	2001	2002	2003	2004	2005	2006	2007	2008	2009	2010	2011	2012	2013
대중 수입액	451	571	467	628	795	1,085	1,232	1,392	2,033	1,210	2,278	3,165	3,446	3,633
대중 수출액	37	167	271	396	582	497	468	582	754	501	1,188	2,464	2,485	2,912
무역액	488	738	738	1,024	1,377	1,582	1,700	1,974	2,787	1,711	3,466	5,629	5,931	6,545

자료_한국무역협회 통계자료 분석

* 2009년 8~11월의 북한 자료는 중국세관 통계에서 누락됨. 감소한 것으로 보이는 2009년 무역규모는 실제로는 유지 또는 증가하였을 것으로 추정됨.

따라서 중국에 의존한 북한 무역구조, 투자유치, 외화획득과 이를 통한 경제운영 방식은 시급한 개선이 필요하다. 남한 입장에서도 북한의 대중 경제밀착현상을 방치할 경우 중장기적으로 남북 경협사업의 활성화를 제약할 가능성이 높다.

또한 북한의 지하자원, 기간산업의 개발권이 중국 기업에 과도하게 넘어갈 경우 무분별한 개발이 우려될 뿐만 아니라 향후 남북 경제공동체 구축 과정에서 자원주권을 실현하기 어려워지는 문제가 발생할 수도 있다. 이는 북한의 산업회복과 함께 통일기반 구축과정에서 남북 경제의 상호보완성 확대, 한반도 차원의 산업 구조조정과 같은 남북이 공동으로 협력하여 추진하는 사업들에 걸림돌로 작용할 것이다. 따라서 북한은 새로운 경제정책과 대외관계 재정립을 통해 중국에 대한 경제적 의존을 시정하면서 남한과의 경제협력 강화를 통해 북한 경제의 성장기반을 확충해야 할 것이다.

北이 한·미·중·러·일과 풀어야 할 과제는

남북경협 활성화와 통일경제 기반을 구축하기 위해서는 무역제도 정비와 외국인투자 환경 개선과 같이 북한 경제개혁 차원에서 내부적으로 해결해야 할 요건이 있는 반면, 대외경제협력의 측면에서 남한과 주변국을 포함한 국제사회와 해결해야 하는 과제들이 있다.

북한의 대외경제 활성화를 위해 반드시 해결해야 할 과제는 미국과 일본과의 관계개선이다. 특히 미국과의 관계는 북한의 대외개방과 전반적인 대외경제관계 개선에 결정적인 역할을 한다고 볼 수 있다. 미국의 대북 경제제재 완화는 북한 핵개발의 투명성 확보문제, 미사일 및 대량살상무기 문제, 인권문제 등의 해결과 복잡하게 연계되어 있다.

미국의 대북 경제제재 완화는 북한 경제의 변화와 남북통일 환경을 구축한다는 측면에서 긍정적인 영향을 미칠 것이다. 미국이 북한에 대해 실시하고 있는 포괄적인 경제제재 내용은 상업·금융거래를 포함한 양자 간 경제행위 제한, 북한에 대한 개발원조 금지, 국제금융기관의 대북지원에 대한 거부권 행사, 바세나르협정과 같은 다자 간 수출통제 체제 적용 등이다.

미국은 2007년 6자회담을 통한 북한 내 핵시설의 폐쇄·봉인 및 국제원자력기구(IAEA) 요원의 복귀를 포함한 2·13합의로 2008년 6월과 10월 대북한 적성국교역법 적용 해제와 테러지원국 명단 삭제를 단행함으로써 경제제재 완화조치를 취하였다. 그러나 미국의 대북교역과 투자부문에 대한 제재조치는 다양한 관련법에 의해 광범위하게 남아있다.

미국 행정부는 수출관리법과 대외원조법 등 관련 법규 적용으로 대북 경제제재조치를 강력하게 실행할 수 있다. 또한 '북한 핵확산 금지법안'과 같이 북한과 거래하는 기업과 개인을 제재하는 추가적인 법안을 마련하고 있다. 포괄적이고 엄격한 미국 정부의 경제제재조치가 유효한 상태에서 미국기업의 대북교역과 투자는 실질적으로 이루어지기 어렵다.

북·미관계 개선은 교역 및 경제지원과 관련된 미국의 대북 규제조치 완화를 동반하게 되고, 이는 광산물과 의류봉제 등과 같은 일부 북한산 제품의 북미시장 진출을 가능하게 하는 효과가 있을 것이다. 미국과의 관계개선이 북한의 대외경제관계 확대에서 중요한 것은 양국 간의 경제교류 촉진뿐만 아니라 미국의 엄격한 경제제재조치로 인해서 북한과의 거래를 주저하던 다른 국가의 기업과 다국적 기업들의 대북진출에 긍정적 영향을 미치기 때문이다. 북한산 제품은 정상교역관계를 부여받지 못함으로써 미국으로의 수출이 제한되고 있으며, 광범위한 금융제재는 외국 기업과 금융기관들의 사업추진을 제약하고 있다. 따라서 핵문제 타결과정에서 미국의 경제제재가 일부 완화되면 개성공단 등 북한지역에서 생산된 남한이나 외국 기업 제품이 미국시장으로 수출될 기회가 확대되고 생산비용 증가로 어려움을 겪고 있는 국내외 기업의 대북진출이 증가할 것이다.

북핵문제의 진전과 일본인 납북자 문제의 해결을 통해 북한은 일본과의 관계정상화와 경제지원을 확보할 필요가 있다. 2000년대 들어 침체된 북·일 간의 경제교류는 납북자 문제가 북·일 협상을 통해 해소되고 일본 정부의 대북제재 완화조치가 취해지면 단기간에 과거 수준으로 회복할 가능성이 있다. 2000년대 초반 북·일관계 개선 움직임은 국교정상화에 따른 일본의 수교자금 집행과 민간기업의 대북투자 확대로 이어질 것이라는 기대를 낳았다. 일본의 대북 수교자금은 규모가 크고 무상원조와 장기저리 차관 위주의 공적개발원조(ODA) 형태로 집행될 것으로 전망되면서 국제사회의 대북경제지원에서 주목받았다. 그러나 북한이 일본의 원조를 제공받기 위해서는 관계정상화가 선행되어야 한다.

중국은 현실적으로 북한에 대한 최대 지원국이며, 향후 북한의 변화를 유도하는 데 큰 영향력을 행사할 수 있는 국가이다. 하지만 현재 중국은 북한과의 정치적 특수성에 기초하여 비공식적 경제지원을 유지하고 독자적인 대북정책을 추진함으로써 국제사회의 경제제재 효과를 떨어뜨리는 요인으로 작용하고 있다. 후견국가로서 중국은 국제사회와 단절된 독자적인 대북지원 형태에서 벗어나, 정상국가로 발전하는 북한의 변화를 유도하기 위해 관심과 노력이 필요하다.

그러나 중국의 대북정책은 북한의 현상 유지에 치중하는 경향이 있다. 최근 주목받고 있는 중국의 대북경제지원은 자원과 노동력 등을 확보하려는 중국 기업의 경제적 이익 추구와 한반도에 대한 영향력 유지를 위한 중국 정부의 전략이 배경으로 작용하고 있다. 따라서 중국의 대북정책은 북한의 개혁·개방을 유도하고 경제성장을 지원하는 방향으로 성격 전환이 요구된다.

북한 당국은 비정상적 의존 형태인 북·중 경협을 남한과의 경제협력을 통해 균형적으로 추진할 필요가 있다. 지금과 같이 북한의 대외관계가 악화되고 남북경협사업이 단절된 상황에서 진행되고 있는 중국의 지원은 부정적인 측면이 부각될 수밖에 없다.

다만 남북관계가 개선되는 상황에서 진행되는 중국의 대북협력은 북한 경제의 회복과 대외개방 확대 및 동북아 지역경제협력을 촉진하는 긍정적 역할을 기대할 수 있다. 북한의 열악한 산업기반과 투자환경을 고려할 때 중국의 투자로 북·중 접경지역의 운송로와 항만설비가 개선되면 나선, 청진, 신의주를 중심으로 한 북한 북부지역은 중국 동북지역과 연계되면서 교통·물류 인프라가 개선될 가능성이 높다.

북한의 대외경제협력을 촉진하기 위한 동북아지역의 물류연결사업과 에너지협력에는 러시아의 참여도 요구된다. 불안정한 정치경제 사정에 의해 러시아의 대북 영향력과 경제교류 수준은 과거에 비해 현저히 낮아졌지만, 남북한과 러시아가 공동으로 참여하는 국제 컨소시엄 형태의 경협사업을 중심으로 러시아의 대북 경제지원이 추진될 수 있다. 낙후된 극동·시베리아지역 개발을 위해 북한의 지정학적 역할이 중요하므로 블라디미르 푸틴 정부는 북한 철도의 현대화와 시베리아횡단철도(TSR)와 한반도종단철도(TKR) 연계사업을 위해 주변국들과의 경제협력을 강조하고 있다.

따라서 북한과 러시아, 남한 사이에서 추진하던 사업들을 본격적으로 재개할 필요가 있다. 러시아가 비용을 부담하고 추진한 나진과 러시아 하산을 연결하는 철도 현대화 사업에 남한 기업이 참여하여 나진항 컨테이너 터미널 개발을 성공적으로 추진할 필요가 있다. 나진항 개보수와 나진-하산 철도연결 프로젝트가 완료되면 나진항의 활용도는 더욱 높아지고 남한의 화물이 북한을 경유하여 유럽으로 수송될 수 있는 기반이 조성될 것이다. 또한 북핵문제가 타결되고 남북 간의 경협이 활성화되면 러시아와 철도연결, 천연가스 연계사업을 본격적으로 추진하여 남북 경제협력의 시너지효과를 증대할 필요가 있다.

무엇보다도 남북관계 진전이 우선이다

남북경협 활성화는 정치·안보적 신뢰기반 조성에 기여할 것이며, 남북관계 개선과 한반도 평화체제 형성은 북한의 대외경제협력 활성화와 병행하여 발전할 것이다. 남북경협 확대를 통한 통일기반 구축은 북한의 협조 없이 남한 단독으로 추진할 수 없기 때문에 남북이 공동의 이해관계와 상호이익을 도출하기 위한 노력이 중요하다. 따라서 북핵문제 해결을 위한 협상과정에서 남북은 기존에 합의하고 추진하였던 개성공단, 금강산관광사업과 같은 경협프로젝트의 성공을 위해 노력을 기울이면서 남북경협의 안정성을 향상시키기 위한 제도적 개선에 주력할 필요가 있다.

개성공단 개발은 경제성과 대외적 상징성 측면에서 북한과 남한이 모두 관심을 가지고 있기에 개성공단사업 확대는 남북경협 활성화뿐만 아니라 북한 대외개방을 확대하는 효과도 있다. 남북은 1단계 사업에서 계획하였던 입주기업의 추가적 진출을 지원하고, 인근지역으로의 산업단지 확대를 위한 기반시설 확충을 추진할 필요가 있다. 남한은 개성공단의 노동력 확보를 위해 외지인력 숙소 건설을 지원하고, 북한은 통행, 통신, 통관의 3통 문제를 개선하며 인력관리에 대한 남한 기업의 자율성 제공을 포함한 사업여건 향상에 노력해야 한다.

개성공단신규투자, 금강산관광사업 재개, 남한 기업의 북한 내륙지역 투자를 포함한 남북경협의 확대는 남북 모두의 정치적 측면과 한반도를 둘러싼 대외여건과 연관되므로 북한의 비핵화 추진 이전에 실행이 쉬운 일은 아니다. 따라서 남북경협 안정성을 향상시키기 위한 제도적 장치 강화와 함께 교역 및 남북 투자의 확대를 위한 남북 상호 간의 확고한 의지와 실천이 동반되어야 한다.

북핵문제의 평화적 타결 이후에는 남한의 자본과 기술이 북한에 본격적으로 제공될 수 있는 경협사업들도 진행될 수 있을 것이며, 북한의 경제회복을 촉진할 수 있는 도로·철도 개보수, 통신서비스, 발전설비분야의 남북협력이 진행될 수 있을 것이다.

북한이 남북 경제협력에 적극성을 보이고 경제 체제전환을 추구하면 남한과 국제사회는 개발자금 지원뿐만 아니라 대외경제 전반의 효율성을 향상시키기 위한 무역·금융체계 개선, 산업 구조조정을 위한 지원을 추진할 것이다. 무역, 자본, 외화관리 등과 관련된 제도변화를 추진하는 것은 북한이 시장경제체제로의 이행을 진행함을 의미하며, 이는 북한의 대외개방을 더욱 촉진하는 역할을 할 것이다.

북한의 대외경제협력 확대는 남한 경제와의 보완관계 증대뿐만 아니라 북한을 세계경제에 편입, 발전시키는 것을 의미한다. 북한의 대외개방은 수출확대, 해외투자 유치를 통해 북한의 경제회복에 기여할 것이며, 침체된 제조업은 노동집약적인 수출산업 육성을 통해 성장기반을 마련할 수 있을 것이다.

따라서 위탁가공교역을 위주로 한 기존의 의류·봉제, 전기·전자제품 조립 등 남북 경협사업을 심화하고 직접투자와 합작기업을 육성하여 북한의 수출산업을 육성할 필요가 있다. 남북한은 중국, 동남아 등에서 생산원가 상승으로 어려움을 겪고 있는 남한과 외국 기업의 대북진출을 유도하기 위해 개성공단과 북한내륙의 경제특구에서 수출산업 육성을 공동으로 추진할 수 있다.

북한의 대외경제부문 확대와 장기적으로 남북 경제통합의 지역거점을 북한에 마련하기 위해 남한은 경제특구 개발을 적극적으로 지원할 필요가 있다. 노후화된 북한의 산업 인프라와 열악한 재정능력을 고려할 때, 북한 당국이 발표한 지방급 경제개발구에 대한 건설계획은 효율성도 낮고 자금조달도 쉽지 않을 것이다.

〈그림3〉대외경제협력 활성화를 위한 과제와 추진전략

남한(남북경협)

남북관계의 지속적 발전과
안정적인 남북 경제협력체제 구축

- 남북 경제교류의 공식화 및 제도적 정착
  - 4대 부속합의서의 시행세칙 마련 및 실천
  - 경제공동위원회 및 남북연락사무소 설치
  - 교역과 투자에 대한 국제적인 수준의 보장
- 개성공단과 남북 경협사업의 성과 도출
  - 개성공단의 안정적 관리 및 금강산관광 재개
  - 교역 및 임가공 사업의 활성화
- 남북경협을 위한 인프라 지원 확대
  - 남북 철도 연결 및 도로 현대화 지원
  - 남북경협과 관련된 에너지, 통신 협력
  - 무역, 투자 활성화를 위한 남북협력
  - 북한 공공업의 수출확대를 위한 지원
  - 광물자원 공동개발 추진
  - 북한 기업인, 관료들의 교육사업 추진
  - 산업단지 개발에 남한기업 참여
- 민간단체의 대북 개발지원 추진

북한 경제의 구조적 문제 해결과 남북한
경제통합의 기반 조성을 위한 대북지원

- 북한의 대외경제협력 기반 확충
  - 북한 인력에 대한 직업훈련 지원
  - 남북 합작기업의 육성
  - 민간기업의 대북 투자 활성화 및 수출 확대
- 시장경제활동 촉진
  - 생필품 및 공산품의 남북한 교역 활성화
  - 개성공단의 북한 현지 원부자재 활용
  - 남한 물품의 북한지역 판매 확대
- 산업인프라에 대한 투자 활성화
  - 남포, 나선, 신의주 등의 경제특구 진출
  - 남북한 합작생산 확대
  - 기술 집약적 산업에 대한 투자 확대
  - 통신망 현대화 사업 및 인프라 연계 확충
- 북한 관련 국제프로젝트의 활성화
  - 남북한과 러시아, 중국의 철도, 에너지 연결
  - 국제 대북투자펀드 조성의 추진
- 북한의 국제금융기구 가입을 지원
  - 주요국과의 외교적 협력 지원
  - 북한 경제통계 정비 및 자금요청 준비 지원

시장경제개혁의 추진과 경제구조 변화
남북한 산업협력 촉진

국제사회

북핵문제 해결과
국제사회의 대북 경제지원

- 북·미 관계 개선
  - 핵문제 해결과정에서 무역·투자 제한 완화
  - 인도적 원조 및 에너지 지원 재개
  - 국제금융기구의 관계개선 허용
- 북·일 관계 개선
  - 수교 회담 재개
  - 대북 경제제재 완화
- 중국과 러시아의 대북 경제지원 확대
  - 개혁·개방에 대한 중국의 지속적 설득
  - 북한 철도 현대화에 대한 러시아의 참여
  - EU국가들의 경제교류 확대
- 국제금융기구와의 관계 개선
  - 교육·보건·환경 분야의 기술지원과 프로젝트
  - 전문가 대상의 각종 교육·훈련 추진
  - 농업재건사업 및 인프라 구축 지원
  - 북한 지원을 위한 다자간 신탁기금의 설립

북한의 대외경제관계 정상화 및
국제금융기구 가입

- 북·미 관계 정상화
  - 북핵 투명성 검증 이후 연락사무소 개설
  - 정상교역관계 및 일반특혜관세(GSP) 부여
  - 개발원조 시작
- 북·일 외교관계 정상화
  - 대사급 외교관계 수립
  - '수교자금'의 집행
  - 민간기업의 대북투자 확대
- 중국의 공식적이고 실효성 있는 원조 확대
  - 동북아 지역협력 차원에서 산업 인프라 투자
  - ODA 자금 집행
- 러시아의 대북 개발사업 확대
  - TSR-TKR 연결사업 추진
  - 남-북-러 천연가스 연계사업
- 유럽의 개발원조 프로젝트 확대
- 북한의 국제금융기구 가입
  - 본격적인 양허성 개발자금 및 기술지원 집행
  - 북한지역의 경제재건을 위한 국제사회의 원조
    조정과 관리

북한의 대외개방 확대
북한경제의 세계경제 편입 가속화

북한의 개혁·개방
남북 경제통합의 기반 조성

따라서 개성, 신의주, 나선의 국경지역 경제특구와 남포, 원산 등 항만을 배후로 한 수출가공구를 위주로 남북 산업협력을 진행할 필요가 있다. 경제특구는 입지적 조건이 유리하다고 해서 성공이 보장되는 것이 아니며, 외자기업 유치와 경제특구 운영의 효율성을 높이기 위한 적극적인 노력이 동반되어야만 한다.

북한의 경제특구는 동남아 국가 및 중국의 경제특구들과 경쟁해야 하는 상황이지만, 북한의 전반적인 투자환경은 이들 국가들에 비해 비교할 수 없을 정도로 열악하다. 북한에 진출 가능성 높은 외자 기업은 남한 기업이다. 따라서 남한의 대북투자에 대한 보다 명확한 우대조치가 마련되어야 할 것이며, 북한에 진출한 외국 기업의 경영권과 사업활동을 제도적으로 최대한 보장해야 한다.

북한의 중국, 러시아 접경지역 공동개발 움직임은 남한의 활용여부에 따라 남북경협을 촉진하고 동북아 경제협력을 활성화하는 역할을 할 수도 있다. 남한 정부는 북한지역에 대한 개발지원 전략의 일환으로 나선특구와 중국, 러시아 접경지역 개발에 대한 투자를 진행할 수 있을 것이다. 나선과 신의주 지역은 제조업과 함께 물류운송, 지하자원, 관광자원 개발을 병행할 수 있다는 장점이 있다.

北, 남북관계와 대외경제 개선 모두 노력해야

남한과 주변국, 국제기구들이 공동으로 참여하여 대북경제지원을 확대하는 방안으로 다자출연 방식의 신탁기금 설립을 추진할 필요가 있다. 신탁기금의 조성은 북한의 국제사회와의 관계개선과 맞물려 있다. 북핵문제 해결과정에서 국제사회는 인도적 측면과 함께 효율적인 개발 원조를 통해 북한의 완전한 비핵화를 유도하고 경제회복을 촉진시킬 필요가 있다. '북한개발신탁기금'은 대북경제지원을 위한 국제사회의 정책협의체로 역할하면서 효율적인 경제지원 추진과 북한의 국제사회 참여를 유도할 수 있다.

대북지원을 위한 국제공적자금의 조달과 북한의 정상화된 세계경제 참여를 위해서는 국제금융기구의 가입과 지원확보가 필수적이다. 북한이 국제통화기금(IMF)과 세계은행(World Bank)과 같은 국제금융기구에 가입하기 위해서는 각 기구에서 규정하고 있는 일정조건과 회원국 동의가 필요하다. 북한이 비핵화의지를 보이더라도 세계은행과 아시아개발은행(ADB)의 양허성 개발자금을 지원받기에는 상당한 기간이 걸릴 것으로 예상된다.

또한 현실적으로 북한 경제 복구에 소요되는 비용을 남한과 소수의 특정국가가 감당하기에는 부담이 크기 때문에 주변국들과 국제기구들이 참여하는 다자 공여 지원방안을 추진하여 대북지원에 대한 재정적 부담을 감소시킬 필요가 있다. 따라서 북한의 국제금융기구 가입 이전에 한국과 관련국들이 자금을 출연하여 대북지원을 위한 신탁기금을 조성하고 유엔개발그룹(UN Development Group) 또는 세계은행의 원조조정을 지원하는 방안을 모색할 수 있다. 신탁기금 조성은 대북지원에 참여하는 국가와 국제기구를 확대하는 데 기여할 수 있고, 북한은 공여국 정부, 국제금융기구, 국제민간단체들로 구성된 신탁기금 운영협의체와 관리기관을 통해 경제지원 사업들에 대한 협의와 평가를 진행하면서 대외경제 협력을 확대할 수 있다.

국제사회의 경제지원이 확대되는 과정에서 북한은 대외관계 정상화를 진행하여 국제금융기구에 가입하고 저소득 국가를 대상으로 한 무상지원 효과가 높은 양허성 자금지원을 확보하기 위해 노력해야 한다. 국제금융기구 가입조건을 충족하여 이들 국제기구에 가입한다면 북한은 농업재건, 산업시설복구, 인프라 확충에 소요되는 투자자금 일부를 국제금융기구로부터 양허적 조건으로 조달할 수 있을 것이다.

국제사회는 북한의 금융, 통화, 외환 및 대외부문에 대한 관리능력 향상을 위한 기술지원을 진행하여 북한의 대외경제관계 확대에 도움을 제공할 수 있다. 북한의 개혁·개방이 진전되고 공여국들의 참여의사가 증가할 때 국제사회의 대북개발지원 범위는 에너지, 운송, 산업 인프라 등으로 확대될 것이다.

따라서 북한은 6자회담 복귀와 비핵화 진전을 통해 남북관계 복원과 대외경제관계 개선을 위해 노력해야 할 것이다. 북한이 관련국과 대화를 재개하는 전향적인 태도 변화를 보일 경우, 핵협상이 진행되는 과정에서 남북관계가 복원되고 대북경제제재 해제가 추진될 것이다. 한반도 긴장 완화는 핵개발 문제가 도출됨으로써 현재까지 심각한 대립양상을 보이고 있는 주변국들과의 관계개선을 촉진하는 효과를 유발할 수 있다. 통일경제 기반을 구축하고 남북경협이 가진 공동발전의 잠재력을 구현하기 위해서는 대외경제협력을 위한 북한의 적극적인 노력과 북한의 경제회복과 대외관계 정상화를 위한 남한과 국제사회의 지원이 반드시 필요하다. ●

참고문헌

대외경제정책연구원 · 산업연구원, 『남북 경제공동체 추진 구상』, 통일부 연구보고서. 2011

이종운, 「북한경제 동향과 2013년 변화 전망」, 『수은북한경제』, 2012년 겨울호. 2012.

이종운, 「북중 경제관계의 구조적 특성과 함의」, 『KDI 북한경제리뷰』, 2014년 1월호, 2014.

이종운 · 홍이경, 『북 · 중 접경지역 경제교류 실태와 거래관행 분석』, 대외경제정책연구원. 2013.

조명철 · 홍익표 · 김지연 · 이종운, 『북한의 대외경제 제약요인 분석과 정책적 시사점』, 대외경제정책연구원. 2009.

홍익표 · 이종운 · 김지연 · 양문수 · 이찬우 · 임수호, 『북한의 대외경제 10년 평가(2001-10년)』, 대외경제정책연구원. 2011.

KOTRA, 「2012년도 북한의 대외무역동향」, 2013.

Lee, Jong-Woon and Hyoungsoo Zang. 2012. Multilateral Engagement in North Korea's Economic Rehabilitation and Possible Establishment of Trust Funds. Seoul: Korea Institute for International Economic Policy.

Rembrandt, Scott. 2008. "Peace in Our Time at What Cost? Possible Financial and Legal Implications of Denuclearizing North Korea," Joint U.S.-Korea Academic Studies, Vol. 18, pp.115 – 35. Washington, D.C.: Korea Economic Institute.

United Nations. 2011. Overview of Needs and Assistance: The Democratic People's Republic of Korea. New York: United Nations.

경제특구는 '통일대박'으로 가는 방향타

조봉현

통일은 선택이 아닌 필수이다. 통일은 가도 되고 안가도 되는 길이 아니다. 가야만 하는 길이고 지금 우리는 그 길을 가고 있다. 통일경제로 가는 중심에 기업이 있다. 통일과정에서 기업들은 잘 준비하면 세계적인 경쟁력을 키우면서 지속적으로 성장해 나갈 수 있다. 그러기 위해서는 개성공단과 금강산관광특구와 같은 통일경제특구를 조성할 필요가 있다.

우리 사회에서도 남북 접경지역을 중심으로 통일경제특구 논의가 활발하다. 남북 접경지역 일대를 '남북한 화해협력 및 통일기반 조성을 목적으로 한 특별구역'으로 조성하는 것이 골자다. 하지만 이들 특구구상은 남한 내에 북한 공단을 조성하는 것이기 때문에 남북관계의 큰 진전이 없는 상황에서는 추진이 어려운 한계를 갖고 있다. 그러므로 통일경제특구 조성은 북한이 구상하는 경제특구를 중심으로 시작하고, 점차 그 대상 지역과 방식을 남북을 비롯한 한반도 전체로 확대하는 것이 현실적이다.

김정은, 경제특구로 위기 탈출 돌파구를 찾다

북한은 경제특구 개발에 적극 나서고 있다. 북한에서 추진하는 경제특구는 중앙급 특구와 지방급 경제개발구가 있다. 김정은 체제에서 새롭게 들고 나온 것이

지역 맞춤형 소규모 경제개발구이다.

북한은 2010년 이후 나선 경제무역지대와 황금평·위화도를 새로운 경제특구로 지정해 중국과 공동개발하고 있다. 중국의 동북3성 지역과 북한 북부 접경지역의 교량, 도로, 철도, 항만 등 인프라를 개발, 연계하고 있다. 북한은 2010년 초 나선시의 특별시 격상, 나선 경제무역지대법 개정, 국가경제개발총국 설립, 합영투자위원회 설립, 중국과 나선·황금평공동개발 양해각서(MOU) 체결, 나선·황금평공동개발 착공식, 황금평·위화도경제지대법 제정 등을 시행하는 가운데, 북한의 원정리-나진항 도로를 개보수·확장하고 제2압록강대교 건설도 계획하고 있다.

〈표1〉 경제개발구와 경제특구 차이

	경제개발구	경제특구
위상	지방급	중앙급
규모	소규모	대규모
근거	경제개발구법	특수경제지대법
예시	압록강경제개발구	나선경제무역지대

나선특구는 6대 산업을 중점 발전시켜 선진 제조기지, 동북아지역 국제물류중심, 지역적인 관광중심으로 건설하는 구상이다. 주요사업으로 원자재공업(원유, 화학, 야금, 건재 등), 장비공업(조선, 배 수리, 자동차 등), 첨단기술산업(컴퓨터, 통신설비제조, 가정용 전기제품), 경공업(농수산물가공 및 일용소비품, 피복), 봉사업(창고보관 및 물류, 관광), 현대 고효율 농업(새품종, 새장비 시범 도입, 농업생산체계창조) 등이다. 황금평은 지식 밀집형 신흥경제구역으로 건설하려는 계획이다. 이를 위해 4대 산업단지(정보산업, 관광문화산업, 현대시설농업, 경공업)를 조성하는 것으로 되어 있다. 개성공단 개발에서의 경험과 자신감을 바탕으로 새로운 경제특구를 과감하게 추진하는 것으로 볼 수 있다.

하지만 북한의 3차 핵실험 이후 북·중 간 경제특구 개발은 주춤하고 있다. 그

나마 중국의 필요성에 의해 나선특구는 어느 정도 진척이 있지만 황금평특구는
거의 중단된 상태이다. 관리위원회 청사가 완공되었을 뿐 인프라 조성 및 산업
단지 개발은 진행되고 있지 못하다. 중국으로서는 사업성이 떨어지기 때문에 지
연시키는 전략을 구사하고 있는 것이다.

〈표2〉 황금평과 개성공단 비교

	황금평	개성공단	비 고
면적	황금평 11.4㎢	1단계 3.3㎢	황금평 약 3.5배
법 채택	2011.12.3	2002.11.20	
법 구성	7장 73조	5장 46조	황금평법 구체화
임대기간	50년	50년	
개발단계	황금평…위화도…신의주	1단계…2단계…3단계	
입주기업수	1차 500여 개	1단계 300여 개	
북한 근로자	1차 20만 명(예상)	12만 명(예상)	개성공단 5.4만 명
최저임금	80~100달러(예상)	70달러	개성공단: 1인당 평균 120달러 내외 지급
조직	중앙특수경제지대지도기관 및 평북인민위원회 산하 관리 위원회, 기업책임자회의	중앙공업지도기관하에 관리위원회, 기업책임자회의	개성공단은 내각, 황금평은 당
조세	이윤의 14%, 특별장려 10%	좌 동	

김정은 정권에서는 경제특구 건설이 다급해졌다. 단기간에 경제적 성과를 보
여줘야 하는 절박함 때문이다. 그래서 2013년 3월 노동당 중앙위원회 전원회의
에서 '경제 · 핵 병진 노선'을 채택하면서 경제를 중시하는 다양한 시도를 하고
있으며, 특히 새로운 경제개발구 및 경제특구 개발에 박차를 가하고 있다.

북한의 경제개발협회 책임자인 윤용석 조선경제개발협회 국장은 2013년
10월16일 평양 양각도 국제호텔에서 열린 '특수경제지대(경제특구) 개발 평양
국제심포지엄'에서 도별 외자 유치를 위한 경제개발구 추진계획을 밝혔다.
"2013년 3월 노동당 중앙전체회의에서 대외무역 다원화 · 다양화 실현, 관광 활
성화를 위한 관광구 설치, 도별 현지 실정에 맞는 경제개발구 설치를 결정했다"
면서 "각 도는 계획에 따라 개발구 설치 준비와 외자유치 작업을 추진하고 있

다"고 설명했다. 강정남 김일성종합대학교 박사는 토론에서 "곳곳에 14개의 경제개발구들이 생겨났다"고 구체적으로 언급하기도 하였다. 2013년 11월21일에는 상임위원회 정령을 통해 신의주경제특구 및 전국 각지에 13개 경제개발구의 구체적인 계획을 공식 발표하였다. 정령은 "평안북도 신의주시의 일부 지역에 특수경제지대를 내오기로 했다"며 "특수경제지대에는 조선민주주의인민공화국 주권이 행사된다"고 밝혔다. 북한은 이어 2014년 7월23일 "신의주특수경제지대를 신의주국제경제지대로 변경하고, 평양시, 황해남도, 남포시, 평안남도, 평안북도의 일부 지역들에 경제개발구들을 내오기로 결정했다"고 추가 발표했다.

〈그림1〉 북한의 특수경제지대와 경제개발구

① 혜산경제개발구
② 만포경제개발구
③ 위원공업개발구
④ 신의주특수경제지대
⑤ 압록강경제개발구
⑥ 황금평·위화도경제지대*
⑦ 와우도수출가공구
⑧ 송림수출가공구
⑨ 라선경제무역지대*
⑩ 온성섬관광개발구
⑪ 청진경제개발구
⑫ 어랑농업개발구
⑬ 북청농업개발구

* 이미 나온 특수경제지대
※신의주는 국제경제지대로 개칭

⑭ 흥남공업개발구
⑮ 현동공업개발구
⑯ 신평관광개발구
⑰ 개성고도과학기술개발구
⑱ 개성공업지구*
⑲ 금강산국제관광특구*
⑳ 강령국제녹색시범구
㉑ 진도수출가공구
㉒ 은정첨단기술개발구
㉓ 청남공업개발구
㉔ 숙천농업개발구
㉕ 청수관광개발구

함경북도
량강도
자강도
함경남도
평안북도
평안남도
황해남도
황해북도
강원도

북한이 공개한 경제개발구는 19개이다. 함경북도 3개로 가장 많고, 그 다음으로 함경남도, 황해북도, 평안북도, 평안남도, 자강도, 남포시가 각각 2개, 황해남도, 강원도, 양강도, 평양시가 각각 1개로 되어 있다. 주로 농업, 관광, 무역을 육성하고자 하며 투자규모가 그다지 크지 않은 지방 맞춤형 특구로 개발하려는 것이 특징적이다.

〈표3〉 북한이 추진하는 경제개발구

	개발규모	주요 산업	투자액 (억 달러)	비고
압록강경제개발구	6.6㎢	현대농업, 관광휴양, 무역	2.4	전기와 가스 등 에너지는 중국에서 연결
만포경제개발구	3㎢	현대농업, 관광휴양, 무역	1.2	
위원공업개발구	3만㎢	광물자원가공, 목재가공, 기계설비제작, 농토산물가공	1.5	화물부두와 위원-만포사이 철도 개설 계획
온성섬관광개발구	1.7㎢	골프장, 경마장 등 관광개발구	0.9	전력과 가스 등 에너지 기지는 새로 건설 계획이지만 우선 중국에서 공급
혜산경제개발구	2㎢	수출가공, 현대농업, 관광휴양, 무역,	1.0	– 호수지역에 국제봉사기지 조성 – 구릉지대에는 현대적 경공업 생산기지 건설 – 양강도 임업기계제작기지 및 목재가공기지 건설 계획
송림수출가공구	2㎢	수출가공업, 창고 · 화물운송 등 물류업	0.8	이동통신 가능토록 할 방침
와우도수출가공구	1.5㎢	수출 가공조립업, 보상무역, 주문가공	1.0	남포항을 중심으로 금융, 관광, 부동산, 식료가공업을 결합한 종합적인 경제개발구
신평관광개발구	8.1㎢	체육, 문화, 오락 등 현재 관광지구	1.4	100KVA 능력의 자체 발전소와 광섬유케이블공사 진행
현동공업개발구	2㎢	보세가공, 정보산업, 경공업, 관광기념품 생산, 광물자원	1.0	관광기념품 생산업 결합계획
흥남공업개발구	2㎢	보세가공, 화학제품, 건재, 기계설비제작	1.0	용성기계연합기업소, 2.8연합기업소, 흥남비료연합기업소 등과 연계
북청농업개발구	3㎢	과수업, 과일종합가공, 축산업	1.0	약초와 고사리, 송이버섯 등과 동해 수산물 이용한 가공업도 발전
청진경제개발구	5.4㎢	금속가공, 기계제작, 건재, 전자제품, 경공업, 수출가공업	2.0	– 남석리 지구에는 김책제철연합기업소 생산품을 이용한 2,3차 금속 가공제품 생산 기지 조성 – 기술 집약형 가공공업 비중 높여나갈 계획
어랑농업개발구	4㎢	농축산기지, 채종, 육종 등 농업과학연구개발단지	0.7	– 어랑비행장 현대화로 칠보산관광 활성화 예상 – 관광객들에게 농축산물과 과일 및 물고기 가공제품 판매 구상

자료_북한 경제개발위원회

북한은 13개 경제개발구 외에 2013년 11월11일 '개성고도과학기술개발구'를 착공했다. 개성고도과학기술개발구는 중국, 싱가포르, 홍콩 등의 외국 기업과 합작해 조성하는 공단이다. '조선중앙통신'은 2013년 10월17일 싱가포르의 '주룽회사'와 'OKP 부동산회사', 홍콩 'P&T 건축 및 공정유한공사' 등 동아시아와 중동 기업들로 구성된 국제컨소시엄이 '개성첨단기술개발구' 건설을 위하여 합작하는 방안에 대해 북한 유관기관들과 합의했으며 곧 이행에 착수한다고 밝혔다.

외국 투자기업들은 개성고도과학기술개발구에 거점을 두고 북한 내 철도와 도로 등 인프라 건설에 목적을 두고 있는 것으로 파악되고 있다. 이후 11월11일 개성고도과학기술개발구 착공식이 개성시에서 열렸다. 과학기술 중심의 경제 개발로 육성하고자 하며, 평화경제개발그룹을 설립한 것으로 알려지고 있다. 개성공단 인근 지역에 위치하고 있어 남쪽에 개성공단 추가개발을 압박하고 향후 개성공단과 연계하려는 의도로 보인다. 현재 개발은 큰 진전이 없는 것으로 파악되고 있다.

신의주경제특구는 2012년 북한이 홍콩 투자기업 다중화국제그룹과 계약을 체결하면서 10년 만에 신의주특별행정구역 개발을 다시 시작하는 것이다. 82km² 면적에 산업, 첨단기술, 금융, 무역, 관광 등 복합형 경제특구로 개발한다는 계획이다. 1000억 달러 투자를 계획할 만큼 거대한 구상을 하고 있다. 신압록강대교가 완공되면 신의주경제특구 개발은 본격화될 것으로 전망된다. 중국은 사업성이 떨어지는 황금평 개발보다는 북한 관문 선점과 경제성 차원에서 신의주특구 개발을 더 바라는 것으로 파악되고 있다.

북한은 원산경제특구 개발의 장밋빛 청사진을 그리고 있다. 개발 대상규모는 약 414.8km²에 이르며, 예상투자액은 총 78억 달러에 달한다. 원산지구와 금강산지구로 나누어 2단계로 개발할 계획이다. 1단계는 2013~2017년까지 원산, 원산비행장, 울림폭포, 마식령 스키장을 개발하고, 2단계로 2018~2025년까지 석왕사, 동정호, 시중호, 삼일포, 외금강, 내금강, 해금강을 개발하는 것으로 되어 있다.

〈표4〉원산경제특구 개발계획

대상지	육성대상산업	면적
원산지구(도시중심, 갈마반도)	해양 및 도시형 종합관광지	69km²
마식령 스키장	녹색형 체육관광 리조트	22km²
울림폭포	생태관광지	10km²
통천지구(읍, 동정호, 시중호)	호수 및 치료, 해안관광지	88.5km²
금강산지구(외금강, 내금강, 삼일포, 해금강구역)	산악형 경치관광지	225.3km²
총면적		414.8km²

자료_북한 경제개발위원회

우선 김정은 국방위원회 제1위원장이 가장 역점을 두고 추진한 사업이 마식령 스키장 건설이다. 마식령 스키장은 2013년 12월31일 개장했다. 하루 이용료는 입장료와 리프트, 스키장비 대여료를 합해 34달러이다. 엄청 비싼 편이라 북한주민들에겐 그림의 떡이다.

〈표5〉강령국제녹색시범기지 조성계획

	주요 계획
농업	은정차 재배: 500정보, 녹색시범농장: 논 100정보, 온실 농업: 1300㎡ 규모 온실 8동 등
수산업	1000정보의 연해지역에 해삼 및 전복 양식장 건설 : 10000t의 해삼, 4000t의 전복 생산
축산	1000t 규모의 돼지공장 3개, 500마리 이상의 고기용 소목장, 500마리의 젖소목장, 풀판 조성.
과수	2200정보의 우량품종 과수나무 재배
녹색식품가공	2000t/년의 건조 과일 생산, 1000t/년의 가공품 생산
에너지	50000kw
해수욕장	10km 구간에 5000명/일 능력의 해수욕장 건설
골프장	200정보의 구릉지대에 전반주로 9개(4km), 후반주로 9개(4km)로 된 골프장 건설
호텔 및 봉사시설	5000석 능력을 가진 호텔, 편의봉사시설, 상업망 건설
살림집건설	2만5천세대의 살림집 개건보수, 2만세대의 살림집 새로 건설하여 현지주민들과 노동력 생활조건 보장

자료_북한 경제개발위원회

북한은 강령국제녹색시범기지 개발도 구상하고 있다. 중국 개혁 · 개방시절 활동했던 중화권 투자그룹을 끌어들여 황해남도 강령군에 무공해산업, 관광 등 국제녹색시범기지를 조성한다는 계획이다.

시동은 걸었지만, 갈길 먼 北 경제특구

북한은 경제특구와 경제개발구를 추진하기 위해 2013년 5월 경제개발구법을 제정하였다. 경제개발구법은 7개의 장(62개조)과 부칙(2조)으로 구성되어 있다. 경제개발구법의 기본, 경제개발구의 창설, 개발, 관리, 경제활동, 장려 및 특혜, 분쟁해결 등에 대해 규정하고 있다. 경제개발구법은 투자자들이 재산과 소득, 신변, 지적소유권 등의 보호를 받으며 토지는 북한 현행법상 최장기간인 50년 동안 임차할 수 있다고 명시하였다.

투자가들이 기업경영에 필요한 물자 등을 반입할 때 관세를 면제하고 외화와 이윤, 재산도 자유롭게 외부로 송금할 수 있도록 하였다. 북한 기반시설에 투자하는 기업에 대해서는 토지 선택의 우선권을 주고 사용료도 면제하는 특혜를 부여하였다. 경제개발구마다 지역 관광자원을 개발하도록 하고 경제개발구 개발기업에 관광업과 호텔업 경영권을 취득할 때 우선권을 부여한 점도 주목된다. 나선경제무역지대법과 비교하여 신변안전 조항이 강화됐고, 개발당사자에 북한 기업소, 기관을 추가한 것이 특징적이다. 경제개발구 내 토지, 건물의 재임대를 허용한 것도 나선경제무역지대법에는 없던 사항이다. 경제개발구법은 나선경제무역지대와 황금평, 위화도경제지대, 개성공업지구와 금강산국제관광특구에는 적용되지 않는다.

북한은 경제특구를 개발하기 위해 "국가경제개발총국을 국가경제개발위원회로 하기로 결정했다"며 최고인민회의 상임위원회 정령을 발표하였다. 또한 경제특구 개발을 위한 민간단체인 조선경제개발협회가 출범해 활동을 시작한 사실도 2013년 10월16일 공개하였다. 국가경제개발위원회는 2013년 5월29일

제정한 '경제개발구법'에 따라 13개 특별 시·도와 220개 시·군·구에 경제개발구를 총괄 지도하는 새로운 경제지도기관으로 국가경제개발총국이 승격한 것이다.

자력갱생을 고집해왔던 북한이 외자유치를 통한 경제특구 개발에 매달리는 까닭은 무엇일까. 북한의 경제상황이 그만큼 절박하기 때문이다. 김정은 제1위원장은 악화되는 경제난을 더 이상 묵과하다가는 체제보장을 장담할 수 없을 것이라고 우려했을 것이다. 3차 핵실험 이후 국제사회의 대북제재가 강화되면서 북한의 외화창고는 거의 텅텅 비었다.

김정은 제1위원장은 2012년 4월15일 '태양절' 연설에서 "인민들이 더 이상 허리띠를 졸라매지 않도록 하겠다" 공언하고, 야심차게 6·28조치로 알려진 새로운 경제관리개선조치를 내놓았다. 농업·기업 부문의 시장경제요소 도입 등 내부시스템 개혁과 경제특구 확대를 통한 개방정책으로 요약된다. 하지만 전망은 암울하다. 북한의 이런 노력들이 기대만큼 현실화되기 쉽지 않다. 과거에도 경제개혁 조치와 외자유치 시도는 몇 차례 있어 왔다. '합영법(1984)'과 '외국인투자법(1992)' 제정을 비롯하여 '나선자유경제무역지대 설치(1991)'와 '신의주경제특구 지정(2002)' 등의 조치가 있었다. 2002년에도 새로운 경제관리조치를 취했지만 사회주의 경제운용 틀을 바꾸지 않아 모두 실패로 끝났다. 무엇보다 경제특구를 추진할 능력과 지식을 갖춘 사람이 없었다.

북핵문제 해결에 진전이 없고 북한에 대한 투자환경이 조성되지 않은 상황에서 추진 할 사람마저 없으니 북한의 야심찬 경제특구 개발전략은 성공하기 어려워 보인다. 북한이 개혁·개방의 길로 나서지 않고서는 거창하게 세운 경제특구 개발계획도 장밋빛에 불과할 수 있다. 북한으로서는 신기루 같은 미래상을 제시하는 것보다 빈사상태에 놓인 경제상황을 돌파할 현실적인 타개책을 내놓는 것이 더 현명하다.

외부세계로부터의 지원과 협조로 경제특구를 개발하기 위해서는 북한의 근본적인 정책변화가 있어야 한다. 지금 북한 경제는 사회주의계획경제 강화와 대외경제협력이라는 중대한 기로에 서 있다. 경제특구를 위한 외자유치에 필수적인 경제의 투명도와 자유도를 높여 나가야 한다. 미국의 '헤리티지재단'과 '월스트리트저널'이 자유도·투명성을 조사하여 발표한 '2010 경제자유지수 보고서'에서 북한은 179개 조사 대상국 중 꼴찌다. 10개 평가 분야 가운데 기업 활동, 무역, 투자 등 8개 분야에서 0점을 받았다. 이런 북한에 눈을 돌리려는 국가와 기업은 없을 것이다.

결국 북한이 해야 할 선택은 '우리식 사회주의'를 던져버리고 개혁·개방을 통해 근본체질을 바꾸는 것이다. 새 경제특구 전략을 체제의 틀에 가두지 말고 밖으로 끄집어내야 한다. 체제 밖 경제, 1국 2체제시스템(정치는 사회주의체제, 경제는 시장경제)을 도입해야 한다.

무엇보다 대외적으로 신뢰를 회복해 국제사회 일원이 돼야 한다. 그래야만 대북경제제재 조치가 완화될 것이고, 경제특구 개발을 위한 외자유치의 성과도 이룰 수 있다. 국제금융기구와 세계 각국 상업은행들이 요구하는 규범과 기준을 충족해야만 국제 금융거래가 가능한 은행 설립도 성공할 것이다.

개혁·개방의 길이 체제 안정에 더 도움이 된다. 중국과 베트남 사례를 벤치마킹하여 점진적인 개혁·개방 조치를 단행해야 할 것이다. 이를 통해 시장지향적 개방형 경제특구 전략을 추진해야 한다. 북한의 자원 및 재원 부족과 외자유치의 한계 등으로 경제특구 전체를 한꺼번에 그리고 단기간에 추진하기는 불가능하다. 주요 거점을 중심으로 한 특화된 경제특구부터 개발할 수밖에 없다. 외국 자본 유치는 필수다. 또한 기업경영 자율성과 시장경제원리가 작동되는 투자위주의 경제특구가 되어야 한다. 개방형 경제특구에 대한 법적·제도적 기반을 구축해 나가야 한다.

북한은 개성공단 사례처럼 경제특구 개발에 있어서 남쪽과의 협력이 절대적이라는 것을 명심해야 한다. 남북경협을 복원시켜 민족경제가 상생할 수 있는 길을 택해야 한다. 경협 활성화를 위해 5·24조치의 벽을 넘어야 한다. 우선 신뢰를 보여주기 위해서는 이미 합의한 개성공단의 발전적 정상화와 국제화가 실현되도록 전향적인 태도로 나서야 한다. 나진-하산 프로젝트와 유라시아 이니셔티브 이행, 한반도 신뢰프로세스가 좋은 예다. 드레스덴 평화통일구상은 북한 주민의 생활경제를 향상시키고 경제발전의 돌파구를 마련할 수 있는 마중물이란 걸 알아야 한다.

우리도 인내심을 갖고 북한 경제를 올바로 유도하며, 남북 경제의 새 성장동력을 창출하기 위해 통일경제특구 개발에 지속적으로 노력해야 할 것이다. 한반도의 평화적이고 안정적인 관리를 위해 경제분야에서 보다 전향적으로 접근할 필요가 있다. 북한의 경제특구 추진이 우리에게는 새로운 기회이기도 하다. 우리의 경제개발 과정에서 경제개발계획과 수출산업단지 등 발전경험을 바탕으로 북한의 경제특구 개발 및 경제성장을 유도하는 전략적 접근이 필요하다.

남북 신뢰를 구축하기 위해 북한의 경제개발구·경제특구와 새로운 남북경협을 연계하는 전략을 적극 추진해 나가야 할 것이다. 서해축, 동해축, 북방축으로 구분하여 경제특구 확장 전략을 모색해 나가야 한다. 개성공단을 북한의 개성고도과학기술개발구 및 강령국제녹색시범기지와 경기 북부·인천 지역을 연계하여 확장해 나가고, 제2개성공단을 북한의 경제특구 지역에 조성해야 한다. 북한의 원산경제특구-금강산-강원도 평창 등을 연계한 국제관광스포츠물류벨트를 구축하고, 이를 나선경제특구를 거쳐 유라시아로 뻗어나갈 수 있는 동북아 동반성장의 길을 열어나가야 한다. 신의주경제특구는 남·북·중이 협력하여 공동개발하고 중소기업의 유턴기지 및 새로운 북방진출의 거점으로 삼아야 한다. ●

참고문헌

통일교육원, 「북한 이해」, 2012.
'두 경제지대 공동개발 및 공동관리를 위한 조중공동위원회 계획분과위원회', 〈조중 라선 무역경제지대와 황금평 경제지대 공동개발 총계획 요강〉, 2011

통일의 근간 남북 통합산업단지

임을출

향후 남북관계가 개선되고 북한의 대외관계가 정상화될 경우, 북한은 장기적으로 우리 경제에 상당한 의미를 갖는 또 하나의 신흥시장으로 부상할 수 있는 잠재력을 가지고 있다.

우선 우리 기업 해외진출의 가장 큰 동기인 비용절감이라는 측면에서 북한은 유망 진출지역이 될 수 있다. 개성공단 사례를 비춰 봐도 북한 근로자의 임금은 중국, 동남아 등에 비해 경쟁력 있는 수준이다. 특히 우리 기업의 주요 투자지역인 중국의 경우 고도성장으로 임금이 가파르게 상승하고 있어 시간이 흐를수록 북한과의 격차가 확대될 것이다. 중국 등지의 임금비용이 상승함에 따라 노동집약적 산업분야의 우리 기업 중 상당수가 새로운 투자처를 필요로 하게 될 것이며 북한이 유력한 대안이 될 수 있다.

또한 북한에 진출할 경우 지리적 인접성, 공통의 언어 사용이라는 이점 덕분에 추가적인 비용절감이 가능하다. 개성공단을 비롯해 평양·남포 등 북한의 주요지역은 우리 수도권과의 거리가 매우 가깝기 때문에 육상운송이 자유로울 경우 중국 등에 비해 물류비가 크게 절감될 수 있다.

아울러 기업들은 임직원 해외파견 및 현지인과의 의사소통에 드는 추가비용도 획기적으로 줄일 수 있다. 개성공단이 입증하고 있듯이 북한 진출은 인력난을 지속적으로 겪고 있는 많은 중소기업들에 양질의 노동력 확보를 위한 유망한 방법이 될 수 있다. 그리고 북한 진출을 통해 제품 수명주기 연장, 기존 생산설비 수명연장 및 설비 수출증대가 가능하다. 과거 중국으로 진출한 우리 기업들은 성숙기, 쇠퇴기의 제품을 현지생산·판매하는 한편, 중고 설비이전, 한국산 설비 수입 등으로 이러한 효과를 거둔 바 있다. 나아가 자유무역협정(FTA) 이점에 힘입어 남북 교역이 활성화된다면, 장기적으로 북한은 우리 기업이 생산한 부품, 소재의 새로운 수출시장 및 최종 소비재의 수입처로서 중요한 의미를 가질 수 있다.

산업단지협력, 남과 북 모두에 '윈-윈'

그렇다면 남북 간 어떤 협력이 최선인가. 현 단계에서 북한 진출의 이점을 극대화하기 위해서는 개성공단과 유사한 경제특구 혹은 산업단지를 점진적으로 신설·확대할 필요가 있다. 북한으로서도 남한과의 긴밀한 산업협력은 북한 산업의 재건 및 육성노력을 성공시키기 위한 필수조건이라 할 수 있다.

따라서 남북 협력여건만 조성되면 북한 전역에 산업단지가 조성되어 여러 측면에서 남북한 모두에 윈윈이 되는 모델역할을 할 수 있을 것이다. 산업단지 협력모델의 실효성은 개성공단 조성 및 운영 경험을 통해서도 어느 정도 입증된 바 있다. 먼저 남북 공동의 산업단지 조성은 북한에게도 다음과 같은 이점을 제공한다.

첫째, 남북은 지리적 인접성과 언어적 공통성이라는 장점을 갖고 있어 산업협력을 추진하기가 용이하다. 일반적으로 지리적 인접성과 언어적 공통성은 국제경제 교류를 촉진하는 가장 중요한 조건들 중 하나로 인정되고 있다. 개혁·개방 이후 중국의 경제발전 과정에서도 지리적으로 가깝고 같은 언어를 사용하는 홍콩, 대만 기업들이 가장 큰 역할을 수행한 바 있다. 중국의 개혁에는 중국이 홍콩과 서로 이웃하고 있었다는 점, 타이완과 동남아시아를 중심으로 많은 화교가 있었다는 점이 다른 사회주의 개도국이 갖지 못한 유리한 환경이 되었다. 화교는 중국과 세계를 연결하는 무역의 파트너이자 자본의 제공자이며 시장경제를 가르쳐 주는 교사이기도 하였다.

둘째, 경제발전단계상 격차, 산업 간 상호보완성 등의 측면에서도 남한과 산업협력이 중요하다. 남한은 최근 10여 년간 중국과 새로운 분업구조를 형성해 나간 데서도 알 수 있듯이 개발도상국과 분업구조를 형성하기에 적합한 산업구조를 갖고 있다. 북한이 필요로 하는 설비, 부품, 소재 등의 공급이나 북한 산업재건에 필요한 플랜트 엔지니어링 등 측면에서 남한은 중국보다 훨씬 우수한 능력을 보유하고 있으며, 일본보다 훨씬 저렴한 비용으로 공급할 수 있다. 시장이라는 측면에서 보아도 중국은 노동집약적 경공업제품을 거의 수입하지 않는다는 점을 고려할 때 미래 어느 시점 북한산 상품을 수출할 경우 중국보다는 남한이 훨씬 유망한 시장이 될 수 있다.

셋째, 남한은 북한이 필요로 하는 자본과 기술의 가장 중요한 공급처가 될 수 있다. 특히 북한의 경제재건 초기단계에서는 순수하게 영리적 목적만을 추구하는 기업들의 투자 외에도 공공투자 성격의 개발지원이 중요한 역할을 해야 하는데 그러한 점에서 남한은 가장 중요한 지원자가 될 수밖에 없다. 남한은 사회간접자본 건설과 플랜트 엔지니어링 분야에서 많은 해외건설 경험과 기술을 축적해 왔기 때문에 북한의 산업재건을 추진하는 과정에서 기술적으로 큰 도움을 줄수 있다. 북한은 남한의 많은 기업들에 유력한 신흥시장이 될 수 있어 여건만 갖춰진다면 남한 기업의 대북투자가 크게 활성화될 가능성이 있다.

넷째, 남한은 북한이 추진해야 할 수출지향적 산업화를 위해 필요한 대외창구의 역할을 해줄 수 있다. 북한은 아직 세계시장과 비즈니스 원리에 익숙하지 않기 때문에 북한과 세계시장을 연결해 줄 수 있는 창구가 필요하다. 과거 중국의 개혁·개방 과정에서 홍콩이 그러한 역할을 수행해 주었으며 이를 통해 중국과 홍콩이 함께 번영하는 상생의 발전모델이 정착되었다.

다섯째, 남한은 저개발국에서 선진국으로 도약한 경제개발 경험을 갖고 있어 이를 북한에 전수함으로써 북한 산업재건에 큰 도움을 줄 수 있다. 남한 정부와 기업은 지난 수십 년간 수출 지향적 산업화를 추진하는 과정에서 풍부한 지식과 경험을 축적해 왔다. 따라서 남한과의 산업협력은 북한이 이러한 지식과 경험을 이전받는 좋은 기회가 될 것이다. 또한 남한 정부의 풍부한 산업정책 경험 역시 북한의 산업재건 과정에서 유용하게 이용될 수 있다.

개성공단은 통합산업단지 전형

산업단지조성과 관련해 최우선 과제는 개성공단과 유사한 경제특구를 점진적으로 신설·확대하는 것이다. 이는 국내외 기업의 상당수가 산업입지유형 중에서 경제특구를 선호하고 있기 때문이다. 특히 대북투자를 원하는 기업의 경우 경제특구에 대한 선호도가 더 높다. 그러나 개성공단 사례가 보여주듯이 경제특구의 성공적인 운영을 위해서는 적지 않은 문제점들을 극복해야 한다. 주요 문제점들을 살펴보면 다음과 같다.

첫째, 인적·물적 흐름이 원활하지 못하고 인터넷과 휴대폰 등 통신이 되지 않아 기업경영에 제약이 많다. 3통(통행·통신·통관) 문제는 개성공단사업 가동 초기부터 지속적으로 개선을 요구하고 있지만 아직도 큰 진전이 없는 상태다. 기업경영은 자유로운 출입과 신속성, 정보의 자유로운 공유 등이 보장되어야 하는데 3통이 원활하지 못해 사업에 차질이 발생하고 있는 것이다.

둘째, 양질의 노동력 공급문제는 개성공단 진출기업 경쟁력의 핵심요소인데 노동관련 불안요인이 점차 커지고 있다. 개성공단 현장에서는 노무관리에 대한 자율성이 제한되어 생산관리와 작업통제에 애로가 많다. 생산성 향상을 위해서는 근로자 채용, 배치, 작업지시, 작업교육, 기술지도 등 노무관리에서 자율성이 보장되어야 하는데 개성공단은 아직 그렇지 못한 형편이다. 작업지시나 통제는 북한의 직장장을 통해서 이루어지고 있어 정확하게 전달되지 않는 경우도 많다.

특히 인력채용에 자율성이 부족해 조건에 맞지 않은 근로자가 배치될 경우 생산성 저하로 이어질 수 있음도 고려해야 한다.

셋째, 개성공단은 노동집약적 업종에 따른 한계점도 갖고 있다. 가동 중인 125개 기업의 업종구조를 보면, 섬유가 73개 업체로 전체의 58.4%로 절대적 비중을 차지하고 있는 반면 전기전자 등 기술집약적 업종은 낮은 실정이다. 이러한 노동집약적 업종배치는 개성공단 인력난을 초래한 주요 요인이라 할 수 있다. 기술집약적 기업들이 많이 입주해야만 북한이 개성공단을 통해서 기술습득 등 산업경쟁력을 제고시킬 수 있는데 현재는 그렇지 못한 실정이다.

넷째, 개성공단의 단순한 생산구조도 약점으로 지적된다. 원부자재는 북한 현지에서 조달할 수 있는 것이 거의 없고 일부 활용할 수 있는 원부자재도 사실상 조달이 어려워 전량 남한 및 해외로부터 조달하고 있다. 개성공단은 원부자재를 반출, 단순가공하여 다시 남측에 재반입하는 방식으로 이루어지고 있다. 개성공단 현지에서 직접적인 수출이 불가능하고 북한 내수시장 판매도 곤란한 상황이다. 개성시내에 단순 임가공을 주는 것 말고는 북한 기업과의 연계가 없다. 이는 개성공단 입주기업의 협력업체로 생산이 가능한 개성시내 기업이 없기 때문이다. 북한 내의 기업과 연계할 수 있는 제도적 장치도 없다.

다섯째, 원산지 문제로 개성공단 생산제품의 시장이 남한 등으로 크게 제한되어 있는 점도 향후 개선해야 할 과제다. 현재 개성공단 제품의 원산지 표기문제를 보면 국내에 반입, 판매되는 제품에 대해서는 '개성공업지구 반출입물품 및 통행차량 통관에 관한 고시'에 따라 한국산 또는 북한산으로 표시된다. 국내 투자분과 국내산 직접재료비 비중이 60% 이상인 경우에 국내산으로, 이외의 경우 북한산으로 판정된다. 미국과 유럽연합(EU) 등 다른 국가로 수출될 물품인 경우, 수입국별 원산지 규정과 기준에 따라 판단되기 때문에 원산지가 북한산으로 표시될 경우 세계무역기구(WTO) 회원국으로부터 최혜국대우를 받을 수 없다.

바세르나르협약 등 다자 간 협약, 미국의 수출통제규정(EAR)에 의한 이중용도 품목 수출제한, 북한산 제품은 'Column 1'보다 2~10배나 높은 'Column 2'의 고율관세와 최혜국대우(MFT), 정상교역관계(NTR) 등 무역특혜를 금지한 적성국교역법에 따라 미국 정부의 수입허가를 받아야해 미국·일본지역으로의 수출은 현실적으로 곤란하다. 개성공단 제품의 수출 비중이 낮은 이유는 미국, 일본 등이 북한산 제품의 수입을 통제하고 있으며 다른 WTO 회원들에 부여하는 최혜국 관세보다 매우 높은 관세를 부과하여 이들 시장접근이 사실상 봉쇄된 것에 기인한다. 한·미 FTA협상 결과 '한반도 역외가공지역위원회설치·운영' 등이 합의된 바 있으나 추진방식 및 절차 등을 고려할 때 정치적 결단 없이는 기대하기 어려운 실정이다.

여섯째, 여전히 법제도 운영에 있어 남북한 인식 차이가 적지 않다. 이러한 법체계에 대한 인식 차이에 따른 문제는 남북관계가 악화되면 더욱 심화되는 경향이 있다. 남북관계가 불안정할 경우 북측 중앙특구개발지도총국에 의한 일방적인 법 및 규정의 적용으로 이어지면서 개성공단 및 입주기업의 안정적인 운영을 위태롭게 하는 경우가 많다. 특히 남측인원에 대한 신변안전 확보방안이 미흡하며 보험, 세금 등의 분야에서 북한의 일방적인 법체계를 적용하려고 시도함에 따라 많은 갈등이 발생해 왔다.

현재의 개성공단 발전은 물론 향후 북한 내 추가 산업단지 개발과 성공을 위한 핵심 과제들로는 ▲안정적인 노동력 공급방안 마련 ▲노무관리 개선, 3통문제 개선 등 기업활동의 효율성 제고를 위한 제도적 여건 구축 ▲글로벌 스탠더드에 부합되는 개발 및 운영체계, 그리고 구체적인 법·체계 구축 ▲개성공단과 공단 외부와의 생산적 연계 확산 ▲외국인 기업, 남북 합작기업 및 북한 기업 등 입주기업 다양화와 업종구조 업그레이드 ▲FTA의 활용 등을 통한 해외 수출시장 확보 등이 있다.

남북 특수경제협력에 따른 개성공단의 빛과 그림자

개성공단은 유효한 남북경협 모델임을 입증하였지만 동시에 한계도 노출하고 있다. 개성공단의 이러한 성과와 제약은 모두 개성공단이 '남북 간의 특수한 경제협력 방식'에 기인하기 때문이다. 즉 특수한 남북 경협방식으로 경제특구모델을 채택함으로써 현재의 남북관계 및 북한의 대외개방 수준에서도 집약적인 남북경협이 가능하였으며, 이것이 개성공단 성공의 핵심요소였다. 반면 '특수한' 경제협력방식 개성공단은 현재 글로벌 스탠더드에서 벗어난 폐쇄적인 경제특구로 개발·운영되고 있으며 이는 개성공단이 잠재력을 충분히 발휘하지 못하는 근본적인 원인이 되고 있다.

앞으로 개성공단의 한계를 극복하고 잠재력을 충분히 발현시키기 위해서는 글로벌 스탠더드에 부합하는 제도 및 개발·관리체계를 구축하여 개성공단을 개방적인 경제특구로 전환시켜 나아가야 한다. 이를 통하여 개성공단을 현재의 '남북한 경제협력' 지구에서 '국제적인 산업단지'로 업그레이드해야 할 것이다.

개성공단의 특수성을 단기간 내에 완전히 제거하는 것은 불가능하기 때문에 북한 측과의 지속적인 협의를 통한 단계적인 접근이 불가피하다. 개성공단 사례는 향후 추진할 북한 내 산업단지구축 협력방향에 적지 않은 시사점을 제공하고 있다. 북한은 개성공단을 뛰어넘는 산업단지조성을 위해 무엇보다 대외관계를 정상화해 개발지원과 외국 기업의 투자를 적극 유치함으로써 산업 현대화를 위해 필요한 자본과 기술을 확보해야 한다.

둘째, 북한의 잠재적 비교우위 부문이라 할 수 있는 노동집약적 경공업을 중심으로 수출산업을 전반적으로 육성하여야 한다. 북한의 수출주력산업으로는 북한의 노동력을 활용할 수 있고 상대적으로 생산기반이 확보되어 있는 섬유·의류, 경제개발 초기에 산업화를 시도할 수 있으며 산업의 전반적인 기술수준 향상을 위해 필요한 전기·전자산업이 유망하다.

셋째, 구조조정 충격을 완화하고 정치·사회적 안정을 확보하기 위해서는 기간산업의 선택적 현대화도 추진할 필요가 있다. 생산기반 및 기술수준, 그리고 자원 등 여건이 상대적으로 양호한 금속과 기계부문을 선택적 현대화를 통하여 국제경쟁력을 회복시켜 나가는 것이 바람직하다.

향후 북한에 조성되는 산업단지는 남측 입주기업들의 효율성을 높이고 산업단지 생산활동이 북한 경제에 미치는 파급효과를 확대시키기 위해 개성공단과 같은 폐쇄적인 특구가 아닌 개방된 특구를 지향해야 한다. 특히 북한 산업단지 내 기업과 외부의 북한 기업 혹은 남북경협 기업과의 생산적 연계를 강화해야 한다. 이를 위해서는 산업단지 내부로 한정되어 있는 생산활동을 공단 외부로 확산시킬 수 있는 방안을 모색해야 하며 관련된 제도 및 인프라 구축이 요구된다. 공단과 외부 간 연계 심화를 위해서는 산업단지를 물류기지로 개발하는 것도 필요하다.

공단의 효과를 북한 경제 전반으로 확산시킬 필요도 있다. 이를 위한 수단으로는 공단을 통한 북한 노동자의 교육·훈련, 새로운 기술의 적용 및 기술의 확산 등을 들 수 있다. 이를 위한 정책과제들로는 ▲공단과 공단 외부와의 생산적 연계에 관한 제도적 환경 구축 ▲물류기지로의 개발과 이를 위한 수송망 등 관련 인프라 구축 ▲노동자 교육·훈련 및 기술전파를 위한 체계 구축 등이다.

초기 단계에서 기본적으로 저임 북한 노동력을 활용할 수밖에 없겠지만 극단적인 저임에 의존하는 산업구조는 장기적으로 경쟁력을 상실해 갈 수밖에 없다. 향후 노동임금은 지속적으로 상승할 수밖에 없으며, 저임에 의존하여 부가가치가 낮은 생산활동이 지속될 경우 공단의 미래는 보장할 수 없다. 따라서 향후 세워질 북한 내 공단에서의 생산활동은 부가가치를 전반적으로 상승시키는 방향으로 모색되어야 한다. 일차적으로 기업 및 업종구조의 고도화를 통하여 부가가치 창출 능력을 높여 나갈 수 있다. 나아가 공단에 대한 국내외 대기업 및 기술집약적 기업입주를 근본적으로 제약하고 있는 시장 제약을 제거하기 위한 노력이 필요하다. 관련된 주요 정책방향들로 ▲기업 및 업종구조의 고도화 ▲ FTA 및 역외가공지역 정책 ▲공단 외부와의 생산적 연계 확대 등을 고려할 수 있다.

또한 북한 산업단지의 제도적 환경은 열악한 것이 사실이며 이상의 정책과제들이 실현되기 위해서는 관련 제도적 기반이 구축되는 것이 가장 중요하다. 향후 건설될 산업단지에는 명확한 법적근거가 아니라 자의적인 해석이나 일방적인 요구가 기업활동에 부정적 영향을 미쳐서는 안 된다.

따라서 북한이 주저하는 새로운 제도의 도입 이전에 기존의 법 및 규정을 명확하게 하고, 자의적 해석이나 임의적인 개입이 아닌 법과 규정에 의해 산업단지가 운영될 수 있게 하는 것이 필요하다. 관련된 정책방향들로는 산업단지 관련 법규를 명확하게 세부화하고 3통제도와 노동관련 법규, 그리고 산업단지 외부와의 경제적 거래에 관한 법규 등 산업단지다운 산업단지를 확대하는 데 반드시 필요한 제도들이 고려될 수 있다.

북한 내 산업단지 기반시설 구축을 위해 초기에는 정부차원에서 지원하되 중기 이후에는 민간참여를 확대해야 한다. 초기(1단계)는 기반시설 구축기로 남북협력기금 등 정부차원 지원이 중심이 되고, 중기(2단계)는 기반시설 강화 및 기업운영단계로 남측 기업 등에 의한 민간투자 확대를 유도하면서 장기(3단계)적으로는 민간투자 및 외국 기업 투자확대를 도모해야 할 것이다. 또한 산업단지 개발과 인프라(전력, 교통, 통신) 개발을 밀접하게 연계시켜 산업단지 개발과 도로, 철도, 항만, 전력 등 기반시설 연계개발을 추진하여 산업단지 개발의 효과성과 효율성을 제고해야 한다.

남한 기업의 진출 잠재력을 실현하려면 북한의 여러 지역에서 여러 종류의 산업단지를 계속 개발할 필요가 있다. 다만 개성공단 경험에 비추어 고려해야 할 요소가 적지 않다. 우선 북한의 저렴하고 풍부한 노동력을 충분히 활용하려면 인구가 많은 주요 대도시로의 진출이 필요하다. 평양을 비롯한 중심 산업지구에 남북 협력지구를 설치할 경우, 기존 공장부지와 시설 및 관련 인프라 등을 활용할 수 있다. 제조업 외 자원개발, 농업협력, 관광사업 등 여러 분야의 협력사업이 가능하므로 각각의 사업 특성에 적합한 지역에 신규협력지구를 설치할 필요도 있다. 그리고 장기적으로 북한은 남한 기업이 중국 및 러시아와의 경제협력을 더 강화할 수 있는 연계 거점으로 활용될 수 있으며 이를 위해 중국 및 러시아와의 접경지역 개발 역시 적극 고려해야 한다.

산업연구원 연구결과를 기초로 이를 보다 구체적으로 살펴보면, 1단계에는 남한 기업의 투자유망 분야인 경공업, 가전 및 기타 노동집약적 업종의 입지적 합지역을 개발한다. 2차 남북정상회담에서 합의한 해주특구를 개성과 연계개 발하고 그 밖에 남·북·중 삼각협력이 가능한 신의주 개발도 적극 추진할 수 있을 것이다. 남포와 안변에서 추진하기로 한 조선협력단지와 같은 소규모 시범산 업단지를 기타 지역에서도 추진할 수 있다.

2단계에는 지역별 경제를 견인할 전략산업 육성을 위해 산업단지를 조성하여 성장거점 조성과 공간적 균형발전을 함께 고려해야 한다. 대부분 권역에서 전략산업을 중심으로 중규모 산업단지를 조성할 수 있다. 주요 검토 대상지역은 원산·함흥, 청진·김책, 안주·순천 등이 될 수 있다.

3단계에는 첨단산업을 위한 산업단지를 조성하되, 규모 및 입지지역은 초기와 중기의 산업화 성과를 고려하여 결정하는 것이 바람직할 것이다. 평양, 신의주 등 중심 산업지구에 첨단산업단지 조성을 검토할 수 있다. 평양지역에는 전자·정보통신, 안주·순천지역에는 자동차, 신의주지역에는 정밀화학을 전략적으로 육성하는 방안을 고려해볼 수 있다.

남북 산업협력의 기본전략은 단계별 고도화와 남북 상생협력 그리고 한반도 균형발전 등을 우선적으로 고려하는 방식으로 수립될 필요가 있다. 산업협력단계는 산업협력 형성단계(소규모 대북투자 여건. 초보적 생산기지로서의 북한), 산업협력 기반구축(중규모 대북투자 여건. 본격적 생산기지로서의 북한), 산업협력 본격화(대규모 대북투자 여건. 생산기지 및 시장으로서의 북한)로 구분하되, 남북 산업협력은 북핵문제 진전, 대북투자여건 변화, 북한의 산업발전 등에 따라 단계별로 발전시킬 수 있을 것이다. 대북한 중점 배치대상 산업분야는 '남한 산업의 구조조정 압력의 변화→남북 산업협력의 진전→북한 산업의 발전'이라는 선순환구조를 통해 단계별로 다양화·고도화할 수 있다.

〈표1〉 남북 산업단지 협력의 기본방향

구분		제1단계	제2단계	제3단계
	기 간	(산업협력형성단계)	(산업협력 기반구축)	(산업협력 본격화)
	대북협력 기본전제	-소규모투자 여건 -초보적 생산기지	-중규모투자 여건 -본격적 생산기지	-대규모투자 여건 -생산기지 및 시장
비교우위요소		남한: 기술, 자본, R&D, 기업경영능력 북한: 노동력, 자원, 공업용지, 동북아 지리적 인접성		
대북 중점 산업배치 분야		-노동집약적 경공업 중심 -노동집약적 전자제품·소재, 자원·에너지, 서비스	-경공업분야 투자확대 -노동집약적 중화학분야 투자 확대·고급화 -자본·기술집약적 중화학투자 개시 -서비스분야 투자개시	-경공업분야 고도화 -자본·기술집약적 중화학분야 본격 투자 -서비스분야 투자 다양화
분업생산의 형태		-산업 내 분업: 위탁임가공과 경제특구 중심 소규모투자	-산업 내 분업: 공정 간 분업과 위탁 임가공 병행 -산업간 분업: 노동집약적 경공업 및 일부 전자제품·소재부문 본격 투자	-산업 내 분업: 공정간 분업, 수직적 제품차별화 -산업간 분업: 노동집약적 경공업 및 일부 전자제품·소재가공분야, 연·아연·동 등 자원집약부문 본격 수출산업화
산업구조 조정효과	남한	-가격경쟁력 회복형 구조조정(내수회복형) -북한 자원 활용 -산업 내 구조고도화 촉진	-가격경쟁력 회복형 구조조정 (내수 및 수출 회복형) -북한 자원 활용 -산업 내/산업 간 구조고도화 촉진	-가격경쟁력 회복형 구조조정 지속 -중화학 내수기반 확대 -산업 내/산업 간 구조고도화 촉진
	북한	-경공업 설비개체 및 생산기반 조성 -생필품 초기 투자	-경공업과 노동집약분야 생산기반 다양화, 일부 수출산업화 -자본재 등 중화학 기반 조성	-경공업 및 일부 노동집약부문 본격 수출산업화 -중화학부문 내수기반형 경쟁력 강화

자료_이석기(2007)

남북 산업협력의 장기적 지향점은 남북 비교우위 요소에 의거한 상호보완적 분업구조 형성을 통해 한반도 전체의 산업경쟁력과 생산성을 제고하는 것이 되어야 할 것이다. 남북 산업협력은 상호보완적 쌍방향 협력을 통해 양국 산업 구조조정을 촉진함으로써 양측 모두 경제적 이득과 한반도 전체 산업발전에 상승적 시너지효과를 가져오는 원-윈 전략이 되어야 한다. ●

참고문헌

권영경, '한미FTA의 체결이 남북경협에 미치는 영향과 대응전략', 「제5차 남북경협 정책포럼 자료집」, 남북경협국민운동본부, 2007. 8

이석기, "북한의 산업개발 방향과 남북한 산업협력 방안," 『남북정상회담 이후 남북경협의 비전과 전망』, 산업연구원 주최 세미나 자료집, 2007년 11월22일.

임을출, 『웰컴투 개성공단: 역사, 쟁점 그리고 과제』(서울: 해남), 2006.

북한 인적자원개발은 공존공영의 필수

강일규

인적자원개발(직업교육훈련)은 비정치적 영역이라는 점에서 남북 교류협력에 매우 적합한 분야다. 그러나 지금까지 남북 간 인적자원개발은 초보 수준의 준비단계에도 미치지 못하고 있는 실정이다. 광복 이후 70여 년 동안 이질적인 체제와 문화로 인해 인적자원에 대한 인식과 가치관은 물론이고 직업에 대한 의식이나 교육, 그리고 훈련체계는 판이하다. 민족동질성 확보와 함께 통일 이후 국가경쟁력 제고를 위해서라도 인적자원 공동개발은 더 이상 미룰 수 없는 시급한 과제다.

남북, 인적자원개발 합의는 많지만

그동안 남북 간에 인적자원개발을 위한 의미있는 노력이 몇 차례 있기는 하였다. 우선 노태우 정부 때인 1991년 체결한 남북기본합의서에는 '남과 북은 과학·기술, 교육, 문화·예술, 보건, 체육, 환경과 신문, 라디오, 텔레비전 및 출판물을 비롯한 출판·보도 등 여러 분야에서 교류와 협력을 실시한다'고 명시하고 있다. 남북 간에 처음으로 과학과 기술 및 교육분야에 대한 교류협력을 명문화했다는 점이 중요하다. 하지만 실질적인 교류협력은 미흡하다.

　김대중 정부 때인 2000년 6·15공동선언에도 '남과 북은 경제협력을 통하여 민족경제를 균형적으로 발전시키고 사회, 문화, 체육, 보건, 환경 등 제반분야의 협력과 교류를 활성화하여 서로의 신뢰를 다져 나가기로 하였다'라고 돼 있다. 경제분야를 강조하면서도 부수적으로 사회문화분야 등의 교류협력을 제시하고 있다. 다행인 것은 6·15공동선언 이후 교육 및 인력 양성분야의 교류협력은 일시적이나마 가시화되기 시작하였다는 점이다.

노무현 정부 때인 2007년 10·4선언은 '남과 북은 민족의 유구한 역사와 우수한 문화를 빛내기 위해 역사, 언어, 교육, 과학기술, 문화예술, 체육 등 사회문화분야의 교류와 협력을 발전시켜 나가기로 하였다'고 명시하고 있다. 인도적 또는 경협 차원에서 직업교육훈련 관련 교류협력이 일정부분 이루어진 것은 주목할 만하다.

이명박 정부에서는 초기 3대 합의서와 교육분야 개방 및 비핵·개방 관련 정책구상을 통해 교육분야 4개 세부 실천방안을 제시하는 등 기존 3대 합의서보다 진일보되었지만 구체적인 실천방안은 미흡하였다. 임기 중반 천안함 폭침사건에 대한 5·24조치로 남북관계는 인도적인 지원을 제외하고는 사실상 전면 중단된 상태다.

만주와 연해주 아우르는 한민족 네트워크를 위해

남북 인적자원개발협력을 추구하기 위해서는 먼저, 북한의 인력양성을 위한 일반 교육분야의 개요를 살펴볼 필요가 있다. 북한의 교육기관수는 2006년 기준으로 소학교 4950개, 중학교 4827개, 대학교 772개이다. 학생 수는 소학교 137만4000명, 중학교 239만4000명, 대학교 53만 명이다. 대학생은 인구 1만 명당 229.6명이다.

〈표1〉 북한의 인력양성 기관 개요

구분	공장 · 농장 · 어장대학	기능공학교	양성소
입학대상	공장, 농장, 어장 다니는 노동자 등	고등중학교 졸업생, 제대군인 등	고등중학교 졸업생, 제대군인, 기업소 노동자
교육기간	5년	6개월, 1년, 1년6개월	6개월, 1년, 1년6개월
설치	대규모 노동자가 있는 공장, 국영농장, 어장	기능공 양성이 필요한 물질기술 조건을 가진 기업소, 공장, 광산, 농장 등	각 지역별 설치
종류	공장대학, 농장대학, 어장대학	광산기능공학교, 림업기능공학교	자동차양성소, 교양원양성소, 간호원양성소, 상업간부양성소
졸업시 자격	대학졸업자격	급수부여	급수부여
수업방법	일하면서 야간, 통신과정 등에 의해서 수업	전일제과정으로 주로 오전에 이론, 오후에 실습	전일제과정으로 주로 오전에 이론, 오후에 실습
반구성	여러 과로 구성	여러 과정이나 반으로 구성	단일 전문과정으로 구성
관리	행정: 교육성 고등교육부 경제: 해당 공장, 기업소, 농장	관리: 중앙노동행정부문 기업소 운영: 공장, 탄광, 기업소 등	관리: 중앙노동행정부문 운영: 유관 상급기관
교원	대학교원, 실무와 급수가 높은 사람	이론과목: 대학졸업자 실습교육: 실무경력 및 급수 높은 사람	이론과목: 대학졸업자 실습교육: 실무경력 및 급수 높은 사람

〈표2〉 교육(인적자원개발)분야의 주요 지원 및 교류협력 사업

구분	내 용
2001년	– 학교 건립사업 및 제도화된 교류협정을 체결 – 한양대학교, 김책공대와 5월 체결한 학술교류협정에 따라 백남공학관 건립사업 추진
2001년	– 동북아교육문화협력재단, 평양정보과학기술대학 건립 사업을 남북협력 사업으로 승인 (2001.6.5)받아 추진
2004년	– 굿네이버스와 서울시교육청, 한이 연간 필요로 하는 교과서 용지 5000t 중 절반에 가까운 약 2000t 지원
2006년	– 우리겨레하나되기운동본부, 김일성대학 창립 60주년을 기해 대학 현대화 사업에 참여해 줄 것을 요청함에 따라 학생복지 후생설비 및 과학기자재 등 지원
	– 생명공학과 IT분야를 중심으로 학술교류 개최
기타	– 민간단체 중심으로 교과서용 종이와 학용품, 비디오 및 교육용 TV 지원
	– 굿네이버스, 남북나눔운동, 어린이어깨동무 등을 중심으로 남한 고아원에 해당하는 육아원부터 유치원, 소학교 등 교육시설의 개보수 작업
	– 이외 북한이 요청한 출력기, 버스 등 다양한 물품 지원

북한의 산업인력 양성을 위한 인적자원개발 주요 교육훈련 기관은 〈표1〉과 같다. 그러나 인력양성 기관의 시설·장비·기자재 등 기본 인프라는 매우 열악한 수준이다. 특히 교육훈련의 가장 기본적인 교재와 필기구도 부족하고 교사나 강사에 대한 처우가 좋지 않아 운영·관리 및 교육훈련도 제대로 안 되고 있다. 이 같은 실정을 감안해 우리 측은 북한에 〈표2〉와 같은 내용의 교육분야 지원 및 교류협력사업을 실시하였다.

북한의 인적자원개발을 위한 주요 정책과제로는 인력양성 기관의 인프라 구축 지원, 직업교육훈련을 위한 시설 및 기자재 지원, 직업기술교육훈련 프로그램 및 운영 지원, 양성인력 활용 지원 등을 꼽을 수 있다.

남북 간 인적자원개발사업은 경협이 다양한 분야에서 큰 규모로 확대될 것에 대비해야 한다. 이를 위해 우선 북한 근로자 인적자원개발을 위한 반관반민(半官半民) 형태의 전담기관 설치와 이를 자문하고 지원할 수 있는 협의체 구성이 필요하다. 정부가 조직 구성에 행정 및 재정 지원을 하고 운영은 민간부문이 맡는 형식을 의미한다.

다음으로 북한 근로자 인적자원개발사업을 구체화하기 위해서는 재정이 확보되어야 한다. 우선 남북협력기금을 활용할 필요가 있다. 국제기구로부터 재정 지원을 유도하는 방법도 고려할 만하다. 특히 대북사업에 관심 있는 기업의 출연기금도 적극 활용할 가치가 있다. 이 같은 방법이 여의치 않을 경우 NGO 모금이나 장기적인 통일비용 조성 등도 생각해 볼 수 있다.

아울러 북한 근로자에 대한 인적자원개발을 담당할 전문인력 양성이 필요하다. 북한 근로자들에 대한 인적자원개발은 그 대상과 방법 및 내용 등이 특수하기 때문에 관련 업무를 수행하는 데 있어 전문성은 필수다. 이를 위해서 각 대학에 대학원 수준의 전문인력 양성 과정을 설치하는 것도 좋은 방법이다. 직업교육훈련 교사는 현재 남한의 전현직 교사나 현장경력자 중 유자격자를 선발하여 배치하는 것이 적합할 것이다. 북한에서 현직에 종사하고 있는 교사나 탈북자들

중에서 적격자를 선발해 재교육을 시키고 훈련을 거친 뒤 교사 또는 보조교사로
배치하는 방안도 고려할 만하다.

기업·종교·NGO 등 가용수단 모두 동원해야

인적자원개발 투자가 이루어지기 위해서는 무엇보다 북한에 진출하는 기업이
늘어나야 하고 성공 사례가 많이 나와야 한다. 이를 위해 우선 정부가 적극 나서
남한 기업들의 북한 진출을 독려해야 한다. 통일부가 남북 간 전체적인 교류 및
협력에 관한 사항을 추진하되 인적자원개발분야는 해당 부처가 특성을 살려 개
별 과제로 추진하는 것이 효율적이다. 교육부와 고용노동부는 주로 인적자원개
발 전반에 걸친 정책의제를 개발해 추진하고, 특히 산하 직업교육훈련기관 및
연구소를 통해 실질적인 교육훈련분야의 교류와 협력을 실행에 옮겨야 한다. 지
방 정부도 북한의 지방행정조직과 연계해 직업교육훈련을 실질적으로 주도할
수 있어야 한다.

　북한 인적자원개발을 위한 개별 기업의 역할은 매우 중요하다. 물론 북한 체
제의 근본적인 변화를 남한의 개별 기업이 이끌어내기는 현실적으로 어려움이
많을 것이다. 그러나 점진적으로 북한 당국을 이해시키고 개혁·개방의 길로 나
서도록 하는 데는 북한에 진출한 기업의 노력만큼 효과적인 것이 없다. 북한 내
인적자원개발 노력이 성공할수록 수익성이 강화된다는 점을 해당 기업들은 각
별히 인식해야 한다.

　종교단체 차원에서도 방법을 찾을 수 있다. 종교의 자유가 확실하게 보장되지
않는 북한 사회의 현실을 감안하면 당장에 큰 효과를 기대하기는 어렵다. 다만
최근 들어 북한에도 종교단체가 설립되고 미미하나마 남북 간에도 종교단체별
로 교류가 이루어지고 있는 만큼 직업교육훈련의 중요성과 필요성을 인식시키
는 데는 나름의 효과를 기대할 수 있다. 특히 북한 내 소외계층이나 직업교육이
절실한 이들에 대한 인도주의적 지원을 종교단체가 주도한다면 의미는 색다를

것이다.

NGO 차원의 지원방안 역시 적극 모색할 필요가 있다. NGO는 각각의 전문영역을 구축하고 구성원의 전문성과 전문분야를 바탕으로 활동하는 경우가 많다는 이점이 있다. 여기에 국제 NGO의 참여를 이끌어 낸다면 효과는 더욱 커질 수 있다. 국제 NGO는 북한의 거부감을 완화할 수 있고 북한과의 신뢰유지 제고와 직업교육훈련과 관련된 사업 추진에 큰 도움을 줄 수 있다.

교육훈련 장소도 협력사업의 성패를 좌우하는 중요한 요소다. 인적자원을 개발하기 위한 시설과 장비 설치를 어느 지역에 하느냐의 문제다. 물론 북한이나 남한의 생산현장이나 교육훈련기관이 가장 좋겠지만, 남북관계 등 변수를 감안하면 현실성이 떨어진다. 이때 개성공단을 활용하는 방법이 가장 효율적이다. 분단극복의 상징성을 감안하면 비무장지대를 활용하는 것도 역사적으로 큰 의미가 있다.

아울러 중국 조선족 자치주 지역을 통한 인적자원개발을 추진할 수 있다. 중국 조선족 자치주 지역을 통한 직업교육훈련분야의 교류 및 협력은 다른 지역보다 가장 현실적인 방안이 될 수도 있다. 같은 민족에 같은 언어를 사용하고 산업이나 교육훈련 등 제반 여건에서 남북한의 중간지대에 위치하는 등 장점이 많다. 더구나 북한주민과 같은 사회주의를 경험한 데다 남북양측의 자유로운 왕래가 보장돼 직접적인 교류협력 전 단계 또는 교육훈련 전초기지로 활용하기에 효과적이다.

제3국을 통한 인적자원개발도 적극 고려할 수 있는 방법이다. 중동지역 진출 기업을 통해 북한 인력을 활용하는 방법이다. 이 경우 북한 근로자들에 대한 관련 기술과 기능을 교육하고 훈련시킬 수 있을 것이다. 이렇게 해외에서 북한 인력을 활용한다면 현지인력이나 다른 나라의 인력을 활용하는 것보다 언어문제나 관습상의 애로 등을 일거에 해결할 수 있을 뿐만 아니라 민족적 화합도 도모할 수 있다는 이점이 있다.

北 인적자원개발은 통일국가 경쟁력

남북 간 원활한 인적자원 공동개발을 위해서는 먼저 지속적인 평화공존과 각 분야에서 교류협력의 확대가 전제되어야 한다. 우선 정치와 경제를 명확하게 분리하는 것이 우선이다. 북한 근로자에 대한 인적자원개발은 정치적인 요인을 배제하면서 상호 신뢰감을 제고하며 접근하는 것이 바람직하다.

최근 북한의 경제상황은 산업전반의 낙후문제와 식량문제 등으로 점차 악화되고 있으며, 남한 경제도 대내외적인 환경변화로 침체국면을 좀처럼 벗어나지 못하고 있다. 이런 상황에서 북한 근로자들에 대한 직업교육훈련이 제대로 이뤄질 경우 북한 진출기업은 양질의 인력을 제공받을 수 있게 되고, 동시에 북한도 남한에서 진출한 기업을 통하여 기술향상과 경제적 이익을 도모할 수 있다.

상호 인적자원개발을 하더라도 사회적 안정을 전제로 해야 한다. 북한 근로자들에 대한 인적자원개발은 인적 · 물적 교류를 수반한다. 이 과정에서 상호 체제의 차이와 경제적 심리적 요인으로 인해 불안요소가 발생할 수 있다. 따라서 적극 추진하되 점진적 접근이 필요하며, 이에 따른 부정적인 파급 효과를 사전에 예방할 수 있는 방안과 대책도 동시에 강구해야 한다. 또한 남북주민의 대등한 지위와 권리의 보장을 통한 민족적 동질성 확보를 고려해야 한다. 남북한은 해방 이후 60년 이상 단절되어 온 데다 독일과는 달리 같은 민족끼리 전쟁을 치른 불행한 경험을 가지고 있다. 이처럼 불행한 경험은 남북 간 교류협력에서 불신의 원인이 되고 교류협력 활성화를 저해하는 요인으로 작용할 수 있다. 이러한 부정적인 요인을 최소화하기 위해서라도 민족의 단일성과 전통성을 강조하고 상호 대등한 지위와 권리를 보장할 수 있는 전제가 중요하다.

상호 관련 협정을 통한 현실성과 실천성 확보 또한 필요하다. 인적자원개발분야에서 남북 양측의 환경과 현실을 정확히 이해하고, 객관적인 평가와 상호의견 존중을 바탕으로 추진되어야 한다. 과거의 경험을 보면 서로 자신의 입장만 주장하거나 현실성이 부족한 주장을 함으로써 실천성이 결여된 경우가 많았다.

따라서 북한 근로자들에 대한 인적자원개발은 비정치적 영역임을 의식하고 상대방의 입장과 현실을 바르게 인식하여 인적자원개발의 필요성과 당위성을 공유해야 한다. 이를 바탕으로 상호 관련 협정을 통한 신변과 재산권이 보장된 다면 북한 근로자에 대한 인적자원개발의 현실성과 실천 가능성은 더욱 제고될 것이며 그 파급효과는 한층 커질 것이다.

　북한주민의 기본적인 직업능력은 매우 낮은 것으로 판단된다. 직업기술교육과 관련한 시설 및 장비의 부족과 열악한 교육환경의 결과다. 이는 곧 제품의 질과 생산성 등이 연계되어 우리 진출기업의 성패를 좌우하는 중요한 요인으로 작용한다. 따라서 이들에 대한 기술 및 기능 수준을 적정화하여 단기적으로는 북한 진출기업의 이익창출 효과를 기하고, 장기적으로는 북한 근로자들의 기술 및 기능 능력을 향상시켜 남북 근로자들의 격차를 줄이는 기본 목표 설정이 필요하다.

　북한 근로자들에 대한 인적자원개발의 목표는 양질의 산업인력 양성과 원활한 수급에 있다. 장기적으로는 통일 후 북한지역 인구의 이동을 억제할 수 있고 현지주민을 현지에서 훈련하여 현지의 산업을 발전시키는 데 도움이 될 것이다. 북한 근로자 인적자원개발 지원은 한민족이라는 민족적 동질성에 기초한 인도적 차원에서 이루어져야 마땅하다. 북한 근로자들은 잠재력을 갖고 있지만 제반 여건 미비로 그 진가를 제대로 발휘하지 못하고 있다.

　인적자원개발 사업은 비정치 분야답게 추진해야 한다. 독일과 중국의 경우도 초기의 교류협력은 정치적인 요소를 배제하면서 상호 체제와 입장을 이해하는 방향으로 이루어졌다. 교류협력이 안정적으로 이루어지면 결국 정치적 교류 및 협력의 바탕이 될 수 있다. 이를 위해 우선 민간단체를 중심으로 교류 및 협력을 추진하여 점차적으로 그 영역을 확대하는 것이 바람직하다.

　이 과정에서 다양성과 연계성을 중시해야 한다. 북한 근로자들에 대한 인적자원개발분야의 지원과 협력이 이루어지는 과정에서 발생하는 내용이나 방법, 그리고 절차에 대한 상호 다양성과 입장을 존중하는 방향으로 추진되어야 한다.

직업교육훈련분야에서 남북 간 지원 및 협력의 주체는 정부 혹은 기업 등으로 한정할 것이 아니라 다양한 주체, 방법, 그리고 내용으로 이루어지도록 상호 인정이 중요하다. 특히 경제 외적인 다양한 분야와의 연계성은 시너지 효과를 낼 수 있다.

또한 사회변동 및 산업구조의 변화 등과 밀접한 관련이 있는 만큼 단계별로 추진해야 한다. 예컨대 1단계는 인적자원개발분야의 상호 교류 추진과 활성화, 2단계는 북한 근로자의 직업능력 향상을 위한 인적·물적 자원 지원, 3단계는 북한 인적자원의 활용과 관련 제도 정착화를 들 수 있다.

산업별 추진 전략도 중요한 요소다. 현재 북한의 산업은 전반적으로 낙후되어 있고 특히 전력 등 사회 기반시설이 부족하여 북한 진출기업이 현지의 산업시설을 활용하는 데는 한계가 있다. 남한 기업의 북한 진출이 대부분 경공업 중심임을 감안해 초기에는 경공업인력 양성에 주력하는 것이 바람직하다.

이와 함께 북한 근로자의 학력, 기술이나 기능의 수준, 그리고 지역별 차이 등을 고려해 교육훈련 대상을 선발할 필요가 있다. 교육훈련의 우선순위 대상은 현 단계에서 북한 진출기업이 당장 활용할 수 있는 현직 근로자들을 대상으로 실시하되 점차 그 범위를 확대하는 전략이 필요하다.

통일재원 조달, 어떻게 할 것인가

추원서

통일에 소요되는 비용은 어느 정도이며 조달은 또 어떻게 할 것인가. 1990년 독일통일은 분단에 처해있는 한국에 큰 시사점을 던졌다. 이후 학계나 정부 차원에서 통일비용 산정 등에 대한 공식 비공식 논의가 꾸준히 이어졌지만 명쾌한 답은 찾지 못하고 있다. 그만큼 산정 자체에 대한 합의점을 찾기 힘든 과제이기 때문이다. 지금까지 통일비용에 대한 연구결과를 보면 최소 500억 달러에서 최대 5조 달러에 이를 정도로 엄청난 편차를 보여주고 있다.

통일문제에 있어서 재원조달 방법은 매우 중요한 과제다. 최우선적으로 고려해야 할 전제는 재원조달 주체다. 만일 남한에 의한 급진적 통일을 전제로 한 것이라면 재원조달 주체는 통일을 주도하는 남한이 될 것이고 또 북한과의 협력 여지는 극히 제한될 수밖에 없을 것이다. 그러나 평화적이면서도 점진적 통일을 전제로 한다면 조달 주체는 남북 공동이고 또 남북의 역할분담과 진정한 협력도 가능하게 된다.

통일비용 500억 달러에서 5조 달러까지 천차만별

통일비용의 정의는 다양하다. '통일 이후 남북한이 하나의 통일국가로 정치·경제·사회시스템이 안정을 이루면서 정상적으로 운영되기 위해 추가적으로 부담해야 하는 일종의 기회비용', '남북지역 간 소득조정을 위한 투자자금에 비상사태 대처를 위한 위기관리비용과 제반제도 단일화 비용을 합한 개념' 등이 있다.

통일비용 재원조달을 필요로 하는 협력대상사업의 전형이라면 우선 개성공단을 꼽을 수 있다. 북한이 수용 가능하되 남한에는 실익이 있고, 통일비용 선투자에 대한 파급효과도 향후 남북 경협사업의 모델이라 할 만하다. 또 러시아나 중국 등이 참여하는 다국적 프로젝트는 잘 택하면 리스크 분담은 물론 북한을 국제협력의 장으로 유도하는 효과도 있다.

남북 경협사업은 세 가지로 분류된다. 민간차원에서 추진되는 남북 간 교역과 투자사업, 북한 산업과 인프라를 개발하기 위한 개발협력사업(철도 · 도로 · 항만 · 공항 등 SOC 건설사업, 경제특구 조성사업, 농업 및 환경협력사업, 제조업 정상화 지원사업), 남북은 물론 제3국이 참여하는 다자 간 협력사업(나진 · 하산 물류사업, 남 · 북 · 러 가스관 연결이나 발전소 건설 등의 에너지협력사업)이 있다.

이 가운데 민간차원의 교역 및 투자사업은 경협이 재개될 경우 기존 지원제도를 활용하면 큰 무리 없이 진행할 수 있다. 그러나 개발협력사업과 다자 간 협력사업은 보다 깊이 있는 검토와 용의주도한 준비가 필요하다. 계획입안단계에서부터 실행에 이르기까지 정부의 역할은 절대적으로 중요하다. 대북사업에 경험이 많은 현대아산이나 LH공사, 한국관광공사는 물론 한국가스공사, 철도공사 등 여러 공기업과 산업은행, 수출입은행, 정책금융공사 등과 같은 국책금융기관의 유기적인 협력과 역할도 매우 긴요하다.

이와 같은 기준으로 볼 때 박근혜 대통령의 임기 중 드레스덴 제안 등과 연계해 추진 될 것으로 예상되는 경협은 〈표1〉과 같다.

경제통합 과정에서 재원조달을 필요로 하는 남북 경협사업은 주로 사회간접자본(SOC) 구축, 경제특구 건설 및 제조업 정상화 등 북한과의 개발협력사업이 주축이 될 것이다.

〈표1〉 박근혜 정부 임기 중 추진 가능한 경협사업

국면	드레스덴 선언	경제협력사업	기간
1국면 (남북 경제협력 기반구축)	인도적 사업, 동질성회복 사업	① 5·24조치 해제, 교역과 투자 조치 이전수준 회복 ② 금강산 및 개성관광 재개 ③ 개성공단 1단계 마무리 및 기업 입주 완료 ④ 나선특구, 남·북·러 가스관 등 참여방안 검토 ⑤ 남북 농업 및 환경협력 재개	임기 2~3년차
2국면 (남북 경제협력 활성화)	민생 인프라 구축	① 개성공단 2단계 개발 착수 ② 남북 간 교통물류체계 획기적 개선 착수 (개성-신의주철도, 　개성-평양고속도로, 나진·청진항 개보수 사업 등) ③ 나선특구-청진공업지구 연계개발 참여 ④ 경공업제품 생산과 자원연계 개발협력(수출산업 육성) 　-송림수출가공구 참여 등 ⑤ 에너지산업 협력 개시(남·북·러 가스관 사업 등) ⑥ 농업협력 지속(자생력 회복) ⑦ 백두산관광 시행 ⑧ 초보적 수준 금융협력 및 북한 '개발은행' 정착 지원	임기 4~5년차

통일비용의 소요재원 규모 추정은 매우 광범위한 작업이다. 국내총생산(GDP)의 1%나 국가예산의 1%를 통일기금으로 적립하자는 의견이 있다. 그러나 지금까지는 통일비용이 막대하게 들 것으로 예상되므로 적립을 통해 미리 준비하자는 캠페인성 구호에 가까웠다. 현실적으로 가장 가능한 규모는 예산의 1% 수준으로 정리된다. 그동안 남북협력기금 연간예산의 2~3배 수준이기에 어느 정도 실현가능한 규모가 될 것이다.

2004년 남북관계 호전과 한반도 평화분위기 정착을 전제로, 북한 인프라 구축 및 농업구조개혁, 북한 산업설비 신·증설과 개보수 등의 자금으로 초기 2년간은 매년 2조~5조 원, 이후 3년차와 4년차에 걸쳐 매년 5조~10조 원 가량이 필요할 것이라는 의견도 있다. 필자는 당시 SOC 건설 152억 달러, 산업정상화 지원 217억 달러, 에너지지원 108억6000만 달러, 개성공단 148억 달러, 금강산관광 24억 달러 등 총 650억 달러의 남북경협 소요자금을 예상하였는데, 그 중 1~2년차에 총 50억 달러, 3~5년차에 총 150억 달러, 6년차 이후에 총 450억 달러가 들 것으로 추정한 바 있다. 현 시점에서 추정한다 하더라도 만일 초기 5년간을 대상으로 할 경우에는 매년 최저 25억 달러에서 최대 50억 달러에 이를 전망이다.

北, 남한의 60~70년대 개발시대 정책 참고해야

남북 경제협력 수행과정에서 실행 가능한 재원조달방법을 체계적으로 마련하기 위해서는 국내외에서 이루어진 과거 경험을 참고할 필요가 있다. 먼저 남한과 북한은 서로 다른 경제체제이긴 하지만 1960~1970년대 남한의 개발시대 경험은 향후 북한 경제개발과 남북경협에서 참고할 만한 사항들이 많다. 외자유치를 통한 '경제개발구' 전략을 추진하고 있는 북한의 대내외 금융환경이 남한의 1960년대 초기와 유사한 면이 있기 때문이다.

당시 남한은 1950년대 국내자본 형성의 약 70%를 차지하던 미국 등의 원조가 축소되고 국내 자본축적이 부족하여 공업화추진에 많은 애로를 겪고 있었다. 국내 산업생산 부진으로 민간 소비생활 영위를 위한 생필품까지도 수입에 크게 의존하면서 심각한 외화부족에 직면하고 있었다. 이런 난관을 타개하기 위해 한국 정부는 제조업부문에 강력한 금융지원 등 인센티브를 제공하는 한편, 자발적인 저축 외에도 금리인상을 통해 가계저축 증가를 도모하는 등 강제저축 방법을 동원하였다. 또한 이를 뒷받침하기 위해 각종 금융기관을 설립하여 서민들이 광범위하게 이용했던 전통적이며 비공식적인 자금시장을 통제하기도 했다.

그럼에도 국내저축은 공업화에 소요되는 막대한 투자재원을 감당하기에는 역부족이었고, 이를 해결하기 위해 본격적인 외자도입에 나서게 된 것이다. 이는 외화부족으로 인해 외자도입 필요성이 절실한 현재의 북한 상황과 유사하다. 한국 정부는 일본과 국교정상화 및 국제통화기금(IMF), 국제부흥개발은행(IBRD), 제2세계은행인 국제개발협회(IDA) 등 국제금융기구 가입으로 외자도입 경로를 다양화하며 외자의 양적극대화에 치중했다.

이를 위해 외자도입 촉진을 위한 법제정비 및 대외협력활동에도 힘썼고, 그 결과 1959년 동양시멘트가 개발차관기금으로부터 도입한 공공차관을 효시로

1962년 이후 차관도입이 본격화되어 1992년까지 약 30년 동안 총 801억 8100만 달러의 외자를 도입하였다. 이 중 상업차관이 210억 2200만 달러로 도입총액의 26.2%에 달하는 가장 큰 비중을 차지했으며, 공공차관이 194억 1700만 달러로 24.2%, 그리고 은행차관과 외화채권발행이 각각 174억 2200만 달러와 91억 8600만 달러로 전체의 21.7% 및 11.5%의 비중을 보였다. 외국인투자는 전체의 9.7%인 77억 8500만 달러였다.

동서독의 경우 통일 전 다양한 형태의 교류협력을 전개하였는데 그 중 동서독 간 금융협력 형태인 청산계정대월제도, 중장기 연불수출융자제도, 서독 은행단의 동독 상업차관 등을 실행하였다. 이 가운데서 앞의 두 가지는 향후 남북 교역 시 편의성 제고와 교역활성화를 위해 활용 가능한 방안이라고 할 수 있으며, 서독은행단의 동독상업차관은 향후 남북관계 진전에 따라 남북 간 합의에 의해 실현될 수 있을 것이다.

통일비용 절감하는 효자사업은?

개성공단, 금강산관광, 남북 철도·도로연결은 3대 남북경협사업이다. 남북합의가 북한의 SOC 시설에 대한 지원협력으로 발전하여 보다 경쟁력 있는 사업환경 조성을 위한 개발협력사업과 남북 경제공동체 구축의 성격을 띠게 된 것이다. 이런 사업이야말로 통일비용을 절감하는 효자사업이 아닐 수 없다.

남북 평화통일의 기반조성과 중장기적으로 통일한국의 지속적 경제발전을 위한 토대 구축을 목표로 하는 남북 경제협력사업은 재원조달시 다음과 같은 기본원칙을 견지해야 한다. 첫째, 무엇보다 국민부담을 최소화할 수 있어야 한다. 지나치게 부담되지 않고 장차 큰 이익으로 돌아오리라는 믿음을 주어야 남남갈등을 최소화하면서 사업추진이 탄력을 받을 수 있다.

둘째, 가급적 수익자 비용부담 원칙을 최대한 적용하는 것이 바람직하다. 물론 경제협력사업 초기에는 이와 같은 원칙 적용이 어렵겠지만 사업이 어느 정도

궤도에 오르면 경협 당사자들에게 일정분의 비용을 부담시키는 방식이 동기부여와 함께 북한에도 책임의식을 갖게 한다.

셋째, 재원조달은 한국 정부의 주도하에 공기업과 민간의 협력을 최대한 유도하는 방식으로 추진되어야 한다. 소요재원을 정부가 전부 조달할 수는 없지만 자금수요처, 조달전략, 유관기관 협력방안 등 기본계획작성과 실행은 정부가 주도하는 것이 바람직하다. 민간차원에서 이루어지는 교역과 투자에 대해서는 지나치게 간섭하거나 통제하지 말고 가급적 정경분리원칙을 적용하는 것이 지혜로운 방법이다.

〈그림1〉 남북경협 재원조달 기본전략

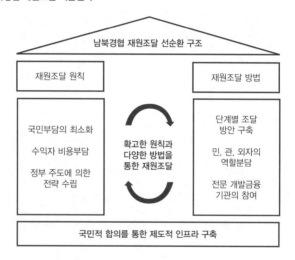

자료_산업은행 동북아연구센터(2005)

아울러 정부와 민간 그리고 외자의 적절한 역할분담이 필요하다. 정부는 북한의 SOC 건설이나 경제특구단지 조성과 같은 경협기반 건설에 필요한 재원조달을 맡고, 민간사업자는 경제성 및 수익성에 기초한 영리사업을 맡아 추진하는 것이 좋다. 북한 스스로 외자유치 노력이 소기의 성과를 거둘 수 있도록 적기에 남북 및 국제금융협력을 추진해 나갈 필요가 있다.

통일재원 마련을 위한 8가지 방안

통일비용 조달 중 남한이 할 수 있는 방안으로는 첫째, 국책 및 민간금융기관의 참여가 있다. 남북 경제협력사업 수행시 남북협력기금으로 부족한 부분은 우선적으로 금융기관들의 참여를 통해 해결하는 방안을 검토할 수 있다. 특히 민간사업자들의 대북투자는 사업성에 바탕을 두고 이루어지는 것이 원칙이므로 북한의 경제특구나 내륙지역에 진출하는 기업들은 1차적으로 자신들의 책임아래 공장건축비 등에 소요되는 시설자금과 운영자금을 금융기관으로부터 차입하여 해결해야 한다. 그러나 북한지역에 사업장을 보유하고 있어 금융기관들이 지원을 꺼릴 가능성이 크다.

따라서 정치적 위험에 대해서는 정부가 보험 등을 통하여 사업을 보증해주고 이차(利差)보전 등을 실시하게 되면 정부 부담을 줄이면서 경제협력을 확대해나갈 수 있을 것이다. 산업은행은 2005년부터 자체자금을 조성하여 개성공단과 북한 내륙지역에 진출하는 기업에 융자를 실시한 바 있다. 남북관계가 개선되면 먼저 국책금융기관들이 대북경협 지원에 나서고 차츰 민간금융기관에 확대된다면 민간차원에서 이루어지는 대북투자의 상당부분은 재원조달의 실마리를 찾을 수 있게 될 것이다.

둘째, '한반도개발협력기금(가칭)' 신설이다. 현행 남북협력기금은 주로 쌀·비료 등 인도적 지원과 사회문화분야 협력지원 등에 쓰였고 일부분만 남북 경협사업자에 대한 대출 등으로 사용되었다. 앞으로 남북관계가 개선된다면 남북협력기금의 기능은 이와 같이 일회성·소모성 지원과 경협사업자에 대한 대출 등에 활용될 것이다. 그러나 대규모 자금을 필요로 하는 남북 경제협력사업과 북한지역 SOC 구축 그리고 산업정상화 지원을 위해서는 이와 같은 지원을 전담하는 별도의 기금이 설립되어 경제부처를 중심으로 한 이원적 관리운영이 효율적일 것으로 판단된다.

셋째, 프로젝트파이낸스(PF) 활용이다. 남북 경제협력사업의 여러 가지 제약

요인을 감안할 때, 도로, 철도, 항만, 공항 및 발전소 건설 등 사회간접자본 분야나 공단조성사업은 현금흐름을 기초로 투자가 이루어지는 프로젝트파이낸스를 고려해 볼 수 있다. 북한 당국에 대한 직접적인 현금지원이 아니므로 해당자금이 여타 용도로 전용되지 않을 뿐만 아니라 사업이 중단되어도 건설된 시설물은 남는 장점이 있다. 각종 리스크 헤지를 위해 외국 기업이나 다국적 개발기관의 참여를 유도하고 중장기적으로는 다자 간 투자보증기구(MIGA) 등을 활용하는 방법도 강구되어야 한다.

이와 같은 PF사업은 미주개발은행(IDB), 유럽부흥개발은행(EBRD), 흑해경제협력기구(BSEC) 등과 같은 지역협력기구에서 널리 활용되고 있는 기법이다. 북한은 남한에 비해 풍부한 지하자원을 보유한 광산이 많으므로 도로, 철도, 발전소, 공단 등 건설시 '자원-시설 연계형 PF'를 추진하여 북한의 광산을 담보로 남북이 유무상통의 방법으로 SOC 건설을 추진해나갈 수 있을 것이다. 특히 북한지역 개발협력에서 토지, 공장 등 물건에 대한 담보권 설정이 불가능한 상황임을 감안할 때 사업위험을 분산시키고 새로운 자금조달원 개발이 뒷받침되는 PF방식은 북한 SOC 건설에서 유력한 개발금융수단이 될 수 있다.

넷째, 남북 경협사업 수익환수 방법이다. 기본적으로 남북 교역은 관련법에 의해 관세를 면제받는다. 또한 개성공단 등 북한 경제특구에 진출한 남한 기업들은 인건비절감 등을 통해 수익을 얻게 된다. 이와 같이 남북 교역이나 북한 경제특구 진출을 통해 이익을 얻는 대상에는 크게 부담이 되지 않는 수준에서 수익 일부를 환수하여 재원의 일부로 활용할 수 있을 것이다. 그러나 이 방안은 기금조성 규모가 크지 않아 기금 확충효과가 미약하고 사업당사자들에게 기금을 강제 부과할 경우 준조세적 성격으로 부담자의 반발이 예상되는 등 극복해야 할 과제도 많을 것으로 예상된다.

다섯째, '평화복권(가칭)' 발행이다. 입법조처를 통해 복권을 발행할 수 있는 근거를 마련하여 복권을 발행하고 이익금을 '한반도개발협력기금(가칭)' 등 출자금으로 활용하거나 남북 경협사업 지원비로 활용하는 방안이다. 조세저항이 적고 복권 구매계층으로 하여금 남북 경제협력사업에 참여한다는 의식을 고취하는 등의 장점이 있으나 국민의 사행심 조장과 소득분배 역진성 심화 등의 단점도 내포하고 있다.

여섯째, 국채 '한반도개발협력채권(가칭)' 발행이다. 국채발행은 국가운영을 위한 재원 가운데 과세 다음으로 역사가 길고 가장 보편적으로 사용되는 방식이다. 특정 개발협력사업에 한정하여 사용한다는 전제로 관련 채권을 발행하는 것이다. 2013년 33.8% 수준인 GDP 대비 국채발행 비중을 남북 경제협력이 활성화될 것으로 예상되는 2016년부터 0.5%씩 증대시키는 방법으로 재원을 마련하는 방법 등을 검토해볼 수 있다. 국채발행 누적에 따른 재정적자 등에 대비하는 차원의 중장기 재정건전성이 충분히 고려되어야 한다. 독일은 동서독 통합과정에서 비용조달을 위해 통일기금의 83%를 국채발행을 통해 조달한 바 있다. 이 방안은 경협 초기단계보다는 남북경협이 본격적으로 활성화 된 이후에야 추진이 가능할 것으로 판단된다.

일곱째, 군사비 예산 전환이다. 북핵문제의 평화적인 해결과 동북아정세 안정으로 남북 간 긴장이 해소되고 북한의 군사적 위협이 현저히 완화될 경우 군사비 예산의 일부를 감축하여 재원을 마련하는 방안이 가능할 것이다. 군사비 예산전환은 남한만이 일방적으로 해서는 실효성과 지속성을 유지하기 어렵기 때문에 상대방인 북한의 호응, 특히 군축 및 병력배치 전환 등 상응하는 조치들이 남북 군사회담 등을 통해 함께 이루어져야 할 것이다. 남한의 경우 현재 GDP 대비 2.6% 수준 내외인 국방비를 2.1% 수준으로 0.5% 가량 감축했을 경우 2013년도 GDP 기준으로 약 60억 달러의 가용재원이 나올 수 있다.

여덟째, 증세 및 목적세 신설 방안이다. 특정개인이나 기업이 부담하기 어려운 공공재 성격을 지니고 있는 북한 SOC 건설이나 경제특구조성 등 일부 경제협력사업을 지원할 목적으로 국민적 이해와 공감대를 형성해 증세나 목적세 신설을 고려해 볼 수 있다. 증세는 현재 20% 내외 수준을 보이고 있는 한국의 조세부담률을 세율조정 및 세목조정 등의 방법을 통해 단계적으로 24% 수준까지 올려 재원을 마련한다. 목적세는 증세와 기본취지가 같으며 유류세, 담배세, 자동차세 등 일부 소비품에 대해 세금인상 방법을 동원하거나 관련법 제정을 통해 통일세 등 특수목적세를 거출하는 방법이다.

이러한 방안은 2012년 기준 한국의 조세부담률 19.3%가 28개 선진국 평균 조세부담률 35.2%나 국제통화기금(IMF) 신흥국으로 분류한 브라질 등 25개국 평균 조세부담률 23.3%에 비해 낮다는 점에서 그리고 행정부 입안 및 국회 심의·의결로 검토가 가능한 방안이라는 점에서 유력한 재원조달 방안의 하나로 간주할 수 있을 것이다.

평화적 통일을 전제로 한다면 통일재원 마련에는 북한도 엄연한 한축이 돼야 마땅하다. 그러기 위해서는 남북 경제협력사업이 소기의 성과를 거두고 북한 스스로 노력이 선행돼 북한 경제가 회생의 길을 걸어야 한다. 북한의 재원조달 방안은 우선 북한 내부자금 동원을 위해 저축을 유도하거나 채권발행 등을 실시할 수 있다.

향후 남북관계가 크게 개선될 경우에는 북한 정부가 공채를 발행하고 그 원리금 상환을 한국 정부가 보장하는 방법 등을 통해 북한주민들 사이에 퇴장되어 있는 내부저축을 동원하는 방법도 추진 가능할 것이다. 그러나 당장의 북한 경제실정을 감안할 때, 자본축적 부족으로 인해 필요투자액과의 격차는 어차피 외부지원, 특히 외국의 원조나 국제협력을 통해 충당할 수밖에 없다.

이 밖에 부채경감을 위한 외교적 노력과 북·일 국교정상화도 재원조성기반이 될 수 있다. 최근 러시아로부터 약 100억 달러에 달하는 구(舊)소련시절의 채무를 면제받게 된 것은 향후 북한이 대외자금조달에서 운신의 폭을 넓게 할 공산이 크다. 또한 북·일 국교정상화가 성사될 경우 경제개발을 위한 재원조성에 획기적 전환점이 될 수 있다.

남과 북은 물론 국제금융시장 자금도 동원해야

남북협력 재원조달 방안에는 먼저 남북 금융기관 간 파트너십 구축을 들 수 있다. 물론 남북한은 금융에 대한 인식과 법적 장치가 완전히 다르다. 특히 북한에서의 금융은 기능적 측면에서 자원의 직접적 배분기능을 담당하고 있기 때문에 시장경제하의 금융기능과는 본질적으로 다를 수밖에 없다. 북한은 조선중앙은행이 발권, 통화조절, 지급결제 등 중앙은행 고유 업무 외에 기업 및 주민 대상의 여수신업무 등 상업은행 기능까지 수행한다. 북한 경제를 가동시키는 자금은 국가예산으로, 은행대출 등 금융자금은 재정자금을 보충하는 수준에서 이루어져 시장경제하의 금융에 비해 그 역할이 미미하다.

북한 금융시스템은 1990년대 중반 이후부터 그나마 국가재정지출로 이루어지던 자금공급이 거의 중단되거나 폐지됨으로써 자금공급, 신용, 화폐유통 등을 비롯해 전반적인 부문에서 기능을 상실하였다. 따라서 원활한 남북경협과 금융통합을 위해서는 이원적 은행제도 도입, 금융시장 및 금융서비스 다양화, 외국인 직접투자 유치를 위한 금융제도 보완, 환율 및 가격현실화 그리고 자금결제제도 등의 합리화가 이루어져야 한다.

이 가운데서 현재 북한 금융제도와 남북 경협지원의 필요성 등을 고려했을 때, 조선중앙은행 기능 중에서 상업적인 기능은 상업은행을 설립해 분리하도록 하고, 무역 및 외환관련 기능은 무역은행에 이관하며, 조선국가개발은행을 안착시켜 남북 간 개발협력을 뒷받침할 수 있도록 제도적 장치를 갖추는 것이 우선적으로 이루어져야 할 것이다.

이렇게 되면 금융협력 전면에 한국은행, 산업은행(정책금융공사), 수출입은행, 기업은행, 우리은행, 중소기업진흥공단 등 북한 및 통일관련 업무에 특장점이 있는 국책금융기관들이 북한 측 유관 금융기관과 파트너십 형성이 가능하여 업무협력을 모색해나가게 되고, 자연스럽게 남북 경협사업에 대한 금융지원 가능성이 열리게 될 것이다.

북한과 일본 간의 국교정상화 논의가 가시적 성과를 거두어 대일청구권 자금이 북측에 유입될 경우 이 자금을 조선국가개발은행이 관리하여 개발금융을 수행하게 한다면 북한 SOC 개발과 산업정상화에 획기적인 전기를 마련할 수 있을 것이다. 조선국가개발은행의 정착과 활용은 현재 금융시스템하에서도 북한 정부의 결심으로 즉각 운영이 가능하다는 점에서 남북 당국차원에서 합의하여 추진할 가치가 충분한 방안이라 할 것이다.

한국과 미국을 비롯한 주변국들은 약 130억~140억 달러 가량으로 추산되는 북한의 국제채무 변제를 지원하거나 외채상환조건 조정에 협력하는 것이 중요하다. 공적개발원조(ODA) 자금 외에도 국제금융기구로부터의 개발자금, 그밖에 양자 및 다자 간 협력을 통한 재원조성방법도 적극 고려할 수 있을 것이다.

북한이 이용할 수 있는 국제금융기구에는 국제통화기금(IMF)과 세계은행그룹(WBG), 아시아개발은행(ADB) 등 지역개발금융기구가 있다. 세계은행그룹에는 국제부흥개발은행(IBRD), 국제개발협회(IDA), 국제금융공사(IFC), 국제투자보증기구(MIGA) 등이 속한다. 관문은 IMF이다. IMF 회원국이라야만 이들 기구에 가입신청이 가능하기 때문이다. 가입시에는 무상 또는 장기저리 차관을 제공받고 민간투자유치 및 기술훈련생 해외파견을 포함한 기술적 지원을 받을 수 있다. IBRD 가입시에는 연 10억~45억 달러의 차관을 받을 수 있을 것으로 추정되는데, 이를 위해서는 미국 및 일본과의 관계개선이 필요하다. IDA는 최빈국개도국에 개발자금을 장기 · 무이자로 융자하거나 무상공여를 제공하는 프로그램을 운영하고 있으며, IMF · IBRD와 공동으로 1996년부터 외채과다빈곤국에 대한 외채경감조치도 시행하고 있다. 북한이 이러한 도움을 받게 되면 외자조달환경이 크게 개선되는 효과를 볼 수 있다. MIGA는 개도국 외국인 직접투자와 관련한 투자자의 비상업적 위험에 대한 손실보상을 보증함으로써 외국인 직접투자를 촉진하는 데 기여하게 될 것이다.

한편 아시아 유일의 국제개발금융기구인 ADB는 일반재원(OCR) 투자융자, 아시아개발기금(ADF) 융자, 기술지원, 협조융자 등을 통해 회원국의 경제발전을 돕고 있는데 1997년 2월 북한이 정식으로 가입신청을 했음에도 불구하고 미국과 일본의 반대로 아직까지 성사되지 않고 있다.

향후 북·일관계가 개선되고 미국의 양해가 이루어지면 가장 먼저 ADB 가입이 이루어져 차입 기회가 주어질 것으로 예상된다. 국제기구 가입 이전에라도 북·미관계가 진전될 경우 극히 예외적으로 세계은행 등 국제기구로부터 과거 팔레스타인이나 동티모르처럼 국제신탁기금을 지원받을 가능성도 배제할 수 없다.

다음으로 동북아개발은행(NEADB) 설립을 통한 조달방안이다. 박근혜 대통령은 독일 드레스덴에서 동북아 평화와 번영을 위해 '동북아개발은행' 설립 필요성을 언급한 바 있다. 북한이 6자회담에 복귀하고 핵을 포기한다면 북한의 국제금융기구 가입과 국제투자 유치를 지원하고, 주변국과 함께 NEADB를 만들어 북한과 주변지역의 경제개발을 도모하겠다는 구상이다.

원래 이 구상은 1990년 2월 남덕우 전 총리가 한 국제세미나에서 한국, 일본, 중국, 몽골, 러시아, 북한 등 동북아 다자 간 협력의 일환으로 설립을 제안한 이래 오랫동안 아이디어 수준에서 논의되어 온 것이다. 이 구상의 실현은 한국 단독 주도로는 어렵고 적어도 지역강국인 중국이나 일본의 적극적인 참여와 이니셔티브가 필요할 것으로 판단된다. 일본은 ADB를 주도하고 있는 국가로서 역내에 비슷한 역할을 수행하는 지역개발금융기구의 출범을 반기는 입장이 아니므로 중국의 참여가 관건이다.

그러나 중국 역시 한국 주도의 NEADB 설립에는 다소 부정적인 것으로 보인다. 따라서 6자회담을 활용하여 의장국인 중국 주도하에 북핵폐기 유도 및 동북아지역 개발협력 방안으로서 NEADB 설립을 추진하는 것이 효과적일 것으로 판단된다. 중국이 주도할 경우 러시아나 일본의 참여를 유도하기 쉽고 미국도 6자회담 당사국으로서 참여의 명분이 생기기 때문이다. 만일 역내 국가들의 참여하에 NEADB가 출범할 경우 각종 SOC 사업에 소요되는 자금의 일부를 조달함으로써 북한의 개발과 개방 촉진에 기여하고 종국적으로는 북핵문제 해결의 우호적 환경조성과 통일비용 절감을 기대할 수 있을 것이다.

만일 이러한 NEADB 설립구상이 현실화되기 어렵다면 차선책으로 강구할 수 있는 방안은 최근 중국이 주도하여 추진코자 하는 '아시아인프라투자은행(AIIB)' 구상을 NEADB 구상과 접목하여 추진하는 것이다. AIIB 구상을 달갑지 않게 여기고 있는 미국과 일본을 설득하기 위해서는 동아시아지역의 평화와 협력을 명분으로 지배구조를 보다 합리적으로 조정하고 본부가 한국에 설치될 수 있도록 중국을 적극 설득하는 노력이 긴요하다.

통일비용 조달은 미래의 일이 아니다. 현재도 진행 중이고 통일 후에도 지속돼야 한다. 남북 간 상호교류와 협력을 통해 점진적이고 평화적으로 통일을 이루어가는 것이야말로 통일비용을 최소화하고 통일 이후에도 지속적인 발전과 미래세대의 행복을 담보하는 첩경이란 것을 잊어선 안 된다. ●

참고문헌

남성욱, "6자회담 이후 북한경제개발과 국내 및 국제사회 재원조달방안", 한국산업은행,
『동북아 경제중심건설과 산은의 역할』(창립50주년 기념 심포지엄), 2004.

박석삼, "북한의 금융현황과 전망", 북한연구학회 편, 『북한의 경제』, 경인문화사, 2006.

신정현, 『세계화와 국가안보』, 한국학술정보, 2011.

신창민, 『통일은 대박이다』, 매일경제신문사, 2012

윤덕룡, "국내외 금융지원 방안", 매경미디어그룹·한국정책금융공사, 『북한의 경제회생
과 통일시대를 위한 '한반도판 마셜플랜'』(제22차 북한정책포럼 세미나 자료집,
2014. 4.15)

이규영, "유럽의 지역협력을 통해 본 동아시아 지역협력 가능성", 동북아역사재단 편, 『동
아시아 평화와 초국경협력』, 동북아역사재단, 2013.

추원서, "한·몽골 간 물류·금융 연계협력방안 연구", 대외경제정책연구원 편, 『몽골·터
키』, 대외경제정책연구원, 2011.

하영선·조동호 공편, 『북한 2032- 선진화로 가는 공진전략』, 동아시아연구원, 2011.

한국산업은행 동북아연구센터, 『중장기 남북경협 추진을 위한 재원조달 방안』 연구용역보
고서, 2005.

한국정책금융공사, 『북한의 산업 2010』, 한국정책금융공사, 2010.

홍순직, "통일은 대박: 통일한국의 미래상과 과제", 지속가능과학회 춘계학술대회 자료집,
2014.5.23.

Balaam, David N. & Bradford Dillman, Introduction to International Political Economy, Pearson
Education, 2011.

한반도 허브 DMZ 활용법

홍순직

최근 들어 비무장지대(DMZ)의 평화적 이용이 새롭게 주목받고 있다. 박근혜 대통령이 2013년 5월 미국 순방 중 상하원 합동연설에서 DMZ 세계평화공원 조성을 한반도 신뢰프로세스 구축의 일환으로 언급하면서부터이다. 이후에도 박 대통령은 정전 60주년 기념연설과 8·15경축사, 그리고 2014년 신년기자회견 등 수차례에 걸쳐 세계평화공원 구상 실현에 대한 강한 의지를 표명하였다.

마침내 DMZ 세계평화공원 조성을 위해 302억 원이 2014년 예산에 수시배정으로 반영되었고 통일부는 2014년 업무보고에서 DMZ 세계평화공원 조성을 9대 중점 추진과제의 하나로 제시하였다. 경기도 파주와 연천, 강원도 철원과 고성 등 관련 지방자치단체들도 앞 다투어 DMZ 세계평화공원 유치를 위해 유치 공동위원회를 출범하였거나 준비 중에 있다.

DMZ는 생물의 다양성과 희귀동식물 보전, 생태적 가치 등으로 인해 생태계의 보고인 동시에 세계 유일의 분단지역이라는 아픔을 고스란히 전해주는 대립과 갈등의 상징적 장소이기도 하다. 때문에 DMZ 및 그 일원의 평화적 이용은 매우 중요한 의미를 지닌다. 우선 경제적 측면에서 DMZ의 평화적 이용과 개발이 이루어진다는 것은 분단된 국토의 연결로, 섬나라와 다름없는 남한에 대륙과 유럽으로 발전해나갈 수 있는 출발점이 마련된다는 것을 의미한다.

이렇게 될 경우 한반도는 긴장과 지정학적 리스크가 완화되고 남북 교류협력이 본격화되어 대외신인도 제고와 외자유치 증대에 큰 보탬이 될 것이다. 또한 DMZ 개발을 통한 남북 간 교통망연결은 한반도를 동북아의 경제허브로 발전시키고 유라시아 이니셔티브 구상을 실현시킬 수 있는 새로운 발전 공간과 성장동력을 제공할 것이다.

특히 DMZ 내에 평화산업단지나 통일특구가 조성될 경우 본격적인 남북 경제공동체 형성과 평화적 통일기반 조성에도 크게 기여하게 된다. 이는 남북 간 '환경과 경제'의 '녹색성장' 차원을 넘어 '환경과 경제의 균형성장을 통해 평화를 유도'하는 그린데탕트로 발전하는 것을 의미한다. 이외에도 생물다양성과 생태계 보고인 DMZ 및 주변 접경지역이 개발되면 한반도는 세계적인 생태·평화벨트로 조성되어 국제적인 관광국으로 발전을 기대할 수 있다.

다음으로 DMZ의 평화적 이용은 정치·군사적 측면에서도 큰 의미를 갖는다. 대규모 인적·물적 교류 확대를 통해 한반도 긴장완화와 '사실상의 평화적 통일'을 구현하는 터전을 제공할 것이다. 이는 그동안 남북 간의 적대적 대립관계를 경쟁적 협력관계와 평화공존 상황으로 변화를 촉진시키며 정전협정의 평화협정 대체와 한반도 평화체제 형성에도 기여할 것이다. 이로써 냉전과 단절의 최전방이던 DMZ가 평화적 이용으로 인해 평화와 통일, 남북 간 소통의 전진기지로 변화하게 되는 것이다. 이외에도 DMZ 이용과정에서 대규모 인적·물적 교류 확대와 빈번한 만남의 장이 마련됨으로써 상호 이질감 해소와 이해증진, 이산가족 상봉과 고향 방문 등 사회문화 교류확대에도 이바지 할 것이다.

결국 종합하면 DMZ의 평화적 이용은 경제와 평화를 동시에 얻을 수 있는 평화·경제사업이며, 남북이 한 민족으로 생활할 수 있는 민족공동체 형성사업으로서 큰 의미를 갖는다고 할 수 있다. 실제로 분단국들의 접경지역 및 평화공원 개발은 이미 성공한 사례들이 많이 있다. 가령 접경지역 개발 사례로는 중국-대만의 경제특구 개발과 남예멘-북예멘 국경 지대의 석유개발 합의를 들 수 있으며, 평화공원 개발 사례로는 동서독의 그뤼네스 반트 및 생물권 보전지역 개발과 핀란드-러시아 접경의 우정공원과 쌍둥이공원 설립을 들 수 있다.

강점과 약점, 기회와 위기가 공존하는 DMZ

DMZ의 의미와 중요성을 인식하고 있었기에 DMZ의 평화적 경제적 이용방안에 대한 논의와 개발시도는 이전부터 지속적으로 제안 추진되어 왔다. 1971년 6월 군사정전위원회 유엔군 수석대표였던 페릭스 로저스 소장이 DMZ 평화적 이용방안을 처음 제시하였다.

이후 1988년 노태우 대통령은 유엔 연설에서 DMZ 내에 평화도시 건설을 제의하였고, 1994년 8월에는 김영삼 대통령이 DMZ 자연공원화를, 2007년에는 노무현 대통령이 남북정상회담에서 DMZ 내 남북 소초(GP) 및 중화기 철수와 평화적 이용 등을 제안했었다. 이명박 정부에 들어서도 비무장지대의 평화적 이용과 생태·평화공원 조성 등을 인수위원회 국정과제로 선정하여 세계적인 생태·평화벨트로 육성한다는 비전을 제시한 바 있다. 그러나 이 제안들은 북측의 거부로 아직까지 진전이 없는 상황이며, 다만 금강산관광 및 개성공단사업을 위한 통과만을 허용하고 있을 뿐이다.

DMZ 일원은 남북 간의 정치·군사적 대립과 긴장 등으로 인해 군사보호시설로 지정되어 각종 개발규제와 제한조치에 묶여있다. 이에 따라 산업 인프라가 전무할 뿐만 아니라, 일반인들의 접근이 철저히 차단되어 왔다. DMZ와 접경지역 일대 주민들은 수십년 동안 안락한 거주는 물론, 지역개발 활성화와 재산권 행사에서도 많은 피해를 받아왔다. 또한 국토의 허리가 단절되어 국토의 효율적 사용과 균형발전에도 큰 걸림돌이 되었다.

그러나 이러한 접근성의 제한과 분단은 우수한 자연생태계 조성과 함께, 한반도가 고스란히 품고 있는 동존상잔 비극의 상징적 현장인 유적지라는 강점을 갖게 하였다.

〈표1〉 DMZ 및 접경지역 개발의 SWOT 분석

강점(Strength)	약점(Weakness)
– 다양한 동·식물 서식지 – 풍부한 산림 생태계 – 국토 광역생태녹지축 연결고리 – 지속가능한 발전지역으로 미래 자산	– 남북관계 불안으로 사업추진에 한계 – 군사보호시설 존재로 각종 규제 – 군사시설 입지로 생태계 파괴 – 재산권 침해로 지역주민 소외의식
기회요인(Opportunities)	위협요인(Threats)
– 세계적인 생태관광지로 육성 가능 – 평화의 상징, 남북 교류협력의 기폭지 – 지역경제 활성화 요인 – UNESCO 접경생물권 보전지역 지정 가능성	– 남북교류와 통일에 대비한 개발 압력 – 남북한 및 국제사회 이해관계 고려 – DMZ 내 무기 완전 제거(대인지뢰 등) – 토지소유권 분쟁 – 경쟁적 개발심리로 난개발 우려

자료_손기웅(2011)

　DMZ의 평화적 이용 및 통일특구로의 개발을 위해서는 몇 가지 해결해야 할 과제가 존재한다. DMZ가 위치해 있는 지정학적 측면의 문제 해결과 함께 재원 조달 측면으로 구분하여 살펴보기로 한다.

　첫째, 지정학적 측면에서 DMZ 일원은 군사보호시설 지정과 정전협정 등으로 인해 평화적 이용일지라도 국내는 물론 유엔군 사령관, 북한 및 중국군 사령관의 허가를 받아야 하는 제약이 있다. 다시 말해 DMZ 일원을 국제 생태·평화 특구로 개발 육성하기 위해서는 국내적으로는 물론 남북관계와 한반도 주변국 및 국제관계 속에서 고려해야 할 요인들이 있다. 따라서 DMZ의 평화적 이용에는 남북한은 물론 유엔과 미군 등 국제사회와도 관련되어 있으므로 철저한 준비가 요구된다.

　우선 국내적으로는 각 부처 및 지자체의 이해관계 조정을 위한 범정부 차원의 'DMZ 혹은 접경지역 조정위원회(가칭)' 구성이 필요하다. 사실 DMZ의 평화적 이용과 관련하여 정부와 지자체는 물론, 민간에 이르기까지 여러 주체에 의해 다양한 제안들이 있었다. 그러나 남북관계 대치 상황이라는 근본적 이유 외에도 중앙 정부와 지방 정부, 정부와 NGO, 그리고 지자체들 간에도 이해가 상충되어 개발에 어려움을 겪어 왔다. 따라서 실질적 사업 추진과정에서는 지자체와 NGO 단체들의 의견을 수렴하는 '관관 및 민관' 협력파트너 시스템을 구축하는 것이 필요하다.

둘째, 남북 간에는 북핵문제와 남북관계 불안정성 등 정치·군사적 측면의 가시적인 개선 노력 외에도, 남북 공동의 'DMZ협력개발기구(가칭)' 구성과 함께 기존의 교류협력 과정에서 논의·합의된 법·제도적 측면의 문제점 해결과 성실한 이행이 요구된다. 예컨대, 남북 간의 3통(통행, 통신, 통관)과 4대 남북 경협기본합의서(신변안전 보장, 투자 보장, 이중과세 방지, 상사분쟁 조정) 보장 등을 비롯해 국제기구와 제3국들도 참여할 수 있는 여건을 조성해야 한다.

특히 DMZ 이용에는 북한의 참여와 협력이 절대적이므로 참여를 유도할 수 있는 선제적인 제안과 시범사업 추진이 요구된다. 북한에도 DMZ의 평화적 공동개발을 통해 많은 이익을 공유할 수 있음을 구체적 근거를 제시하면서 설득시킬 필요가 있으며 북측이 선호하고 상호 부담이 없는 사업을 중심으로 시범사업을 추진하여 이를 확신시킬 필요가 있다. 예컨대 남북 공동어로구역 설정이나 관광사업, 북한 상품전시장 설치, 역사유물 발굴사업, 친환경발전소 건설 등을 고려할 수 있을 것이다.

셋째, 주변국을 중심으로 한 국제사회의 이해와 협력을 유도하며 DMZ의 평화적 이용을 국제이슈화 할 필요가 있다. 정전협정에 의하면 군사분계선을 통과하거나 DMZ 내에 출입하기 위해서는 유엔군 사령관과 북한 및 중국군 사령관의 허가를 받아야 한다고 한다. 국제 이슈화를 위해서는 DMZ 일원의 특수성을 활용한 각종 이벤트와 국제대회 개최, 평화 및 환경과 관련된 국제기구 유치 등의 노력이 요구된다. 또한 국제사회 차원의 접근은 사업의 지속성과 추진력 확보, 부족한 재원의 안정적 공급확보 등은 물론 중장기적으로는 남북의 경제통합 및 평화적 통일에 대한 우호적인 환경조성을 위해서도 매우 중요하다. 따라서 외국기업 유치나 국제환경 및 국제평화기구 유치, 그리고 국제금융기구의 참여와 북한의 국제금융·무역기구 가입 지원을 적극 추진해야 한다.

정부·민간·국제금융 등 다양한 재원 찾아야

접경지역 개발 및 평화공원 조성에는 개발지역과 면적, 시설물 규모와 개발기간 등 계획에 따라 많은 차이가 있겠지만, 사회간접자본(SOC) 확충 등을 위해서는 대규모 재원이 소요될 전망이다. 그러나 사업의 공공성과 수익성, 사업별 종류와 특성, 개발주체에 따른 장단점 등을 고려한다면 하나의 최적 재원조달 방안을 찾기는 쉽지 않다. 여기에서는 조달 가능한 다양한 재원을 제시함으로써 효율적인 방안모색에 참고자료를 제공하고자 한다. 편의상 정부와 민간, 국제사회 등 경제주체별로 구분하기로 하나, 어떤 방법은 민관 및 국내외 공동개발 방식으로 가능한 부문도 있다.

첫째, 정부의 공공재원 조달방법으로는 남북협력기금이나 조세, 국공채 및 복권 발행, 그리고 수익성사업 발굴방식을 통한 재원조달 방법을 고려할 수 있다. 남북협력기금의 경우 접경지역 개발과 세계평화공원 조성의 역할과 공공성, 중요성 등을 감안하여 남북협력기금의 사용처를 확대하는 제도적 보완이나 법적 근거를 마련할 필요가 있다. 더욱이 최근 5년간의 남북협력기금 집행률이 매우 저조한 점을 감안한다면 이의 이월과 활용을 검토해 볼 만하다.

둘째, 목적세 신설이나 특별법 제정을 통한 재원조달 방안을 생각해 볼 수 있다. 새로운 목적세 신설은 국민적인 조세저항에 부딪힐 수 있으므로 시한이 연장되는 목적세 일부를 활용하는 방안을 검토할 수 있다. 예컨대 2024년 10월까지로 연장이 입법예고된 농어촌특별세나 2015년 12월 말로 시효가 만료되는 교통에너지환경세 등을 고려할 수 있다. 또한 'DMZ 특별법(가칭)' 제정을 통한 재원조달 방안을 고려할 수 있다. 가령 '접경지역지원특별법' 시행령 제20조 개정으로 현행 국고보조율의 상한제한을 해제하거나 시행령 21조의 임의규정인 지방교부세 중 DMZ 개발에 대한 특별교부세 지원을 강제조항화 하는 방안을 검토할 수 있다.

세 번째 방법으로는 국공채 발행이 있다. 정부가 수백조 원에 달하는 시중 부동자금을 활용하기 위해 장기저리의 무기명채권을 발행하는 것이다. 시중 부동자금의 생산자금화 또는 통일기금화 차원에서 일정액에 한해 장기저리의 무기명채권 발행 등을 검토할 수 있을 것이다. 이는 부(富)의 대물림이 아니라 한반도의 평화적 통일시대 기반조성을 위한 '가진 자들의 통일 기여 방안'이 될 수 있다는 인식의 전환이 요구된다.

정부조달의 네 번째 방안으로는 새로운 '통일복권(가칭)' 발행이나 기존 복권기금의 활용방법이 있다. DMZ의 평화적 개발은 통일기반조성 명분이 있으므로 새로운 복권 신설이 가능할 것이다. 따라서 DMZ 개발을 위해 '접경지역지원특별법'에 DMZ 재원에 대한 명시적 강제조항을 신설하거나 'DMZ 특별법' 신설을 통한 근거조항을 포함한다면 기존의 복권기금 일부를 활용할 수 있을 것이다.

다섯 번째로는 수익성 사업을 발굴하는 방법이다. 예컨대 접경지역 국공유지의 개발이나 관광지 개발, 하천과 석산의 골재와 같은 건설자재 판매 등이다. 다만 무분별한 사업추진이나 수익성 위주의 개발로 공공성을 해치지 않도록 유의할 필요가 있으며, 사업자 선정에 있어서는 지자체나 지역주민 우선으로 배정할 필요가 있다.

민간 자본유치 방안으로는 프로젝트파이낸싱(PF)이나 펀드조성을 고려할 수 있다. 우선 PF는 계획된 사업의 수익성을 담보로 민간 투자자금을 모집하여 거액의 자금을 조달하는 방법이다. 이는 BOT(Build Operate Transfer), BLT(Build Lease Transfer), BOO(Build Own Operate), DBFO(Design Build Finance Operate) 등 다양한 방식이 있는데, 주로 SOC 개발에 많이 활용되고 있다. 다음으로는 증권사, 투신사 등 금융회사가 개인투자자들의 자본을 모집하여 재원을 조달하는 방법이다. 금융회사가 수익성 있는 사업을 개발하여 통일펀드 혹은 DMZ 평화펀드와 같은 상품을 통해 자금을 모집하거나 펀드를 조성하여 수익성사업에 투자하는 방식이다. 이외에도 BTO(Build Transfer Operate), CAO(Contract Add Operate), DOT(Develop Operate Transfer) 등이 있다.

해외의 국제자본 유치도 유용한 방안이다. 외국인직접투자(FDI)나 국제기구 참여를 통한 재원조달방법은 부족한 재원확보에 보탬이 될 뿐 아니라 그 이상의 의미를 갖는다. 다시 말해 해외자본 유치는 DMZ 개발을 국제이슈화하여 국제적 관심과 지지 유도, 사업 추진상의 어려움과 운영의 불안정성 완화 등의 측면에서 매우 중요하다.

특히 DMZ 일원은 유엔군과 중국군 사령관의 허가를 받아야 한다는 제약이 있다. 따라서 미국, 중국, 일본, 러시아 등 한반도를 둘러싼 주변국들의 자본유치와 공동진출을 통해 한반도 평화안정과 통일에 대한 주변국들의 이해와 지지, 협력을 유도해내야 한다. 전문가들 사이에는 DMZ 일원을 유엔 주도나 국제사회 차원에서 개발하자는 의견도 상당수 있다. 이들은 유엔이 계획을 세우고 세계은행과 아시아개발은행(ADB), 국제부흥개발은행(IBRD) 등이 자금과 기술지원을 하여 철도(TKR)와 도로를 연결하며, 금강산관광지구와 남·북·러 가스관과 전력망 연결사업까지 유엔 주도로 개발하자고 주장하기도 한다.

녹색성장과 평화 동시에 꿈꾸는 DMZ

DMZ의 평화적 이용의 추진목표는 이름과 달리 중무장된 DMZ의 '실질적 비무장화' 추진을 통한 한반도 평화안정과 남북 경제공동체 및 환경공동체 형성에 두어야 한다. 다시 말해 DMZ 및 통일특구개발을 그린데탕트 실현의 출발점으로 삼아야 한다. 정치·군사적으로는 전쟁억지와 완충지역 설정이라는 DMZ 본연의 평화기능 복원에 두고, 경제적으로는 환경보전과 지속가능한 성장을 동시에 추구하는 '녹색성장'을 지향하는 방향으로 추진해야 한다는 의미이다.

이는 DMZ 개발을 단기적인 관점이 아니라 다음 세대와 한반도 전체를 고려하여 중장기 차원의 지속가능한 발전을 위한 거시적 접근이 필요함을 의미하며, 국토균형발전과 효율적 이용, 국토경쟁력 제고, 그리고 남북 경제 및 환경공동체 형성과 동북아경제권 형성 등의 촉진 측면에서도 매우 중요하다. 이런 점들이 바로 국가적 차원에서 접근이 필요한 중요한 이유 중 하나이다. 이를 위해서는 몇 가지 기본방향 설정이 요구된다.

첫째, 한반도에서 녹색성장과 평화사업을 동시에 추구하는 방향으로 추진되어야 한다. 다시 말해 환경보전과 지속발전 가능한 개발·성장을 동시 추구하면서 남북 상생공영의 평화를 추구하는 평화사업도 함께 지향해야 한다. DMZ 개발을 기존 생태계의 자연성이 그대로 유지되는 방향으로 생태 및 환경친화적 가치를 극대화하면서도 새로운 성장동력으로 기능하는 방향으로 나아가야 한다. 한편으로 DMZ는 전쟁과 분단, 대립과 갈등, 단절의 역사적 상징이기도 하다. 따라서 우수한 생태자원의 보존·활용과 분단지역 상징성을 활용하여 세계적인 생태·평화적 이용가치를 극대화하는 방향으로 추진해야 한다. 이를 위해 희귀 생태자원 및 문화유산 등의 보전과 친환경적 이용방안을 강구하는 동시에 DMZ의 특수성을 적극 활용하여 국제적 관심을 유도함으로써 남북교류 및 국제평화 거점으로 육성해야 한다. 또한 평화와 경제의 포괄적 추진으로 한반도 평화안정과 남북 공동이익을 동시에 추구하면서 '경제를 통한 평화'와 '평화를 통한 경제'가 상호 상승작용하면서 선순환적인 발전을 모색하는 방향으로 추진해 나가야 할 것이다.

둘째, 실현가능성이 높은 사업부터 점진적으로 추진해야 한다. 다시 말해 분단과 대립의 남북관계 현실을 고려하여 공간적으로는 남한지역이나 기존의 DMZ 및 인근 활용가능 지역을 중심으로 우선 추진하거나 새로운 거점을 개발한다. 사업별로는 북측의 수용이 용이한 부문과 유무형의 파급효과가 큰 부문을 우선 활용하며 사업 규모별로는 소규모에서 대규모로 점차 확대해 나가야 한다. 따라서 남북관계 현실을 고려하여 실현 가능성이 높은 사업을 우선 선정하여 '제한적인 DMZ 비무장화'를 추진해나갈 필요가 있다. 또한 개별적·단발성 사업보다는 남북한 모두에 유무형의 파급효과가 큰 사업 부문부터 우선 추진해야 한다. 특히 인적·물적 교류가 많은 사업이나 일단 재개되면 중단하기 어려운 사업, 그리고 여타의 남북 경협사업이나 남북관계 발전, 국토의 균형발전 등에 기여도가 높은 사업을 우선 추진할 필요가 있다.

셋째, 남북 상생공영의 성공적 개발모델을 정착하여 점차 확대해나가는 단계적 개발전략이 요구된다. DMZ와 관련된 기존 개발사례의 우선 확장을 통해 평화적 이용의 성공사례를 정착시켜 북측의 참여와 수용 확대를 유도함으로써 단계적으로 점차 확대하여 지속발전이 가능하도록 추진해야 한다. 예컨대 시간적으로는 남북관계와 북핵문제 진전과 연계하되 지역적으로는 개성공단 개발사업과 금강산관광사업을 연계 추진할 필요가 있다. 이 두 사업은 경제적 사업을 통해 DMZ의 평화적 이용에 성공한 대표적 사례로 평가된다.

넷째, 범정부차원의 사업추진으로 중앙 정부와 지자체, 민간들과의 협동적 조화를 이루어야 한다. 앞서 지적한대로 DMZ의 평화적 이용과 관련하여 중앙 정부와 지자체는 물론 민간에 이르기까지 여러 주체에 의해 그동안 다양한 제안이 이루어졌으며 정부 부처 내에서도 각 행정부처별로 별도의 관련 계획을 수립하거나 연구를 수행하였다. 그럼에도 불구하고 경의선·동해선 구간 남북 간 도로·철도망 복원과 금강산관광 및 개성공단사업을 제외한 대부분 사업은 실질적인 성과가 없는 상황이다. 따라서 부처이기주의와 지역이기주의, 단기성과 달성을 위한 백가쟁명식의 다양한 구상 나열보다는 하나라도 결실을 거둘 수 있도록 경제주체들의 협동적 조화가 필요하다.

정부의 통일정책은 민족공동체 통일방안에 근거하여 '화해·협력 단계→남북연합 단계→통일국가 완성'의 3단계 과정을 통해 '1민족-1국가-1체제-1정부'의 완전한 통일국가를 건설하는 점진적, 단계적 통일추진방안이라고 정의할 수 있다. 통일 이전을 3단계로 구분하되 남북 경제공동체를 남북 단일경제권이라는 최종모습으로 본다면, 남북 경제공동체 형성은 완전한 평화통일로 가기 위한 경제부문의 실질적·제도적 통합과정으로, 통일의 중간지점으로 정의할 수 있을 것이다. 따라서 통일 이전의 DMZ 평화적 이용방안을 남북 경제공동체 형성과 연계하여 단계별로 구분한다면 화해협력단계와 남북 연합단계까지로 구분할 수 있을 것이다.

〈표2〉 DMZ의 평화적·경제적 이용 방안

구분	화해·협력 단계	
	기반 조성 단계	본격 협력 단계
군사 평화	−DMZ의 평화적 이용, 회담 정례화 −군비통제 및 한반도 평화협정 논의	−DMZ 비무장화 시작 −평화협정 논의 본격화 −별도 평화관리기구 설치
농축산	−남북 협의, 공동조사 −별도 시범사업 실시(친환경농업단지) −CDM 조림사업 협의	−남북 공동농장 운영 −CDM 조림사업 실시
물류 산업 단지	−소규모 단순 물류창고 −특산물 상품 전시장 −경협 상담창구	−고부가 물류센터, 평화시범도시 건설 −대규모 상품교역장 설치 −소규모 임가공단지
관광	−금강산·개성·PLZ관광 −시범적 생태탐방 −시범적 평화누리길, 올레길 조성(남한)	−산림 휴양센터 조성 −금강산·설악산 연계관광
MICE	−평화박람회 개최(남한) −생태포럼 개최(남한) −유엔기구 유치위원회 구성 협의	−국제평화컨벤션, 국제생태환경포럼 −남북 평화박람회, 전시회 −유엔 환경기구 유치
문화 체육	−평화·안보예술제(남한) −민족역사·문화관 건립 및 학술회 개최 −국제 청소년 문화제(남)	−국제평화예술제 개최(문화예술광장 건립) −남북 공동체육대회와 청소년 캠핑촌
SOC	−단절 교통망 시범복구 −수자원 공동관리(임진강 수해방지댐 건설 논의)	−교통망 복구 확대 −임진강 수해방지댐 건설 −재생에너지 협의
사회 교육	−이산가족상봉 −남북·국제 공동조사 및 학술회 개최	−이산가족면회소와 개성기숙사 건립 −평화대학 건립(남한) ·경제, 기술 교육센터 건설
기타	−접경위원회 설치 협의(공동 재난방지 대처)	−유엔 평화빌리지 건설 논의

이에 앞서 DMZ를 평화적으로 이용할 경우 경제협력분야에서 가능한 사업들을 중심으로 살펴보면 다음과 같다. 유기농 농축산업과 수산업, 임가공 등 소규모 경협사업, 물류·에너지사업, 관광 및 대규모 관광 서비스산업(MICE) 등 경제협력사업을 비롯하여 단절된 교통망 복원과 임진강 평화댐 건설 등 인프라 확충사업, 문화체육 및 사회교육 등 민족공동체 지원사업(통일특구 지정과 통일평화예술제

개최. 이산가족 상봉면회소와 기숙사, 경제·기술교육센터 등 건설)을 들 수 있다. 이외에도 남북 접경위원회 설치, 유엔 환경기구 및 유엔 평화대학 유치, 유엔 평화빌리지 건설 등도 고려할 수 있을 것이다.

특히 남북 상호 간 신뢰형성 차원에서 시범사업 선정이 요구된다. 예컨대, DMZ 남북 공동의 생태조사사업이나 소규모 물류단지 건설, 단절된 교통망 연결이나 공동 재난방지협의회 구성 등을 고려해볼 수 있다. ●

참고문헌

김홍식, 「DMZ Peace Park 조성 및 재원 조달 방안 – 주요 쟁점 중심으로」, 'DMZ 세계평화공원, 어떻게 조성할 것인가' 정책토론회, 한반도통일연구원, 2013.

박원일, 『이제 UN과 한국이 나서야 할 때다』, 컬럼 221호, 남북물류포럼, 2013.

손기웅, 『DMZ 평화 정착과 환경보호를 위한 이니셔티브』, 사단법인 코리아DMZ협의회 제2차 국제학술회의, 2011.

홍순직, 「한반도 평화 정착을 위한 DMZ 경제적 활용 방안」, 『KoFC 북한개발』, 통권 1호, 한국정책금융공사, 2013.

한반도 통일 견인차 GTI

나원창

지난 100여 년간 대륙세력과 해양세력이 교차하는 곳에 위치한 한반도에서는 긴장과 대립이 끊이질 않았다. 청일전쟁, 러일전쟁, 6·25전쟁 등 3번의 큰 전쟁이 있었고 이후 남북분단이 고착화되면서 한국은 유라시아 대륙과 지리적으로 단절되었다. 이와 같은 현대사의 그늘로 인해 한국은 그간 태평양을 향한 유라시아 대륙의 첫 관문으로서의 지정학적 특성과 장점을 살리지 못한 채 오랜 세월을 보내야 했다.

냉전 종식 이후 러시아와 독립국가연합(CIS) 국가들은 서방과의 장벽을 허물면서 활발한 교류에 나섰다. 국경을 초월한 교통 인프라 건설은 물류비 절감과 에너지의 보다 효율적인 이용을 가능하게 하였다. 최근 우크라이나 사태로 촉발된 미·러 갈등과 러시아에 대한 에너지 의존도를 줄이려는 유럽연합(EU)의 노력은 지난 20여 년간 동서방이 얼마나 깊이 연계되었는지를 역설적으로 보여주고 있다.

한반도 통일은 시대적 요구

한국이 통일될 때 진정한 유라시아 시대가 열리게 될 것이다. 한국 정부는 '동북아평화협력구상'을 통해 남북한 등 동북아 국가들 간의 양자 갈등 구조를 신뢰와 경제협력을 바탕으로 한 다자협력의 틀로 바꾸고자 한다. 유라시아를 '하나의 대륙', '창조의 대륙', '평화의 대륙'으로 만들어가자는 '유라시아 이니셔티브'는 동북아를 넘어 유라시아 시대를 열고자 하는 한국의 열망을 담고 있다.

한반도는 대륙과 해양을 연결하는 세계 주요 간선항로에 위치하고 있다. 태평양과 아시아를 잇는 첫 관문이다. 이 관문이 닫혀있는 한, 유라시아 전역을 연결하는 21세기 실크로드는 미완의 상태로 머물게 될 것이다. 남북이 하나 될 때 비로소 한반도는 유라시아 대륙철도의 진정한 시발점으로 역할을 할 수 있다. 이를 위해서는 한반도 공간을 닫히고 폐쇄된 영토에서 열린 영토로 발전을 추진해 가는 것이 중요하다.

한반도 종단철도와 대륙철도망을 연결하는 실크로드 익스프레스(SRX)의 완성은 유럽까지 화물 수송시간을 절반으로 단축시키는 물류혁명을 가져다 줄 것이다. 남북을 연계한 중국·러시아·몽골 등과의 동북아 국가 간 통합 에너지망 구축은 자원의 효율적인 이용을 통해 공동의 경제발전을 가능케 할 것이다. 이러한 사업은 동북아와 유라시아 지역의 경제·사회적 연계 강화와 그에 따른 번영을 지역 전체로 확산시키고, 그 과정에서 한반도의 입지 및 경쟁력을 강화시킬 수 있는 중요한 전략이라 할 수 있다.

남북통일은 유라시아 시대를 완성하는 마지막 퍼즐 조각으로 북한을 동반성장의 틀로 합류시킬 것이다. 지리적 단절이라는 장애물 제거로 역내국가 간 경제통합은 더욱 빠르게 진행될 것이다. 북한을 통해 중국횡단철도를 이용하면 유럽 수출의 경우 현행 평택항-중국횡단철도-유럽노선보다 운송기간이 1/3로 줄어들고 물류비용도 30% 이상 절감된다. 또한 유라시아 경제권 전체로 남북통일의 편익이 파급될 것이다. 10%를 넘나들던 성장률이 7%대로 떨어지며 주춤거리는 중국 경제와 저성장 기조에 빠진 러시아, 일본 등 주변국 경제에 새로운 활력을 불어 넣을 것이다.

동북아평화협력구상과 유라시아 이니셔티브는 다자적 접근을 통한 한반도 통일시대 기반 구축을 목표로 한다. 광역두만강개발계획(GTI: Greater Tumen Initia-tive)은 중국 동북 3성, 러시아 연해주, 몽골, 한국을 대상으로 역내 경제협력과 개발을 도모하는 동북아 유일의 정부 간 다자협력 채널이다. 동북아평화협력구상과 유라시아 이니셔티브의 비전을 구체화할 수 있는 유용한 수단인 것이다.

GTI는 2016년 '동북아경제협력기구(가칭)'로 법적 전환을 할 계획이다. 한국은 GTI가 국제기구로 법적전환을 하기 직전인 2015년 의장국을 맡게 된다. 동북아에 새로운 국제경제기구를 탄생시키는 산파 역할을 하게 된 것이다.

두만강 유역을 동북아의 홍콩으로

GTI의 법적전환을 위한 논의가 참가국 간에 활발하게 진행되고 있다. 지난 3월 베이징에서 개최된 GTI 조정관회의에서 새로운 기구의 형태와 기능에 대한 큰 공감대가 참가국 간에 형성되었다. GTI의 개발사업 자금조달 문제도 한국 주도로 동북아 수출입은행협의체가 출범되면서 상당 부분 해결될 전망이다.

북한이 GTI에 참가한다면 '동북아경제협력기구(가칭)'의 최대 수혜국이 될 수 있다. 동북아 유일의 정부 간 다자협의체인 GTI와 새롭게 출범하는 '동북아경제협력기구(가칭)'는 남북이 하나가 되고 한반도가 태평양과 유라시아 대륙을 잇는 '경제가교'로 재탄생하는 날을 앞당기는 데 기여할 것이다.

GTI의 전신인 두만강개발계획(TRADP: Tumen River Area Development Programme)은 1980년대 후반 소련 해체에 이어 1991년 한·소 수교, 1992년 한·중 수교 등으로 동북아가 거대한 지각 변동을 겪고 있던 시기에 유엔개발계획(UNDP)의 주도로 출범하였다. TRADP는 전 세계에서 전쟁의 위험이 가장 높은 지역 중 하나이며, 경제적 상호보완성이 큰 동북아의 중심지인 두만강 유역을 '동북아의 홍콩'으로 육성한다는 비전을 이루고자 하였다.

2005년에는 한국, 북한, 중국, 러시아, 몽골 등 참가국이 전면에 나서면서 두만강 유역으로 한정되었던 사업 대상지역을 동북아 전역으로 대폭 확장하였고 명칭도 광역두만강개발계획(GTI)으로 개편하였다. 베이징에 GTI 사무국도 새로 설립하여 참가국 정부 직원들이 파견 근무를 하고 있다. 북한도 1991년 TRADP 출범 당시부터 2009년까지 참가하였다.

〈그림1〉 TRADP 및 GTI 대상지역

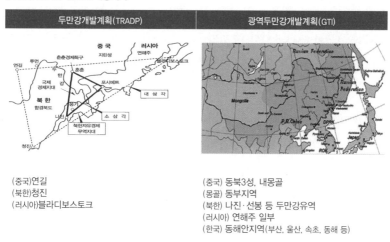

두만강개발계획(TRADP)	광역두만강개발계획(GTI)
(중국)연길 (북한)청진 (러시아)블라디보스토크	(중국) 동북3성, 내몽골 (몽골) 동부지역 (북한) 나진·선봉 등 두만강유역 (러시아) 연해주 일부 (한국) 동해안지역(부산, 울산, 속초, 동해 등)

광역두만강개발계획(GTI)은 지난 20여 년간 경제적 상호보완성이 큰 동북아 지역의 경제개발협력 틀을 다지는 데 기여하였다. 교통, 무역 원활화, 에너지, 환경, 관광, 지방협력 등 6개 분야에서 위원회를 설치하여 다각적인 활동을 진행하고 있다.

2011년 이후 주요 성과 사업을 보면, GTI 역내 통합·교통·물류·인프라에 대한 종합적인 개발연구를 실시하고, GTI지역 교통전략과 액션플랜을 마련하였다. GTI 참가국 간 연결성을 높이고 화물·여객의 원활한 국경통과를 위해 교통 인프라 개선과 정부 차원의 규제완화, 교통망 관리체계 확립 등의 내용을 담고 있다. 백두산을 포함한 다국가 경유 관광사업, 동북아 무역원활화 역량강화 프로그램, 나진-하산 사업 타당성 조사 등을 수행하였다.

2011년 GTI 총회에서 우리 측은 GTI의 전략적 중요성을 강조하고 GTI에

'Globalization Takes Integration'라는 의미를 부여했다. 선진국 경제의 회복 둔화 가능성이 높아지고 있는 상황에서 아시아 역내시장통합의 중요성은 더욱 부각되고 있다는 의미다. 역내 금융안전망 논의진전, 아세안지역과의 FTA체결, 메콩 강 유역개발사업 등이 대표적인 예이다. 동북아지역에서도 경제통합의 진전을 위해 배전의 노력을 기울여야 한다.

GTI는 'Good To Ideal'이다. 즉 참가국의 선의(Good Will)를 넘어 우수한 프로젝트 개발을 통한 사업의 가시화를 요구한다. GTI가 UNDP의 플래그십 프로젝트로 발전할 수 있도록 참가국과 유엔의 보다 적극적인 역할이 필요한 시점이다.

GTI는 'Growth Through Inclusion', 즉 역내 국가들의 참여를 통한 성장전략이 중요함을 일깨워 준다. 포용적 성장은 역내 낙후된 지역의 빈곤감축과 개발이익의 공유를 전제로 하는 개념이다. 많은 지역에서 경제통합을 위한 인프라 투자를 통해 경제성장 전략을 추진하고 있다. 동북아 낙후지역 주민의 일자리 창출을 통한 소득증대 없이는 개발의 진정한 의미를 발견하기 어렵다. 참가국 간 상생발전을 도모하고 고용, 성장, 복지 간의 선순환을 유지시키는 비전과 리더십이 절대적으로 필요한 시점이다.

GTI의 전략적 가치는 무궁무진

한반도 통일시대 기반 구축을 위해 GTI를 어떻게 활용할 것인가? 첫째, GTI는 북한을 아우르는 동북아 접경지역의 경제협력을 설계하고 미래 발전을 모색하기에 적합한 다자 간 협력의 틀로 활용될 수 있다. 남북 양자구도에서 벗어나 한반도 통일에 직접적인 영향을 미치는 주변국들과 함께 통일경제의 기반을 차분하게 그려볼 수 있는 것이다.

한국 정부는 이러한 GTI의 전략적 중요성을 감안하여 출범 당시부터 GTI 사업에 적극 참여해 왔다. 동북아지역의 경제통합이 남북통일에 직·간접적으로 기여할 것이라는 판단에 따라 두만강 유역개발과 동북아 경제협력에 대한 연구와 사업을 위해 신탁기금을 운영해 왔다. 그간 복합운송체계, 에너지 협력, 투자서비스 네트워크, 과학기술 인프라 구축, 관광자원 개발, 수자원 관리, 환경영향평가 등 다양한 연구사업이 한국 신탁기금의 지원을 통해 수행되었다.

GTI의 강점은 동북아 역내에 필요한 개발사업을 발굴하고 타당성을 연구하는 것이었다. 반면 발굴된 개발사업을 추진하는 데 필요한 사업 재원을 마련하는 것에는 한계를 보여왔다. 한국 정부의 주도로 GTI 참가국들은 2013년 역내 개발사업에 필요한 재원조달을 위한 새로운 기반을 마련하였다. 한국 수출입은행, 중국 수출입은행, 러시아 대외경제개발은행, 몽골 개발은행 등 참가국의 수출입은행들이 모두 참여하는 동북아 수출입은행협의체가 출범한 것이다.

앞으로는 GTI가 발굴한 경제성 있는 우선협력분야 프로젝트에 대해 수출입은행협의체를 통해 안정적으로 재원을 조달할 수 있는 길이 열린 것이다. 선군정치를 내걸고 핵·장거리 미사일 개발에 치중하며 장기간 경제를 등한시했던 북한의 개발 수요는 매우 크다. 북한이 향후 GTI에 재가입하고 비핵화 등에 진정성 있는 자세를 보인다면 북한은 GTI 개발사업의 최대 수혜국이 될 수 있을 것이다.

한국 정부는 2013년 10월 동북아 경제협력 활성화를 위한 GTI 발전방안을 수립하였다. 동북아의 경제협력이 우리 경제의 성장잠재력을 높이고 한반도의 안정에도 긴요하다는 판단에서였다. 상호보완적 산업구조로 인해 상생협력이 가능한 GTI지역을 북방 신성장공간의 핵심 축으로 활용하겠다는 것이다.

한국이 GTI 발전방안에 따라 제14차 GTI 총회에서 제안한 사업계획들도 모두 채택되었다. 특히 주목할 사업계획은 광역두만강지역(GTR: Great Tumen Region)의 농업협력, 동북아 상공회의소협의체 설립 사업이다.

동북아의 농업협력은 한반도의 식량안보와 직결된다. 통일기반의 문제인 것이다. GTR지역의 경우 거대한 경작지와 우수한 토질로 농업개발 잠재력이 크다. 그러나 긴 동절기로 경작 가능기간은 짧다. 넓은 지역을 짧은 기간에 집중 재배하기 위해서는 기계화가 필수적이다. 소비시장이 원거리에 위치하고 있는 한계도 존재한다.

한국 정부가 제안한 연구사업은 북한 접경지역을 비롯한 역내 농업협력 활성화를 위해 기술개발, 기계화, 자금지원능력을 강화하는 방안을 포함하고 있다. 지역 농업발전을 통해 역내 실업문제를 해소하고 인력 유입을 활성화하여 성장 잠재력을 키우며 안정적인 식량확보를 통해 식량안보 문제를 해소하는 데 기여하는 방안을 마련할 것이다.

남북통일 이후 북한 경제가 자립하기 위해서는 지역 소상공인들의 역할이 긴요하다. 북한은 국제상업회의소(ICC) 회원국이다. 동북아 상공회의소협의체는 참가국 상공회의소들이 호혜적인 협력체제를 구축하여 역내 소상공인들의 활동을 다각적으로 지원하는 것을 목표로 한다.

동북아 상공회의소협의체는 참가국 기업들에 역내 경제·무역·개발 관련 정보를 제공하고 공동 박람회·세미나 개최, 사절단 파견 등의 활동을 통해 교류를 활성화하며 상호 투자기회를 확대해 나갈 것이다. 북한이 GTI에 참가하면 동북아 상공회의소협의체에서 함께 활동할 수 있게 된다. 북한 소상공인들을 육성하고 중소기업 운영 노하우를 전수받는 데 큰 도움이 될 것이다.

둘째, GTI는 양자협력만으로는 안정성을 담보하기 어려운 남북 경제협력 채널을 남·북·러와 남·북·중 3각 협력을 통해 보완하고 국제화할 수 있는 다자간 협력 채널로 적극 활용할 수 있다. 동북아는 역사 갈등, 영토 분쟁, 전쟁의 위협과 상호보완적인 산업구조가 상존하는 곳으로 양자 간 협력만으로는 한계가 있다. 한국 정부는 그간 남·북·러, 남·북·중 3각 협력사업의 원활한 추진을 위한 플랫폼으로써 GTI를 활용해 왔다.

GTI는 2005~2006년간 북한 나진항과 북·중 접경지역인 원정 간 도로 건설에 대한 타당성 조사를 실시하였다. 중국 측은 2009년 북한과 원정-나진 간 도로(48㎞) 건설에 합의하였고, 2012년 10월 공사비 1억5000만 위안을 투입하여 중국 표준2급 도로를 완공하였다.

한국 정부의 주도로 GTI는 2013년 나진항 3번 부두와 북·러 접경지역인 하산 간 53km 구간의 복합물류운송사업에 대한 경제성 분석연구를 승인하였다. 2000년대 중후반까지 고조되었던 나진-하산 사업에 대한 관심이 대내외적으로 사그라져 갈 때 GTI를 통해 남·북·러 복합물류사업의 의미와 전략적 중요성을 거듭 강조한 것이다.

2013년 11월 포스코, 현대상선, 코레일이 참가한 한국 민간 컨소시엄이 공식 출범되었고, 2014년 2월 나진항 3번 부두와 하산-나진 간 철도에 대한 1차 실사가 완료되었다. 보다 깊이 있는 조사를 위해 2014년 7월 2차 실사가 진행됐다. 나진-하산 사업의 본격 운영에 대비하여 나진-하산 간 열차 운행, 통관, 하역 등 각 단계별 점검 사항들을 세밀하게 짚어보았다. 조만간 사업권을 보유하고 있는 러시아 철도공사와 지분 인수에 대한 협상이 시작될 것이다.

나진-하산 사업이 성공적으로 추진된다면 부산항·속초항-나진항-시베리아횡단철도(TSR)가 뱃길과 철길로 연결될 것이다. 쌍방향으로 자유롭게 물류가 오고가게 된다면 울산 현대자동차 공장에서 생산한 차량 부품을 북한 나진항을 거쳐 유라시아 대륙의 끝인 상트페테르부르크에 있는 현대자동차 공장에 보낼 수 있게 된다. 실크로드 익스프레스(SRX)가 가시화되는 것이다.

2014년 3월 발표된 드레스덴 통일구상에는 남·북·러 3각 협력사업과 더불어 신의주를 중심으로 한 남·북·중 3각 협력사업이 포함되어 있다. GTI는 남·북·러, 남·북·중 3각 협력사업에 참가하는 모든 정부들의 이해 연결고리로 부각되고 있다.

셋째, GTI는 북한을 포함하는 대규모 동북아 사업들을 제안하고, 주변국들의 공감대를 확보해 나갈 수 있는 다자협력 채널로 활용될 수 있다. 북한이 지난 2009년 GTI를 탈퇴하며 내세운 이유 중 하나는 TRADP 사업의 일환으로 1991년부터 추진해온 나진·선봉특구에 대한 GTI의 지원이 북한 측 기대에 못

미친다는 것이었다. TRADP을 통해 300억 달러의 투자를 유치하여 북한의 나진·선봉, 중국의 훈춘, 러시아의 포시에트를 연결하는 독자적인 국제산업지구, '동북아의 암스테르담'을 건설한다는 웅대한 비전이 20여 년이 지나도 실현되지 않은 것에 대한 불만의 표시였던 것이다.

그러나 북한의 탈퇴는 한국, 중국, 러시아, 몽골 정부의 관심이 다시 광역두만강지역으로 모이는 시점에 발생하였다. 중국은 2007년 8월 '동북진흥추진종합계획'을 발표하였다. 연안 지방에 비해 그간 발전이 더딘 동북3성의 개발에 박차를 가하고 있다. 러시아는 '신극동지역개발전략'과 '극동자바이칼프로그램'을 통해 극동지역 개발에 주력하고 있다. 자원부국인 몽골은 빈약한 교통 인프라로 인한 내륙국의 불이익을 해소하기 위해 새로운 자원 수출 인프라를 구축하는 데 관심이 크다.

북방정책은 GTI 차원에서

한국 정부도 2013년 5월 극동지역의 새로운 기회를 살리기 위해 새로운 북방정책을 추진할 것이라고 발표하였다. 냉전 종식 이후 전개하였던 북방정책의 비전을 이어가겠다는 것이다. 이러한 노력의 일환으로 러시아 연해주에 석탄·가스 화력 발전소를 건설하고 북한지역을 관통하는 송전선을 세워 경기 북부로 전력을 공급하는 방안을 GTI 차원에서 검토하도록 할 계획이다.

한국과 러시아가 발전소와 송전소를 함께 건설하고, 석탄과 가스는 러시아 국내가격으로 공급받아 전기를 생산하여 국내보다 낮은 가격으로 전력을 공급한다는 구상이다. 북한에는 통과비용을 전력으로 지급할 경우 유엔 안보리 제재대상인 대규모 현금 지급 문제도 해결될 수 있을 것이다.

러시아 연해주와 하바로스크, 중국 흑룡강 북대황 등 북방 흑토평원에 경작지를 조성하고, 가공·유통·노동·기술 지원센터를 운영하는 농식품 클러스터형 개발사업도 GTI 차원에서 연구를 추진하도록 계획하고 있다. 러시아와 중국이 토지를 공급하고 중국의 노동력과 기술을 활용하며 한국의 자본 및 가공기술을 접목시키는 다국적 민간 컨소시엄을 구성한다는 것이다. 북한이 GTI에 참가할 경우 양질의 북한 노동력도 최대한 활용될 수 있을 것이다.

미국과 어깨를 견주는 주요 2개국(G2)으로 부상한 중국, 세계 에너지 수출 1위를 다투는 러시아, 자원부국 몽골과 세계 경제 10위권 한국 등 참가국들이 광역 두만강지역과 GTI의 전략적 중요성에 다시 집중하고 있다. 오랜 기간 당초 품었던 동북아 중흥의 비전을 펼치지 못하고 연구중심 조직으로 머물러 왔던 GTI가 변하고 있다. 참가국들의 관심과 지원, 동북아 수출입은행협의체의 출범에 힘입어 사업수행 중심으로 역량과 체계를 정비하고 있다. 2016년 동북아 유일의 국제기구가 될 '동북아경제협력기구(가칭)'로 새롭게 발돋움하는 GTI는 한반도 통일시대를 준비하는 데 반드시 활용해야 할 다자협력의 틀이다. ●

참고문헌

나희승, '남북·유라시아 철도사업의 의의 및 협력과제', KDI 북한경제리뷰 2014.2월호

4부

통일경제 기반 조성사례

남북경협의 마중물, 개성공단

유창근

2013년 개성공단이 폐쇄의 위기에 직면하자 반기문 유엔 사무총장을 비롯한 저명한 국제 인사들이 정상화를 촉구하고 나섰던 것은 개성공단이 갖는 상징성이 그만큼 크기 때문이었다. 실제로 개성공단은 남북경협사업의 유일한 성공모델이자, 대북경협 전면중단선언인 5·24조치 이후 남북 간에 유일한 경협통로다. 개성공단이 '통일의 마중물'인 이유다.

〈표1〉 개성공단 발전단계

구분	태동기	개척기	형성기	정체기	잠정중단	도약기
기간	2000~3년	2004~5년	2006~7년	2008~12년	2013년	2014~17년
개발단계	부지조성	시범단지	1단계 166필지	83필지 가동	–	2, 3단계 2천만 평
업체수	2003.6.30 착공	15개사	1차: 34사 2차: 68사	123사	–	1,000사 이상
근로자(명)	현대아산 건설인력	4,171명	1차: 15,147 2차: 23,259	53,507	–	35만 추정
생산량(만 달러)	–	368.7	1차: 14,740 2차: 15,888	166,643	–	?

태동기

노태우 대통령은 1988년 서울올림픽을 성공적으로 치러낸 자신감을 바탕으로 '한민족 공동체 통일방안'을 천명하였다. 이는 남북통일을 국가 중심의 시각에서 민족공동체라는 사회 중심의 통일개념으로 전환하는 새로운 이정표가 되었다. 이를 토대로 1990년에는 '남북교류협력에 관한 법률'이 제정되면서 남북경협의 제도적 기반이 마련되었다.

1998년 김대중 정부는 전향적인 남북경협 활성화 조치를 발표하였다. 관련 법규의 상당부분을 수정하여 수시방북을 확대하고 위탁가공용 설비 반출과 투자규모 제한을 폐지하였다. 최초의 남북정상회담은 김영삼 정부에서 1994년 7월25~27일까지 평양에서 열릴 예정이었지만 김일성 주석의 사망으로 무산되었다. 이후 김대중 정부는 베를린 선언을 통해 "대한민국 정부는 북한이 경제적 어려움을 극복할 수 있도록 도와줄 수 있는 준비가 되어 있다. 현 단계에서 우리의 당면 목표는 통일보다는 냉전종식과 평화정착이다. 북한은 무엇보다 인도적 차원의 이산가족 문제 해결에 적극 응해야 한다. 이러한 모든 문제를 효과적으로 해결하기 위해 남북 당국 간의 대화가 필요하다"고 역설하였다. 한반도 냉전구조를 해체하고 항구적인 평화와 화해협력을 북한에 제안했고 북한이 전향적으로 우리 정부의 제안을 수용하며 제1차 남북정상회담이 성사되었다.

남과 북은 경제협력을 통하여 민족경제를 균형적으로 발전시키고, 사회·문화·체육·보건·환경 등 제반분야의 협력과 교류를 활성화하여 서로의 신뢰를 다져나가기로 합의하였다. 이후 2000년 8월22일 중국 베이징에서 남북 경협사업에 대한 포괄적인 합의서와 공업지구 건설·운영에 관한 합의서를 북한과 현대 간에 체결하였는데 이를 계기로 개성공단사업은 태동하였다.

한편 2001년 미국에서 발생한 9·11 테러로 인하여 조지 부시 미국 대통령이 북한을 '악의 축'으로 규정한 일이나, 2002년 월드컵 기간 중 발생한 서해교전은 개성공단사업의 험난한 여정을 예고하였다. 설상가상으로 개성공단사업을 의욕적으로 추진하던 민간 개발업자인 현대그룹은 정주영 명예회장의 사망으로 추동력을 잃은 상황이었다. 당시 현대그룹의 경영권을 승계한 정몽헌 회장은 중단 위기에 처한 공단 개발사업을 포기하지 않고 강한 의지로 추진하여 2003년

6월30일 어렵게 착공식을 치르고 본격적인 개성공단 시대의 서막을 열었다.

개척기

개성공단 시범단지는 개성공단을 본격적으로 가동하기에 앞서 사전점검을 위하여 추진한 사업으로 공단 운영을 위한 법·제도, 투자환경 등을 점검하는 성격이 짙다. 정부는 입주기업을 선정하기 위한 '시범단지 심사위원회'를 구성하였다. 심사기준으로 기반시설 사용 부하 및 배출량이 적고 노동집약성이 높으며 재무상태가 양호한 업체를 유치한다는 원칙을 세워 추진한 결과 15개 기업을 선정하여 분양계약을 체결하였다.

시범단지는 1단계 330만m²(100만 평)부지 안에 9만3000m²를 15개 필지로 나누어 분양했고 섬유 2개사, 화학 2개사, 신발 1개사, 기계·금속 6개사, 전기·전자 4개사 등 15개 업체가 입주하였다. 이중 협동화의 성격을 띤 2개사가 2개의 필지를 받아 총 기업 수는 26개사가 되었다.

본 단지 1차 분양도 진행되었는데, 입주 수요가 가장 많은 섬유·봉제·의류 및 가죽·가방·신발분야를 집중적으로 모집하였다. 서울, 부산, 대구 등 광역도시를 중심으로 설명회를 진행하였고, 2005년 8월 분양신청을 받은 결과 92개 업체가 신청하였다. 섬유봉제 업종은 평균 6:1의 경쟁률을 보였고 가죽·가방·신발 업종은 3:1의 경쟁률을 보였다. 이 중 일반 공장용지 17개 기업, 협동화단지 6개 기업, 아파트형 공장용지에 한국산업단지공단 1개 기관 등 총 24개 기업 및 기관이 선정되어 2005년 9월21일 분양계약을 체결하였다.

형성기

2006년 10월 북한의 핵실험으로 남북관계는 경색됐으나 인도적 지원과 개성공단사업 등은 지속되었다. 2007년 10월 제2차 남북정상회담이 성사되었고 그동안 지속되어 온 남북 장관급회담은 총리회담으로 격상되어 진행되었다. 북관대

첩비의 북한 귀환, NGO단체인 굿네이버스의 남포 사료공장 준공 등 여러 분야의 교류가 활발히 진행되기도 하였다.

2006년 4월 남북이 첫 합작으로 황해도 정촌에 흑연광산을 준공하였고, 2007년 7월 말부터 3차에 걸쳐 북한 단천지역의 지하자원을 공동으로 조사하여 광업분야의 협력을 진전시켰다. 이는 일반경협분야에서 경공업 원자재와 생산기술을 북한에 지원하고 그에 대한 대가 일부를 광물로 상환받기로 한 '남북 경공업 및 지하자원 개발협력에 관한 합의서의 세부이행 합의서'에 따라 진행된 것이었다. 2007년 12월에는 경공업 원자재에 대한 상환금으로 북한산 아연괴 500t이 인천항에 선적되기도 하였다.

형성기는 주요 인사들의 개성공단 방문이 잦았던 시기이다. 재외공관장, 미국 하원 의원, 주한 미국대사와 대사관 직원, 유럽연합(EU) 의원단 등 국내외 인사들이 개성공단을 방문하였다. 개성공단 입주업체들의 건의에 따라 '개성공업지구 지원에 관한 법률'이 제정되었고, 정식 변전소가 건설되어 송전방식에 의한 전력이 공급되었으며, 개성공단 1단계 기반시설 준공식이 거행되었다.

2006년 본 단지 2차 분양을 추진하였으나 북한의 미사일 발사 및 핵실험 등으로 분양 착수를 할 수 없었고, 2007년 4월 말 본 단지 2차 분양 공고가 진행되었다. 2007년 3월 7일부터 5월 29일까지 서울, 부산, 인천, 대구, 광주, 대전 등 6대 광역도시는 물론 인천 남동공단, 안산 시화공단 등 주요 공단지역까지 12차례에 걸쳐 투자설명회를 열었다. 특히 외국 기업 유치를 위해서 주한 유럽연합 상공회의소 소속 외국 기업인을 대상으로 투자설명회도 개최하였다.

2차 분양은 공급물량이 대폭 확대되었음에도 높은 경쟁률을 기록하였고, 183개 업체가 입주기업으로 선정되었다. 업종별 경쟁률은 전기·전자 5.8:1, 화학·플라스틱 4.6:1, 기계·금속 3.1:1, 복합 업종이 2.6:1이었다. 외국 기업 유치 용지를 별도로 분양하였는데 6필지 중 3필지가 매각되었다.

2차 입주업체(이하 2차 업체)들의 분양은 2007년 6월 하순에 확정되었다. 상당수

수 업체가 공장 준공을 마치고 입주한 2008년부터 본격적인 남북경색이 시작되었다. 2008년 7월 금강산관광객 피격으로 남북관계는 급격히 냉각되었고 북측은 11월 군부의 개성공단 방문 현장파악을 진행하였다. 12월1일에는 개성공단의 상주 체류인원을 880명으로 제한하고 통행·통관을 제한하였다.

이런 와중에서도 2차 업체들은 공장을 준공하고 설비를 구성하였으나 근로자를 제때 받을 수 없어 큰 어려움에 직면하였다. 투자에 따른 고정비는 지출하였지만 공장을 가동하지 못하는 진퇴양난의 난국에 빠진 것이었다. 2009년 초에는 반복되는 통행 제한의 사태를 겪으며 해외 바이어들의 신뢰를 잃고 겨우 회사를 유지하는 상황이 전개되었다. 이러한 어려움은 최근까지도 기업에 큰 타격으로 남아 있으며 순조롭게 진행되었더라면 성취하였을 좋은 기회들을 잃어버린 아쉬움을 갖게 했다.

정체기

2008년 대북정책 기조가 전환되는 과정에서 남과 북은 대화의 끈을 잡지 못하고 대립과 반목의 경색국면으로 접어들게 된다. 남북관계는 여러 가지 악재가 겹쳐져 정체기 5년 동안 경색이 심화되는 국면을 보였다. 상호 간의 시각차이로 인하여 대화 제의는 공전하였고, 금강산관광객 피격사건 등으로 인해 관계가 개선될 기회조차 마련하기 어려웠다. 금강산관광객 피격사건으로 남한이 중단한 금강산관광사업은 현재까지 재개하지 못하고 있고 북한은 오히려 이를 계기로 별도의 관광사업을 진행하며 금강산지구 내 남한의 자산을 동결하는 등 초강수로 대응하고 있다. 2008년 말에는 군부에서 개성공단 시찰을 단행한 이후 개성공단의 남측 상주인원을 제한하고 통행·통관을 제한하는 12·1조치를 강행하였다.

2009년 초에는 한·미 합동군사 훈련을 빌미로 북한에서 통행을 일시 차단하는 제한조치를 취하였고 개성공단은 바이어들의 신뢰를 잃고 큰 손실을 입게 되었다. 해외 바이어들의 신뢰를 잃어버린 입주기업들은 결국 수출을 포기하고 내수 위주의 시장으로 돌아서게 되었다.

2010년 3월 발생한 천안함 침몰 사건은 개성공단의 존폐를 위협할 만한 큰 사건이었다. 남북의 모든 소통 통로가 원활하지 않은 상황에서 벌어진 극단적 사건으로 인해 남북관계는 일촉즉발의 위기에 빠졌고, 개성공단 또한 이러한 갈등에서 자유로울 수 없었다. 정부에서는 북한을 압박하기 위하여 5·24조치를 시행하면서 개성공단을 제외한 모든 남북교류를 중단하였고, 주재원 수를 제한하고 신규투자를 제한하는 등 강경조치를 취하였다. 아직 개성공단에는 신규투자가 금지된 상태이다. 5·24조치의 실효성에 대해서는 이견이 있지만 최근의 평가를 보면 5·24조치로 인하여 북한 정부보다 남한 기업이 입은 피해가 훨씬 컸으며, 남북경협이 중단된 것을 계기로 북·중 교역이 활성화되면서 북한의 중국 의존도를 심화시켰다는 의견이 대세이다.

북한이 주도한 12·1제한조치와 남한이 주도한 5·24제재조치에도 불구하고 개성공단사업은 지속되었다. 모든 남북 대화가 중단된 상태에서도 '개성공단 관련 남북 당국자 실무회담'은 지속되면서 개성공단 현안을 논의하였다. 개성공단 정체기에 성장이 둔화되기는 해도 중단되지는 않았다. 2008년 1월 북측 인원이 2만2778명에서 2012년 10월에는 5만3181명으로 늘어났고 총 생산액은 2008년 말 기준 2억5142.2만 달러에서 2011년 4억184.8만 달러로 증가하였다. 이외에도 컨벤션센터 건설, 탁아소 건설, 출퇴근 버스 확충, 개성시내에서 공단으로의 진입도로 정비 등 여건에 맞게 개성공단은 지속적인 발전을 거듭해 왔다. 개성공단의 개발이 계획대로 진행되어 글로벌 다국적기업들이 공단에 자리를 잡았더라면 지금쯤 큰 발전을 이루어 안정된 환경을 구축하였을 뿐 아니라 동북아 경제공동체와 평화의 구심점으로 큰 역할을 할 수 있었을 것이다.

남북 정치·군사적 갈등이 개성공단 발목 잡아

2007년부터 2012년 11월까지 월별 인원 증가추세와 생산액의 변화를 분석해
보면, 월별 생산액과 인원현황 등이 남북관계의 영향을 직접적으로 받고 있음을
알 수 있다. 남북관계가 크게 경색되었던 2008년을 기점으로 인원의 증가율은
현저히 변화를 보이고 있고 생산액은 주요사건에 따라 영향을 받아 추세선의 아
래위를 오가는 것을 볼 수 있다.

〈그림1〉 개성공단의 월별 생산액, 북측 근로자수, 주요사건

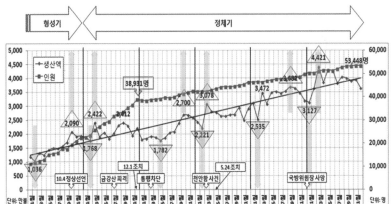

개성공단은 공단 착공 이전의 2002년 6월 서해교전, 가동 중이던 2006년
10월 북한의 핵실험, 2010년 3월 천안함 사건 등 남북의 치명적인 정치·군사적
갈등 가운데서도 꾸준하게 성장하였다. 2013년에는 5개월간의 잠정폐쇄로 인
하여 활동이 멈춘 상황에서도 끈질긴 생명력을 발휘하여 다시 재개하였고, 입주
기업들은 생존의 어려움을 극복하며 정상을 찾아 안정화를 이루어 가고 있다.

일련의 과정을 통해 개성공단은 어떤 위기 상황도 극복해내고 다시 회복할 수
있는 자생력을 가진 모델이라는 것이 확인되었다. 다만 정치적 리스크는 성장률
의 기울기를 변화시킬 만큼 영향이 있기 때문에 정경분리의 원칙이 지켜진다면,

외국 기업들도 마음 놓고 투자할 수 있는 환경을 구성하는 데 큰 도움이 될 것으로 보고 있다.

2013년 5개월간의 개성공단 잠정 폐쇄기간 동안 남과 북의 당국자들은 개성공단의 필요성에 대하여 진지하게 검토했을 것이다. 개성공단의 발전과 효율적이고 안정적인 운영을 위해서 제시한 방안이 개성공단의 국제화이다. 개성공단의 국제화는 이미 이러한 정책적 제시 이전 다수의 기업이 개성공단에 진출하면서 기획했던 목표였다. 또한 개성공단 개발업자인 현대아산과 북측 또한 염두에 두어 개성공업지구법에도 관련 규정이 명기되어 있다.

〈그림2〉 개성공단 국제화 모델

〈그림2〉는 개성공단의 국제화에 관한 모델이다. 1단계로 남한과 북한의 인적·물적 자원을 개성공단 입주기업을 통해서 투입한다. 이렇게 투입된 자원을 기반으로 개성의 근로자들을 교육하고 생산을 지속하며 지식기반 역량을 축적한다. 준비된 인적자원을 활용하기 위해서 해외 기업들을 개성공단에 유치하고 이를 기반으로 글로벌 지식기반 환경을 구축한다. 국제화를 원활하게 이루기 위해서는 입주기업을 중심으로 남북 당국, 국제사회, 국내 기업, 해외 기업들이 개성공단에 매력을 느낄 수 있어야 한다.

근로자와 기업경영이 직접 만나서 활동하는 영역에서 지식기반화는 비교적 빠른 시간 안에 역동적인 성과를 낼 수 있으며 이를 통해 글로벌 기업들의 개성 공단 유치를 촉진할 수 있을 것이다. 개성공단의 국제화는 외국 기업의 유치뿐만 아니라 기존 입주기업들에게도 경쟁력을 확보할 수 있는 기회가 되어야 할 것이다.

위기 속에서 피어난 개성공단의 희망

2013년 4월 초 개성공단은 북한 근로자 및 남한 체류인원 전원철수 등의 조치로 가동중단 위기를 맞았다. 개성공단 사태는 북한의 3차 핵실험 이후 미국을 비롯한 국제사회가 핵실험에 대한 강력한 조치로 유엔 안보리에서 대북제재 결의안을 채택한 이후 발생하였다. 북한은 한·미 합동군사훈련을 문제 삼으며 정전협정을 백지화하고 유엔 안보리 대북제재결의안 채택에 대한 대응으로 판문점 직통전화 및 남북 간 군통신선을 차단하였다.

남북 간 군통신선은 북한지역에 체류하는 우리 국민에 대해 유엔사령부가 관여하는 최소한의 신변보호 장치인데, 이를 차단한다는 것은 북한에 체류 중인 우리 국민의 안전이 보장되지 않을 수도 있다는 것을 의미하는 것이다. 또한 북한은 남한의 일부 보수언론에서 북한의 최고 존엄을 훼손하였다는 이유를 들어 개성공단에 대한 통행을 차단하고 북한 근로자 철수를 단행하였다. 북한은 국제사회의 대북제재안에 반발하며 남북 간 유일하게 남아 있는 경제협력의 끈인 개성공단에 대하여 통행제한과 북한 근로자 철수라는 조치로 남한 정부를 압박하려 한 것이다.

한편 남한 정부는 개성공단 통행차단 및 북한 근로자 철수 이후 정상화를 요구하며 대화와 실무회담을 반복적으로 제기했지만 북한의 반응이 없자 개성공단에 체류하는 모든 남한 인력의 철수를 결정하였다. 남북 당국의 강경한 조치로 개성공단사업은 10여 년 만에 중단되면서 북한지역에는 단 한명의 남한 국민도 체류하지 않는 상황에 이르게 되었다.

정부는 개성공단의 정상화를 위하여 여러 차례 북한에 대화를 시도하며 조건 없는 재개를 촉구하였으나 반응이 없자 국민의 신변보호를 위하여 잔류인원 전원 철수를 결정하게 된다. 개성공단에 입주한 가동기업과 미착공기업, 영업기업 및 공기업들은 5·24조치에도 영향을 받지 않았던 개성공단이 자신들의 의지와 상관없이 중단되자 크게 당황하며 좌절하였다.

입주기업들은 중단 위기를 극복하고 정상화하기 위하여 국내외 언론을 통해 간절히 호소하였다. 호소를 접한 정부는 국무총리실 산하에 특별대책반을 구성하여 위기를 관리하기 시작했고 국회의원들은 여야 할 것 없이 초당적으로 나서서 피해실태를 파악하며 위로와 격려를 아끼지 않았다. 특히 개성공단 근로자에게 지급되는 급여가 돈줄이라서 절대로 개성공단은 폐쇄할 수 없을 거라며 북한을 자극했던 일부 언론과 보수단체들조차 폐쇄만은 막아야 한다며 개성공단의 정상화를 강조하였다.

개성공단사업의 중요성을 인식한 남과 북은 정상화를 위한 당국 간 실무회담을 여러 차례 반복한 결과 2013년 8월14일 재발방지 및 신변보장, 3통(통행·통신·통관)의 조속한 실현, 해외기업의 투자유치를 통한 국제화 등의 합의안을 도출하고 개성공단의 발전적 정상화 합의를 극적으로 타결하게 되었다.

국회 외교통상위원회에서는 입주기업들의 피해상황을 확인하기 위해 개성공단에 대한 현장조사를 결정하고 북한에 공식적으로 방북을 요청하였다. 이에 화답하여 북한에서는 국회의원들의 개성방문을 승인하여 최초로 북한지역에서 국정감사를 실시하는 성과를 이루게 되었다.

개성공단 정상화 합의 이후 재가동과 피해 복구는 기업의 몫으로 남았다. 기업 정상화에는 많은 시간이 필요할 것으로 예상된다. 잃어버린 바이어들의 신뢰를 되돌려 주문이 정상화되고 가동을 멈춰 망가진 정밀기계들을 정상으로 정비하며 출근을 멈추었던 개성 근로자들이 모두 복귀하여 정상 가동률로 회복하기까지는 1년여의 기간이 필요하다. 기업에 따라서는 이미 타격을 회복하여 정상화를 이룬 곳도 있겠지만, 한번 거래가 취소되면 다시 연결하기 어려운 소재 부품 등의 업체들은 긴 시간을 두고 고통스러운 과정을 감내하게 될 것이다.

개성공단은 남북 간 합의하에 유일하게 유지되고 있는 경제공동체이며 통일의 묘목장이다. 현재 개성공단을 제외한 남북관계는 5·24조치 이후 모든 영역에서 교류협력을 진행하지 못하고 있는 실정이다. 이러한 상황에서 개성공단에서의 남북 경제협력 사례, 남북주민들의 만남, 다양한 분야의 협업 사례 등은 통일을 이루기 위한 매우 중요한 초석이 될 것이다.

한반도 분단사에서 개성공단과 같이 일상생활의 터전에서 광범위한 주민접촉이 이루어지고, 행정기관이 한 건물에 모여 협의하고 그 해결책을 찾아내며 법규를 의논하여 제정하는 곳은 아마도 개성공단이 유일할 것이다. 또한 북측의 노동력과 토지, 남측의 자본과 기술이 결합하여 상생과 공동번영을 이루고 있음은 매우 다행스러운 일이다.

따라서 개성공단은 연구와 실험의 장으로 통일의 거대한 실타래를 풀어내는 시발점이 되어야 한다. 개성공단의 특수성을 십분 활용하여 지렛대 효과를 최대한 이용한다면 놀라운 성과가 이루어질 것이다. 이를 위하여 세계를 개성에 끌어들이는 노력이 필요하다. 경제적인 목적만이 아니라 정치, 문화, 예술 어떤 분야든 세계인을 끌어들여 마음껏 활동할 수 있도록 지원해야 한다. 이렇게 된다면 개성공단은 통일로 가는 다양한 통로의 시작점과 연결점으로 손색이 없는 허브 역할을 할 수 있을 것이다. ●

남북경협 현주소와 성공조건

유완영

북한은 경제적으로 대단히 어려운 상황에 처해 있다. 국가의 생산과 공급체계가 와해되면서 주민들은 스스로 먹는 문제를 해결하고 있다. 이 과정에서 시장과 같은 사경제활동이 급속히 확산되고 있다. 사경제활동 확산은 남한을 비롯한 외부세계에 대한 정보와 자본주의 의식을 함께 확산시켜 체제응집력을 약화시킬 가능성이 높다. 북한이 박근혜 대통령의 한반도 평화구상인 '드레스덴 선언'을 반대하고 나선 것도 국가와 당에 대한 의존도가 많이 약해진 주민들의 의식변화를 더욱 촉진시킬 수 있다고 보기 때문으로 판단된다.

우여곡절의 연속이었던 남북경협의 길

남북경협의 역사는 1992년 ㈜대우의 남포 합영사업이 그 출발점으로 20여 년간 부침을 거듭해 오고 있다. 남북경협이 경제적 논리보다 남북한의 정치·군사적 논리에 강하게 영향을 받아왔고 경제문제가 정치의 종속적 관계를 벗어나지 못했기 때문이다. 금강산관광사업을 비롯해 크고 작은 남북 경협사업은 천안함 폭침사건에 대한 우리 정부의 강력한 대응조치인 5·24조치로 개성공단을 제외하고는 전면 중단되었다.

남북 경제협력사업의 지속성이 담보되기 위해서는 무엇보다 정치적 안정이 필수적이다. 남북 경제협력은 2000년 남북정상회담을 기점으로 전반기와 후반기로 구분할 수 있다. 전반기는 1992년 대우합영사업을 시작으로 정상회담까지 약 10여 년간의 시기이다. 남한 기업은 북한의 통일전선부 산하 민족경제협력연합회를 통해 평양으로 진출하였다. 진출분야는 임가공, 위탁가공, 농수산물 반입사업 등 주로 일회성 사업에 치중되었다. 이후 1998년 현대의 금강산관광 개발사업이 남북 경제협력사업을 주도하면서 전기·전자 분야 중소기업들의 투자로 점차 확대되었다.

그러나 남북경협 전반기에는 북한 현지공장과 직접적인 연락이 불가능했고, 공장방문이나 경영활동 역시 자유롭지 못하였다. 북한의 전력난으로 현지공장 가동은 불규칙하였다. 공장운영에 있어서도 남한과 북한 모두에서 각종 규제를 받는 등 사업 환경은 열악하였다. 더구나 이 시기의 남북경협은 국제통화기금(IMF) 경제위기와 겹치면서 경협활동에 불리한 환경이 조성되었다. 이러한 사업 환경으로 인해 전반기 10여 년 동안 성공한 경협기업은 드물다.

남북정상회담 이후 후반기는 경협 초기에 비해 남북교류가 활발해지기 시작하였다. 2000년대 초반까지만 해도 투자나 협력사업보다는 한국의 자본과 설비를 북한에 들여가 북한의 노동력을 통해 제품을 생산하는 임가공사업 형태가 주를 이루었다.

그러나 2002년 12월 개성공단의 착공은 남북경협이 임가공사업에서 투자협력사업으로 전환하는 계기로 작용하였다. 2000년대 중반에 들어와 새로운 경협 시대가 도래하면서 남북정상회담의 후속조치로 남북경제협력추진위원회(경추위)가 구성되었다. 2005년 7월9일 서울에서 개최된 경추위 제10차 회의에서 남과 북은 남북경협의 기본원칙으로 '유무상통의 원칙'에 합의하는 성과를 거두기도 하였다. 이에 앞서 북한은 7월5일 남북경협의 기본법적 성격을 가진 '북남경제협력법'을 제정하였다. 이를 통해 북한은 대남경협에 대한 통일적 지도체계를 구축하여 남북경협의 안정성을 추구하는 모습을 보이기도 하였다.

이 시기에 들어와 경협에 대한 북한 측의 시각도 변하였다. 경협 초기 북한은 무조건적인 지원을 요구하였다. 북한의 입장에서 한국 기업의 이익은 고려의 대상이 전혀 아니었다. 이는 자본주의시스템에 대한 이해의 부족에서 기인했던 것으로 보인다. 이로 인해 무리한 요구가 많았고 수익성 역시 낮아 우리 측 기업에 악영향을 미쳤다. 결과적으로 금강산관광사업 등 일부 사업을 제외하고 대부분의 기업들이 남북 경제협력사업에서 철수하기도 하였다.

그러나 차츰 한국 측 기업들의 투자를 유도하기 위한 변화가 일어나기 시작하였다. 이는 막대한 손실을 입고 철수한 기업들로 인해 한국 측 기업들의 대북투자 기피에 따른 것이다. 결국 북한은 한국 측 기업의 이익 부분 역시 고려하기 시작하면서 점차 자본주의시스템에 대한 이해도를 높였다. 이러한 북한 측의 경협에 대한 시각 변화는 경협 형태의 변화로 이어졌다. 그러나 북한의 남북경협에 대한 기본시각은 '우리민족끼리'라는 말로 압축할 수 있다. 북한은 잘 사는 남측이 북측을 도와야 한다는 입장을 갖고 있기 때문에 일정부분 남측이 당연히 지원을 해야 한다는 입장을 지금도 유지하고 있다.

남북경협 두 가지, 협력사업과 위탁가공사업

남북 경제협력사업은 정부차원에서 적극적인 지원을 통해 추진한 경협과 민간차원에서 투자를 통해 이익을 창출하기 위한 사업으로 크게 이분화 할 수 있다. 물론 지방 정부들의 크고 작은 사업까지 포함하면 매우 다양한 사업들이 추진되었다. 그러나 안타깝게도 이들 경협사업 대부분은 말 그대로 일회성 행사에 그치고 말았다. 지금까지 20년 남짓 중단과 재개를 거듭하면서 추진되어 온 남북경협사업을 크게 두 가지, 협력사업과 설비투자형 위탁협력방식으로 나눌 수 있다.

첫째, 협력사업이다. 협력사업은 〈표1〉에서 보듯이 기업운영을 북한이 맡는 합작기업과 투자자 양측이 공동으로 경영하는 합영기업으로 구분된다. 합작사업은 투자자와 북한 양측 모두 공동투자하고 계약조건에 의거해 이익을 공동으로 분배하는 형식이다. 그러나 기업경영과 생산은 북한 측이 담당한다. 합영사업은 투자자와 북한 양측 당사자가 공동으로 출자 및 경영하는 형식이기 때문에 이익과 손실도 투자지분에 따라 공동으로 분배한다.

이외에도 외국인투자자가 단독으로 100% 투자하여 운영하는 외국인 단독투자 형식도 있다. 그러나 과거 나진·선봉경제특구에서 외국인 단독투자가 허용된 사례가 있으나 기타 지역에서는 아직도 허용되지 않고 있다.

북한에서 한국인이 장기간 체류하면서 영업활동을 하는 데에는 아직 제약이 있어 협력사업의 경우 합영보다는 합작의 형태가 주류를 이루고 있다. 과거 대우가 북한과 합영기업을 설립하여 운영한 바 있으나 생산, 노무관리 등에서 배제됨으로 인하여 실질적인 경영활동에 참여하지 못하였다.

〈표1〉 협력사업 형식

	합작기업	합영기업
기업투자 형태	북한 투자자와 외국 투자자(한국포함)가 공동투자	북한 투자자와 외국 투자자(한국포함)가 공동투자
기업운영 형태	북한이 기업경영	투자자 양측이 공동으로 경영
이윤분배	합작 계약조건에 따라 이윤분배	투자 몫에 따라 이윤을 배분
설립 형태	북한 현지기업(유한책임회사)	북한 현지기업(유한책임회사)

일반적으로 북측과 남측의 기업 지분율은 50대 50의 형태로 이루어지고 있다. 최근 중국 등 외국 기업인의 경우에는 외국 측의 지분을 50% 이상으로 할 수도 있으나, 100% 외국인 지분소유는 아직도 허용이 안 되고 있다. 북한 내 기업 설립은 관계기관 검토와 무역성 비준을 받은 후 지방행정기관과 공안기관에 등록을 한다. 남북경협 4대 합의서 중 투자보장에 관한 합의서가 발효되어 한국 기업도 북한에 기업을 설립할 수 있는 제도적 기반이 조성되었다.

둘째, 설비제공형 위탁가공사업이다. 합작사업 형태와 유사한 형태이다. 설비제공형 위탁가공사업 방식은 〈표2〉와 같다. 북한은 오랜 기간 경제침체를 겪으면서 생산설비가 부족하고 기존 설비와 시설 역시 상당히 노후화되었다. 이 점은 북한에 진출한 남측 기업들이 충족할 만한 양질의 제품을 생산하는 데 장애로 작용한다. 북측에 제공된 설비는 무상으로 제공하거나 임가공비에서 설비금액을 상계하는 방식을 취하고 있다. 이때 북한에 반출하려는 설비나 부품이 전략물자 등 반출금지 대상이 아닌지 사전에 확인해야 한다. 설비제공형 위탁가공사업은 합격판정을 받은 제품에 대해서만 북측에 임가공비를 지급하기 때문에 북한 측도 품질관리 및 납기유지에 지속적인 관심을 갖는다.

북한이 제공하는 인력은 비교적 우수한 편이다. 북측인력은 고등교육을 받아 이론적 지식과 기술습득 등 업무 진행속도도 빠른 편에 속한다. 그러나 한국 기업이 생산하려는 제품에 대해 생산경험이 부족한 경우가 많다. 그렇기 때문에 제품생산에 앞서 북측인력에 대한 충분한 기술 및 안전교육을 실시하는 것이 좋다.

설비제공형 위탁가공사업의 경우 북한의 전력난과 부품조달 어려움을 고려하여 설비를 가동할 때 문제가 없도록 전력 및 여유부품을 준비할 필요가 있다. 또한 현지공장을 방문하기 위한 절차에 일정 시일이 소요되는 점을 감안하여 갑작스러운 설비고장에 대응하기 위해 북측 노동자에 대한 설비교육도 필요하다.

〈표2〉 설비제공형 위탁가공사업 방식

운영방식	-남측은 설비, 원부자재, 기술 부분 등을 제공 -북측은 건물, 인력, 용수, 전기, 생산 부분 담당
노무관리	-북측에서 직접 채용 및 인력 관리
품질관리	-북측 인력에 대한 기술교육을 통해 북측에서 생산제품을 1차로 관리 -생산제품의 국내 반입 이후 남측기업에서 검수 -제품에 문제가 있을 경우 해당 공정 수정 혹은 북측인력에 대한 재교육
설비관리	-설비 유지 및 보수 관리는 남측기업이 담당 -설비에 대한 소유권은 남북 양 당사자 계약에 따름
임금지급	-북측에서 직접 인력관리를 하게 되어 인력 개개인의 임금을 남측기업이 지불하지 않음 -생산된 합격품에 대하여 임가공비만 남측기업이 지급

정치적 위험도를 배제한다면 장기적으로는 합작 혹은 합영형식의 협력사업이 바람직하다. 그러나 현재의 남북관계와 경협 환경에서는 위험을 최소화할 수

있는 설비투자형 위탁가공사업이 가장 효율적이다.

일회성 아닌 성공적 경협 추진을 위하여

성공적인 경협 추진을 위한 사전검토는 반드시 필요하다. 이념과 체제가 다른 북한과의 경제협력에는 많은 어려움이 따른다. 북한과의 경제협력을 일회성 행사가 아니라 성공적으로 추진하기 위해서는 사전에 다음과 같은 점을 충분히 검토할 필요가 있다.

첫째, 사업의 타당성을 충분히 검토해야 한다. 북한과 협상에 임할 때는 사업의 성공적인 진행을 염두에 두고 시작한다. 협상에 임하기 전에는 사업타당성 등 검토사항이 많다. 손익분기점에 대한 검토를 비롯해 물류비 및 초기 투자비, 현지설비, 부지 및 인원 활용 여부, 상품회수율 등이다.

둘째, 각 부분의 실무자를 통한 전문 검토가 필요하다. 대북사업의 성격상 법률, 통관, 물류 및 기술적인 부분이 포함되기 때문에 사전에 반드시 해당 전문가를 통해 사업진행 중 발생할 수 있는 문제를 점검해야 한다.

셋째, 사업검토는 단점의 시각에서 출발해야 한다. 사업을 추진할 경우 사업의 긍정적 효과보다는 사업의 장애요인이 될 수 있는 점을 면밀히 검토해야 한다. 안정적인 사업추진을 위해서는 거리에 비해 물류비용이 과다하게 발생하지는 않는지, 투자지역의 전력사정은 어떤지, 투자지역의 환경에 따른 설비보수나 유지비 증가요인은 없는지, 북한 내 활용가능한 설비와 시설 수준에 따른 추가 소요비용은 어느 정도인지, 운송수단의 제약으로 인한 납기지연 가능성은 없는지 등을 면밀히 따져봐야 한다.

넷째, 협상의 기밀유지가 필요하다. 사업이 본격적으로 진행되기 전에 북한측 사업파트너와 협의한 내용이 언론이나 기타 매체를 통해 공개되는 것은 자칫 북한과 협상조차 할 수 없는 상황을 만들 수 있다. 만약 이러한 상황이 발생할 경우 슬기롭게 대처하는 것도 전략이다. 그러나 가급적 북한 측 파트너와의 협상

내용은 기밀로 유지해야 한다.

다섯째, 사업 상대자에 대한 분석이 필요하다. 북한과의 사업 성공 여부를 가늠하는 가장 중요한 것은 사업 상대자가 누구이며, 어떤 조직인지를 파악하여 관련 사업을 대비해야 한다는 점이다. 예를 들어 사업 상대자가 문화나 관광 담당자 혹은 기관이라면 경제사업을 추진하는 데 상당히 어려움을 겪게 된다. 따라서 사업을 추진할 때 북한 측 상대자가 누구이고 어떤 기관인지 반드시 파악해야 한다. 경협사업을 추진하기 위해 사전검토가 충분히 이루어졌다면 본격적으로 북한 측 파트너와 협상에 임해야 한다. 물론 쉽지 않을 것이다. 북한 측은 민간 차원이 아니라 체제 다시 말해 당국차원에서 임한다. 남측 민간사업자들이 협상 전에 유념해야 할 사안이다.

〈표3〉 북한 측 파트너와의 협상전략

북한 협상자들의 성격	① 북한의 협상자들은 먼저 말하기보다 듣기를 좋아 함 ② 북한 사람들은 자존심이 매우 강함
사전 모의 협상	① 기본적 정서가 같은 사람들이기 때문에 순간적인 느낌이나 상태를 쉽게 파악함 ② 예상치 못한 상황이나 돌발 질문이 있을 경우를 대비해 대처방안 마련
사업 동기와 비전 설명	현실적인 접근이 요구됨. 상호간의 장점을 바탕으로 새로운 것을 함께 창출 유도
협상 분위기 파악과 활용	① 표정 관리 ② 상대방의 사업처리 능력 파악 ③ 분위기에 따른 결정은 금물 ④ 한꺼번에 가져 간 보따리를 다 풀지 말 것 ⑤ 논리적 접근 및 대응 ⑥ "No" 라고 말할 수 있어야 함 ⑦ 관심이 없는 사안에 대한 일방적인 설명 자제
합의서 또는 계약서 체결	① 구두 약속을 신뢰하지 말 것 ② 포괄적인 내용보다는 구체적인 내용으로 문서 작성할 것 ③ 오해의 소지가 있는 용어는 서로의 방식으로 각자 작성할 것 ④ 협상시에는 협의된 결과를 문서화할 것 ⑤ 사업의 타당성에 확신이 들지 않을 경우 우선 '의향서'만 제시 후 추후 검토할 것

북한 파트너와의 협상전략 10계명

첫째, 협상시간은 48시간을 넘기지 마라. 48시간을 넘기면 휴식을 취하거나 철수하라. 대체로 북한 담당자와의 협상이 48시간을 넘기면 상대방은 우리처럼 자유로운 의사결정을 가지지 못하고 상부의 지시를 받아야 한다. 이럴 경우 협상 날짜를 다시 협의하여 임하든지 휴식을 취하고 관광에 주력하는 것이 좋다. 과거 김정일 국방위원장 시기의 경우 수요일 오후부터 목요일 오전에 김 위원장에게 결재가 올라갔기 때문에 북한 측 담당자와의 협상시간은 48시간을 넘기면 소기의 성과를 거두기 어렵다. 대체로 북·미회담이나 남북회담에서도 48시간 이내에 결정되든지 안 되든지 한다.

둘째, 사람을 선택한다. 지속적으로 경협사업을 하거나 북한 측 인사를 만날 경우에는 상대방의 힘을 키워주면서 자기 편으로 만들어야 한다. 대북협상에서 내 편으로 만든 북한 측 인물이 협상자로 나올 경우 우리 쪽의 부탁을 가급적 들어주려는 경향이 있다. 만약 다른 인물이 협상 파트너로 나오면 지금까지 협상한 내용이 성과를 얻기 어려운 경우가 많다. 이렇게 시간을 들여 북한 측 담당자를 내편으로 만들면 사업을 성공적으로 추진하기 위해 필요한 내용과 혹은 사업 추진이 어려울 경우 그 이유에 대해 상세하게 설명해주고 될 수 있는 방안을 알려준다.

셋째, 안 되는 것은 끝까지 안 된다고 입장을 분명히 하라. 협상은 앞으로도 계속해야 하기 때문에 우리 측 입장을 명확하게 해둘 필요가 있다. 이렇게 하면 북쪽의 담당자가 자기 선에서 할 수 있는 것과 못하는 것을 분명하게 함으로써 의사결정을 빨리 할 수 있다.

넷째, 상대측을 비방하지 말 것. 북한 측 담당자를 비방하게 될 경우 빌미로 작용하여 협상이 의제와 다른 방향으로 흐를 수 있다. 이렇게 되면 협상은 제대로 진행되지 못한다.

다섯째, 북한의 다른 기관과 알고 있는 북한사람을 이야기하지 마라. 상대가 불안해하고 대화의 진전이 없을 수 있다. 혹시 자기랑 나눈 대화를 다른 사람에게 이야기 할 수도 있다고 생각하면 깊은 이야기를 하지 못한다.

여섯째, 논리에 대응하라. 북한 측 상대가 하는 이야기의 허점을 찾아서 대응하면 의외로 문제가 쉽게 풀릴 수 있다. 예를 들면 남쪽에서는 북을 도와주는 것이 퍼주기라고 하는데도 우리는 그런 어려운 조건 하에서도 통일을 위해 이렇게 노력하고 있다는 뉘앙스를 줘야 한다.

일곱째, 장단점을 설명하고 상대가 이해할 때까지 충분히 의견을 개진하라. 북한 담당자들은 상급기관이나 상급간부를 설득할 수 있는 명분을 달라고 하기 때문에 항상 북쪽의 입장에서 준비한 것처럼 설명할 필요가 있다.

여덟째, 약속을 했으면 꼭 지켜라. 북한 측의 상대는 약속을 잘 안 지킨다. 그러면서 우리가 한 이야기에 대해 약속을 지켜 줄 것을 계속해서 요구하는 경향이 있다. 발목을 잡힐 우려가 있기 때문에 가급적 약속을 했으면 반드시 지키는 것이 향후 협상에 임할 때 유리하다.

아홉째, 상대기관이 허가를 받을 수 있도록 세세한 자료준비와 시간을 잘 활용하라. 북한 측 담당자가 우리 쪽 요구사항이나 협상결과를 다른 기관에서 허가를 받아낼 수 있도록 충분한 시간을 갖고 필요한 자료를 준비해야 한다. 예를 들어 사업계획서에는 직접 투자하겠다는 입장을 명시하거나 이번 방문을 통해서 다음에 어떤 것을 얻을 수 있다는 식의 방법을 나열하고 이력서, 사진, 방문일정 및 필요한 입장을 나열하는 것이 좋다.

열째, 북쪽을 방문할 때 다른 회사가 하는 이야기를 하지 마라. 북한 측 담당자는 다른 기업과 비교하면서 경쟁심을 유발하거나 혹은 다른 기업이 이렇게 투자했으니 좀 더 좋은 것으로 해달라는 요구를 많이 한다. 그렇기 때문에 북한을 방문할 때 가급적 상대 회사에 대해 이야기하지 않는 것이 좋다. 자칫 북한 측 담당자에게 빌미를 제공 할 수 있기 때문이다. 또한 북한 측 담당자에게 정보를 제공할 수 있으니 필요 없는 이야기는 금물이다. ●

"평양 진출 이렇게 했다"

유완영

개성공단사업이 착수되기 이전에 평양에 진출한 ㈜유니코텍코리아는 임가공 사업을 시작으로 남북 협력사업, 투자컨설팅, 물자교역, IT협력, 남북 교류행사 등 다양한 방면에서 활발한 경협사업을 추진해 왔다.

유니코텍코리아는 ㈜아이엠알아이의 북한사업 부문을 법인화해 2004년 분사하였다. 유니코텍코리아는 분사되기 이전인 1998년부터 대북 직접투자, 투자컨설팅, 물자교역, IT협력, 남북 교류협력분야에서 활발한 대북경협사업을 추진하였다. 1998년 국내공장에서 생산하던 CRT모니터의 생산원가를 절감하기 위해 PC 모니터용 PCB 회로기판 조립공정 설비와 생산기술을 직접투자형식으로 평양에 있는 공장으로 이전하였다. 그리고 평양 공장에서 17인치 모니터용 PCB 회로기판과 모니터를 조립하여 국내로 다시 들여와 생산하기 시작하였다. 또한 정부의 승인하에 북한 내에서 조립생산된 일부 완제품을 북한 내수용으로 공급하였다.

임가공에서 완제품 포장재 생산까지

안정적인 사업운영을 바탕으로 2002년부터는 북한의 사업파트너인 민족경제협력연합회 산하 삼천리총회사와 평양 발포수지(스티로폴) 성형공장을 합작 설립하여 운영하기 시작하였다. 북한의 민족경제협력연합회는 대남경제사업 부문을 담당하는 기관으로 북한산 제품을 입증하는 원산지증명서를 발급한다. 민족경제협력연합회는 사업 부분별로 다음 5개의 산하 조직으로 구성되어 있다. 전기, 전자, 중공업 사업분야를 담당하는 '삼천리총회사', 의료기기, 경공업사업분야를 담당하는 '광명성총회사', 농수산물, 일반 상품 등 교역사업분야를 담당하는 '개선무역총회사', 피복사업분야를 담당하는 '샛별총회사', 금강산관광사업분야를 담당하는 '금강산관광총회사' 등이다.

당시 발포수지 생산은 전기, 전자제품 포장 완충재로 쓰여 삼성전자 등 현지 경협업체에 공급하였다. 또한 농수산물 포장상자 등의 제품을 만들어서 북한 내수용으로 공급하기도 하였다. 발포수지사업은 위탁가공사업에서 투자협력사업으로 발전한 형태이다. 이 사업을 통해 북한 내 진출 기업들의 물류비 절감효과와 함께 미약하나마 북한 내수공급을 통한 수익사업으로 변화를 모색하기에 이르렀다.

〈표1〉 평양 사업장 규모

구분	면적	보유설비	인원	비고
평양전자제품개발 총회사	연평 17,000㎡ 건평 2,100㎡	PCB 조립 라인 (자삽설비)	15명	현지인력 총 120명 (품질 및 기타 기술 지원 인력 포함)
		PCB 조립 라인 (수삽설비)	40명	
		모니터 완제품 조립 라인	30명	
평양발포수지공장	공장 1,800㎡ 창고 300㎡	발포수지 형물 생산라인	15명	–
		발포수지 판물 생산라인		

유니코텍코리아는 2004년 수산물급속냉동처리공장 설립과 2007년 개성지역 온천개발, 2009년 식품단지조성개발에도 직접투자형식으로 참여하였다. 이외에도 다수의 대북투자컨설팅사업과 대북물자교역, IT협력, 남북 교류행사를 추진하였다.

모니터 임가공사업은 초기에는 모니터 부속품인 PCB ASS'Y으로 시작하였다. 유니코텍코리아가 모니터 임가공사업을 추진하게 된 배경에는 크게 두 가지가 있다. 첫째는 국제통화기금(IMF) 경제위기와 인건비 상승 등 국내의 어려운 경제 환경을 탈피하여 국제적인 경쟁력을 갖추기 위해서이다. 이를 위해서는 양질의 북한 인력을 활용할 필요가 있었다. 둘째, 반제품인 PCB ASS'Y의 안정적인 사업 추진을 기반으로 모니터 완제품 위탁가공사업을 추진하기 위해서이다. 셋째, 북한 내수시장 진출을 통한 신규시장을 개척하기 위해서이다.

〈표2〉 유니코텍코리아 대북사업 개괄

분야	1998	1999	2000	2001~2003	2004~2006	2007~2010
직접 투자	모니터 PCB 조립공장 설립/생산	모니터 완제품 조립공장 설립, 모니터 회로 공동개발 추진	모니터 생산 모델 다양화 및 현지수출 추진	모니터 북한내수, 평양발포수지 공장 설립(협력사업), 북한진출 한국기업에 발포수지 포장재 납품, 수산물 급속냉동처리 공장 설립	개성인근 온천개발(중앙특구개발지도총국), 식품단지 개발투자(민경련 개선총회사)
투자 컨설팅	성남전자 평양진출 사업자문	중소기업진흥공단 협동화 사업 자문	통신(H통신), 의료장비(M사) 등 컨설팅분야 확대		대북투자 관심기업 대상 전문컨설팅업체 설립(유니코텍코리아), 경제단체/정부기관 등에 북한분야 자문활동 확대
물자 교역	광물, 공예품, 농산물, 봉제물자	남북 Communication Tube를 통한 남북 B to B, B to C 실현			농림수산물 교역 (송이, 고사리 등)
IT 협력		IT협력 관련 전문연구용역 본격수행, IT도서기증, 북한 SW, 특허기술 소개/유통			사단법인 설립, IT학술지지원 (협력사업)
남북 교류 행사				남북 해외 과학 학술대회(평양), (사)ITF태권도 협회 설립/국제 대회 참가	북한태권도시범단 초청행사(서울/춘천), 민족화학 학술 대회(평양), 북한 장애인돕기 자선 음악회/바자회(서울)

사업은 1998년 1월 처음 계획되어 북경에 있는 민족경제협력연합회 사무소를 통해 북한과 평양에서 사업수익성을 면밀히 검토하였다. 이후 4월에 삼천리총회사와 평양에서 임가공을 진행하기로 계약을 체결하였다. 생산설비는 평양시 대동강구역에 위치한 전자제품개발총회사 설비를 그대로 이용하였다. 추가로 필요한 설비들은 한국에서 구매하여 북한으로 반출하였다. 임원과 기술진을

평양 공장에 파견하여 설비를 설치하고 북한 인력을 대상으로 70여 일간 생산기술에 대한 교육을 진행하였다.

북한 인력의 기술교육 습득속도는 동남아 지역의 7~8개월보다 빨라 3개월 정도밖에 걸리지 않았다. 불량률 역시 현저히 낮았다. 이는 북한이 기술지도(교육)와 관리감독을 철저히 하고 있음을 보여준다. 더구나 짧은 기술교육 기간임에도 북한 인력이 PCB 회로기판의 문제점을 발견하고 현지에서 회로를 개발하는 능력을 발휘하기도 하였다. 당시 17인치 모니터 회로기판은 외부에서 제작되었기 때문에 유니코텍코리아 측도 PCB 회로기판의 문제를 제대로 인식하지 못하고 있었다. 그 결과 유니코텍코리아는 민족경제협력연합회와 삼천리총회사, 그리고 전자제품개발회사에 새로운 회로기판 제작을 제안하였다.

북한의 결제방식은 우리와 다르다. 북한은 인력관리를 직접하기 때문에 유니코텍코리아가 북한 측 인력 개개인에게 임금을 지불하지 않는다. 대신 유니코텍코리아는 사업 파트너인 민족경제협력연합회에 생산된 합격품에 대하여 임가공비를 지불한다. 그러나 남북한은 직접적인 금융시스템이 구축되어 있지 않기 때문에 북한이 보유하고 있는 제3국 계좌에 송금하는 형식으로 결제가 이루어진다.

당시 유니코텍코리아의 PCB 회로기판사업은 북한으로 생산설비와 원·부자재를 반출하고 북한의 노동력을 활용하여 부분품을 생산하는 설비제공형 위탁가공사업방식으로 진행되었다. 유니코텍코리아는 이와 같이 북한에서 생산된 PCB 회로기판을 국내로 재반입하여 국내공장에서 모니터 완제품을 생산하였다.

PCB ASS'Y 임가공 사업의 성과를 바탕으로 모니터 완제품 임가공사업을 추진하였다. 이에 북한 측 사업 파트너와 추가로 임가공계약을 체결하였다. 유니코텍코리아는 설비반출과 현지인력에 대한 기술교육의 경험을 바탕으로 필요 설비 중 일부는 북한 설비를 활용하였다. 그리고 모니터 완제품 조립라인과

계측기 등 추가 설비만을 반출하여 현지공장에 배치하였다. 아울러 국내 기술진을 북한에 파견하여 완제품 생산에 대한 기술교육을 실시하였다. 이를 통해 2000년 7월부터 공장을 가동하여 시제품을 생산하게 되었다. 2001년 5월에는 평양 현지공장에서 생산된 모니터의 일부를 북한 내수로도 공급하게 되면서 평양 공장에서의 제품생산은 활발해졌다.

〈그림1〉 모니터 PCB 및 완제품 조립 생산

PCB ASS'Y 생산라인　　　　　　　　　모니터 완제품 생산 설비

설비제공형 위탁가공사업은 2000년대부터 과학기술을 강조하는 북한 경제의 분위기와 맞물리면서 주목을 받았다. 그리고 2003년 10월 김정일 국방위원장은 유니코텍코리아의 평양 위탁가공회사인 전자제품총회사를 방문(현지지도)하기도 하였다.

스티로폼 포장재공장은 대북투자 이정표

북한 현지에서 모니터 완제품 생산이 본격화되자 PCB 회로기판 조립과 달리 완제품 포장재에 대한 문제가 발생하였다. 북한 현지에서 포장재를 공급받을 수 있는 기반이 형성되어 있지 않았기 때문이다. 그렇다고 생산된 완제품을 포장하기 위해 발포수지(스티로폴) 포장재를 북한에 반출하기에는 원자재 가격 대비 물류비가 엄청나게 들어간다. 이에 유니코텍코리아는 북한과 협의하여 현지에서 모니터 포장용 발포수지를 생산하기로 결정하고 2000년 10월 추가적으로 사업계약을 체결하였다.

〈그림2〉 발포수지성형공장

발포수지 형물 생산 설비	발포수지 형물 생산품	판물 생산품 시생산 현장

발포수지 성형사업은 준비단계부터 이전의 모니터 임가공사업과는 다른 방향으로 전개되었다. 기존 임가공은 평양에 전자제품총회사 공장과 설비가 일정 부분 있어 필요한 설비만 반출해서 생산하면 되었다. 그러나 발포수지 성형사업은 새로운 공장을 조성해야만 하였다. 이에 북한 삼천리총회사에서 공장부지와 건물, 전기, 용수 등 기타 시설을 제공하고 유니코텍코리아가 원료, 설비, 설비 유지 및 보수관리, 생산기술을 제공하기로 계약하였다.

발포수지성형사업은 발포수지성형공장에 유니코텍코리아와 북측이 각각 일정부분을 투자한 협력사업의 한 사례이다. 일반적으로 남북 협력사업은 투자규모가 결정되면 통일부의 승인을 받은 이후 투자규모에 맞추어 설비와 원자재를 반출한다. 그러나 발포수지 성형사업은 북한 삼천리총회사가 공장부지와 건축을 투자비용으로 제공하였다. 그리고 유니코텍코리아가 추가로 반출한 설비분은 유니코텍코리아의 투자비용으로 계산되었다. 발포수지성형사업은 설비투자가 완료된 상태에서 거꾸로 통일부로부터 협력사업 승인을 받게 된 사례이다.

임가공사업으로 신뢰얻어 투자사업 다각화

초기 임가공사업이 모니터 완제품 사업으로 확대되고, 완제품 포장을 위한 스티로폼 포장재 공장설립이 투자사업으로 발전하면서 유니코텍코리아의 대북사업은 다양화 단계로 접어들었다.

우선 수산물 급속냉동처리 공장설립을 꼽을 수 있다. 발포수지사업 관련 대금 결제를 위해 2004년 수산물 급속냉동처리공장을 설립하였다. 꽃게, 바지락 등 대치물자를 선정하여 북한산 수산물을 한국에 유통시킬 목적이었다. 이 공장에는 1일 8t의 수산물을 처리할 수 있는 급냉설비가 설치되어 있다.

이와 함께 개성지역 온천개발사업을 추진하였다. 2007년부터 ㈜반석수자원과 공동으로 북한 중앙특구개발지도총국과 아리랑총회사가 보유한 개성시 봉동동에 2만 평 부지를 활용해 개성공단 인근에 지하 1000m 천연암반 온천수를 개발하는 사업이다.

식품단지조성 개발투자도 주목되는 사업이었다. 2009년부터 북한 민족경제협력연합회 개선총회사와 공동으로 평양 낙랑구역의 6만 평과 남포 영남배수리공장 지역의 120정보의 부지에 식품단지를 조성하기 위한 개발투자를 진행하였다. 이 사업은 대두유, 옥수수, 감자 등 원료를 직접 조달하여 종합식품공장을 건설하는 사업이다.

대북물자교역에도 적극 참여하였다. 대북사업 초기인 1998년부터 광물, 공예품, 농산물, 봉제물자 등 교역을 시작으로 2009년에는 북한의 백호무역회사, 개선총회사 등과 송이버섯, 고사리, 들깨 등 북한산 농림수산물을 수입해 국내에 유통하는 사업을 전개하였다.

대북 투자컨설팅사업도 활발하게 추진되었다. 1998년 ㈜기리노(성남전자)의 평양진출 컨설팅을 시작으로 활발한 대북 투자컨설팅을 추진하였다. 중소기업진흥공단의 협동화사업을 자문하였고, 전자, 금형 등 3개 회사의 평양진출을 자문하였다. 그리고 의류 및 임가공 교역을 중개하였다. 또한 하나로통신, KT, 큐리어스의 대북통신사업 진출을 자문하였다. 이외에도 통일부, 정보통신부, 무역협회, 상사중재원, 상공회의소 등 정부 및 경제단체의 대북정책과 투자자문을 맡은 바 있다. 이러한 활발한 대북 투자컨설팅사업으로 북한시장 및 투자환경평가 등 북한 경제분야 조사업무를 대행하기도 하였다.

IT 교류협력은 미래지향적인 사업의 일환으로 추진하였다. 2000년부터 S/W, 특허기술 등 IT공동연구 개발사업을 추진하였다. 다국어처리 '스라스라'를 비롯해 모바일게임을 개발하였고 전기, 전자관련 기술특허를 일본과 한국에 출원하였다. 또한 IT분야 연구과제 용역을 수행하였고 2006년에는 IT도서를 북한에 지원하기도 하였다. 이러한 활발한 IT사업으로 2007년 사단법인 남북IT교류협력본부를 설립하였고 2008년에는 통일부로부터 IT학술지를 북한에 지원하는 '협력사업(재)' 승인을 받기도 하였다.

유니코텍코리아가 얻은 생생한 교훈

첫째, 철저한 사업성 검토는 생명이다. 양질의 모니터를 생산한 경험과 기술력을 보유한 기초 위에서 철저한 사전작업과 계획을 수립하여 경협사업을 추진하였다. 투자위험도가 높은 북한의 현실을 감안해 북한 연구활동을 지속적으로 전개해 왔다. 그리고 축적된 경험을 바탕으로 북한지역에 적합한 사업아이템을 선정하고 이에 맞는 사업계획을 면밀하게 검토한 후 사업을 진행하였다. 유니코텍코리아는 사업성을 검토하기 위해 민족경제협력연합회 북경사무소를 적극 활용하였다. 비록 시간과 비용 등의 어려움이 있었지만 수십 차례에 걸쳐 북경과 평양을 방문하여 수개월간 체류하면서 북측 파트너와 신뢰관계를 구축하였다.

둘째, 오너의 사업추진 의지가 확고해야 한다. 대북사업의 성패는 경영자의 의지에 달려있다고 해도 과언이 아니다. 많은 기업들이 대북사업의 불안정성과 과다한 초기 투입비용에 부담을 갖는다. 그러다보니 장기적인 안목을 갖지 못해 일회성 접촉만으로 사업을 포기하는 사례가 많았다. 북한 측 사업파트너들은 이러한 사업의지를 '신심'이라고 표현한다. 북한은 한국의 사업자를 평가할 때 신심을 가지고 있는지 여부를 통해 판단한다.

셋째, 적합한 사업아이템 선정은 필수다. 유니코텍코리아가 북한 측에 제시한 모니터 PCB 조립 임가공사업은 북한의 관심을 끄는 사업아이템이었다. 북한은 사업을 안정적으로 추진하기 위해 적극 협조하였다. 실례로 북한은 평양 공장에 전력을 안정적으로 공급하기 위해 평양화력발전소로부터 별도의 송전망을 구축하였다. 그리고 납기를 맞추기 위해 잔업까지 실시하였다. 전기·전자제품과 같은 과학기술분야는 남북 경제협력 사업에서도 전망이 밝은 분야이다. 북한은 과학기술분야를 사상, 군사와 함께 강성대국 건설을 위한 3대 기둥의 하나로 내세우고 있다.

넷째, 품질제고 및 제품판로가 확보돼야 한다. 제품에 대한 질적 평가는 물론이고 생산한 제품을 판매할 수 있는 환경 또한 열악하였다. 미국의 대북경제제재는 북한산 제품의 미국시장 수출을 원천적으로 봉쇄하고 있어 판로 확보에 많은 어려움이 있다.

다섯째, 현지인력에 대한 직접 기술교육은 반드시 필요하다. 유니코텍코리아의 임가공사업과 같이 일부 설비를 투입하여 생산한 경우, 특히 현대화된 설비를 투입했다면 북한의 기술력이나 생산경험 부재로 설비 및 생산기술에 대한 사전교육은 필수적이다. 생산기술자들이 북한에 장기체류하면서 북한 현지공장의 생산담당자에 대한 기술교육을 직접 실시하였다.

기술교육은 작업지도서를 바탕으로 진행되었다. 생산현장에서 설비사양이나 생산공정에 일부 변경이 있을 경우 작업지도서를 변경할 만큼 현지인력에 대한 직접 기술교육은 효과적으로 이루어졌다. 북한 현지공장에는 김일성종합대학이나 김책공대를 졸업한 우수한 기술진이 배치되었다. 여성 근로자들도 고등학교와 전문대 수준의 학력을 갖춘 인력들이 대부분이었다. 기술교육은 언어소통에 문제가 없기 때문에 비용부담을 줄이는 장점으로 작용한다. 물론 약간의 기술용어 등에 있어 차이는 있지만 교육을 수행하는 데 문제될 만한 수준은 아니다.

여섯째, 물류비 절감방안을 추진해야 한다. 남북경협을 추진할 때 애로사항

중 하나가 물류문제이다. 당시만 해도 육상 등 다른 수송수단이 불가능한 상황에서 주로 해로를 이용할 수밖에 없었다. 그러다보니 운송시간과 용선비용 등에서 다른 운송수단보다 불리하였다. 당시 인천-남포 구간의 경우 주로 20피트 컨테이너를 이용할 수밖에 없었다. 당시 통관비 등을 제외한 순수 해상운임도 편도 720달러로 비싼 편이었다. 국양해운에서 운행한 수송편은 운항횟수가 평균 1주일에 1항차로 적었기 때문에 물자 반출입시 어려움을 겪었다.

물류가 중요한 이유는 북한 내에서 공급받을 수 있는 원부자재가 거의 없기 때문이다. 한국이나 제3국에서 원부자재를 전량 공급받아야 하는 구조적인 문제가 있다. 물류비 절감을 해결하기 위해서는 남북경협을 활성화해 교역량을 증가시켜야 한다. 이와 함께 포장재, 부품산업 등 북한 현지에서 원부자재를 안정적으로 공급받을 수 있도록 관련 기업들이 많이 진출해야 한다. ●

독일통일 축복으로 이끈 노동정책

김해순

1990년 10월3일, 마침내 동서독이 하나로 통일되었다. 동독주민들의 탈출 사태가 일어나자 통제불가를 인식한 동독 정부가 여행자유화를 전격 선언한 지 1년 만의 일이다. 통일에 대한 평가는 다양하나 대부분 부정에서 긍정으로 선회하였다는 공통점이 있다. 통일 후 당면 문제들을 정책적으로 잘 해결하였음을 의미한다. 특히 통일독일의 경우 무엇보다 서로 다른 노동정책과 시장에도 불구하고 적절한 노동시장정책을 통해 실업 감축을 성공적으로 이루어냈다.

독일은 1999년까지 유럽의 병자로 인식되었다. 독일은 이미 1970년대 중반부터 실업률 상승, 소득감소, 1980년대 수출부진 등 다양한 문제에 당면해 있었다. 이러한 문제는 갑작스럽게 도래한 통일로 인한 혼란과 함께 천문학적인 통일비용, 사회복지문제, 잘못된 노동시장의 처방으로 심화되었다.

새로운 개혁의 필요성을 절실하게 인식한 게르하르트 슈뢰더 정부는 새로운 사회제도와 노동시장 개혁안 '의제 2010(Agenda 2010)'을 제시하였다. 경제, 일반교육, 학교교육, 노동시장, 건강보험, 연금 등의 개혁을 담은 '의제 2010'은 2003년 이후 3년의 진통을 거쳐 끝내 관철되었다.

2008~2009년 세계 금융위기에도 독일은 경제와 노동시장에서 안정적인 발전을 이루어냈다. 심각한 위기를 맞았던 여타 유럽 국가들과는 대조적이었

다. 특히 독일은 실업률을 상당부분 감소시키면서 수출을 통한 경제성장도 점차 높여갔다. 2010년대 들어서 '유럽의 성장 원동력'이 되었다는 평가도 있고, 2013년에는 '새로운 독일 경제기적'을 이루었다는 평가도 받고 있다. 2013년 독일은 1990억 유로라는 독일 사상 가장 큰 무역흑자를 기록하였다.

독일통일은 처음에는 국가적 재앙으로 인식되었지만 시간이 갈수록 국가의 부강을 가져다주고 축복을 내리는 역사로 평가받고 있다. 이제는 경제적 통일뿐만 아니라 정신적 통일, 즉 마음 속 통일도 이루었다는 게 대체적인 시각이다. 물론 여전히 해결하지 못한 문제들도 산적해 있다. 미래를 책임질 전문인력 부족이 하나의 예이다.

통일 직후인 1990년대 독일 산업사회는 세계화로 인해 또 다른 변화를 겪었다. 1997년 독일연방정부 보고서에 따르면, 수출을 주도하는 산업생산분야 중 자동차산업은 부분적으로 미국, 브라질, 중국, 동유럽 등으로 생산지를 옮겼다. 주요 이유는 역시 세계시장에서 경쟁우위를 확보하기 위해서였으나 그 결과 남성 실업률이 크게 증가하였다.

이러한 상황에서 공업분야인 제2차 산업은 계속 감소하였고 이와 반대로 제3차 산업인 서비스분야는 계속 증가하였다. 서비스분야에서는 특히 시간제와 저임금 일자리가 많이 창출되었는데 여성의 경제활동이 집중되었다.

취업률이 사회안정을 좌우한다

독일 정부는 가능하면 많은 노동자를 노동시장에 내보내 그들의 안정적인 생활을 도모하는 데 초점을 맞춘 노동시장정책을 펼쳤다. 그러나 높은 실업률과 노동시장 경직성을 초래하였다. 그 결과 통일 후 동독주민은 대량실업을 겪어야만 했다. 동독의 실업률은 서독보다 더 높았고, 동독 여성의 실업률은 동독 남성의 실업률보다 높았다. 이는 남녀 모두 90% 이상 직업을 갖고 있던 동독주민에게 청천병력 같은 소리일 수밖에 없었다.

잘못된 노동시장정책 중 또 다른 하나는 노동시간 감축이었다. 1984년부터 금속·인쇄산업이 근무시간을 주당 40시간에서 38.5시간으로, 1995년부터는 인쇄·금속·전기산업이 주당 35시간으로 줄였다. 경제활동인구를 높이고 동시에 실업률을 감소시키는 데 목적이 있었다. 그러나 기업에 경제적 부담이 가중되면서 많은 기업들이 인원을 더 채용하지 않고 노동시간 감축으로 이전처럼 제품을 생산하였다.

통일비용은 일반적으로 세금을 높여 조달되기보다는 노동자에게 전가되었고, 그 중 서독 노동자에게 더욱 큰 부담을 주었다. 이 부담은 임금노동비용을 높이는 결과를 가져왔고 이것은 다시 노동시장에서 노동자를 밀어내는, 다시 말해 실업을 키우는 결과를 초래하였다. 이외에도 통일비용은 서독의 실업기금 등 사회보장제도에도 과중한 부담을 주었다.

독일은 전통적으로 상품과 서비스 수출을 수입보다 더 많이 해왔고 수출의 경제활동인구 비율이 높았다. 2011년에는 4명 중 1명이 수출과 직간접적인 분야에서 일했다. 수출에서 공업 생산품이 큰 부분을 차지하였고, 특히 자동차와 기계제품이 핵심을 이루었다. 그러나 노동력은 감소하였고 아울러 경제성장 역시 장기간 둔화를 면치 못하였다. 전문인력 양성을 정책적으로 소홀히 한 것도 큰 문제였다. 그 결과 오늘날 수학·엔지니어·자연과학·테크닉(MINT) 4개 분야에서 전문인력 부족현상이 두드러지고 있다. 국내에서 집중적으로 양성하거나 아니면 해외 인력으로 대체해야 하는 지경에 이르렀다. 이 문제가 해결되지 않을 경우 향후 발전은 크게 기대하기 어렵고 생산성 저하로까지 이어질 것이다.

독일은 세계시장에서 경쟁력을 확보하기 위해 고심분투하고 있다. 세계시장에서 새롭게 부상한 나라들은 갈수록 선진국의 높은 질과 다양한 제품, 용역에 버금가는 상품 수출을 통해 빠르게 쫓아오고 있다. 독일은 다른 나라에 비해 높은 기술을 확보하고 있으나, 세계시장의 변화와 요구에 걸맞고 보다 더 높은 발전을 위해 기술혁신이 필요하다는 점도 잘 알고 있다. 세계화 과정에서 기술혁신은 관건이다. 기술혁신은 제품혁신, 생산공정혁신과 조직적 갱신을 가져온다. 이러한 혁신 없이는 장기적으로 경제성장뿐만 아니라 일자리 창출도 기대하기 어렵다.

'의제 2010', 세계 1위 무역흑자국에 한몫

슈뢰더 정부는 2003년 3월 '의제 2010'을 공포하면서 노동시장 개혁을 단행하였다. 독일 연방 교육·연구부는 하이테크-전략정책에서 기간산업의 혁신에 큰 비중을 두고 자동차, 의학 그리고 병참분야에서 혁신을 단행하였다. 이 분야의 80%는 정보통신기술(ICT)에 의존하고 있다.

독일은 최근 몇 년 동안 빠른 정보교환과 정보연계에 의거하여 탁월한 정보통신기술을 사용하면서 기계, 자동차 등 전통적 공업상품의 제품혁신을 가져왔고, 그 외에 서비스 등에서도 혁신을 감행하여 새로운 성장과 번창을 도모하였다. 이러한 수출산업의 기술혁신으로 2013년 수출은 독일 역사상 최고치를 달성하였고 세계 1위의 무역흑자라는 기염을 토하였다. 여기에는 노동시장 개혁도 크게 한몫을 하였다.

노동시장개혁 이래 두드러진 지표는 실업률 감소이다. 개혁의 주요 목적은 실업자를 노동시장에 통합하는 데 있었다. 2014년 통계에 따르면 실업률 추이는 2005년 11.7%, 2007년 9.0%, 2008년 7.8%, 2009년 8.1%, 2012년 6.8%, 2013년 6.9%를 기록하였는데 2009년을 제외하고 계속 하락하였다. 실업률 감소는 단축노동정책과 노동유연성정책이 다양한 정책과 연계되어 실행된 데에서 비롯된다.

독일에서 단축노동정책은 종업원을 해고시키지 않고 정규 노동시간을 잠정적으로 단축하는 식으로 진행되었다. 단축노동자는 일반적으로 정규 노동시간보다 더 적게 일을 하지만, 때로는 일을 완전히 하지 않을 수도 있다. 이 정책은 주로 일감이 크게 줄어들 때 시행되었다. 해고를 시키지 않는 이유는 그동안 회사에서 축척한 경험과 노하우를 잃지 않기 위해서였다. 이는 경기가 활성화되어 일감이 생기면 바로 일을 할 수 있다는 장점이 있다.

노동자들도 단축노동을 긍정적으로 보았다. 단축노동에 들어갔을 때 임금이나 월급을 얼마만큼 받는가는 노동법 규정과 노동계약에 달려있다. 월급이나 임금을 받지 않으면 기초적 생활을 보장해 준다. '단축노동기금'이 형성되어 있고, 이 기금의 관리는 연방노동청이 맡고 있다. 단축노동기간 동안 특별한 전제조건 아래서는 부분적으로 이 기금을 실업보험에서 받을 수 있다. 단축노동기금을 받는 동안 연방노동청은 다른 일자리를 중재할 수 있는가도 검사한다.

노동자는 '생애노동시간' 정책에 의해 더 오랜 기간 동안 근무하게 되었다. 1990년대에는 60세부터 연금의 큰 삭감 없이 은퇴가 가능하였다. 그런데 새로운 개혁정책에서는 모든 보험가입자 중 65세 이전에 조기은퇴를 원하는 사람은 영구적인 연금 삭감을 감수해야 한다고 못 박고 있다. 2007년부터는 65세의 은퇴 연령을 점차적으로 올려 2029년에는 67세부터 은퇴가 가능하게 하고 있다. 이 정책은 전문인력을 더 오랫동안 사용하고 노동시장에서 퇴사와 입사를 조절하는 데 목적이 있다. 해마다 퇴사하는 사람이 입사하는 젊은 사람보다 약 10만 명이 많다. 전문인력을 양성하는 데는 시간이 걸리는데, 늦은 퇴사정책은 새로운 젊은 인력을 양성하기 위한 중·장기적 인력 구조정책에 좋은 대안으로 보고 있다. 이 정책의 또 다른 목적은 안정적인 연금조달에 있다. 독일에서 노령화 인구가 늘어나면서 연금을 받는 기간도 늘어나고 있다. 동시에 수십 년 동안 매우 낮은 출산율로 인해 젊은 노동력이 줄어들고 있고 이로 인해 국민연금을 지불하는 노동자의 수 역시 해마다 줄고 있다.

노동력을 최대한 효율적으로 활용하기 위해 근무시간의 자율선택제로 볼 수 있는 노동유연성제도를 실시하고 있다. 노동을 주중뿐만 아니라 주말을 포함한 7일 동안 나누어서 할 수 있게 하고, 심지어 휴일, 저녁 또는 밤에도 교대근무를 하면서 할 수 있게 하였다. 때로는 집에서도 일할 수 있다. 노동유연성 시간제를 통해 기업은 높은 인건비에서 벗어날 수 있다. 교대제 작업은 기술 장비를 고르게 활용하기 위해 필요하다.

여러 개의 짧은 시간제 일자리를 가지고 있는 사람도 생겨났다. 단축노동과 시간제 근무는 회사에도 재정적 큰 위험과 부담을 덜어준다. 노동유연성 시간제는 근무처의 여건과 종업원의 이해관계를 고려한, 즉 고용주와 고용자 사이 합의에 의해서만 가능한 모델이다. 유연한 출퇴근이 가능한 근무는 자녀양육을 하는 부모에게 영유아보육기관과 근무시간을 조절하여 근무를 할 수 있게 한다. 그래서 이 형태의 근무는 일-가족의 양립을 위한 대안으로 떠오르고 있다.

시간제 근무와 밀접한 관계가 있는 유형으로 대여노동이 있다. 갈수록 노동력을 일시적으로 대여하는 전문회사가 늘고 있는데 정규직 노동은 아니다. 이러한 형태의 노동은 독일에서 2008년 세계은행·경제위기가 있을 때까지 활성화되었고 그 이후도 계속 늘고 있다.

노동개혁정책이 시작되면서 예전과는 분명하게 다른 것은 연방노동청이 실업자에게 보다 더 적극적으로 일자리를 중계하면서 직업교육, 창업, 취업훈련 등과 같은 노동시장 통합 프로그램을 강력하게 실시하였다는 점이다. 이전까지는 실업연금만 지불하고 이런 프로그램에는 별로 신경을 쓰지 않았다. 노동시장 개혁정책에 의해 실업연금은 12개월만 지불되었고, 실업자가 55세 이상이면 18개월(전에는 32개월) 동안 실업연금을 받을 수 있었다. 이 기간이 지나면 이전에는 실업급여를 받았으나 새 개혁정책에 의해 이 제도는 해제되었다. 그 대신 빈민구제 기금을 받게 되었다. 노동개혁정책에서 실업자를 노동시장에 가급적 빨리 통합시키는 데 목적을 두었던 만큼 실업자가 받았던 교육이나 전 직장에서의 직무와 관계없이 연방노동청이 제공하는 직업을 받아들여 경제활동을 해야만 했다. 다만 자녀를 양육하거나 부모 수발을 들어야 할 가족일원이 있는 사람은 제외되었다.

노동개혁, 위험하지만 결국 기회다

단축노동과 노동유연성정책을 여러 정책과 연계해 실행한 노동개혁정책은 독일의 새로운 경제 기적에 크게 기여하였다. 이 개혁에 힘입어 실업률이 감소하였다. 경제성장은 2009년 세계 경제위기로 급격하게 하락하여 국내총생산(GDP)은 마이너스 5.1%를 보였으나 이 위기는 빨리 회복되어 2010년에는 4%를 달성하였다(Moeller und Walwei, 2013).

일자리는 특히 서비스부문에서 많이 창출되었다. 공업부문에서는 무기한제와 직접 고용이 갈수록 감소되고 있다. 무기한 전일제는 1992년 경제활동 인구의 45%에서 2007년 38%로 감소하였다고 피렌켐퍼(Pierenkemper, 2013)는 지적했다. 노동시장에서 일자리에 대한 확실성은 사라지고 있다. 그러나 기한제와 비정규직은 무기한제와 정규직 일자리보다 쉽게 얻을 수 있다. 이를 통해 자녀를 기르고 난 후 경력단절을 경험한 여성이나 실업자도 노동시장 복귀가 보다 용이해질 수 있다.

노동시장개혁 결과 노동력의 여성화도 두드러졌다. 고등교육을 받은 여성과 전문직 여성들의 경제활동이 늘어나고 있다는 점이다. 오늘날 여성들의 교육수준은 남성과 비슷하다. 2002년 전체 대학생의 47%가 여성이었고 2011년 졸업한 대학생의 50%가 여성이었다(GESIS, 2011). 이들의 경제활동 욕구가 늘어나는 것은 자명한 이치이다.

쉐펠트(Scheffelt, 2009)에 따르면 2003년 독일에서 부부 모두 전일제 경제활동을 하는 가족은 37%, 남자만 경제활동을 하는 가족은 26%, 남자는 전일제고 여자는 시간제 근무를 하는 가족은 28%였다. 아이들이 학교에 갈 나이가 되면 여성들은 다시 일자리를 찾는다. 따라서 전업주부는 계속 감소하는 추세이다. 수입이 낮은 가족일수록 여성들의 경제활동은 중요하며 그들의 수입은 가족의 주수입이 되는 경향을 보인다.

여성의 경제활동은 계속 늘어나고 있으나 남성과 비교하면 아직 역부족이다.

2007년 3월, 전체 경제활동에서 여성은 44.2%를, 남성은 55.8%를 점유하였다. 2011년 3월에는 여성 취업률이 45.2%로 조금 증가했고 남성 취업률은 54.8%로 다소 감소하였다(Eichhorst and Kaiser and Thode, 2007). 그러나 절대적인 노동력은 남녀 모두 상승하였다. 독일연방노동청(2012)에 따르면 2000년 전체 여성노동력의 64%가 경제활동을 했지만 2011년에는 70.7%로 상승했으며 같은 해 남성은 79.9%에서 2010년 82.1%로 증가해 여성노동력이 더 빠르게 증가하는 것으로 나타났다.

또 다른 문제는 출산율 감소와 이로 인한 인구의 감소이다. 향후 10년 안에 독일에서는 500만 명 이상의 노동인구가 부족할 것으로 추산되고 있는데, 오늘날 65세 이상의 노령자가 전체 인구의 20%를 차지하지만 2050년에는 3명 당 1명 꼴로 예측된다.

독일주민의 이민도 증가추세다. 2001년 이래 해마다 11만여 명이 이민을 가고 있고 2008년에는 최고를 기록하여 17만5000여 명이 독일을 떠났다. 2008년에는 독일에서 이민을 간 사람이 이민 오는 사람보다 더 많았다(Kroehnert, 2013). 이 중에 많은 사람들이 평균 이상의 높은 교육을 받은 사람이라고 한다.

전문인력 수급도 심각한 상황이다. 2011년 쾰른 독일경제연구소에 따르면 독일의 MINT(수학·엔지니어·자연과학·테크닉)분야 경제활동인구 수요는 증가하고 있고, 이 분야에서 11만7000여 명의 전문인력이 부족하다고 한다(Anger et al, 2011). 정년퇴임으로 전문인력 노동력은 노동세계에서 빠져나가지만 이들을 대체할 수 있는 젊은 전문인력은 아직 양성되지 못하고 있기 때문이다. 해마다 퇴직자들의 자리를 채우기 위해서는 4만4000여 명의 MINT분야 대학졸업생이 필요하고 향후 몇 년 동안은 해마다 5만2000여 명의 대학졸업자가 필요할 것으로 내다보고 있다. 또 짐머만(Zimmermann, 2013)에 따르면 2020년까지 80만 명의 대학졸업생과 110만 명의 전문대학졸업생이 필요할 것으로 추정되고 있다.

노동시장의 요구에 맞춰 학교 교육이 충분히 이뤄지지 못하는 데다 기업 역시 미래의 전문인력을 충분하게 준비하거나 노동시장의 장기적인 요구를 고려하지 않고 직업교육을 하고 있는 것도 문제다. 그 결과 전문인력이 예전보다 더 배출되어도 노동시장에 적절한 인력은 아닐 수 있다. 전문인력의 어떤 분야는 과잉으로, 어떤 분야는 부족으로 불균형이 벌어질 수 있다. 그러나 정보통신기술 분야는 전문노동력이 과거뿐만 아니라 현재에도 부족한 편이고 미래에도 절실히 필요할 것으로 보고 있다.

MINT분야에 필요한 학생들을 배출하기 위해 이에 대한 대비책이 세워져야 하고 학교에서 공부하고 현장에서 실습을 하는 이 중 대학교육을 위해 기업이 학교와 협력하면서 실시하는 게 바람직하다고 한다. MINT분야의 전문인력 보충을 위해 여성 고등교육자 등 전문인력을 활용하는 것도 좋은 방법이다. 이 분야에서 여성은 아직도 소수에 불과하지만 잠재력은 높다고 보고 있다.

퇴직연령 상승 조정에 대한 논의도 필요하다. 정년퇴임을 65세에서 2029년까지 67세로 올리기로 되어 있지만, 2030년에는 적어도 70세로 올리는자는 주장이 제기된다. 퇴임을 늦추는 것은 오랜 기간의 경험과 능력을 계속 활용하고자 함이며, 이것이 더 경제적일 수 있다는 것이다.

MINT분야를 공부한 외국학생들을 유치해 노동시장의 부족 부분을 대체하자는 의견도 있다. 외국인 전문노동력 유입의 필요성은 지속적으로 커지고 있는데 노동력의 질적 자격에 대한 요구 역시 높아지고 있다. 세계적으로 교육수준이 높아지면서 노동유동성 역시 강화되고 있다. 전문인력도 이주를 원하고 있는데 이들은 꼭 경제적 문제만으로 이주하려는 것은 아니다.

개방적인 데다 보수가 높고 창조적인 사회는 많은 사람에게 유혹적이다. 외국인 전문인력이 지식과 재능을 가져 오면 독일을 혁신 생산지로서 강화하는 데 힘이 될 수 있다. 아울러 그들은 독일 노동시장에 더 많은 투자를 유발할 수 있고, 그로 인해 독일 경제성장과 안정적인 수출역량을 키울 수 있을 것이다. 노동시장뿐만 아니라 경제발전에서도 혁신이 일어날 수 있다고 보고 있다. 노동이민자에 의해 독일 경쟁력이 한 층 더 강화될 수 있다는 것이다.

독일의 노동시장이 안고 있는 이 같은 구조적인 문제를 풀어가기 위한 새로운 처방이 바로 노동시장 개혁을 담은 '의제 2010'이다. 이 노동시장 개혁정책은 그 동안 시행한 노동정책과 정반대의 길을 제시하였다. 이러한 개혁정책 아래 기술 혁신이 추진되었고, 탁월한 정보통신기술을 사용하면서 전통적 공업상품의 혁신을 가져왔으며 수출을 활성화시키고 경제성장을 도모하였다.

노동시장정책은 다양한 정책을 혼합하여 실행하였다. 그 결과 높은 인건비에서 벗어날 수 있었고 실업률을 감소시키는 등 큰 효과를 보았다. 노동개혁정책이 일자리 창출과 노동량 재분배에 주요 목적을 가지고 있었던 만큼 '미니-일자리' 같은 짧은 시간제 일자리가 창출되었다. 이로 인해 자녀를 기르고 난 후 경력단절을 경험한 여성이나 실업자도 노동시장에 더 쉽게 복귀할 수 있었다. 국가도 실업자에게 적극적으로 일자리를 중계하면서 노동시장 통합을 위한 프로그램을 강력하게 실시하였다. 이러한 노동정책을 통해서 경제성장뿐만 아니라 노동형태와 삶의 양식 변화, 노동력의 여성화 등의 효과도 가져왔다.

독일은 이러한 노동시장정책과 사회정책의 결합 속에서 자신의 상황에 적절하고 생존가능한 길을 찾았고 단축노동과 노동유연정책을 다른 정책적 수단과 접목시켜 국내시장뿐만 아니라 세계시장의 새로운 변화와 요구에 적절하게 대처할 수 있는 대안을 고안하여 실천해 오고 있다. 통일의 부담을 잘 관리하여 통일의 결과를 잘 이끌어 낸 점도 간과할 수 없다. 결국 종합적으로 완전하지는 않지만 성공적인 노동시장정책이었다 평가할 만하다. 이는 통일을 준비하는 우리에게도 큰 교훈으로 다가온다. ●

* 이 글에서 소량은 여성정책연구원 연구프로젝트 "독일 일-가족 양립 정책"에서 다룬 것을 보완하였음을 밝힙니다.

참고문헌

Anger, Christina/ Vera Erdmann/ Axel Pluennecke. MINT-Trendreport 2011.

Eichhorst, W. and L. C. Kaiser and E. Thode et al. Vereinbarkeit von Familie und Beruf im internationalen Vergleich. Zwischen Paradigma und Praxis, Guetersloh: Bertelsmann-Stiftung, 2007.

GESIS. Leibniz fuer Sozialwissenchaften, Center of Excellence Women and Science. http://www.gesis.org/cews/informationsangebote/statistiken/blaettern/treffer/?qualificationvirtual=&selcat=Studienabschluss%3E%3E&qt1=Studienabschluss&browse=qualificationvirtual&order=_title%3C&switchto=&selres=,5.(검색일: 2013.6.1.) 2011.

Kroehnert, Steffen. Demografische Entwicklung in Deutschland: Grundtendenzen und regionale Besonderheiten. In: Hinte, Holger/ Klaus F. Zimmermann (Hrsg.). Zeitwende auf dem Arbeitsmarkt. Bonn: Bundeszentrale fuer politische Bildung. pp. 86-113.Moeller, Joachim und Ulrich Walwei. Konsequenzen des demografischen Wandels fuer die Arbeitswelt: Ende der Arbeitslosigkeit nicht in Sicht. In: Hinte, Holger/ Klaus F. Zimmermann (Hrsg.). Zeitwende auf dem Arbeitsmarkt. Bonn: Bundeszentrale fuer politische Bildung, 2013.

Pierenkemper, Toni. Quo vadis Normalarbeitsverhaeltnis? Bestandaufnehme und Zunkunftsueberlegungen aus wirtschaftshistorischer Perspektive. In: Hinte, Holger/ Klaus F. Zimmermann (Hrsg.). Zeitwende auf dem Arbeitsmarkt. Bonn: Bundeszentrale fuer politische Bildung, 2013.

Scheffelt, Elke. Egalitaere Beschaeftigungspolitik im oeffentlichen Dienst? Eine vergleichende Analyse der Beschaeftigungssituation von Frauen in Deutschland und den Niederlanden. Frankfurt: Peter Lang, 2009.

Zimmremann, Klaus F. Reflektionen zur Zukunft der Arbeit. In: Hinte, Holger/ Klaus F. Zimmermann (Hrsg.). Zeitwende auf dem Arbeitsmarkt. Bonn: Bundeszentrale fuer politische Bildung, 2013.

Bundesagentur fuer Arbeit 2012. Der Arbeitsmarkt in Deutschland. Frauen und Maenner am Arbeitsmarkt im Jahr 2011. Zentrale Arbeitsmarktberichterstattung 2012. (CF 4) Regensburger Strasse 104, 90478 Nürnberg.

Bundeszentrale fuer Politische Bildung, 26.3.2014. Zahlen, Fakten und soziale Situation in Deutschland. http://www.bpb.de/nachschlagen/zahlen-und-fakten/soziale-situation-in-deutschland/61718/arbeitslose-und-arbeitslosenquote(검색일: 2014.4.20.)

Statista 2014. Das Statistik-Portal. Arbeitslosenquote in Deutschland im Jahr Jahresdurchschnitt von 1995 bis 2014. http://de.statista.com/statistik/daten/studie/1224/umfrage/arbeitslosenquote-in-deutschland-seit-1995/(검색일: 2014.4.20)

독일통일 문화 공동체와 동독의 저력

이혜주

통일 이후 독일이 유럽연합(EU)의 대표국가로 우뚝 선 데는 문화통합을 위한 적극적인 정책이 결정적인 역할을 했다는 평가다. 과거 산업화 단계를 벗어나 국제적이고 개방된 문화를 수용하고, 새로운 콘텐츠를 창출함으로써 21세기형 창조경제 환경을 조성한 결과다. 또한 21세기형 새로운 정보통신기술(ICT) 융합전략으로 과감하게 전환하는 한편 창의적이면서도 지속가능한 경제를 추진한 정책의 결과라 할 만하다.

독일은 통일 후 서독 주도형 정책으로 인해 소외되고 상처받은 동독인들과 동독 문화를 결국 온전하게 복원하는 데 성공하였다. 이것이 오늘날 통일독일이 이뤄낸 창조경제의 원천이다. 통일 후 동독인들이 겪은 문화적 충격이 야기한 위기를 자의식 회복을 통해 새로이 동독 문화를 부활시키도록 유도했고, 이러한 문화변동은 다시 독일 전체의 새로운 사회문화 창조에 영향을 미쳤던 것이다. 그 결과 오늘날 동독 문화는 독일의 문학·영화 등 예술분야뿐 아니라 여성, 청소년, 지식인 등 사회 전 영역에서 당당한 창조생산자로서 '아방가르드' 문화를 창출하고 있다.

이는 한반도 통일 정책 수립에도 큰 교훈이 될 수 있다. 문화를 통한 내적통합을 어떻게 이룰 것인가, 통일과 관련하여 초래될 사회문화적 위기를 어떻게 다루어야 할 것인가, 남북의 문화통합을 어떻게 창조적으로 활용할 것인가, 남북문화가 융합되어 새로이 창출되는 제3의 문화를 어떻게 국가역량에 도입할 것인가에 대한 해법을 제시하고 있다.

열등감에 빠졌던 동독인에게 20년 만에 돌아온 활기

독일통일은 성공하였다. 오늘의 영광 이면에는 분단 45년간 지속된 이질적인 문화 극복을 위한 국가적, 국민적 어려움이 존재한다. 10여 년 전만 하더라도 동독에는 사회주의문화의 피폐한 부정적인 분위기가 팽배하였다. 헬무트 슈페테 할레대학 교수는 "물질적 부와 경쟁체제의 서독과는 달리 동독 사회는 마치 백인의 소방호스 물세례를 처음 받은 인디언과 같은 당혹감과 무력감에 빠져있었다"고 말하였다.

동독인들의 생기 없는 눈에는 박탈감이 서렸고, 투박하고 느린 몸짓과 표정에는 소통을 외면하는 불안감과 열등감이 역력하였다. 마치 독극물로 오염된 지뢰밭, 감시탑, 맹견, 철조망, 무장경비대의 흔적이 남은 베를린 장벽과 같은 어두운 그늘이 드리워져 있었던 것이다. 동베를린에는 공산주의 역사의 파란 속에 남겨진 고단한 삶의 상흔이 곳곳에 배어있었고, 베를린 장벽이 사라진 자리에는 희미한 희망의 약속들과 과거의 망령들이 뒤얽혀진 넓고 황량한 공터만 남았다. 우중충한 거리에는 무명의 예술가, 아나키스트, 성적 소수자, 터키 이주노동자들만이 웅성거리고 있었다.

이런 상황에서도 통일 정부는 유럽중심국의 명예 탈환을 꿈꾸며 통일독일의 문화복원에 엄청난 돈을 쏟아 붓고 있었다. 1994년부터 문화·예술·예술가 후원을 촉진하기 위해 문화기금을 명시하고, 프로이센 문화재보호재단을 통해 2차 대전 후 격리된 프로이센 시대의 문화재(국립박물관·도서관·국가비밀문서 보관서 등)를 베를린에 집결시키는 데 박차를 가하였다.

독일 수도 베를린은 창조적 디자인 도시라는 개발원리가 그대로 반영되었고 그 결과 누구에게나 가고 싶고 오래 머물고 싶은 친근하고 활력이 넘치는 도시로 거듭났다. 이른바 통일작업장으로 부활한 베를린의 새로운 경관은 창조경제를 상징하는 유럽의 핵심으로 변모한 것이다. 한 때 황망한 공터로 남아있던 시내에는 연방정부청사, 주요기업의 본사 및 지사, 고급주택지, 상업지구, 극장, 공원들이 빽빽이 들어차 있다. 베를린 장벽으로 '죽음의 띠'가 드리워졌었던 포츠담광장은 다임러 벤츠와 소니 등 세계 굴지의 기업들이 자리를 잡으면서 독일의 미래를 한눈에 보여주고 있다.

전쟁 · 테러 · 분단의 폐허 위에 세워졌던 이데올로기 상징물 베를린 장벽은 원형으로 보존하면서도 세계의 예술가들이 자유롭게 표출할 수 있는 일종의 옥외캔버스로 만들어 살아있는 미술관으로 변모시켰다. 서베를린으로 뛰어내리다 세상을 떠난 동독인들의 넋을 기리는 베를린 장벽은 통일을 촉진시킨 귀중한 민족사적 기념비다.

통일 후 동베를린 재건공사는 오랫동안 계속되었다. 세계적인 모더니즘 양식을 대표하는 조형대학인 바우하우스의 갤러리는 다채로운 색조로 디자인된 제품들이 전시되어 독일 문화의 힘을 말해준다. 옛 역사를 개조한 넓은 현대예술 갤러리는 세계적 아방가르드 작가들의 작품으로 가득 차 있고, 한층 업그레이드된 독일의 현대적 문화콘텐츠 환경을 대변한다.

문화콘텐츠 활성화를 위한 독일 정부의 노력은 곳곳에서 찾아볼 수 있다. 동베를린의 구형 아파트에는 디자인 · 패션에 열망하는 세계의 창조인재들이 자유롭게 거주하도록 하였고, 지속적으로 창의성을 펼칠 수 있도록 세계적 유명브랜드와 연결해 유통시키는 시스템을 구축하고 있다. 세련된 젊은 아티스트의 매장이 즐비한 거리에는 새로운 창조물들이 진열된 쇼윈도와 조화되는 의자들이 따뜻한 휴식공간으로 마련되어 있다. 아기자기한 쇼핑 분위기를 즐기려는 패셔니스타들이 활보하는 거리는 역동적이다.

동독 출신 앙겔라 메르켈 총리가 20년 동안 긍정적 변화가 가득했다고 자평

했듯이 긍정적 힘이 베를린을 꽉 채우고 있다. 혼돈의 역사적 기억만이 황량하게 남아있던 베를린이 새롭게 변신하여 창조경제를 구현한 대표적 도시가 된 것이다. 베를린뿐 아니라 바이마르, 에어푸르트, 베르닝거로데, 아이제나흐, 쉬베린, 드레스덴 같은 역사적인 도시들도 다시 외국관광객들이 즐겨 찾는 명소로 거듭났다. 물론 일부 동독주민들이 아직까지도 적응에 어려움을 겪는 것은 사실이나 이제 동독시절로 되돌아가고 싶다는 사람은 15% 정도에 불과할 정도다.

통일 후 환희-충격-성찰 겪은 '촌뜨기들(Ossis!)'

베를린은 세계적인 창조문화도시로 거듭났다. 문화정책의 성공이라고 하겠지만 그 저변에는 통일 후 처절하게 와해된 동독 문화를 주류 문화로 당당하게 재창출한 동독인들의 위대함이 있다. 동독 문화를 대변하는 학자 롤프 라이시히는 통일과 관련, 동독인들의 태도에는 환희-충격-성찰이라는 3단계의 변화가 있었다고 분석한다.

제1단계는 1989년 베를린 장벽 붕괴에서 1990년 독일이 공식적인 통일을 선언하기까지의 통일 직후 시기이다. 독일통일에 커다란 기쁨과 자긍심을 느끼면서 미래에 대해 낙관적인 전망을 품었던 '환희'의 단계로 희망과 혼돈이 교차되는 짧은 기간이다.

제2단계는 충격의 단계로, 동독 문화의 몰락 단계 또는 담론의 부재 시대로 표현된다. 1991년 초에서 1994년에 이르는 시기로 통일 직후 나타난 체제전환 충격에 삶의 기반을 잃고 실존적 방황을 겪었던 '충격'의 단계이다. 동독인들은 57년간 나치와 공산당독재로 일상과 문화의식 모두에서 서독과 엄청난 격차를 보여 왔다. 흡수통일 과정에서 서독 정부는 동독인들의 서독형 동질화 전략을 구사하였다. 서독인들은 동독인들을 권위주의적이고 통속적인데다 정서불안적인 공산주의자로 전변된 사람들로 여겼고, 사회문화적으로 열등한 인간으로 취급한 것이 사실이다. 동독인들의 상식 밖 행동을 힐난하며 '촌뜨기들(Ossis!)'이라는 표현까지 유행하였다.

이렇듯 일상적인 모든 영역에서 동서독 간 문화적 간극을 좁히기 위해 서독 정부는 과도할 정도로 동독 문화 인프라 해체와 동독 문화엘리트 소외정책을 구사하였다. 서독학문을 이해시키고 관철시키는 등 철저한 식민화 방식을 수행하기도 하였다. 일방적인 동서독 문화통합과정에서 발생되었던 동독의 문화·학문 인프라 해체는 동독인에게는 치명적이었다.

이처럼 서독에서 추진했던 통일전략은 우선 '지식을 통한 헤게모니 장악'을 위해 사회주의 학문적 유산을 철저하게 붕괴시키는 데 초점이 맞추어졌다. 이 과정에서 특히 이데올로기에 민감한 동독의 인문사회과학 분야인 철학·역사학·정치학·경제학 등의 학과는 완전히 몰락하였다. 감원된 동독 문화예술인들은 거리의 악사와 거리의 화가로 전락하거나 택시운전사, 공장직공, 관광안내원 등으로 전직하였다.

전통적인 어머니로서 노동자, 양육자로 존재했던 동독 여성들의 문화와 에로티시즘이 난무하고 커리어우먼이 판치는 서독 문화는 판이하게 달랐다. 또 청소년들은 부모의 실업, 직업변동, 학교생활, 이데올로기 해체, 가족 해체와 같은 힘든 세월을 겪으면서 서독 생활문화와의 충돌을 경험하였다. 문화담론을 생산하고 유통시키는 언론도 일방적으로 서독 방송이나 신문자본에 매각되었고 새롭게 재편되어야만 했다. 문학, 연극, 영화 등 예술영역에서도 동독 예술인들이 추락했을 뿐 아니라 출판계에서도 작가들은 실업자의 나락으로 떨어졌다. 동독 영화는 서독 영화자본에 합병되었고 재정지원의 편중성과 전시 행정적 고려 때문에 동독 연극의 인프라 또한 심각하게 몰락하였다. 동독의 어떤 문화유산도 남기지 않겠다는 통일 정부의 일방통행식 문화통합의 결과, 통일 직전까지도 유럽의 어느 국가보다 선진적인 문화 인프라를 자랑했던 동독 문화는 여지없이 해체되었다.

제3단계는 새로운 동독 문화 부활과 사회적 전파를 의미하는 '성찰'의 단계로서 1995년 이후 오늘날에까지 이르는 20여 년의 시기이다. 일련의 정책을 통해 동독인들은 개인적 체험영역과 공적담론 영역 사이에서 뼈저린 괴리감을 느꼈으며 결국 동독의 정신은 사라지고 '이방인'으로 남겨진 참담한 결과만 남게 된 것이다. 동독인들은 개인적인 적응을 위해 분투하면서도 이 단계에서 사회적·문화적으로 불평등한 자신들을 서독인들과 비교해 강한 비판의식을 품으면서 독일통일의 의미에 대해 거리를 두고 새로운 관점에서 바라보기 시작하였다.

1990년대 중반을 기점으로 동독인들이 동독 고유의 것에 대한 새로운 자각이 확산되기 시작하였다. 독일인들은 서독과의 문화단절과 문화충격을 극복하고 이를 해소하기 위해 와해되었던 자신들의 문화를 한 단계씩 복구해 나갔다. 동독 문화에 대한 자의식이 고취되는 과정에서 동독인들의 공동체의식과 집단적 정체성에 눈을 뜨면서 새로운 감정, 의식 같은 것이 생겨났다. '우리 의식'은 강력한 귀속감과 정체성을 부여하는 원천으로서 강한 결속감으로 표출되었다.

이 단계에서 동독 정체성에 기초한 동독 고유의 부분문화가 생성되기 시작하였다. 자신들이 더 이상 '이등국민'이 아니라 나아가 '서독인과는 다르다는 자의식'이 그것이었다. 이처럼 동독인들이 구축한 새로운 정체성은 서독인들의 인식에 대항한 결과로서 스스로를 경계짓기 시작하면서 형성된 것이었다. 이는 자신을 구분하는 배제의 정체성이었는데 이렇게 의식적으로 설정된 경계선 안에서 동독인들은 집단적 자의식을 키워갔다.

동독문학은 끈질긴 생명력을 통해 서서히 부활하기 시작하였다. 통일 후 15년 즈음에는 푸대접 대상이었던 동독작가들이 통일독일의 문학장에서 떳떳하게 살아남게 되었다. 동독문학은 서독문학과 동질적이면서도 동시에 독자적인 문학으로 평가되었고 그러한 독창성으로 말미암아 동독문학의 위상은 오히려 높아만 갔다. 통일 후 독일문단을 주름잡는 젊은 세대 작가들 대다수가 동독 출신으로, 특히 동독 출신 제3세대 작가들의 부상은 눈부실 정도이다.

몰락의 길을 걷던 동독영화 또한 동독의 모습으로 존재감을 증명하면서 화려하게 부활하였다. 레안더 하우스만의 영화 '존넨알레' 속에서 동독의 이미지는 서독인이 부러워해야 할 재미있는 나라로 묘사되었고, '굿바이 레닌'에서는 잃어버렸던 품위를 되찾게 되는 계기를 마련하였다.

동독 문화의 화려한 부활, 서독의 변화까지 견인

새로이 생성된 동독 문화가 차츰 서독 문화의 변화를 견인하면서 통일독일의 문화 전체를 변화시키기 시작하였다. 이처럼 통일 이후 동서독에 불어 닥친 문화 변동은 심층적 차원에서 통일독일 사회의 변화를 추동시키는 결정적인 요인으로 작용하기 시작하였다. 통일 이후 역경을 딛고 일어서는 과정에서 동독 문화의 부활을 가져왔고 이러한 극복의 역동성은 다시 통일독일 사회 전 영역을 변화시키는 원동력이 되었다.

통일 후 10여 년이 흐르면서 역설적이게도 동독 문화가 서독 문화에 영향을 주고, 때로는 서독 문화를 혁신시키면서 통일독일의 문화적 헤게모니를 확장해 가고 있다.

한마디로 냉전종식 이후에도 독일에서는 좌우이념의 축이 결코 사라지지 않았으며 동시에 냉전종식과 함께 동독 지식인에 내재된 역사적 역할이 끝난 것도 아니었다. 실제 동서독 지식인들은 통일 이전 1980년대 중반부터 동독에서 시민운동가, 비판적 지식인, 개혁사회주의자들에 의해 주도된 시민사회적 전환의 혁신적 역사를 기억하였다.

통일 직후 좌파지식인들의 위상이 추락하면서 사회적 영향력을 상실했지만 통일 이후 재편된 문화지형 속에서 자신의 새로운 사회적 역할을 모색하고 있었던 것이다. 특히 통일후유증이 불거지면서 동독의 대량실업 및 동서독 사회문화 갈등 등이 현실적인 문제로 나타나자, 동서독의 좌파지식인들은 통일 초기의 상실감과 박탈감에서 벗어나 다시 통일독일 사회의 현실을 비판하는 연대적 참여를 모색하게 되었다. 동독인들은 적극적으로 통일독일 사회의 아방가르드로서 미래지향적 대안을 제시하고 현실적인 구체적 변화를 불러왔다. 이들 지식인에게는 '신자유주의적 세계화'의 거대한 파고에 맞서 싸워야 할 새로운 도전이 기다리고 있었던 것이다. 이러한 사례는 다양한 영역에서 발견된다.

정치영역에서는 특히 1998년 선거 이후 독일의 정치지형을 좌파 과반의 형국으로 재편함으로써 특정정당에 고착되어 투표하지 않는 탄력적 투표행위를 통해 '정치의 탈구조화'를 이룩하면서 새로운 정치구도를 창출하였다. 그리고 사회영역에서는 그들의 탈종교적 아비투스를 통해 기본법에서 보장하고 있는 일요일의 특수지위를 동요시켰고 '협동조합주의의 해체' 현상을 촉발시켰다.

또 자칭 해방된 여성이라고 생각하는 동독의 여성문화는 일상영역에서 전통적 가정의 해체경향을 가속화시켜 단독양육 부모의 증가현상을 초래하였다. 이런 강한 자의식을 바탕으로 성장한 동독 여성은 여성문화의 향방과 여성해방의 관점에서 서독 여성과 일종의 헤게모니 대결을 벌이며 전통적인 서독의 여성문화에도 강력한 영향을 미치고 있다.

아울러 동독 여성들은 이미 통일독일의 미래를 열어가기 시작하였는데, 그 대표적 사례는 이른바 '성 주류화' 정책이다. 성 주류화 정책은 최근 스칸디나비아와 동유럽 국가 모델을 따라 EU가 표방한, 국가가 여성의 직업활동과 육아 병행을 정책적으로 책임지는 것을 의미하는데, 이는 동독 여성들이 구동독 시절부터 일상생활에서 실천했던 내용이었다.

동독 여성은 통일현실의 경쟁과 갈등에서 살아남기 위해 서독의 다원화된 가치관에 적응하는 한편, 자신들의 내면에 각인된 동독 고유의 여성적 정체성을 포기하지도 않았다. 서독 사회환경을 수용하면서도 동독인의 의식은 버리지 않는 적응과 저항 사이에서 야누스의 얼굴로 현실에 대응하고 있는 것이다.

한편 동독 청소년은 서독 청소년 문화의 전면적인 지배 속에서도 소비주의와 개인주의가 만연한 서독 청소년 대중문화에 대해 저항하여 그들의 고유한 대안문화를 발전시켜 왔다. 예컨대 환경운동, 반전반핵운동, 언더그라운드문화, 소수자문화, 지역문화 운동 등 다양한 형태를 띠면서 동독 나름의 영역을 확장해 가고 있다. 소비지향적이고 획일적인 서구 대중문화의 흐름과 대별되는 성찰적 자생적 문화로서 동독 청소년 문화는 새로운 독일 문화의 기수로 성장할 것으로 기대된다.

아방가르드를 넘어 새로운 민주주의로 진화

동독인들은 체제단절과 함께 온 문화단절을 포기하지 않고 독창적인 방식으로 극복해냈다. 사회를 변화시키는 동력의 원천은 통일 후 동독 문화의 새로운 단절과 갈등, 그리고 양가성의 과정에서 창출된 부분사회문화에서 찾을 수 있다. 이러한 문화변동 압력이 통일독일 전 사회를 향해 영향을 미치고 있는 것이다.

세계화 추세에도 불구하고 주변문화로서 동독 문화가 떳떳이 부활하게 된 배경으로는 지역적 정체성이 오히려 강화되고 있는 국제적 상황과 맞물린다. 포스트모던 사회에서 특수성을 지닌 사회적·문화적 정체성이 보호되어야 한다는 것은 국제적 상식으로, 소수집단이 주류집단(다수집단)의 관행에 무조건 동화되는 통합적 방법은 국제사회에서도 통용될 수 없었다. 이러한 현상은 서독인들에게도 영향을 주어 이제 많은 서독인들이 '독일통일을 자기 위주로 승자의 자세로 취급해서는 안 된다'는 사실을 인식하게 만든 것이다.

이렇듯 동독 발 변동이 전 독일을 덮치면서 문화영역에서 가장 먼저 눈에 띄는 것은 '서독의 동독화' 경향이다. 통일 직후 서독의 우월적 사고에 의해 동독 문화를 몰락시키고 서독 문화로의 일방적인 정신적 적응과 동화를 주도하였던 문화적 통일상은 10여 년이 지난 후 위기에 처하게 된 것이다. 독일통일 이후 문화변동의 진원지는 동독이었지만 그곳에서 퍼져나간 진동이 독일의 문화지형 전체를 변화시켰다고 할 수 있다. 이런 문화변동 속에서 동독의 부분 문화는 동독 문화를 서독화하는 방식도, 서독 문화를 동독화하는 방식도 아닌 '제3의 고유한 문화'를 개척하게 되었다.

오늘날 독일 사회에서 나타난 급진적인 문화변동은 동서독의 문화이전을 통해 정치적 패자의 문화가 승자의 문화를 변화시킬 수 있다는 논리를 생생하게 보여주고 있다. 궁극적으로 보편적 가치를 따르는 정치·경제·제도의 통합과정에서는 서독주도형 동독의 흡수통합 논리가 가능할 수 있겠지만, 문화적 차원에서는 일방통행적인 통일논리는 관철될 수 없다는 것을 입증한 사례가 된다.

통일독일의 단계적 과정에서 보듯이, 남북 간에도 '내면의 통일'을 리드할 문화공동체 형성을 위한 지혜를 도출하는 것이 중요하다. 무엇보다 고유문화 발전차원에서 북한 문화를 와해시키지 말고 북한 문화의 '주변부 문화환경'도 귀중하게 보호해야 한다. 동독인들의 통일에 대한 염원은 단순한 흡수통일이 아니라 그것이 가져다 줄 경제발전에 따른 소득향상과 사회안전망이었다. 이러한 점에서 물리적 정책으로는 경제적·사회적 차별을 없애는 반면, 독창적인 사회적·문화적 정체성을 보존해야 한다.

마지막으로, 동독은 통일 직후 완전히 와해된 자신들의 문화를 신자유주의적 정책과 세계화의 영향을 받아 새로운 혁신을 이루어 극복하였으며, 그 결과 혁신의 동독 문화가 오늘날 독일의 전반적인 국민정서로 파급되고 있다. 이제는 과거의 서독으로부터 새로운 동독으로 변화하여 '동독인에 의한 서독 문화의 정복'이라는 주장까지 대두되고 있다. 동독 문화가 서독 문화를 변화시키는 현상과 동독인들의 내면적 욕구와 역동성이 오늘날 독일 전체에 긍정적 영향을 미쳐 선순환적 상호작용을 하고 있다는 사실은 우리에게 각별한 교훈으로 다가온다.

결국 남북 간에도 상호갈등을 최소화해 문화공동체를 여하히 이뤄낼 수 있을 것인가의 문제가 남는다. 통일독일 과정에서의 실패와 성공을 교훈삼아 문화적 갈등을 최소화하고 내적통일을 완성할 수 있는 문화통합을 위한 민족차원의 각별한 준비와 실천 노력이 있어야 한다. ●

잃어버린 세 번의 기회, 그리고 '행복통일'

《헤럴드경제》 황해창 선임기자/신대원 기자

운명의 장난일까. 질곡의 분단사를 좀 더 세밀하게 들여다보면, 두 번 다시 맞이하기 힘든 몇 차례의 소중한 기회가 묻혀버린 사실을 발견하게 된다. 천우신조는 아니더라도 잘만했더라면, 아니 운이라도 따라주었더라면 획기적인 전기가 될 수 있었기에 아쉬움이 크다.

왜 그렇게 됐을까. 여기에는 북한 핵문제가 고비마다 존재한다. 게다가 세계 역사상 유례가 없을 정도로 강력한 동맹이라는 한국과 미국이 때마다 진보와 보수로 엇박자 정권교체를 한다. 한쪽이 진보면 한쪽은 보수 그런 식이다. 이런 조합은 갈등과 반목, 그리고 대립을 해소하는 데는 최악의 조합이다. 뭔가 되나 싶으면 뒤틀리기 일쑤다. 변화무쌍했던 20년(1990~2010년), 그 사이에 묻힌 세 번의 기회이자 불운을 먼저 짚어보자.

첫 번째 불운, 김일성 급서로 무산된 첫 정상회담

김일성 주석은 1994년 7월8일 84세를 일기로 생을 마감했다. 역사적인 첫 남북정상회담을 불과 17일 앞둔 상황이었다. 바로 전 해 김영삼 대통령은 취임식에서 "어느 동맹국도 민족보다 나을 수 없다"고 단언했다. 미국 조야가 당혹할 정도의 파격이었다. 상징적인 조치로 비전향장기수 이인모 노인을 조건 없이 북으로 돌려보내기도 했다.

그런데 북한이 갑자기 핵확산금지조약(NPT) 탈퇴를 전격 선언하고 말았다. 1차 북핵 위기다. 일격을 당한 김영삼 정부는 "핵 가진 자와는 악수도 하지 않겠다"며 강경책으로 급선회했다. 여기에 김일성 조문불허 파문까지 겹쳐 남북관계는 걷잡을 수 없이 냉각됐다.

김일성 사망을 둘러싼 대내외 환경을 좀 더 들여다 볼 필요가 있다. 사인은 동맥경화에 따른 급성심근경색. 북한은 중대발표를 통해 "겹쌓이는 정신적 과로로 7일 심한 심근경색이 발생하고 심장쇼크가 합병됐다"고 밝혔다. 김 주석은 묘향산 초대소(향산별장)에서 숨을 거뒀다. 지병에도 노구를 이끌고 회담 장소에 미리 가 숙식하며 준비상황을 직접 챙기다 쓰러졌다. 회담 일정이 8월로 잡히자 7월 25~27일로 당기도록 채근하기도 했다.

김 주석이 그랬던 이유는 뭘까. 진퇴양난이었다. 동구 맹주 소련이 경제난으로 1980년대 중반부터 페레스트로이카(개혁)와 글라스노스트(개방)를 선언하고 체제해체 수순을 밟았다. 이 틈을 타 1989년 베를린 장벽이 허물어지고 이듬해 독일통일이 실현됐다. 동구권까지 급속 붕괴되면서 졸지에 교역이 끊기고 자금줄은 거덜 나면서 북한은 고립무원에 놓였다. 더 충격적인 것은 북한의 붕괴와 그 이후 소프트랜딩 문제가 국제사회에 버젓이 거론되고 있었다는 점이다. 그 중심에는 대량살상무기를 이유로 이라크를 무차별 공격(걸프전)한 '아버지 부시' 정부가 있었다.

그 무렵, 남한은 서울올림픽 성공개최에 이어 1990년 소련, 1992년 중국, 그리고 동구권과 수교하는 등 북방외교를 속전속결로 이뤄냈다. 권력승계 과정이던 북한은 1992년 한·미 군사훈련(팀스피리트) 재개를 문제 삼으며 남북기본합의서 무효화를 선언하더니 이듬해 NPT탈퇴선언으로 이어갔다.

막 출범한 클린턴 정부가 영변 핵시설 기획폭격설을 띄우면서 한반도에 전쟁위기가 엄습하자 김영삼 정부가 화들짝 놀라 '타임'을 걸었고, 지미 카터 전 대통령이 방북해 남북정상회담을 이끌어냈다. 북핵은 물론 평화협정, 한·미 군사훈련, 북한 경제복구, 북·미 관계개선 등 등 굵직한 의제를 일괄타결할 분위기였다. 이런 상황에서 김 주석이 갑자기 세상을 뜬 것이다.

두 번째 불운, 부시가 가로막은 클린턴의 평양행

2000년 6월 김대중 대통령과 김정일 국방위원장 간 분단사상 첫 남북 정상회담이 성사됐다. 당시 '햇볕정책'을 앞세운 진보파 김 대통령이 내리 두 번이나 보수성향의 인사를 통일부 장관에 발탁한 것은 '신의 한수'였다. 첫 번째 강인덕 장관, 두 번째 박재규 장관이 그들이다.

어쨌든 정상회담 이후 후속 장관급 회담이 핑퐁처럼 진행되면서 그해 10월 클린턴 정부의 대북 포용정책(engagemet policy)이 빛을 발했다. 당시 북한 권력 2인자 격인 조명록 차수가 워싱턴을 방문해 적대관계를 지양하고 우호관계를 발전시키자는 내용의 공동성명서를 채택했다. 이어 매들린 올브라이트 미 국무장관이 평양을 답방했고, 김 국방위원장은 주한미군을 인정하면서 클린턴 대통령을 평양으로 초청했다. 그야말로 일사천리였다.

그러나 그해 11월 미국 대통령선거에서 공화당의 조지 부시 후보가 재검표 파문을 낳으면서까지 민주당 부통령 출신 앨 고어 후보에 신승했다. 또 한·미 간 엇박자 정권교체다. 역사적인 북·미 첫 정상회담을 당선자 부시가 반대하고 나섰다. 고어가 이기고 클린턴이 방북해 북한체제를 인정하고 내친김에 수교절차에 합의했다면?

이후 상황은 더 꼬여갔다. 부시 행정부가 전임자의 대북정책을 전면 재검토하며 부산을 떨 무렵, 사상 최악의 '9·11테러' 사태가 발생했다. 테러와의 전쟁을 선언한 부시는 이듬해인 2002년 연두교서에서 북한·이란·이라크를 '악의 축'으로 규정했다. 남북장관급회담이 연기되는 등 혼란이 벌어지더니 곧바로 북한이 고농축우라늄개발계획(HEUP)을 선언했다. 이에 미국이 중유공급 중단 카드를 꺼내자 북한은 다시 핵시설 가동 즉각 재개로 응수했다. 2차 북핵 위기다.

세 번째 불운, 김정일 뇌졸중에 고개든 흡수통일

상황이 복잡 미묘해졌다. 미국이 테러와의 전쟁으로 이라크와 아프가니스탄 공격에 몰두하자 북한이 미국의 코털을 뽑았다. 2006년 7월 5일(미국시간으로는 독립기념일 오후) 장거리로켓을 쏘더니 10월 9일 결국 1차 핵실험을 강행했다.

이후 몇 달을 밀고 당기더니 뜻밖의 상황이 전개된다. 테러공포에다 오랜 전쟁으로 피로감을 호소하는 미국 민심을 북한 권부가 정확하게 읽었던 걸까. 말년의 부시 정부가 북핵문제에 전향적으로 나서면서 김계관 북한 외무성 부상이 2007년 3월 초 뉴욕을 방문해 브로드웨이를 활보하는 여유까지 부렸다. 핵봉인을 담보로 북·미 수교 약속을 받아내겠다는 자신감의 표출이었다.

그런데 또 엇박자 정권교체가 현실화한다. 그해 12월 대선에서 완승한 한나라당 이명박 후보가 2008년 2월 새 정부를 꾸리고, 클린턴 방북을 막았던 부시는 임기 말년에 처했다. 그해 7월 11일 금강산에서 여성 관광객이 총격을 받아 숨지는 어이없는 사건이 발생한 데 이어 김정일 국방위원장이 뇌졸중으로 쓰러진 것이다. 이런 상황에도 크리스토퍼 힐 6자회담 미국 수석대표는 10월 방북해 핵봉인과 관련, 물질 검증을 담판지었다. 부분적이냐 전면적이냐, 전면적이면 언제 할 것이냐가 핵심이었다. 결국 핵폐기인 3단계에 들어가기 전까지 부분검증에 합의했다. 드디어 북한 핵문제의 끝이 보이는 순간이었다.

그런데 갑자기 우리 측이 바빠졌다. 이명박 정부 첫 외교 수장인 유명환 외교부 장관이 부랴부랴 워싱턴을 방문했다. 북한 내 돌발사태를 상정한 출장이었다. 북한이 시간을 벌기 위해 부분검증을 수용했지만 시간은 우리 편이라며 미국측을 설득했다. 임기 말 부시 정부는 부분검증을 전면검증으로 뒤바꿔 발표하고 화가 난 북한은 6자회담을 걸어찼다.

변고 끝에 또 기가 막힌 반전이 일어났다. 김 국방위원장이 예상을 뒤엎고 기사회생한 것이다. 뒤바뀐 핵협상 결과와 또 협상대가로 받기로 한 중유문제가 흐지부지 된 것을 안 김 국방위원장이 격노했다. 결과는 오바마 정부가 출범한

2009년 5월25일 2차 핵실험으로 이어지고 말았다. 강력한 대북제재가 동원되던 이듬해 3월 천안함 폭침사건이 터졌고, 우리 정부의 맞대응으로 대북경협을 전면금지하는 5·24조치가 단행됐다.

이후 남북관계는 몇 년 동안 최악의 상황을 면치 못했다. 북한이 건재를 과시하기라도 하듯 3차 핵실험을 한 것은 청와대에 이삿짐이 들고 나던 2013년 2월 12일이었다. 그러니까 박근혜 정부 출범 13일 전이다. 다분히 남한의 새 정부, 특히 여성 대통령의 맷집을 테스트한 성격이 짙었다.

분단이야 말로 최악의 비극적 非정상이다

2015년이면 남북으로 갈라선 지 70년이 된다. 세월이 흐르고 세대가 바뀌어도 분단은 그대로다. 전쟁으로 상처받은 이산가족들은 고령으로 세상을 뜨고 신세대들은 영문도 모른 채 분단에 갇혀 살아가고 있다.

박근혜 대통령은 '비정상의 정상화'를 개혁 화두로 강조해 왔다. 그런데 따져보면 분단이야 말로 최악의 비정상이다. 이런 비극적인 민족사적 비정상을 정상으로 되돌리는 것이야 말로 시대적 소명이다. 지난 1월 '통일대박론', 3월 '드레스덴 선언'에 이어 최근에는 '통일준비위원회'를 발족했다. 구슬을 꿰어 보배로 만들겠다는 전략이 엿보인다.

그러나 아쉬움이 없지 않다. 우선 드레스덴 선언에 대해 북한과 약간의 소통이라도 했더라면, 북한이 대놓고 "흡수통일 논리이자 황당한 궤변"이라고까지 하며 정면반발 했을까. 북측과 사전 교감을 한 뒤 발표돼 남북 첫 정상회담의 물꼬를 튼 과거 베를린 선언과 비교된다. 전반적인 대북정책 방향도 다소 모호하다. 현실과 이론 사이에 스텝이 엉키는 모습이다. 과거 김대중 정부의 전략적 포용이라는 선순환의 장점과 이명박 정부의 강경론에 입각한 원칙론의 장점을 모두 취하려다 보니 생긴 일로 보인다.

우선 구체적이고 실효성 있는 분야별 로드맵이 필요하다. 철저한 준비는 생명이다. 정·경분리 원칙을 확고하게 세워 상생 차원의 경협은 유지하는 것이 바람직하다. 중국과 대만의 담대한 정·경분리, 중국과 홍콩의 순차적 통합은 매우 교훈적이다.

북한은 상종하기 싫은 존재가 아니라 상종해야만 하는 존재다. 무조건 압박하고 제재를 가하면 더 깊이 안으로 들어가는 법이다. 동굴의 법칙이다. 북한이 안심할 수 있도록 보다 좋은 여건으로 이끌고 신뢰를 보여주는 것이 무엇보다 중요하다. 어느 정도 자신이 있을 때 핵도 빗장도 푸는 법이다.

북한은 '자위적 핵 억제력'을 늘 강조한다. 리동일 북한 유엔대표부 차석대사는 최근 "2002년 조지 부시 미국 정부가 북한에 대한 선제공격 정책을 정하고 북한을 '악의 축'으로 규정하지 않았다면 아마도 핵무기를 개발하지 않았을 것"이라고 말했다. 사실이라면 과도한 압박이 결국 핵을 더 키운 셈이 된다. 김정은 체제가 택한 '핵-경제 병진노선' 역시 선대의 국방우선 정책의 일환이다. 그러나 과거 재래식 무기가 아닌 핵을 보유하고 있어 미국이든 누구든 선제타격을 못할 것이라고 판단한다. 핵이 있으니 국방예산을 대폭 줄여 경제회복에 더 큰 재정을 투입한다는 전략이다. 체제위협 때문에 국방에 돈을 쏟아 부어 경제가 피폐해진 과오를 되풀이하지 않겠다는 것이다. 결국 핵-경제 병진은 경제건설에 방점이 있다는 얘기가 된다.

흡수통일 아닌 공존공영이 '행복한 통일' 지름길

북한의 경제사정이 어렵다는 데는 누구나 동의한다. 그럼에도 김정은 체제는 비교적 안정적으로 유지되는 것으로 관측된다. 가령, '국민소득 1000달러 논리'라는 것이 있다. 1000고지만 넘으면 탄력이 붙는다는 논리다. 북한의 2013년 1인당 명목 국내총생산(GDP)은 850달러 정도로, 포니자동차를 첫 수출하면서 '수출입국'을 주창하던 1970년대 중반의 남한과 유사하다. 남한이 3000달러를 단숨에 뛰어넘은 것은 88서울올림픽 전후의 일이다. 핵문제가 관건이긴 하지만 북한의 배후에는 약진단계인 5000~8000달러에 진입한, 국가경제 규모에서는 이미 미국을 능가하는 중국이 든든하게 버티고 있다. 따라서 북한의 갑작스런 붕괴 가능성은 거의 없어 보인다. 흡수통일 가능성도 이에 비례한다.

보다 분명한 것은 북한이 변하고 있다는 사실이다. 통치자의 의지나 당국의 의도와는 무관하게 시장경제에 날로 익숙해져가는 분위기다. 이런 추세는 앞으로 더 뚜렷해질 것이다. 통일은 선택이 아니라 필수다. 당길 수도 미룰 수도 피할 수도 없지만 분명한 것은 민족적 염원이자 소망이라는 사실이다. 철저하게 준비해야 공존공영과 함께 '더불어 행복한 통일'을 이뤄낼 수 있다.

《헤럴드경제》와 '한반도개발협력연구네트워크(KDCRN)'가 손잡고 『이제는 통일이다』를 발간한 것도 이 때문이다. 무엇보다 통일대박론을 뒷받침 할 로드맵의 필요성에 대한 공감이 컸다. 특히 남북한이 경제적 통합으로 우선 공존공영을 도모하고 궁극적으로 한민족 모두 행복한 참된 통일을 이뤄내자면 분야별 과제를 설정해 해법을 마련하는 작업이 꼭 필요하다며 이상만 교수님이 손을 잡아 이끄셨다. 부디 화해와 교류협력, 나아가 통일을 위한 공존공영의 길에 민들레 홀씨가 됐으면 하는 마음이 간절하다. 바쁜 시간을 쪼개가며 귀중한 지식과 자료, 그리고 정보를 기꺼이 옥고에 담아주신 필진께 거듭 감사의 말씀을 드린다. ●